조선 후기 왜관과 조일관계:
교류, 갈등, 교섭의 역사

조선 후기 왜관과 조일관계:
교류, 갈등, 교섭의 역사

장순순

경인문화사

머리말

    조선 후기 한일관계의 현장을 규정하는 핵심 공간을 든다면 단연 왜관이라 할 수 있다. 따라서 왜관은 통신사와 함께 조선 후기 한일관계의 실상을 이해하는 데 있어 가장 주목해야 할 주제이다.

    왜관은 일본인이 조선에 들어와 일정한 구역에 거주하며 교역과 외교 업무를 수행하도록 조선 정부가 허용한 공간이었다. 그런 점에서 왜관은 일본인들이 조선에 들어와 머물며 외교·무역을 수행했던 거주지이자 교섭의 장이었으며, 동시에 조선 정부 입장에서는 일본인을 통제하기 위한 장치이기도 하였다. 그러나 실제의 왜관은 조선과 일본 양국인의 이해관계가 맞부딪히고, 때로는 교류하며, 때로는 충돌하기도 하는 다층적인 공간이었다.

    본 책 『조선 후기 왜관과 조일관계: 교류, 갈등, 교섭의 역사』는 필자가 박사학위논문 주제를 왜관으로 삼은 이래, 발표해 온 논문 가운데 일부를 선별하여 엮은 것이다. 각 장의 원논문 출처는 다음과 같다.

  제1부 왜관의 성립과 전개 과정
  제1장 조선 전기 조일 외교와 왜관의 성립(「朝鮮前期 倭館의 成立과 조·
      일 외교의 특질」, 『한일관계사연구』 15, 2001)
  제2장 조선 후기 왜관의 성립과 왜관 정책의 변화(「조선 후기 倭館의 성
      립과 倭館政策」, 『일문과학연구』 31, 2011)
  제3장 조선 후기 왜관 이전 교섭과 조일관계의 변화(「朝鮮後期 倭館의
      設置와 移館交涉」, 『한일관계사연구』 5, 1996)
  제4장 초량왜관의 폐쇄와 일본 전관거류지화 과정(「草梁倭館의 폐쇄와

일본 租界化 과정」, 『일본사상』 7, 2004)

제2부 왜관, 교류와 갈등의 공간
제1장 조선 후기 왜관을 통한 일본산 담배·담뱃대의 유입과 문화적 수용
(「朝日 문화교류의 측면에서 본 조선 후기 倭館 – 일본산 담배 및 담뱃대를 중심으로), 『항도부산』 39, 2020)
제2장 조선 후기 조일 역관의 기록과 왜관(「조선 후기 한일 양국의 譯官 記錄과 倭館」, 『한일관계사연구』 59, 2018)
제3장 조선 후기 왜관에서의 충돌과 조일 교섭의 양상(「조선 후기 倭館에서 발생한 朝日 양국인의 물리적 마찰 실태와 처리」, 『한국민족문화』 31, 2008)
제4장 조선 후기 왜관 통제와 교간 사건의 처리(「조선 후기 倭館 통제와 交奸事件의 처리 – 1859년 교간사건을 중심으로」, 『한일관계사연구』 54, 2016)

기존 개별 논문에서는 특정 사건이나 한정된 시기를 중심으로 분석했지만, 이번 책에서는 '교류 – 갈등 – 교섭'이라는 큰 틀로 각 논문을 재구성하여 조선 후기 왜관과 조일관계의 실상을 입체적으로 살펴보고자 하였다.
제1부 '왜관의 성립과 전개 과정'에서는 조선 전기에서 후기에 이르기까지 왜관의 성립과 변천을 다루었다. 먼저, 조선 전기 대일외교의 연속선상에서 왜관이 어떻게 태동했는지를 살펴보았다. 조선은 건국 초기 명과의 사대관계를 확립하는 한편, 일본과는 교린관계를 유지하면서 왜구의 침입을 방지하려 했다. 이 과정에서 등장한 제포·부산포·염포 등의 포소왜관은 단순한 무역 거점이 아니라 왜인, 즉 조선에 건너온 일본인의 통제와 회유의 성격을 동시에 지녔다. 고려 말 김해왜관과 연결되는 이러한 전기적 경험은 조선 후기 왜관의 기원이 되었다.

임진왜란 이후에는 사정이 크게 달라졌다. 국교 단절과 전란을 겪은 뒤 조선은 일본과의 국교를 재개하면서 절영도 - 두모포 - 초량으로 이어지는 부산 단일왜관체제를 구축하였다. 이때의 부산왜관은 단순한 무역 공간을 넘어 외교 의례, 접대, 군사적 고려까지 아우르는 복합적 성격을 띠게 되었다. 특히 초량왜관은 당시 동아시아 최대 규모의 외국인 거주지였으며, 조선의 대일외교와 무역이 집중된 유일한 창구였다. 17세기 후반부터 19세기 후반까지 200여 년간 존속하며 조일관계의 핵심 무대가 되었다.

왜관의 위치를 둘러싼 조일 교섭은 조선 후기 조일관계의 긴장을 보여준다. 쓰시마는 두모포왜관의 입지가 불편하다며 이전을 지속적으로 요구했고, 조선은 이를 거절하다가 1673년(현종 14)에 이르러 초량으로의 이전을 허락했다. 이 과정에서 조선은 왜관을 단순히 일본의 요구를 수용한 것이 아니라, 통제력 강화와 정책 재정비의 계기로 삼고자 하였다. 초량왜관의 이전은 조일관계가 단순히 무역 차원을 넘어, 외교와 국내 정치, 국제 정세와 얽혀 있음을 보여주는 사례였다.

19세기 후반에 이르러, 메이지유신 이후 일본은 초량왜관을 일방적으로 일본공관으로 '접수'하면서 전통적 교린체제를 붕괴시켰다. 이어 1876년 조일수호조규와 1877년 부산구조계조약을 통해 일본 전관거류지로 전환시켰다. 이는 조선 후기 조일관계에 있어 전통적 교린체제가 붕괴하고 근대적 불평등 조약 체제로 넘어가는 분수령이었다. 이상과 같이 제1부는 왜관의 성립과 변천을 통해 조선 후기 조선 후기 왜관이 교린체제 속에서 어떻게 변화했고, 근대 불평등 체제로 이행하는 과정에서 어떤 의미를 지녔는지를 밝혔다.

제2부 '왜관, 교류와 갈등의 공간'에서는 왜관이 단순한 제도적 틀을 넘어 구체적인 삶과 사건이 교차한 현장이었음을 조명하였다.

첫째, 교류의 차원에서는 일본산 담배와 담뱃대가 왜관을 통해 조선에 유입된 과정을 다룬다. 일본산 담배와 담뱃대는 왜관을 통해 조선에 전해졌고, 조선 사회의 생활문화 속에서 깊숙이 자리잡았다. 일본산 담배 지사미는 최상품으로 여겨져 조선 사회 전반에 퍼졌고, 민요와 생활 문화 속에도 반영되었다. 조선시대 동래·부산 연죽이 명품으로 자리 잡은 배경에도 일본산 담배와 담뱃대의 유입이 있었다. 이는 단순한 상품 교역을 넘어 조일 간의 문화적 수용과 변용의 사례였다.

둘째, 조선 후기 양국의 역관 기록은 왜관의 또 다른 모습을 보여준다. 조선의 왜학역관과 일본의 조선어 통사들은 외교와 무역 현장에서 각기 활동하며 다양한 기록을 남겼다. 조선의 왜학역관은 일본어 학습서와 외교문서를 남겼고, 일본의 조선어 통사는 왜관과 관련된 실무 기록을 집대성하였다. 이들의 기록은 단순한 개인의 기록이 아니라 후배 역관의 지침서로 활용되었고, 조선 조정과 쓰시마번정에 제출되었다. 조선의 역관 기록은 대일외교 전반을 포괄하는 체계적 자료집의 성격이 강했으며, 일본 조선어통사의 기록은 왜관 실무 중심으로 구체적이었다. 이 차이는 양국이 왜관을 인식하는 방식의 차이를 보여준다. 또한 이 기록들은 왜관을 단순한 무역소가 아니라 외교와 정보교환의 전초기지임을 드러내며, 당시 사람들의 시선과 관심사를 생생히 엿볼 수 있게 해준다.

셋째, 갈등의 차원에서는 왜관에서 발생한 물리적 충돌 사건들을 다루었다. 왜관에서는 양국인 간의 물리적 충돌이 빈번하였다. 일본인의 불법 난출, 조선인의 무단 난입, 밀무역과 같은 일탈은 잦은 다툼을 낳았다. 때로는 폭행 사건이 발생하였고, 종종 큰 사건으로 비화되어 외교 문제가 되기도 하였다. 각 사건의 처리 방식은 일정한 규범 속에서 이루어졌지만, 동시에 외교적 협상 카드로 활용되기도 하였다. 또한 이러한 문제를 조선과 일본이 어떻게 처리했는가는 양국의 외교 전략과 위신 의식을 드러낸 것이기도 하였다.

넷째, 1859년(철종 10) 초량왜관에서 발생한 교간 사건은 왜관의 통제와 교간에 대한 양국의 인식 차이를 단적으로 드러낸다. 먼저, 왜관에서 발생한 양국인 간의 교간에 대해 조선은 중대 범죄로 다루어 엄벌했지만, 일본은 비교적 온건하게 대응했다는 기존의 연구에 대해 실제로는 범죄 일본인도 쓰시마로 송환되어 쓰시마 번 내에서 일본인 범죄자도 일정한 처벌을 받았다는 점을 확인하였다. 이를 통하여 조선의 왜관 통제정책이 기본적으로는 후기까지 일관되게 유지되었음을 확인하였다. 그러나 교간 사건에 대한 양국의 인식 차이는 여전했다는 것도 확인할 수 있었다. 조선은 교간 사건을 국가의 체면과 질서 문제로 여겼으나, 일본측은 경제적 이익과 밀무역 등 경제적 이해관계에 주목하여 다루었다. 왜관은 이처럼 동일한 사건을 두고도 서로 다른 관점이 충돌하는 공간이었다.

저서를 구상할 때는 발표한 논고를 재검토하고 학문적 성과를 보완하여 부족했던 연구를 더 다듬고자 하였다. 그러나 지금 돌아보면 그 뜻을 충분히 이루지 못했음을 고백하지 않을 수 없다. 그래서 이 책이 학계에 누가 되지는 않을까 두렵기도 하다. 그럼에도 이 책이 학계에 작은 도움이 되기를 바랄 뿐이다.

이 책이 세상에 나오기까지 많은 분의 가르침과 큰 도움이 있었다. 먼저, 공부를 시작할 때부터 지금에 이르기까지 부족한 제자에게 많은 가르침과 격려를 아끼지 않으신 하우봉 선생님, 선배이자 선생님으로 학문과 삶의 큰 힘이 되어 주신 한문종, 홍성덕 두 선배님께도 한없는 감사를 드린다. 근대와 전근대 여성의 경계선상에서 정체성의 혼란으로 헤맬 때면 학문을 지속할 수 있는 용기와 힘을 북돋아 주셨으며 지금까지도 큰 버팀목이 되어 주신 분들이다. 또한 연구자로서 부족함을 느끼고 뒤로 발을 빼려 할 때마다 연구자의 길을 포기하지 않도록 늘 각성의 기회를 주신 손승철 선생님께도 깊은 감사를 드린다. 이 책도 손 선생님의 각별한 격려가 아니었다면 나올 수 없었다.

한일관계를 주제로 공부를 시작한 이래 제일 잘한 점을 꼽으라면 한일관계사학회 회원으로 학회와 함께 한 것이다. 대학원 시절이었던 1992년, 한일관계사학회 창립 멤버로 참여한 이래 지금에 이르기까지 한일관계사학회를 통해 많은 연구자를 만나 큰 학은을 입었다. 학문적 조언을 아끼지 않으셨고, 연구방법론도 가르쳐 주셨다. 귀한 자료도 흔쾌히 제공해 주셨으며, 함께 일본 근세문서 등 관련 사료를 읽고 공부할 기회도 마련해 주셨다. 조선 후기 한일관계사 전공 선생님들과 특히 이훈·정성일·김동철 선생님, 현명철·이상규·허지은·이승민 선생님께 고개 숙여 감사드린다.

그리고 공부하는 큰딸을 무조건 믿고 지지해 주신 부모님께도 감사드린다. 특히 "엄마, 고맙습니다. 저에게 학문적 영광이 주어진다면 모두 엄마에게 바칩니다". 늘 든든한 버팀목이 되어 준 남편 박원서와 주말에나 만날 수 있는 엄마때문에 많은 것을 스스로 해야 했던 어린 시절을 잘 지나온 두 딸, 찬진과 찬현에게도 무한한 사랑을 담아 감사의 마음을 전한다. 마지막으로 이 책이 나오기까지 교정을 비롯해 크고 작은 도움을 준 후배 유채연 선생님, 이 책의 출판을 맡아주신 한정희 사장님을 비롯한 경인문화사 관계자 여러분께도 감사의 인사를 드린다.

2025년 10월
장 순 순

차 례

머리말

제1부 왜관의 성립과 전개 과정

제1장 조선 전기 조일 외교와 왜관의 성립 ·· 3
  1. 머리말 ·· 3
  2. 왜관의 기원과 성립 ·· 4
  3. 조선 전기 왜관의 종류와 기능 ·· 14
  4. 포소왜관의 단일화와 조일 외교의 특질 ·· 29
  5. 맺음말 ·· 37
제2장 조선 후기 왜관의 성립과 왜관 정책의 변화 ·························· 41
  1. 머리말 ·· 41
  2. 절영도왜관의 성립 ·· 42
  3. 두모포왜관의 성립과 왜관 정책 ·· 46
  4. 초량으로 왜관 이전과 왜관 정책의 변화 ······································ 55
  5. 맺음말 ·· 65
제3장 조선 후기 왜관 이전 교섭과 조일관계의 변화 ······················ 69
  1. 머리말 ·· 69
  2. 임진왜란 직후 국교 재개와 왜관의 설치 ······································ 70
  3. 왜관의 이전을 둘러싼 조일 교섭 과정 ·· 73
  4. 쓰시마의 왜관 이전 요구와 조선의 대응 ······································ 89
  5. 맺음말 ·· 101
제4장 초량왜관의 폐쇄와 일본 전관거류지화 과정 ······················ 103
  1. 머리말 ·· 103
  2. 일본 메이지정부의 초량왜관 '접수'와 조선의 대응 ················ 105
  3. 왜관의 일본 조계화 ·· 117
  4. 맺음말 ·· 134

제2부 왜관, 교류와 갈등의 공간

제1장 조선 후기 왜관을 통한 일본산 담배·담뱃대의 유입과 문화적 수용 ·········· 139
1. 머리말 ·········· 139
2. 담배의 조선 전래와 보급 ·········· 141
3. 일본산 담배와 담뱃대의 국내 유입과 유통 ·········· 144
4. 일본산 담배·담뱃대와 조선의 생활문화 ·········· 157
5. 맺음말 ·········· 161

제2장 조선 후기 조일 역관의 기록과 왜관 ·········· 164
1. 머리말 ·········· 164
2. 조일 양국의 역관이 남긴 기록들 ·········· 166
3. 조일 역관의 왜관 기록과 그 특징 ·········· 181
4. 맺음말 ·········· 196

제3장 조선 후기 왜관에서의 충돌과 조일 교섭의 양상 ·········· 198
1. 머리말 ·········· 198
2. 왜관에서 발생한 물리적 마찰에 대한 논의 ·········· 201
3. 조일 양국인의 물리적 마찰 실태 ·········· 205
4. 사건의 처리와 조일 교섭의 실제 ·········· 224
5. 맺음말 ·········· 231

제4장 조선 후기 왜관 통제와 교간 사건의 처리 ·········· 234
1. 머리말 ·········· 234
2. 1859년 왜관 내 교간 사건과 조일 양국의 대응 실태 ·········· 237
3. 교간사건을 바라보는 조일 양국의 시선 ·········· 250
4. 맺음말 ·········· 263

참고문헌 265

제1부

왜관의 성립과 전개 과정

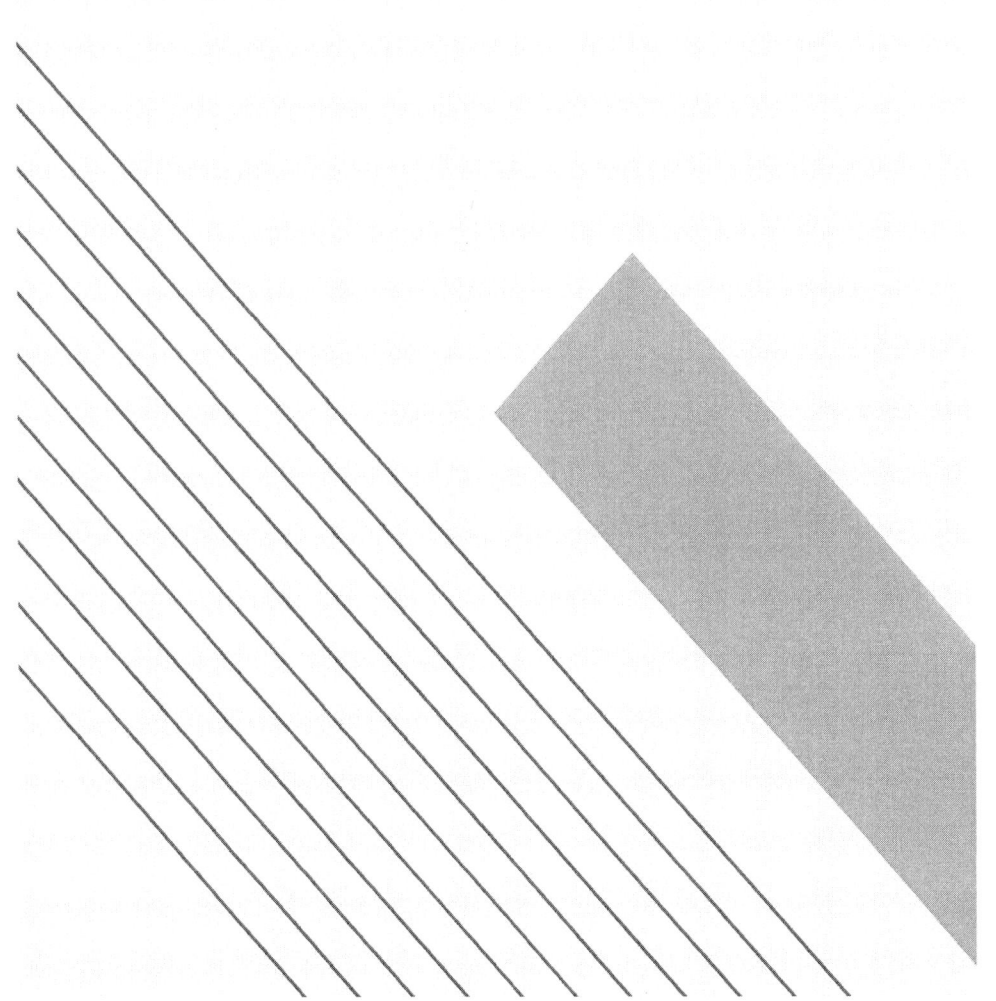

제1장 조선 전기 조일 외교와 왜관의 성립

1. 머리말

고려의 뒤를 이은 조선은 건국 직후 대륙의 신흥제국이었던 명나라에 대해서는 사대정책을 취하여 강대국에 대한 자존책을 확립하였고, 그 외의 주변국에 대해서는 교린정책을 취하면서 평화적인 교류를 지속하였다.[1] 조선초기 대일외교관계에서 조정이 가장 중요시한 문제는 고려말부터 극심하였던 왜구의 침입을 저지하는 것이었다. 조정에서는 고려말의 對倭寇政策을 계승하여 해안의 경비를 충실히 하는 한편 무로마치막부(室町幕府)의 쇼군(將軍)을 비롯하여 규슈탄다이(九州探題)·오우치도노(大內殿)·쇼니도노(小二殿)·잇키도주(一岐島主)·쓰시마도주(對馬島主) 등 지방호족들에게 사신을 파견하여 왜구의 진압을 요청하는 외교적인 교섭을 진행하였다. 그리하여 왜구는 점차 使送倭人·興利倭人·向化倭人 등 평화적인 통교자로 전환되어 갔다. 또, 왜구의 진압과 피로인의 송환에 적극 협력한 일본의 지방호족들을 통교상으로 우대하는 정책을 취하기도 하였다. 이와같이 조선초기 대일외교는 왜구의 침입 저지와 재발 방지, 그리고 통교자에 대한 통제와 회유책을 근간으로 전개되었으며, 다른 한편으로 통교자의 증가에 따른 치안상의 혼란과 막대한 재정적 부담을 줄이기 위해 그들의 통교를 제한하기 위한 다양한 조치를 취하기도 하였다. 그 가운데 주목할 만한 조치가 바로 왜관의 설치였다.

---

[1] 동아시아 국제질서에 관해서는 손승철,「동아시아 국제질서와 교린체제」,『朝鮮時代 韓日關係史硏究』, 지성의 샘, 1994와 閔德基,『前近代東アジアのなかの韓日關係』, 早稻田大學出版部, 1994 참조.

본 논문에서는 조선 전기 왜관에 대하여 살펴보고자 한다. 물론 왜관에 대한 연구는 상당히 이루어졌다.[2] 그러나 이러한 연구가 대부분 조선 후기에 한정되었거니와 조선 후기 왜관의 모습을 복원하기 위한 과정에서 대략적인 설명에 그치고 있는 것 또한 부인할 수 없는 실정이다. 따라서 본고에서는 먼저, 왜관의 기원을 살펴보고, 둘째, 기존의 포소 중심의 왜관에 대한 고찰의 범주를 벗어나 조선 전기에 실재했던 여러 형태의 왜관 유형을 살펴봄으로써 각 왜관이 갖는 성격이 무엇인지 살펴보고자 한다. 셋째. 왜관의 치폐·증설·이전 등의 변화과정을 통해서 포소왜관이 단일화되어 가는 과정을 살펴보고, 이를 통해 조선 전기의 왜관이 조선 후기의 그것과는 어떤 차이가 있는지를 살펴봄으로써 그 특징을 밝혀보고자 한다.

2. 왜관의 기원과 성립

1) 왜관의 기원

오다 쇼고(小田省吾)는 1929년 「李氏朝鮮時代における倭館の變遷」에서 안정복의 『順庵集』에 수록된 「倭館始末」을 근거로 왜관의 시작을 고려시대로 보았다.[3] 그러나 김의환은 "1407년(태종 7) 이전까지는 일정한 곳에 설치한 왜인들의 商館인 왜관은 없었는데, 이때에 비로소 왜관이 부산포·제포·서울에 설치되어 왜관의 기원을 이루게 되었다"고[4] 함으로써

---

[2] 조선시대 왜관에 관한 연구 성과에 대해서는 이훈, 「왜관 연구의 회고와 전망-1990년대 이후 한국측 연구를 중심으로」, 『한일관계사연구』 54, 2016에 자세하다.

[3] 小田省吾, 「李氏朝鮮時代における倭館の變遷」 『朝鮮支那文化の研究』, 邊江書院, 1929, 94쪽

[4] 金義煥, 「釜山倭館의 變遷과 日本專管居留地」 『朝鮮近代對日關係史研究』, 景仁文

왜관의 기원을 조선초기로 보았다. 이렇듯 왜관의 성립 시기에 대해서 고려시대라는 의견도 있고 조선 초기라는 의견도 있다.

> 가) 고려시대에 對馬島人들이 항시 金州(김해)에 왕래하면서 시장을 열고 무역을 하였으므로 접대하는 館이 있었다고 하나 듣지 못하였다. (사자가) 유숙하는 관이 생긴 것은 本朝(조선)의 제도가 처음이다.[5]
>
> 나) (1056년, 문종 10) 겨울 10월 초하루 기유일에 日本國使 正上位權隷 藤原와 朝臣 賴忠 등 30명이 金州(김해)에 있는 館으로 왔다.[6]
>
> 다) 상인이 경계에 이르면 관리를 파견하여 맞이하고, 舍館을 定한 후에 長齡은 그 獻物을 받고, 값을 계산하여 方物 數倍로 대가를 지불하였다.[7] ( ) 안은 인용자 주, 이하 동일.

우선 사료 가)는 조선시대 실학자 순암 안정복의 문집인 『순암집』의 「왜관시말」에 나오는 왜관 관련 기사로, 고려시대에 이미 쓰시마인들이 금주, 즉 경상도의 김해지방을 왕래하면서 교역하였고, 그곳에는 무역을 위해 고려에 건너온 이들을 접대하는 관소가 있었다는 사실을 보여준다.

사료 나)는 고려 문종대의 기사로 1056년(문종 10) 일본국에서 사신 일행 30여 명이 고려에 건너와 머물렀던 館, 즉 그들의 숙소가 김해에 존재했다는 사실을 말해준다.

사료 다)는 고려 인종 원년(1123)에 중국 송나라 사신 일행으로 고려에 왔던 徐兢이 기술한 『宣和奉使高麗圖經』에 나오는 기사로, 고려에서는

化社, 1979, 543쪽
5) 『順庵集』「倭館始末」
6) 『高麗史』권7, 文宗 10년 10월 기유
7) 『宣和奉使高麗圖經』권6, 宮殿 2, 長齡殿
 "賈人之至境 遣官迎勞 舍館定然後 於長齡受其獻 計所直以方物 數倍償之"

일본에서 상인들이 오면 장소를 정한 후, 관리를 파견하여 그들을 맞이하여 그들이 소지한 물품들의 값을 계산하여 수배의 대가를 지불했다는 내용이다. 이는 고려시대에 일본에서 건너온 상인들과 사무역이 행해졌음을 보여주는 사료이다.

이상의 사료들을 통해서 고려시대에도 일본인들의 한반도 왕래가 있었고, 왕래하던 사신과 상인들은 일정한 공간에서 머물렀으며, 그곳에서 무역이 이루어졌고, 바다를 건너 온 일본인들에 대한 접대가 이루어졌는데, 그 공간의 중심이 금주 즉 김해였다는 사실이 확인된다. 다시 말하면, 김해에는 일본에서 건너오는 사자나 상인들이 머물면서 교역을 하던 상관과 객관 기능을 가진 일정한 공간이나 건물이 존재했음을 시사한다. 그렇다면 고려시대 김해지역에 존재했던 "일본에서 건너오는 사자나 상인들이 머물던" 공간을 어떻게 정의할 수 있을까?

다시로 가즈이(田代和生)는 "왜관이란 조선에 있었던 일본인 거류지역으로 사자의 응접소, 숙박소 혹은 무역소 등으로 이용된 곳이다"[8], "왜관이란 일본인을 위해 지어진 거류지로서 양국 간의 외교나 무역을 행하는 곳이다"[9]라고 조선시대 왜관을 정의하였다. 한편, 김의환은 "왜관은 조선정부가 자주적인 입장에서 조선으로 건너오는 일본인(왜인)들을 통일적으로 지배하기 위해 일정한 항구의 일정한 지역을 지정하여 그곳에 그들의 선박을 닿게 한 도박처이다. 또한 이곳에는 사절·상인의 유숙을 허락하였으므로 이곳은 일종의 使館 또는 상관의 성격도 띠게 되었다"[10]라고 정의하였다.

위 사료에서 주목해야 할 것은 사료 가)에서 "(사자가) 유숙하는 관이

---

[8] 田代和生, 「草梁倭館の設置と機能」, 『近世日朝通交貿易史の研究』, 創文社, 1981, 167쪽
[9] 田代和生 저, 손승철·유재춘 역, 『近世韓日外交秘史』, 강원대학교 출판부, 1988, 104쪽
[10] 金義煥, 「釜山單一倭館成立의 研究-17·8世紀의 對日關係의 究明을 위해」, 『봉산고승제박사고희기념논문집』, 봉산고승제박사고희기념논문집 간행위원회, 1988, 210쪽

생긴 것은 조선의 제도가 처음이다"라고 한 대목이다. 이것은 비록 고려시대에 이미 "일본에서 건너오는 사자나 상인들이 머물던 공간(편의상 '김해왜관'으로 칭함)"이 존재했다고 하더라도 조선시대의 왜관과는 그 성격과 내용 면에서 상당한 차이가 있었음을 시사한다.

조선시대 왜관의 설치는 조선의 대일통제정책과 깊은 관련이 있다. 주지하다시피 국초부터 조선 조정이 대일관계에서 가장 중요시한 문제는 고려말부터 극심했던 왜구의 침입을 저지하는 것이었다. 때문에 조정에서는 고려 말의 '對倭寇政策'을 계승하여 해안의 경비를 충실히 하는 한편, 무로마치막부의 쇼군을 비롯해 규슈탄다이·오우치도노·잇키도주·쓰시마도주 등 지방호족에게도 사신을 파견하여 왜구의 금지와 피로인 쇄환을 요청하는 등 다원적인 외교교섭을 진행하였다.

그 결과 왜구는 점차 사송왜인·흥리왜인·항거왜인 등 평화적인 통교자로 전환되어 갔다.[11] 또한 왜구의 진압과 조선인 피로인의 송환에 적극 협력한 일본의 지방호족에 대해서는 통교상 우대하는 정책을 취하기도 했다.[12] 이처럼 조선초기 대일외교는 왜구의 침입 저지와 재발 방지, 그리고 통교자에 대한 통제와 회유책을 근간으로 전개되었다.

그 결과 1409년(태종 9)을 전후하여 조선 해안에 왜구의 침입은 급격히 감소하였다. 반면에 일본 각 지역으로부터 도항해 오는 '통교자'의 수는 점차 증가하였다.[13] 그러나 통교왜인에 대한 규정이 아직 정비되지 못한

---

[11] 사송왜인이란 사자의 명칭을 띠고 도항하여 오는 자를 말하며, 客倭라고도 했다. 흥리왜인이란 무역을 위해 도항하여 오는 자를 말하는데, 商倭 또는 販賣倭人이라고 했다. 또한 왜구로 침입하여 귀순하거나 처음부터 귀화를 목적으로 도항해 오는 왜인이 있었는데, 조선에서는 이들에게 토지나 가옥을 주어 조선에 안주하게 했다. 이들을 降倭, 投化倭 또는 向化倭라 불렀는데, 이들은 모두 조선에 눌러 살았으므로 항거왜인이라고도 불렀다. 이상에 대해서는 한문종, 조선 전기 대일외교정책 연구』, 전북대학교 박사학위논문, 1996 참조

[12] 한문종, 「조선 전기의 受圖書倭人」『한일관계사연구』 5, 1996, 51쪽

[13] 한문종, 앞의 논문(1996), 12~13쪽

터라 통교왜인이 조선의 해안지방을 마음대로 왕래하면서 무역을 하거나 降倭들과 접촉하여 군사상의 비밀을 정탐하는 등 치안상의 폐단이 나타나기도 하였다. 또한 조선에 도항해 오는 통교왜인은 외교사행의 성격도 띠고 있었기 때문에 조정에서는 그들이 조선에 건너와서 귀환할 때까지의 접대비용을 모두 부담하였고, 심지어 통교왜인들은 자신들이 가지고 온 물품을 다 팔지 못했다는 등의 이유로 오랫동안 체류하는 폐단 등이 발생하자 그들이 소지한 물품을 대신 매매해 주기도 하였다. 그 결과 조선 조정은 치안상의 혼란은 물론 국가기밀의 누설 위험, 그리고 막대한 재정적 부담까지 안게 되었다.

이처럼 일본에서 도항해 온 통교자의 증가는 치안상의 혼란과 재정적 부담 등을 가중시키는 것이었기에 통교왜인의 통제는 조선 조정의 주요 현안이 되었다. 이로써 조선에서는 왜선이 정박할 수 있는 포소를 제한하는 한편, 대마도정벌을 계기로 서계·도서·문인제도·계해약조의 체결 등 다양한 왜인통제책을 본격적으로 정비하였다.14) 이 과정에서 왜관의 설치가 이루어졌다. 이러한 점을 고려할 때 조선시대 왜관의 설치는 치안상의 혼란과 국가기밀의 누설 차단, 재정적 부담의 경감을 위한 왜인통제라는 조선의 필요로 이루어졌다는 점에서 고려시대 '김해왜관'과는 출발이 다르다고 할 수 있다.

한반도와 일본열도는 8세기 말 국교가 단절된 이래 고려시대까지 양국의 관계가 정상화되지 않았기 때문에 두 나라 간에 사절의 왕래 등 공식적인 외교적 교류가 없었다. 그러나 상인들에 의한 교역과 표류민 송환과 같은 민간교류는 유지되었다. 이와 같은 교류는 고려 중기 문종대(1047년~1082년)에 들어서 활발해졌는데, 특히 쓰시마에 의한 표류민 송환과

---

14) 이러한 통제와 달리 왜구의 진압이나 피로·표류인 송환에 협력한 자 그리고 외교상의 공로자들을 회유하기 위해 授圖書制度와 授職制度를 실시하였다(한문종, 앞의 논문(1996), 62쪽).

토산물 進獻이 가장 많았으며, 11세기 후반 문종대 이래 쓰시마와 일본 서국 지역의 호족들 간에 이루어진 교역이 12세기 후반에 이르러 進奉船貿易에 관한 정약이 체결되면서 진봉선무역으로 정례화되기에 이르렀다.[15]

조약에 의해 진봉선무역은 매년 상례대로 시행되었으며 진봉선은 1년에 1회로 하되 한 번에 배 두 척으로 제한되었다. 고려가 진봉선무역을 정약한 목적은 왜구를 방지하기 위한 회유책임과 동시에 폭주하는 일본인들의 내왕을 통제하기 위한 일종의 무역 제한책이었다.[16]

진봉선무역은 진봉과 회사로 이루어지는 조공무역으로서 '진봉체제'로 표현되듯이 제도화되어 있었다. 다시 말해서 이것은 일시적인 '私獻貿易'이 아니라 외교의례의 형식을 갖춘 정례적인 교역체제였다. 또한 진봉의 주체는 쓰시마이고 다자이후(大宰府)가 그것을 관리 감독하고 막부는 묵인한 것으로 추정된다. 고려는 이 진봉선을 접대하기 위해 김해(金州)에 객관을 설치하였으며 그 수수관계는 고려의 金州防禦使↔對馬島主, 慶尙道按察使↔大宰府의 루트였다.[17]

그러나 조일관계가 국가 차원의 교류에 입각한 것이라면, 고려시대 일본과의 교류는 국가 차원의 공식적인 외교관계가 아니었다는 점에서 '김해왜관'은 조선의 왜관과는 성격이 달랐다. 그럼에도 불구하고 고려시대에 일본과의 관계에서 상인들에 의한 교역과 표류민 송환과 같은 민간교류가 활발했다는 점과, 진봉선무역이라는 정례적인 교역체제가 존재했으며, 그러한 행위들이 김해를 중심으로 이루어졌다는 점에서는 '김해왜관'

---

15) 『고려사』 권25, 원종 4년 4월
16) 그런데 진봉선무역의 성립이 언제이며, 그 주체가 누구인가에 대한 문제는 다양한 학설이 있다. 진봉선무역 체제에 대해서는 나종우, 『韓國中世 對日交涉史硏究』 제1장, 원광대학교출판부, 1996과 李領, 「中世前期の高麗と日本-進奉關係を中心として一」 『地域文化硏究』 8. 東京大學 地域文化硏究會, 1995에 자세하다. 한편, 그 성립시기를 나종우는 11세기후반부터 13세기까지로 보았고, 이영은 1169년(의종 23)에서 1263년(원종 7)까지로 구체적으로 추정하였다.
17) 하우봉, 「한국인의 대마도 인식」 『독도와 대마도』, 지성의 샘, 1996, 127~128쪽

2) 왜관의 성립

조선시대에 들어와 왜관이 언제 성립하였는가에 대해서는 다소 이견이 있다. 金義煥과 李鉉淙은 1407년(태종 7)에 왜관이 처음 설치되었다고 하고[18], 나종우는 1407년에 왜관의 설치에 관한 건의가 있었고, 2년 후인 1409년(태종 9)에 왜관 건물이 처음 독립적으로 지어졌으며, 1414년(태종 14)부터 왜관이 기능이 활발해졌다고 보았다.[19]

『조선왕조실록』에서 왜관에 관한 최초의 기록은 1409(태종 9)년 2월에 보인다. 서울에 올라오는 외국 사신이 머물던 여러 객사 가운데 일본인과 유구인이 머무르는 숙소로 한양에 설치한 東平館에 관한 기록이다.

> 또 서울에 있는 閔無咎와 閔無疾의 집을 헐어서 그 재목과 기와로 東平館과 西平館을 짓고, 그 값을 주도록 명하였다.[20]

위 사료를 통해서 1409년 2월 태종의 선위파동으로 불충한 행동을 했다는 이유로 탄핵당해 유배된 민무구·민무질 형제의 서울 집을 헐어서 그 재목과 기와를 사용하여 동평관과 서평관을 지어졌음을 알 수 있다.

동평관과 서평관은 다른 위치에 있는 것이 아니라 같은 장소에 있었던 두 건물이었다. 처음에는 동쪽에 있는 것을 동평관, 서쪽에 있는 것을 서평관이라 불렀다. 그 후 동평관·서평관·墨寺에 나누어 머물던 일본인들이

---

[18] 김의환, 앞의 논문, 211쪽; 李鉉淙, 『朝鮮前期對日交涉史硏究』, 韓國硏究院, 1964, 24쪽
[19] 나종우, 「朝鮮初期의 對日本統制策에 대한 考察」, 『如山柳炳德博士華甲紀念韓國哲學宗敎思想史』, 원광대학교 종교문제연구소, 1990, 510~511쪽
[20] 『태종실록』 태종 9년 2월 기해(26일)

수시로 서로 왕래하고, 근처의 조선인과 밀무역을 행하는 폐단이 발생하자 1434년(세종 16) 6월 예조와 許稠의 건의에 따라 중국 會同館의 객관을 모방하여 동관·서관을 합하여 한 館으로 만들고, 관의 남쪽에 두 곳을 더 지어 기존 건물 2개소를 비롯하여 4개소가 되게 하고, 4면의 난간과 담장을 높이 쌓아 출입을 엄하게 금하도록 하였다.[21] 그 결과 동평관과 서평관을 구분하는 것이 별다른 의미가 없게 되면서 1438년(세종 20)에는 동평관은 동평관 1소, 서평관은 동평관 2소로 부르게 되었다.[22] 또한 일본 사신이 많을 때에는 동평관과 서평관 이외에도 묵사라는 사찰에 나누어 거처하게 하였는데,[23] 묵사는 1445년(세종 27)에 건물이 헐려서 그 재목 등은 왜관 수리에 사용되었다.[24]

『교린지』에 따르면, 동평관은 남부 樂善坊에 위치했으며, 倭館洞으로 되어 있다.[25] 위치는 현 서울시 중구 인현동 2가 192번지의 일대로 추정된다.[26] 동평관의 규모가 어느 정도였지는 알 수 없다. 다만 1434년(세종 16) 6월 기록으로 미루어 동평관은 적어도 4개의 건물로, 한 번에 50여 명 정도가 머물 수 있는 크기의 공간이었다.[27] 그래서 한 번에 많은 수의 일본인들을 수용할 수 없을 때는 묵사라는 절을 객관으로 사용하기도 하였다.

1438년(세종 20) 왜관과 야인관에 迎接都監의 예에 따라 감호관을 두었는데, 왜관은 동평관 감호관으로, 야인관은 북평관 감호관으로 칭하였다. 이들은 時任과 散職으로 3품 이하 6품 이상으로 하여 감호관으로 통칭하

---

21) 『세종실록』 세종 16년 6월 기사(24일)
22) 『세종실록』 세종 20년 3월 임진(8일)
23) 『세종실록』 세종 6년 1월 무술(21일), 세종 16년 6월 기사(24일)
24) 『세종실록』 세종 17년 11월 정축(8일)
25) 『交隣志』 「接待日本人舊定事例」
26) 金永上, 『서울육백년사』 2, 한국일보사, 1995, 129쪽; 손승철, 『조선통신사, 일본과 通하다』, 동아시아, 2006, 104쪽
27) 주 21)과 같음

였으며, 각 관에 감호관 3인과 녹사 2인을 두었는데 3인 중 1인은 의금부 관원의 예로 겸임하도록 하였다.[28]

동평관은 북평관과 함께 5품 아문으로 정하였다.[29] 1444년(세종 26) 윤7월에는 解由와 傳掌의 제도가 없어 관리들의 기강이 해이해지자 영접도감의 예에 따라 동평관 감호관으로 하여금 인수인계의 법률적 절차인 해유를 교부하도록 하였다.[30] 한편, 동평관에는 감호관과 녹사 이외에 別提, 別坐, 房守, 使令, 房直, 庫子, 庫直, 書吏, 錄事 등의 직제가 사료상에 나타나 있다. 그러나 이들의 구성인원과 역할에 대해서는 구체적으로 알 수 없다.[31]

한편, 일본에서 건너온 사신이 정박하는 포소에 왜관이 설치된 것은 1418년(태종 18)의 일이다.

> 명하여 경상도의 흥리왜인을 나누어 안치하게 하였다. 병조에서 경상도 수군도절제사의 첩정에 의거하여 아뢰기를, "富山浦에 와서 거주하는 왜인이 혹은 상고라 칭하고 혹은 遊女라 칭하면서 일본 객인과 흥리왜선이 이르러 정박하면 서로 모여서 支待하고 남녀가 섞여 즐기는데, 다른 포에 이르러 정박하는 객인도 또한 술을 사고, 바람을 기다린다고 핑계하여 여러 날 날짜를 끌면서 머물러 허실을 엿보며 亂言하여 폐단을 일으킵니다. 바라건대, 좌도 염포와 우도 가배량에 각각 왜관을 설치하여 항거왜인을 쇄출하여 나누어 안치하여 거주하면서 살게 하는 것이 어떠하겠습니까?"하니, (태종께서) "본도로 하여금 나누어 안치할 즈음에 인심이 들떠 움직이게 하지 말게 하라."고 명하였다.[32]

위 사료는 실록에서 '왜관'이라는 용어가 처음 등장한 것으로, 경상좌도

---

28) 『세종실록』 세종 20년 2월 계유(19일), 계미(29일)
29) 『세종실록』 세종 10년 4월 병진(3일)
30) 『세종실록』 세종 16년 윤7월 계미(6일)
31) 한문종, 「조선 전기 왜관의 설치와 기능」, 『인문과학연구』 32, 2012, 256쪽
32) 『태종실록』 태종 18년 3월 임자(2일)

의 염포(울산)와 경상우도의 가배량(고성)에 각각 왜관을 설치하고, 부산포 부근에 눌러앉아 귀국하지 않은 일본인(항거왜인)을 거기에 안치하였음을 말해준다. 항거왜인과 사송왜인의, 흥리왜인의 교잡, 그리고 통교왜인의 증가와 그에 따른 폐단을 제거하기 위한 것으로 포소에서 왜관 설치가 조선의 '왜인통제책'의 하나로 실시되었음을 보여준다. 다만, 이 시설은 사절 등을 응접하기 위한 객관으로서의 왜관이 아니고, 장사(商賣)를 목적으로 조선에 건너온 흥리왜인과 그 외의 불법체류자들을 관리하기 위한 임시시설로 이듬해인 1419년(세종 1)에는 해체되고 만다.33)

한편, 1423년(세종 5)에는 경상감사가 조정에 일본에서 사자가 오면 농번기에 각 고을에서 접대를 위한 물자를 운반하는 데 폐단이 많으므로 사자가 숙박하고 있는 내이포와 부산포 두 곳에 관사와 창고를 더 지어 그곳에 물품을 미리 가져다 놓고서 접대에 대비하며, 그 출납은 각기 김해부와 동래부에서 맡도록 함으로써 농번기에 짐을 싣고 왕래하는 폐단이 없도록 해달라는 장계를 올렸다. 조정에서는 이를 허락하였는데,34) 이 사실을 통해 1423년에는 포소에 객관으로서 왜관이 상설되었음을 알 수 있다. 이로써 서울의 동평관은 1409년에, 포소왜관은 1418년에 설치되고 1423년에는 상설화되었다는 것이 확인된다.35)

---

33) 다시로 가즈이 지음·정성일 옮김, 『왜관, 조선은 왜 일본사람들을 가두었을까』, 논형, 2005, 24쪽
34) 『세종실록』 세종 5년 10월 임신(25일)
35) 中村榮孝씨와 村井章介씨는 『세종실록』 세종 5년 10월 임신(25일)조 사료를 근거로 중앙의 왜관=동평관에 상응하는 포소왜관은 1423년(세종 5) 10월에 성립되었다고 보았다. 그리고 1418년 염포와 가배량에 설치된 왜관은 삼포의 왜관과 성격이 다르며, 단지 항거왜인을 안치시키기 위한 관소를 정한 것뿐이라고 보았다(中村榮孝, 「三浦の倭變」 『日鮮關係史の硏究』 上, 吉川弘文館, 1965; 村井章介 外, 「三浦から釜山倭館へ -李朝時代の對日交易と港町-」, 『靑丘學術論叢』 3, 韓國文化硏究振興財團, 1993).

3. 조선 전기 왜관의 종류와 기능

1) 서울의 왜관, 동평관

앞에서 언급한 바와 같이, 조선 전기 서울에는 외국 사신을 위한 객관이 여러 곳 존재하였다. 중국 사신을 위한 태평관, 여진인을 위한 북평관이 있었으며, 일본인과 유구인을 위한 동평관이 있었다. 1409년(태종 9)에 설치된 동평관은 이후 왜인, 즉 일본인들의 상경이 증가함에 따라 장소가 협소해지고, 무엇보다 상경한 왜인들이 외교교섭이나 무역을 하는 과정에서 조선인들과의 접촉으로 인한 폐단이 증가함에 따라 규모를 확장하고 재정비하기도 하다가,36) 1609년(광해군 1)에 폐지되었다.37)

이것이 건물의 소실을 의미하는 것인지, 임진왜란 이후 왜인들의 상경이 일제히 금지되면서 조선 조정에서 서울의 왜관을 법제적으로 폐쇄한 것인지는 확실하지 않다. 그러나 분명한 것은 조선 후기에는 전기와는 달리 일본인의 상경이 일절 금지되었기 때문에 서울에 위치한 동평관은 임진왜란을 기점으로 그 기능을 상실하였다는 점이다. 조선 후기 유일하게 상경이 허가되었던 1629년(인조 7) 외교승 겐포(玄方) 사절 일행에 대해 동평관이 이미 폐쇄된 이후였으므로 조정에서는 한양의 중부 堅平坊에 있

---

36) 『세종실록』 세종 16년 6월 기사(24일)
37) 『春官志』「倭館」
   손승철은 동평관이 임진왜란 때 이미 불타버린 것으로 밝히고 있다(「朝鮮前期 서울의 東平館과 倭人」, 『향토서울』 56, 1996, 125쪽). 한문종은 임진왜란 직후인 1599년(선조 32)에 명나라의 관리 丁應泰의 소장에 "지금 王京에 왜관인 日本館이 아직도 있다"는 기록과 『선조실록』 선조 32년 2월 경신(10일)과 1617년(광해군 9)에 內贍寺의 典僕들은 本寺가 옮겨가는 곳으로 옮겨가 살게 하고, 다른 나머지 居民들은 동평관 옛터나 아무 곳의 빈터에 가서 살게 했다는 기록(『광해군일기』 광해군 9년 7월 정축(15일))을 근거로 동평관은 임진왜란과 함께 왜관으로서 기능은 상실했으나 건물은 한동안 존속하다가 1617년경에는 건물마저 없어지고 빈터만 남게되었다고 설명하였다(한문종, 앞의 논문(2012), 255쪽).

던 典醫監(太醫監, 司醫署라고도 칭함)을 임시숙소로 준비하였다.[38]

한양, 즉 서울에 위치한 왜관으로서 동평관의 기능은 무엇인가?

먼저, 상경한 사자(使送倭人)의 숙소, 곧 숙박처(客館)로서의 그것을 들 수 있다. 한양으로 상경한 왜인은 자신들의 상경 목적이 끝날 때까지는 동평관에 머무르면서 지냈다. 왜인들이 동평관에 체류하는 기간은 짐의 양에 따라 달리 정해졌다. 짐의 양이 30바리(駄) 이하는 10일 이내, 40바리 이상은 20일 이내, 80바리 이상은 30일 이내였는데, 대개는 한 달 이내의 체류 기간이었다. 그동안 그들은 조선에서 정한 규율에 따라 행동이 제한되었으며, 머무르는 동안 5일에 한 번씩 식량과 연료 등을 조선으로부터 무상으로 지급받았다. 예조에서는 정해진 규정에 따라 이들에게 공식적인 연회를 베풀었으며, 사흘에 한 번씩 주간에 술대접이 이루어졌다.[39]

물론 도항해 온 왜인들의 객관으로서 기능은 동평관에서 특히 중요하다. 왜냐하면 왜인들의 상경은 곧 일본에 대한 조선의 외교질서인 羈縻交隣의 상징이라고 할 수 있는 조선 국왕 숙배를 목적으로 한 것이기 때문이다. 국왕 숙배, 즉 국왕을 알현하는 일은 왜인들이 상경하여 행하는 의식 가운데 가장 큰 의식이었다.

조선 후기에는 국왕 숙배가 왜관 근처의 객사에서 이루어졌지만[40], 조선 전기에는 국왕이 있는 궐내에서 이루어졌다. 국왕 숙배일이 정해지면 사절들은 경복궁 근정전 앞뜰에서 국왕을 배알하는데, 조선에서 하사한 관복을 입고 사절의 등급에 따라 정해진 위치에서 국왕을 알현하였다. 배

---

[38] 田代和生 著, 손승철·유재춘 역, 앞의 책, 85쪽
[39] 『海東諸國記』「朝聘應接紀」, 京中日供
[40] 임진왜란 이전에는 조선에 건너온 일본 사자는 상경하여 국왕을 배알하는 것이 관례였다. 그러나 임진왜란 당시 쓰시마의 왜병 향도가 문제가 되었기 때문에 임진왜란 이후 일본 사자의 상경은 금지되었다. 이에 조선 국왕의 전패를 부산 왜관 북쪽에 있는 객사(일본에서는 殿牌所 또는 숙배소라 칭함)에 설치하여 여기에서 국왕에 대한 배알을 대신하였다(이훈, 「조선 후기 표류민송환체제와 대일본관계」, 『조선 후기 표류민과 한일관계』, 국학자료원, 2000, 140쪽).

알이 끝나면 가져온 물건들을 진상하였고, 조선에서는 진상품에 대한 회사의 형식으로 하사품을 주었다. 알현이 끝난 후에는 朝啓廳에서 연회를 베풀어졌다.41)

국왕 숙배 의식은 중국에서 漢代 이후 일반화된 朝貢과 같은 성격을 지닌 것으로, 조선 주변의 이민족들이 조선 국왕에게 臣禮행위를 취하는 일종의 외교적인 행위이며, 조선에 복속하는 의미를 지닌다.

조선의 대외정책은 명 이외의 주변국에 대해서는 교린정책을 취해 왔다. 교린관계의 구조와 성격을 구체적으로 살펴보면 일본의 중앙정권인 막부 쇼군에 대해서는 조선 국왕과 대등관계를 맺지만, 그 외 일본의 여러 지방 세력과 유구, 여진에 대하여는 羈縻關係라고 하는 조선을 우위에 두는 특수한 관계를 설정하였다.42) 따라서 조선은 조선과 통교무역을 원하는 모든 자들에게는 조선이 정한 규정에 따라서 입국하여 조선 국왕을 알현하는 외교적인 절차를 밟게 하여 조선을 대국으로 섬기는 자세를 취하게 함으로써 조선 중심의 중화적 우월의식을 고취시키고자 하였다.43) 특히 수직왜인은 반드시 연 1회 조선에 입국하여 상경 하여 조선 국왕을 알현하는 것이 의무화되어 있었다.

일본에서 온 사송왜인들은 조선이 정한 이 절차에 따라야만 무역을 허가받았는데, 이것을 공무역이라 한다. 따라서 이들은 무역을 위해서라도 상경해야 했고, 또 국왕을 알현해야만 했다.44) 결국 조선은 의도적으로 야인과 왜인을 상경시키고, 국왕 알현이라는 절차를 통하여 그들을 조선에 외교적으로 복속시키고 그 대가로 조선과의 무역을 허가해 준 셈이 되었다.

---

41) 『海東諸國記』, 「朝聘應接記」, 闕內宴
42) 손승철, 앞의 책(1994) 참조.
43) 손승철, 「조선 전기 서울의 東平館과 왜인」, 『鄕土서울』 56, 1996, 115쪽. 한편, 高橋公明은 이를 '朝鮮外交秩序'라고 명명하였다(高橋公明, 「外交儀禮よりみた室町時代の日朝關係」, 『史學雜誌』 91-8, 1982, 67쪽).).
44) 수직왜인에 대해서는 韓文鍾, 「朝鮮前期の受職倭人」, 『年報朝鮮學』 5, 九州大學 朝鮮學研究會, 1995 참조.

둘째, 왜인 행정 일반에 관한 업무수행 및 외교교섭 장소로서의 그것을 들 수 있다. 동평관은 5품 관아로 당초에는 단순히 상경 왜인들의 숙소였으나 점차 숙소의 기능을 초월하여 왜인 행정 일반에 이르는 업무도 담당하게 되었다.

예를 들면, 1444년(세종 26) 무네모리 가문(宗盛家)에서 파견한 승 미쓰토시(光俊)가 예조에 글을 올려 6가지 조목을 정하여 달라고 청하였는데, 그 가운데 동래 온천에서 왜인들이 목욕하는 것을 허가해달라고 요청하는 조목이 있었다. 이에 대하여 예조에서는 동평관의 공문에 의거하여 이를 허락하였다.[45] 그리고 1464년(세조 10) 6월 예조에서는 동평관의 呈文에 의거하여 삼포 왜인들의 동정을 보고하고 있는데[46], 이는 단순히 상경 왜인들의 숙소로서의 동평관의 기능이 점차 왜인 행정 일반에 이르는 업무를 수행하는 곳으로 그 역할이 확대되어 갔음을 보여주는 것이다.

조선에 도착한 사자들은 예조에서 정한 규정[47]에 따라 여러 차례의 공식적인 연회에 참석하였다. 우선 포소에서는 삼포연이 행해졌고, 상경하는 도중에는 路宴이, 서울에 들어와 한강에서는 京中迎餞宴이 있었다. 상경한 왜인들은 상경 목적을 수행할 때까지는 동평관에 머물렀는데, 이때는 모든 사자들에게 3일에 한 번씩은 주간에 술대접이 있었다.

숙배일이 정해지면 궐내에 입시하여 국왕에게 배알하는데, 국왕의 숙배 때에도 궐내에서 공식적인 연회인 궐내연을 베풀어 주었으며 특별한 선물도 주었다. 그리고 양국 간의 모든 외교업무를 관장하는 관청인 예조에서 행하는 축하연(예조연)이 있었고, 名日宴이 열렸다. 그리고 사행 목적과 짐의 양에 따라 각기 정해진 체재 기일이 지나면 상경했던 길을 되돌아가는데 환송연으로 下程과 別下程이라는 연회를 열어주었다.

---

45) 『세종실록』 세종 26년 11월 병자(1일)
46) 『세조실록』 세조 10년 6월 병신(14일)
47) 『海東諸國記』, 「朝聘應接紀」

그런데 여기에서 특기할 만한 일은 일본국왕사는 경중영전연이 한강에서 이루어지고 있는 것에 비하여 거추사 이하 사자들의 경우에는 '東平館迎宴'이라고 하여 숙소인 동평관에서 이루어졌다는 것이다.48) 이것은 동평관이 단순한 사자들의 숙소만의 기능이 아닌 상경사자와의 외교교섭 장소로 기능하였음을 시사하는 것이다. 이는 중국 사자들의 숙소였던 태평관에서 우리나라 관리들과 많은 연회가 이루어지고 있었던 것과 유사한 것이다.49)

셋째, 무역처(商館)로서 그것이다. 국왕 알현과 공식 연회가 끝나면 왜인들은 동평관으로 돌아가서 예조와 약조된 공무역을 하였다. 1473(성종 4년) 8월에는 야마나 도노(山名殿)의 사자 亮瑛西堂이 가져온 우피의 대금 지불과 관련해서 당시 영의정이었던 申叔舟는 비록 內需司에서 무역하는 것이라도 國用의 예에 의하여 동평관에서 가격을 지급하라는 의견을 냈다.50)

조선 전기 상경하는 왜인들의 가장 큰 목적은 조공과 회사의 격식을 갖춘 공무역이라고 할 수 있는데, 위의 사례들은 한양의 왜관이었던 동평관은 공무역의 장소로서뿐만 아니라 무역가를 지불하던 곳이었음을 시사한다. 아울러 빈번하게 발생하는 밀무역의 장소로서 동평관이 자주 문제가 되었던 것에서도 동평관이 단순한 사자들의 객관으로서 기능에만 한정된 곳이 아니었음을 보여준다. 1411년(태종 11) 12월에는 태종의 총신 宋居信이 금은을 가지고 동평관에서 왜인과 밀무역을 한다고 고발당한 일이

---

48) 『중종실록』 중종 17년 3월 신미(24일); 『해동제국기』「조빙응접기」
1629년 조선 후기 유일한 상경사절이었던 玄方일행의 경우 서울에서의 일정을 보면 서울에 도착하여 東平館迎宴이 있었는데, 여기에서 겐포는 자신들이 거추사로 취급되었다는 것에 대해서 불만을 토로하고 연회를 거부하였다(田代和生 著, 손승철·유재춘 역, 앞의 책, 87쪽 表 참조).
49) 『태종실록』 태종 5년 3월 정미(12일), 4월 임신(7일)
50) 『성종실록』 태종 4년 8월 병자(17일)

있었다.[51] 1417년(태종 17) 12월에는 공조좌랑 朴景斌 등 3인이 공조에서 필요한 公物을 동평관에서 무역하는 과정에서 개인적인 물건을 공물에 섞어서 밀무역을 하다가 발각된 혐의로 파직되었다.[52] 또한 1429년(세종 11) 4월에는 왜통사 洪成富가 왜관에서 금은을 밀무역하던 상인 金生彦을 부추겨 왜통사 李春發을 살해하는 사건이 일어나기도 하였는데[53], 이러한 사실들은 동평관을 중심으로 양국인 간에 밀무역이 끊이지 않았음을 보여준다.

마지막으로 들 수 있는 동평관의 기능은 여진족을 제외한 교린사절의 객관이다. 동평관에는 앞에서 언급한 상경 왜인뿐만 아니라 유구국 사자들이 우리나라에 올 때 머물기도 하였다.[54] 1431년(세종 13) 9월 유구국인이 내이포에 왔을 때 이들이 만약 국왕사라면 일본국왕사의 예에 따라 접대할 것을 지시하고[55], 서울에서는 동평관에서 머물도록 하고 있는 점으로 미루어[56] 동평관은 유구국 사자가 조선에 왔을 때 객관으로도 사용되었음을 알 수 있다. 따라서 태평관이 중국 사자의 전용 객관이었다고 한다면, 동평관은 일본인을 비롯한 교린국의 사자들이 머무는 전용 객관 및 상관, 도박처였던 것이다.

2) 倭物庫

왜인들의 상경이 빈번하였던 조선 전기에는 포소와 서울의 왜관을 제외

---

51) 『태종실록』 태종 11년 12월 정유(11일)
52) 『태종실록』 태종 17년 12월 기축(8일)
53) 『세종실록』 태종 11년 3월 기사(23일), 5월 을축(20일), 7월 갑술(30일)
    이 사건을 계기로 왜관에서 공무역을 하는 상인이 통사나 사령과 공모하여 금지품목을 몰래 매매하는 것을 방지하기 위하여 '禁防條件' 6개조를 정하였다.
54) 『성종실록』 성종 24년 6월 갑술(12일)
55) 『세종실록』 성종 13년 9월 정묘(6일)
56) 『세종실록』 성종 13년 11월 정묘(6일)

하고 상경 왕환도로를 따라 역로의 객관과는 다른 상경 왜인들을 위한 숙소가 있었을 것을 추정된다. 그러나 현재로서는 그 구체상은 확인된 바 없다. 다만 주목할 만한 곳으로 花園縣의 왜물고를 들 수 있다.[57]

조선 전기 조일 간 무역이 이뤄지는 과정은 일본의 각지에서 온 사자와 상인이 무역품을 가지고 포소에 도착하면 경상도관찰사는 곧 감독관을 파견하여 물품 수를 조사하여 조정에 보고하였다. 그리고 동시에 일부는 역관·사령·禁亂官·錄事 등의 감시하에 조선 상인과의 교역을 허가하고, 일부는 서울로 옮겨져 동평관에서도 교역이 이루어진 것으로 보인다. 이때의 교역으로는 진상과 회사라는 명목으로 이루어지는 공무역과 정부가 파견한 관리의 감시하에 일반 상인 간에 이루어진 사무역으로 나뉜다.

왜물고에 대해서는 『동국여지승람』 권28 星州牧 倉庫條와 『大邱府邑誌』 화원현조에 설명되어 있는데, 세조대에 화원현의 남쪽에 창고를 별도로 건립하여 일본에서 건너온 사자들이 가지고 온 동·철·소목 등의 잡물을 저장하였다가 국가의 支用에 제공하였다는 기사가 있다. 이것으로 미루어 세조대에 이미 왜인들의 상경 길목인[58] 대구부 화원현에는 왜물을 저장하는 창고가 설립된 것으로 보인다. 다만 1472년(성종 3)의 기록에는

---

[57] 倭物庫에 관한 연구로는 金龍基의 「李朝 成宗代의 倭物庫에 對하여」, 『論文集』, 부산대학교, 1964가 거의 유일하다.

[58] 원래 왜인 상경로에 관한 규정은 1432년(세종 14)에 만들어져 삼포에서 한양에 도달하는 세 갈래의 길을 지정하였다. 특히 상경 제2로를 이용하는 왜인들의 경우 부산포→동래→양산→밀양→청도→경산→대구→칠곡→인동→상주→함창→조령→연풍→괴산→음성→무극리→장호원리→이천→광주→광진→한양에 입경하였다. 이 가운데 왜물고가 있는 화원현은 바로 대구에 위치해 있던 만큼 그곳에 왜물고를 설치하여 중개무역을 한 것도 우연한 일이 아니라고 보인다. 특히 화원현은 지리적으로 볼 때 상경로의 중간 지점에 위치해 있고, 낙동강의 중류에 있는 만큼 물품을 운반하는 데 수로를 이용하기에 편리한 곳이었기 때문에, 조정에서는 왜물고 그곳에 설치하였던 것으로 보인다. 왜인상경로에 대해서는 『海東諸國記』 「朝聘應接紀」, 上京道路에 자세하다.

왜사 일행이 바친 동철·소목이 거의 3, 4백 짐(駄)에 이르니, 농삿달에 운반하는 폐단이 적지 아니합니다. 포소에서 백성으로 하여금 무역하게 하는 것이 편안할 것 같은데, 그러나 상인이 은밀히 금지된 물품을 가지고 倭人과 교통을 하는 것은 진실로 불가합니다. 동철·소목·우마피 등은 모두 公家에서 무역하는 값에 따라 백성으로 하여금 輪轉하게 하는 것도 또한 불가합니다. 금후에는 객인이 바친 물역은 當領船軍이 배에 싣고 성주의 화원현에 수송하였다가 나라에서 쓸 만한 것은 농사의 틈을 기다려서 적당한 수량을 상납하게 하고, 그 나머지 물품은 백성들의 무역을 허락하소서.

라고 하는 경상도 관찰사의 청이 있었다. 이에 대해 국왕 성종은 왜인들이 가져온 물품을 농번기에 한양으로 옮기는 것은 그 폐해가 많으므로 화원현에 수송하였다가 농한기를 이용하여 국가에서 소용되는 것들은 상납하게 하고, 그 외에는 백성들과 교역하도록 하라는 지시를 내렸다.[59] 이러한 사실로 미루어 이때부터 화원현의 왜물고는 단순한 '왜물'의 보관창고로서만이 아닌 대일무역의 장소로도 기능하였음을 알 수 있다.

그렇다면 조정에서는 왜 왜물고에서 교역을 허락하였을까?

첫째, 일본에서 건너온 왜인들의 급증에 따라 상경 왜인들에게 제공되는 비용, 즉 倭料의 증가를 막고, 동시에 그들이 교역품으로 가져오는 소목·동·철류 등 물화를 포소에서 서울까지 수송하는 과정에서 발생할 수 있는 인근 지역 백성들의 고통을 덜어줌으로써 그 폐단을 없애자는데 근본적인 이유가 있었던 것으로 보인다.[60]

둘째, 1469(예종 원)년에 시행된 사무역 금지 조치를 들 수 있다. 조정에서는 세조대 말부터 급증하는 왜인들의 도래와 사무역으로 인한 폐단이 점점 증가하자 사무역의 금지를 논의하게 되었다. 그 단초는 1469년 3월

---

[59] 『성종실록』 성종 3년 6월 정해(22일)
[60] 김용기, 앞의 논문, 18쪽

상인 李吉生과 通事 金致中이 왜인 時難而羅와 금은을 암거래한 사건이었다. 이길생과 김치중은 시난이라와 은 40냥을 금 8냥 5돈(錢)과 바꾸기를 약속하여 이미 문권을 만들어 금을 받아온 뒤에 이길생이 단지 은 18냥과 인삼 50근만을 주었을 뿐이었다. 이 사실을 왜인 平茂績이 관에 고함으로써 발각되어 옥사가 이루어졌다. 결국 이길생과 김치중은 삼포에서 참형을 당했다. 이 사건을 계기로 조정에서는 양국인 간의 사무역을 금지하고 다음과 같은 내용의 사목을 발표하였다.61)

- 사고파는 물건 가운데 皮物·食物 등 자질구레한 것은 가까운 관의 백성이 사사로이 매매하기를 허락할 것.
- 만일 법을 무릅쓰고 매매하는 자는 중한 율로 논하고, 소재한 곳의 수령·만호로서 검거하지 못하는 자도 아울러 違制律로 논할 것.
- 이 먼저 호조의 수교에 이르기를, "삼포 왜인의 물건을 사사로이 무역하는 자는 일체 금하고, 公家의 무역은 넉넉한 값으로 하는 법을 정하고, 수를 갖추어 계달하라."고 하였으나, 간품하는 사람이 없어서 값을 정하기가 어려우니, 尙衣院의 일을 잘 아는 奴 한 사람을 데리고 갈 것.
- 이제 법을 세운 시초에 당하여 무역 및 진상·답사의 구례를 憑考하여 넉넉하게 값을 정하여, 저들로 하여금 싫어하거나 꺼리지 말게 하고, 그 准折의 근거가 없는 물건은 계문하여 법을 정할 것.

결국 조정에서는 화원현에 왜물고를 설치하고 그곳에 왜인들이 가지고 온 물품을 보관하도록 하였다. 그리고 조정에서 소용되는 물품은 한양으로 운송하되 잔여 물품은 필요에 따라 왜물고에서 수시로 민간에 매각하도록 하였다. 이를 통해 조정에서는 수출 금지 품목이었던 금·은·인삼·모피류의 일본 유출을 방지함과 동시에 상인들 간에 접촉을 통한 양국인의

---

61) 『예종실록』 예종 1년 3월 계사(9일).

충돌을 최소화하고, 국내 기밀의 누설을 최소화할 수 있었다. 그리고 포소에서 한양까지 물품을 운반하는 과정에서 동반될 농민들의 폐해도 줄일 수 있었다.

왜물고에서 이루어진 무역이란 포소에 도착하는 왜인의 무역품을 수로를 이용하여 화원현의 왜물고에 옮겨 두고 조정에서 소요되는 일부는 다시 서울에 수송하여 왕실과 관아의 물품으로 제공하고, 잔여분은 왜물고에서 민간상인에게 매도하도록 한 것을 말한다. 매각 방법은 상인이 서울의 司贍寺에 물품의 대가로 얼마간을 선납하면 호조에서는 상품의 시가를 조사해서 그 代價를 납입한 증명서를 교부한다. 그러면 상인은 그 증명서를 가지고 왜물고에 찾아가서 그에 상당한 상품을 수령할 수 있었다.[62] 따라서 왜물고 무역은 공무역이지만 진상과 회사와는 성격이 다른 중간무역인 동시에 관이 주선한 민간 상인에 대한 중개무역 혹은 관리무역이었음을 알 수 있다.[63]

그러나 1486년(성종 17)에 몇 차례에 걸친 조정의 논의를 통하여[64] 사무역의 허가가 논의되면서 왜물고는 조일무역처로서의 기능을 상실하게 된다. 그것은 조일 간의 무역양의 증가와 공무역에 따르는 제반의 불편과 폐단이 생긴 데 따른 것이었다. 실제로 교역품목 중에는 불필요한 물품이 많이 포함되었다. 한양에서의 무역은 진상과 회사형식을 취한 데 비하여 왜물고의 공무역은 정부 관리하에 민간인 사이에 매매되는 중개무역이었으므로 상인들의 불만이 증폭하면서 사무역에 대한 욕구가 늘어나게 되었다. 그래서 조정은 사무역을 허가하게 되었고, 따라서 왜물고 무역은 자동적으로 소멸되게 되었던 것이다.[65] 이것은 왜물고가 이제까지의 무역처로서 기능을 상실하게 되었음을 시사해준다고 하겠다. 그러나 이후 한양의

---

62) 『성종실록』 성종 24년 5월 신축(8일)
63) 김용기, 앞의 논문, 21쪽
64) 『성종실록』 성종 16년 2월 정묘(15일), 2월 무인(26일), 3월 임오(1일)
65) 『성종실록』 성종 16년 1월 계묘(20일)

상인들이 비밀리에 금지품목을 포소에 가지고 가서 밀무역을 행하는 폐단이 더욱 심해지고 있으므로 다시 복구하자는 조정의 논의가 계속되고 있는 것66)으로 미루어 왜물고 무역의 성격을 알 수 있다.

이후 1501(연산군 7)년에 "경상도 성주 화원현에 있는 소목 1천 근을 올려보내도록 하라."라는 기록이 나타나는 것으로 미루어 성종 연간에 있었던 왜물고 무역 폐지 이후 왜물고는 단순히 왜인들의 무역품을 보관하는 중간 창고로서 기능을 유지하다가 임진왜란을 기점으로 완전히 폐쇄된 것으로 보인다.67)

어떻든 왜물고는 조선 전기 서울의 동평관과 포소에 한정되어 있던 조일 간의 무역처가 확대된 것을 의미하며, 1472년(성종 3)부터 1486년(성종 17)까지 약 15년간 존재한 조일 무역의 공간이었다. 따라서 대단히 짧은 기간이긴 하였으나 일시적으로 조선 전기 왜관은 동평관, 포소왜관, 화원현 왜물고라는 세 가지 형태로 존재하였음을 시사한다.

3) 포소왜관

포소왜관은 1418년에 설치되었다. 1407년 흥리왜인이 머물면서 무역할 수 있는 장소를 부산포와 내이포(제포) 두 항구로 제한하였다. 이어 1418년에는 염포와 가배량에 왜관을 설치하고 그곳에 항거왜인을 안치하였다.68) 이로써 왜인들이 도항할 수 있는 포소는 부산포·염포·내이포·가배량 등 4포로 한정되었다. 그러나 이때 부산포와 제포에 왜관이 설치되었다는 기록은 보이지 않는다. 다만 1418년 조정에서 염포와 가배량에 왜관

---

66) 『성종실록』 성종 24년 2월 정사(22일), 윤5월 신축(8일)
67) 조선 후기 유일하게 서울까지 상경한 겐포 일행은 상경 당시에 화원현이 위치한 대구에 들러서 연회에 참석하였는데, 그의 상경기에는 화원현의 왜물고에 대한 언급이 전혀 없다(田代和生, 손승철·유재춘 역, 앞의 책, 77~78쪽 참조).
68) 『태종실록』 태종 18년 3월 임자(2일)

의 설치를 명한 것으로 미루어 부산포와 제포에도 이때부터는 왜관이 설치된 것으로 짐작된다.

그러나 1419년(세종 1) 대마도정벌로 포소가 폐쇄되면서 왜관의 건립은 중단된 것으로 보인다. 1423년(세종 5) 부산포와 제포를 다시 개항하면서 선군으로 하여금 객인들이 숙박하는 두 포소에 관사와 창고를 더 짓게 하고, 접대에 필요한 기물을 갖추어 이를 김해부와 동래부에서 관장하게 하였다.[69] 즉, 1423년에 부산포와 내이포를 개항할 당시에는 두 곳에 이미 관사가 존재했지만 통교왜인의 증가를 대비하여 증축하도록 한 것이다.[70]

1418년 조정에서 포소왜관을 건립하라는 명령이 있었고, 1423년에는 부산포와 제포에서 왜관 건물의 증축이 있는 것으로 미루어 포소왜관의 건물은 1418년부터 1419년 사이에 건립되었고, 1423년에 증축한 것으로 보인다. 조정에서는 1426년에 염포를 추가로 개항하였는데, 이로써 '삼포' 시대가 열리게 되었으며, 이곳에도 왜관이 설치되면서 삼포왜관으로 자리잡게 되었다.

그러나 1510년(중종 5) 삼포왜란의 발발로 포소왜관은 다시 폐쇄되었고, 이때 웅천과 제포의 왜관이 모두 불타버렸다.[71] 2년 후인 1512년(중종 7) 임신약조가 체결되면서 삼포 가운데 제포만 개항되었다.[72] 1521년(중종 16)에는 쓰시마도주의 요청으로 부산포가 추가로 개항되어 2포가 되었다. 이때 조정에서는 쓰시마의 세견선 25척을 부산포에 13척, 제포에 12척으로 나누어 분박하도록 하였다.[73] 그리고 1544년(중종 39) 사량진왜변으로 포소가 다시 폐쇄되었다가 3년 후인 1547년(명종 2) 정미약조의 체결

---

[69] 김동철, 「15세기 부산포왜관에서 한일 양국민의 교류와 생활」, 『지역과 역사』, 2008, 33쪽
[70] 한문종, 앞의 논문(2012), 257~258쪽
[71] 『중종실록』 중종 5년 8월 갑진(21일)
[72] 『중종실록』 중종 7년 8월 임술(21일)
[73] 『중종실록』 중종 16년 8월 갑진(25일)

로 부산포만 개항하였다. 이후 쓰시마도주가 제포를 개항하여 왜관을 설치해 줄 것을 거듭 요청했지만 조정에서는 허가하지 않아서 임진왜란의 발발이 있기까지 조선 전기 포소왜관은 부산포에만 존재하였다.

이처럼 포소왜관은 1418년 설치 이후 설치와 증설, 이전, 폐지를 반복하게 되었는데, 그것을 시기적으로 나누어보면 제1기 왜관성립시기(1418년~1419년), 제2기 삼포왜관시기(1423년~1510년), 제3기 이포왜관시기(1512년~1544년), 제4기 부산포왜관시기(1547년~1592년)로 나눌 수 있다. 이를 표로 정리하면 다음과 같다.

〈표 1〉 조선 전기 포소왜관의 변천

시기	포소 수	소재지	설치년대	비고
제1기	4	부산포·제포·염포·가배량	1418년(태종18)~1419년(세종원)	포소왜관 설치
		제1차 폐쇄	1419년(세종원)~1422년(세종4)	대마도정벌
제2기	2	부산포·제포	1423년(세종5)	통교재개
	3	부산포·제포·염포	1426년(세종8)	삼포왜관시대
		제2차 폐쇄	1510년(중종5)~1512년(중종7)	삼포왜란
제3기	1	제포	1512년	임신약조
	2	부산포·제포	1521년(중종16)	
제4기	1	부산포	1547년(명종2)	사량진왜변, 정미약조
		제3차 폐쇄	1592년(선조25)	임진왜란

『해동제국기』에는 부산포·제포·염포 등 삼포 지도가 수록되어 있는데, 이 지도에는 영청을 비롯하여 왜관, 사원, 주변 환경 등이 자세히 그려져 있다.74) 그러나 포소왜관의 규모에 대해서는 알 길이 없다. 다만 1493년 (성종 24) 侍講院 成世明이 염포왜관이 협소하고 관리를 제대로 하지 않

---

74) 『해동제국기』, 熊川薺浦之圖·東萊富山浦之圖·蔚山鹽浦之圖

아서 부득이하게 통교왜인을 객관이 아닌 성안에서 접대할 수밖에 없으며, 일본에서 온 사자도 성 밖의 사원이나 항거왜인의 집에서 머물고 있는 실정이라고 보고한 것으로 보아, 염포왜관의 규모나 시설은 협소하고 낡았던 것으로 짐작된다. 부산포왜관과 제포왜관도 마찬가지였을 것으로 보인다.

그러면 왜인통제책의 일환으로 시작된 포소왜관의 기능은 무엇일까?

첫째, 통교왜인의 숙박처(객관)로서의 기능을 들 수 있다. 일본에서 건너온 통교왜인들은 먼저 포소에 도착해서 진상 숙배를 위해 서울에 올라갈 때까지, 그리고 서울에서 다시 포소로 돌아와 일본으로 귀국할 때까지 포소왜관에 머물렀다.

둘째, 조일무역의 교역처 기능을 들 수 있다. 앞에서도 살펴본 바와 같이 포소왜관은 흥리왜인의 신분으로 조선에 도항해 온 왜인들의 숫자가 점차 증가하고 그들이 경상도 연해안 지방을 넘어서 전라도는 물론 다른 지역의 해안에까지 활동 영역을 확장하고 무질서하게 내왕하게 됨에 따라 부산포와 내이포 두 곳을 왜인들의 도박처로 한정시켜 그 출입과 교역품을 통제한 조치에서 비롯되었다. 따라서 무역품의 교역처로서 기능은 포소왜관이 갖는 가장 대표적인 특징임을 알 수 있다.

셋째, 포소왜관은 숙박과 더불어 외교 실무를 수행하는 외교교섭 및 응접장소로서의 기능이다. 포소에는 일본에서 오는 사자를 응접하는 왜관이 있었는데, 삼포에 왜사가 도착하면 삼포의 관리들은 그들이 소지한 서계와 도서를 검토하고, 쓰시마도주의 문인을 확인하고, 배의 대소와 승선한 사람의 수, 이름 등을 확인하였다. 그리고 규정에 따라 사자를 왜관에 들여 응접하고 상경시켰다.

조선에 도항해 온 모든 사송왜인들은 포소에 체류하는 동안 삼포연에 참석하였는데 연향은 사절의 성격에 따라 등급이 나뉘어 실시되었다. 국왕사는 삼포에 체류하는 동안 3회의 연회가 있었고, 돌아갈 때 1회의 연회가 있었다. 거추사에게는 삼포에 체류하는 동안 2회, 돌아갈 때 1회의 연회가 베풀어졌으며, 절도사의 특송사자는 삼포에서 1회, 돌아갈 때 1회의 연회가, 잇키도 등 諸酋使는 삼포에 체류하는 동안 1회의 연회가 베풀어졌다.75)

이들 연회 가운데 1회는 宣慰使가 주관하였다. 선위사란 국왕의 명을 받아 중앙에서 파견되어 京通事를 데리고 삼포로 마중 나가 외국 사신을 영접하고 위로하던 관리였다. 이러한 점을 상기할 때 삼포연이 단순한 여행의 수고로움을 위로하기 위한 연회에 그치지 않았으리라는 것은 짐작할 수 있는 일이다. 그러나 조선 후기에 왜사들이 상경이 금지된 상황에서 모든 대일 외교실무가 부산왜관 한 곳에 한정되어 있던 것에 비하면, 조선 전기의 포소왜관은 사자들의 응접소로서 기능보다는 도항해 오는 왜인들의 물품을 교역하는 무역소로서 기능이 훨씬 강했음을 알 수 있다.

마지막으로 항거왜인의 거주지로서 기능이다. 항거왜인은 무역을 위해 도항해왔다가 경제적인 이익을 위하여 삼포에 머물러 정착하거나 귀화한 사람들을 말한다. 이들은 각 포소에 있는 왜관 주위에 집단거주지, 즉 倭里(왜인 마을)를 이루어 생활을 영위하였는데 이러한 왜리는 삼포왜관과 더불어 성립하였다가 1510년 삼포왜란 이후 폐쇄되었다. 이후 왜관에서는 왜인들의 거주는 허락하지 않았다.

삼포에서 왜리의 존재는 조선 전기 왜관과 후기 왜관에서 보이는 큰 차이점이다. 조선 후기에는 왜관 안에 사자의 숙박와 무역을 위한 관소와 일본인의 거류지가 함께 혼재해 있었던 것과 달리, 조선 전기에는 관소로서 왜관과 왜인들의 거주지가 달리 구분되어 설치되었다.

---

75) 『해동제국기』, 「三浦宴」

4. 포소왜관의 단일화와 조일 외교의 특질

위의 <표 1>을 통해서 알 수 있듯이 조선 전기 포소왜관은 크게 4시기로 나뉜다.

제1기는 왜관성립기로, 도항왜인에 대한 포소 제한이 있었던 1418년부터 대마도정벌로 왜인들의 도항이 금지된 1419년까지이다.

조선초 사송왜인이나 흥리왜인의 신분으로 조선에 건너온 왜인들이 처음에는 경상도지방의 연해안을 주로 이용했지만, 점차 그 지역이 확대되어 전라도는 물론 다른 지역의 해안에까지 무질서하게 내왕하게 되었다. 그러자 조정에서는 왜인들에게 국방상의 허실이나 국가의 기밀이 누설되는 것을 미연에 방지하기 위하여 왜인들이 머물 수 있는 포소를 제한하였다.

이 논의는 1407년 당시 경상도 병마절제사로 변방의 중임을 맡아 경주에 있던 姜思德이 관내에 있는 각 포에 대한 시설의 개선책을 올리는 과정에서 나왔다. 조정에서는 그의 건의를 수용하여 경상좌도와 우도의 도만호가 거주하고 있는 부산포와 내이포(제포) 두 곳을 왜인들의 도박처로 한정시켜 흥리왜인의 출입과 교역품을 통제하기 시작하였다[76] 그러나 이후에도 조선이 정한 포소의 제한은 잘 지켜지지 않았고, 도항왜인은 더욱 급증하였다. 이에 조정에서는 1418년, 염포와 가배량 두 곳을 더 늘려 네 곳으로 포소를 한정하고, 아울러 염포와 개배량에는 항거왜인을 위한 왜관을 설치함으로써[77] 비로소 포소왜관이 성립하게 되었다. 서울의 동평관이 사송왜인을 위한 숙소 및 무역처로서 기능을 수행하였다면, 포소왜관은 사송왜인과 흥리왜인을 위한 장소였다고 할 수 있다. 그러나 이 시기에는 아직 왜관의 체제 정비가 되지 않은 초기상태였으며, 항거왜인들의 집

---

[76] 『태종실록』 태종 7년 7월 무인(27일)
[77] 『태종실록』 태종 18년 3월 임자(2일)

단거주지인 왜리가 합법화되지 않았다.

제2기는 삼포왜관시기로 1423년부터 삼포왜란이 일어났던 1510년까지이다.

식량과 생활필수품을 조선에 전적으로 의존했던 쓰시마는 1419년에 단행된 조선의 대마도정벌 이후 조선과의 관계가 단절되자 포소의 개방을 간청하였다. 일본의 당시 국내사정을 파악한 조정에서는 상왕이었던 태종 사후 대일 친선정책에 입각한 새로운 교린체제를 성립시켰다. 일본측에서는 쓰시마가 중심인 체제를 성립시키고, 조선측에서는 포소의 제한을 근간으로 사송왜인과 흥리왜인 등의 응접에 관한 여러 규정 등 통교와 무역 면에서 체계가 정비되면서,78) 1423년 부산포와 내이포 두 곳을 허락하였다.79)

1426년 당시 쓰시마의 실력자였던 사에몬타로(左衛門大郞)가 미미 산스케라(三未三甫羅)를 보내 예조에 글을 올려 두 가지의 청을 해 왔다. 거제도에 토지를 개간하게 하여 왜인들이 농사를 지을 수 있도록 해줄 것과 상선이 정박하는 곳을 내이포와 부산포 두 곳으로 한정하지 말고 경상좌우도에 있는 각 지역의 항구를 마음대로 다니면서 무역할 수 있도록 허가해달라는 것이었다. 이에 조정에서는 거주민이 모두 개간을 하였다는 이유로 전자에 대해서는 거절을 표하고, 후자의 요구에 대해서는 부산포·내이포 외에 염포의 개방을 허락하였다.80) 이로써 내이포·부산포·염포 세 포소가 일본인들이 도항하여 교역할 수 있는 포소로 제정됨으로써 이른바 삼포왜관이 성립되었다.

이 시기 주목할 만한 점은 첫째, 초기에 흥리왜인이 정박하여 머무는 것으로 한정되었던 포소가 이후 사송왜인의 경우에도 적용되었다는 점이

---

78) 中村榮孝, 앞의 논문, 486~487쪽.
79) 『세종실록』 세종 5년 10월 임신(25일)
80) 『세종실록』 세종 8년 정월 계축(18일)

다.[81] 조선은 일본 각지로부터 사송선과 흥리선의 왕래가 빈번해짐에 따라 이들 선박이 한 포소에 집중되는 폐단을 막기 위하여 삼포에 나누어 머물도록 하는 규정을 마련하였다.[82] 쓰시마도주의 세견선 50척은 부산포와 내이포에 각각 25척씩 나누어 정박하도록 하고, 나머지 여러 사자의 배는 각기 마음대로 삼포에 정박하도록 하였다.[83] 또한 삼포에 교대로 머물게 하는 三浦輪泊制를 실시하여 쓰시마에서 오는 선박은 내이포·부산포·염포 순으로 나누어 정박하도록 하였다.[84] 조선의 이러한 조치는 대마도 정벌 이후에는 사송선에 대해서도 제한을 가하였는데, 이는 이제까지와는 다른 보다 적극적인 대일통제책을 수행하려는 의도로 해석된다.

둘째, 다수의 왜인을 수용할 수 있는 거주지인 왜리의 성립이 완전하게 합법화된 시기이기도 하다는 점이다.[85] 삼포에 항거하는 왜인들이 증가하자 조선 정부는 1436년(세종 18) 삼포에 관리를 파견해 삼포에 거주하는 왜인들을 조사하고 쓰시마도주 소 사다모리(宗貞盛)에게 서한을 보내 그들의 쇄환을 명하였다. 이에 소 사다모리는 삼포 거주 왜인 가운데 귀국하기를 원하는 사람은 모두 돌려보내고 그대로 거주를 원하는 사람들은 허가하여 백성으로 삼게 하되, 다만 삼포에 있는 자신 휘하의 60인은 삼포에 살도록 해줄 것을 청했다. 조정에서는 쓰시마도주가 청한 60인은 삼포에

---

81) 中村榮孝, 앞의 논문, 488쪽
82) 『세종실록』 세종 22년 4월 신축(29일)
83) 『해동제국기』 「朝聘應接紀」, 三浦分泊
84) 『세종실록』 세종 24년 5월 경신(1일)
85) 『朝鮮通交大紀』 권1, 「円通寺公」에서는 조선 정부가 포소를 삼포로 제한하면서 부산과 염포에는 倭戶만을 두고 제포에는 관소를 설치하여 일본에서 건너 온 사자들의 접대장소로 사용하였다고 하여 마치 삼포시대에는 부산포와 염포에는 항거왜인의 거주지를 설치하고, 제포에는 응접의례를 수행하는 관소만을 설치한 것으로 설명하고 있다. 그러나 실록에서 보이는 다수의 기사나 1471년 신숙주가 편찬한 『해동제국기』에 수록된 삼포의 지도에는 삼포에 왜인들의 집단거주지와 관소가 함께 그려져 있어서 삼포에는 왜관과 별도로 관소 주변에 왜인마을, 즉 왜리가 존재했음을 알 수 있다.

거주를 허락하고, 경상도에 경차관을 파견하여 삼포에 거주하는 왜인을 조사하여 내이포의 2백 53인과 염포의 96인과 부산포의 29인 등 모두 378인을 쓰시마로 돌려보내고, 계속 거주를 희망하는 2백 6인에 대해서는 계속 삼포에 거주할 수 있게 하였다.86)

그러나 이후에도 허가없이 삼포에 거주하는 왜인들이 많아져 무리를 지어 萬戶를 위협하고 어민을 죽이고, 노략질 등 왜인들에 의한 불법행위가 증가하자 조정에서는 三浦曉諭使 후지 야스키치(藤安吉)에게 선유하는 절목을 내리고,87) 쓰시마도주와 守護代官 소 모리나오(宗盛直)에게 서한을 보내 세종 18년에 허락한 쓰시마도주 권하의 60인민을 미물게 하고, "속히 변민을 겁탈하여 살해하고, 만호를 위협하여 핍박하고, 공전을 함부로 경작한 자를 모두 조사해서 찾아내어 엄히 징계하고, 삼포에 거주하는 자도 또한 속히 한결같이 이전에 약속한 대로"하라고 지시하였다.88)

이러한 사실은 적어도 왜인 60인에게는 삼포 거주가 완전히 합법화되었음을 의미한다. 나아가 도주가 거주의 허가를 요청한 관하 60인은 훗날 60호로 해석되어 제포 30호, 부산포에 20호, 염포에 10호가 배분됨으로써 조선측이 정식으로 인정한 삼포왜인 수의 상한이 되었다.

셋째, 이 시기는 왜구문제가 어느 정도 해결되어 조선정부는 대일관계에서 어느 정도 자신감이 확보되었으며, 특히 15세기 말을 기점으로 해서 대일정책이 강경해지고 있다는 점이다. 한 예로 왜리에 대한 검찰권과 倭田 및 항거왜인의 어로행위에 대한 과세가 이 시기를 전후하여 이전과는 다른 형태로 논의되고 결정되고 있다는 점을 들 수 있다.

조선 조정은 왜리의 형성이 합법화된 이후 왜리의 검찰권에 대해 초기에는

---

86) 『세종실록』 세종 18년 3월 을미(29일); 『세조실록』 세조 12년 12월 갑인(17일); 『세조실록』 세조 13년 2월 기유(13일).
87) 『세조실록』 세조 12년 12월 갑인(17일)
88) 『海東諸國記』, 「朝聘應接紀」, 三浦禁約; 『세조실록』 세조 13년 2월 기유(13일)

예조에서 경상도 감사의 관문에 의하여 아뢰기를, "내이포에 항거하고 있는 왜인 而羅三甫羅가 時郎古羅와 사이가 나빠서 찔러 죽이니, 그의 친구 伊羅時羅가 또한 이라삼보라를 죽였습니다. 저들이 비록 왜인이라 할지라도 여러 해 포구에 거주하여 우리나라 법령을 대강 알면서도 함부로 사람을 죽였사오니, 그 죄를 마땅히 징계해야 되겠지만, 포구에 거류하고 있는 왜인은 우리나라에 귀화한 것과는 다르니, 청하건대 그냥 내버려두고 죄를 묻지 말 것입니다." 하니, 그대로 따랐다.[89]

라고 하는 것에서 볼 수 있듯이 삼포의 왜인은 投化倭(向化倭)와는 다르므로 조선의 법으로 처벌할 수 없다는 입장을 취하였다. 그리고 왜전에 대한 과세권에 대해서도 행사하지 않고, 그 징세권은 쓰시마도주가 장악하고 있었다.[90]

원칙상으로는 세종 17년(1435)에 내이포 항거왜인이 새롭게 개간하는 토지에 대한 과세가 결정되었지만[91], 실재로 행사되지는 않았다. 1474년(성종 5) 예조가 소 사다쿠니(宗貞國)에게 보낸 문서 가운데 삼포인은 조선의 영역 내에 있으면서도 아직 조선에 역을 지고 있지 않다고 나와 있고,[92] 1477년(성종 8)에도 전지에 대한 과세가 이루어지지 않았다.[93]

그런데 15세기 말이 되면 다음에서 볼 수 있듯이,

---

89) 『세종실록』 세종 10년 8월 임진(13일)
90) 『성종실록』 성종 16년 3월 무술(17일), 성종 17년 10월 정축(6일)
91) 『세종실록』 세종 17년 12월 경술(13일)
92) 『성종실록』 성종 5년 11월 신유(10일)
93) 村井章介와 關周一는 "조선이 원칙론으로는 전지를 소유한 왜인에게 과세하는 것으로 되지만 결국 왜인이 야기할 트러블을 두려워하여 과세를 정지하는 조치를 취하는 패턴을 반복하고 있는데, 그 배경에는 왜인이 야기할 트러블, 혹은 왜구의 재발에 대한 공포가 있을 것이다"라고 언급하였다(村井章介, 『中世倭人傳』, 岩波書店, 1993, 101~103쪽; 關周一, 「對馬·三浦の倭人と朝鮮」, 『朝鮮史研究會論文集』 36, 1998, 100쪽). 그러나 이러한 견해는 일본의 武威를 지나치게 강조하여 해석하는 경향으로 파악된다. 이미 조선 중기가 되면 조선은 여러 가지 통제정책을 통하여 쓰시마를 기미의 틀 안에 두었으므로 왜구 재발에 대한 두려움 등은 없었다.

호조에서 아뢰기를, "지금 전교를 받으니, 삼포의 왜인에게 세금을 징수하는 일을 알아듣도록 타이르는 절목을 예조와 함께 의논하여 아뢰라고 하셨는데, 신 등은 생각하기를, 변장으로 하여금 그들에게 말하기를, '이 앞서는 너희들이 경작하는 전지의 수효가 적었기 때문에 국가에서 내버려 두고 묻지 않았는데, 금년에는 양전한 결부의 수가 지난날에 비교하면 갑절이나 많다. 전지가 있으면 조세가 있게 되는 것은 천하 고금에 바꿀 수 없는 떳떳한 법이며 또한 너희 나라에서도 필연코 시행하는 것이다. 너희들만이 어찌 그렇게 하지 않겠는가? 전례에 의거하여 세금을 실어다 바치는 것은 도리의 당연한 바이다. 만약 그 세금을 실어다 바치는 것을 꺼린다면, 우리나라에서 경작해 먹을 수 없을 것이다.'라고 이렇게 알아듣도록 설명하고 금년부터 세금을 징수하도록 하소서."하니, 그대로 따랐다.[94]

라고 하여, "토지가 있는 곳에 과세해야 한다"는 원칙론이 대두되었다. 결국 1494년(성종 25)부터 삼포왜인에게 전지에 대한 조세의 징수가 결정되어 변장을 통하여 항거왜인들에게 통고된다. 이는 조선 정부가 삼포의 항거왜인에게 기존에 존재해왔던 특권 상태를 해소하고 새로운 부담을 강요한 것이다.[95]

제3기는 1512년(중종 5)부터 사량진왜변으로 제포왜관이 폐쇄된 1544년(중종 39)까지로 단일왜관과 이포왜관이 공존했던 시기이다.

1510년에 일어난 삼포왜란은 제포·부산포·염포의 삼포의 항거왜인들이 쓰시마의 대관 소 모리치카(宗盛親)의 지원을 받아 일으킨 왜변으로, 부산첨사 李友曾를 비롯하여 272명이 살해되고 민가 800여 호가 불타버린 사건이다. 이 왜란을 이유로 조정에서는 도항왜인의 개항장이었던 삼포를 폐쇄하였다.

폐쇄된 포소왜관은 두 해 뒤인 1512년 임신약조의 성립으로 외교관계

---

94) 『성종실록』 성종 25년 5월 정유(10일)
95) 村井章介, 앞의 책, 98쪽

가 재개되었지만 더 이상 삼포왜관은 아니었다. 삼포 가운데 제포 한 곳만 개방하게 되었고 그곳에 왜관이 설치되었다.96)

　제포왜관의 설치는 임신약조에 근거한 것으로 조약 내용 총 9개 조 가운데 왜관에 관한 내용이 2개나 나오는데, "(왜인의) 삼포 거주를 허락하지 않는다", "대마도에서 제포로 오는 직선 항로 이외에 다른 길로 다니는 자는 적왜로 논한다"는 항목이 그것이다.97) 이로써 삼포의 항거왜인의 거주지 곧 왜리가 존재하지 않게 되고, 삼포 가운데 제포만이 유일한 포소왜관으로 허용되었음을 알 수 있다.

　제포 단일왜관의 설치는 기존에 많은 폐해의 온상지였던 포소왜관에서 왜인의 체류 공간의 존재를 인정하지 않음으로써 도항왜인에 대한 통제를 더욱 강화하는 계기가 되었고, 아울러 국초부터 내재해 있던 왜구문제로부터 조선정부가 자유로워졌음을 시사한다. 더불어 국내적으로 연산군의 축출과 중종반정이라는 정치적 위기 속에서 약화된 대일통제정책의 기반을 다시 한번 확고히 마련하는 계기가 되었다.

　그러나 1514년 제포왜관 설치 이후 도항해 오는 모든 왜인을 제포에서만 접대하게 되면서 역로와 각 고을에서 연향을 주선하는 폐해가 많으므로, 게다가 부산포의 왜관 건물이 그대로 있다고 하므로 이를 보수하여 접대하면 어떻겠냐는 논의가 조정에서 있었다.98) 이를 계기로 1521년 부산

---

96) 『朝鮮通交大紀』 권1 「円通寺公」
97) 『중종실록』 중종 7년 8월 신유(20일), 임술(21일)
　　임신약조는 1443년(세종 25)의 계해약조를 폐기하고 쓰시마에 대해 보다 엄격한 제한을 가해 체결된 것으로 그 내용은 다음과 같다. 첫째, 왜인의 3포 거주를 허락하지 않고 3포 중 제포만 개항한다. 둘째, 쓰시마도주의 세견선을 50척에서 25척으로 반감한다. 셋째, 세사미두 200석을 반감해 100석으로 한다. 넷째, 특송선제도를 폐지한다. 다섯째, 도주의 아들 및 대관의 수직인·수도서인들의 세사미와 세견선을 허락하지 않는다. 여섯째, 도주가 보낸 선박 이외의 배가 가덕도 부근에 와서 정박하면 적선으로 간주한다. 일곱째, 쓰시마에서 제포에 이르는 직선 항로 외의 항해자는 적왜로 규정한다. 여덟째, 상경왜인은 국왕 사신 외에는 도검의 소지를 금한다(『한국민족문화대백과』, 「임신약조」 항목).

포 왜관이 재개되어 1544년까지 제포와 부산포 왜관이 양립하였다. 23년간 2포 왜관시대가 전개된 것인데, 조정에서는 쓰시마의 세견선 25척 가운데 부산포에 13척, 제포에 12척으로 나누어 분박하도록 하였다.[99]

1544년 사량진왜변이 일어났다. 왜선 20여 척이 현재의 경상남도 통영시 遠梁面 鎭里에 있던 蛇梁鎭에 침입하여 수군 1명을 죽이고 10여명에게 부상을 입힌 뒤 사람과 말을 약탈해 간 무력충돌이었다. 이 사건으로 조정에서는 쓰시마와의 임신약조를 완전히 폐기하고 왜인의 조선 왕래를 차단하였다. 이로써 조선과 쓰시마의 관계가 다시 단절되고, 개항장 제포와 부산포가 폐쇄되면서 자연히 포소왜관이 또다시 폐쇄되었다.

제4기는 부산포 단일왜관 시기로, 사량진왜변 이후 1547년부터 임진왜란의 발발 전까지이다.

제포왜관이 폐쇄된 후 3년이 지난 1547년에 쓰시마도주의 간청으로 정미약조가 체결되었다. 정미약조는 쓰시마도주의 간절한 요청을 받아들여 맺어진 것인데, 이때는 왜인의 부산포 왕래만이 허락되었다. 조정에서는 쓰시마도주의 제포왜관의 재설치 요청을 물리치고 왜관을 부산포만으로 한정시켜 포소왜관을 다시 단일화함으로써,[100] 왜인의 입항장도 왜관도 부산 한 곳으로 제한하였다. 이 시기에 주목해야 할 점은 15세기 말경부터 강화된 조선의 도항왜인에 대한 통제책이 16세기가 되면 더욱 확고해졌다는 점이다. 사량진왜변 이후 조선은 부산포왜관만은 존속시킴으로써 왜관 폐쇄라는 강경조치를 하지 않았다는 점이 이를 대변한다.

쓰시마의 끈질긴 요청에도 불구하고 부산포로 포소왜관을 단일화한 데에는 무엇보다도 군사적인 이유가 가장 컸다.[101] 제포는 원래 주변에 자

---

98) 『중종실록』 중종 9년 11월 정해(29일)
99) 『중종실록』 중종 16년 8월 갑진(25일)
100) 『朝鮮通交大紀』 권2, 「西福寺公(宗晴康)」
 "薺浦の海路を禁し、始て館所を釜山浦へ移せし事、天文十三年甲辰(1544년, 중종 39)の事と見えたり……"

그마한 섬들이 갈려 있으므로 왜인들이 작당하여 도서에서 그 인근에 있는 섬으로 은닉하여 폐단을 일으키기가 용이한데 비하여, 부산포는 조선 측이 왜인들을 통제하기가 유리한 곳이었기 때문이었다. 따라서 몇 차례의 왜변을 경험한 조선으로서는 기존의 왜인통제방식에서 더 나아가 지리적으로 통제하기 유리한 부산포로 포소왜관을 이전함으로써 보다 적극적인 왜인 통제를 꾀한 것이다.

부산포왜관의 전통은 이후 조선 후기 부산왜관으로 이어졌는데, 입항장, 곧 도박처로서의 성격에는 변함이 없었다. 그러나 조선 후기 왜관에는 여성의 동반을 금지함으로써 포소체재하는 왜인은 항거왜가 아닌 '留館倭人'으로 불리게 되었다.[102]

5. 맺음말

지금까지 조선 전기 왜관의 설치와 종류 및 기능에 대해서 살펴보고, 포소왜관의 단일화 과정이 조선의 대일 통제정책과 밀접한 관련이 있음을 확인하였다. 그 내용을 간략히 정리함으로써 조선 전기 왜관의 특징에 대해서 간략히 언급하고자 한다.

첫째, 조선 전기 왜관의 기원은 고려시대에 금주에 있었던 '김해왜관'에서 찾을 수 있다. 그리고 조선시대 왜관은 1409년 서울의 동평관 건립에서 시작된다. 다시 말하면, 고려시대 '김해왜관'이 비록 국가 제도로서 성립된 것이 아니고 조선 초기 조정의 통제정책과는 관계없는 흥리, 즉 교역을 위해 마련된 장소라는 점에서 그 성격에 차이점이 있다. 그러나 그곳에서 양국 간에 무역이 이루어졌다는 점에서 조선시대 왜관의 성립과 밀접

---

[101] 『명종실록』 명종 22년 5월 경오(16일)
[102] 村井章介, 앞의 책, 169쪽

한 관련이 있다.

둘째, 조선 전기 왜관은 후기의 그것과 달리 세 가지의 형태로 존재했다는 점이다. 첫째, 상경하는 일본사자들의 객관으로 출발한 동평관, 둘째. 사무역의 폐지로 인해 극히 짧은 기간에만 작동했지만 조일무역이 이루어진 공간으로서 왜물고, 마지막으로 도항해 오는 왜인들이 머물고 물품을 교역하는 개항장, 객관, 상관, 거류지로서의 포소왜관을 들 수 있다. 그런 점에서 조선 전기 왜관은 세 가지의 형태로 존재하면서 숙박소, 응접소, 무역소 등의 역할을 수행하였다. 이렇듯 다양한 형태의 왜관이 존재한 데에는 대일외교정책의 정비과정에서 일본사자들의 국왕숙배식을 통해 조선 중심의 우월의식을 고취하고자 하는 조선의 의도와 쇄도하는 도항왜인들과 무역량의 증가에 따른 결과로 인한 것이었다.

셋째, 포소왜관은 1418년 염포와 부산포에 왜관이 설치되면서 시작되었으며, 이후 포소의 제한과 더불어 설치·폐쇄·증설 등을 반복하면서 단일화되는 변화과정을 거쳤다. 이러한 포소왜관의 변화는 조선의 대일정책이 건국 초기 최대의 과제였던 왜구의 평화적인 통교인화와 통제책의 강화 및 대일정책의 정비과정과 궤를 같이한 것이었다.

네째, 조선 전기 포소왜관에는 '왜관'이라고 불리우는 관소 및 인접한 곳에 합법화된 왜인들의 항구적인 정착촌인 일본인 마을로써 '왜리'가 있었다는 점이 주목된다.

조선 후기 왜관은 조선이 정한 면적 안에 6척 높이의 담장이 둘러져 대일외교 및 무역업무를 수행하는 공간이었을 뿐만 아니라 일시적으로 체류하는 왜인들의 거주 공간까지 함께 존재한 '왜인 마을'이었으며, 조일 양국인의 출입은 철저하게 통제되었다. 그러나 조선 전기 왜관, 특히 포소왜관은 항거왜인들이 집단적으로 거주하는 왜리와 관소가 분리되어 있었다.

물론 전기의 왜관에서도 양국인의 접촉은 금지되었다. 응접의례가 행해지던 동평관이나 포소왜관의 관소에는 담을 두르고 양국인의 출입을 통제하였다.103) 왜리 또한 민가와 떨어져 설치되었다. 『해동제국기』의 「웅천제포지도」에는 왜인들이 거주하는 왜리와 조선인들이 거주한 웅천읍성 사이에는 제포토성이 설치되어 일본인과 조선인의 생활권이 나누어져 있었다. 웅신고개 아래로 오른쪽에는 왜관과 왜인촌이 있었고, 왼쪽으로는 경상우도 수군진을 설치하였다. 따라서 거제도에 있는 세 군데의 수군만호(知世浦·玉浦·永登浦)와 수군진을 선으로 연결하면 제포왜관은 외부와 차단이 되는 형국이었다.104)

이렇듯 삼포의 왜리에 거주하는 일본인에 대해서 조정에서는 일정한 제한구역을 정하고 경계의 출입을 엄격히 금지하였으며, 조선인들도 그들과 가까이 지내지 못하도록 규제하였다.105) 그러나 이러한 금령에도 불구하고 잘 지켜지지 않았던 것으로 보인다. 삼포의 항거왜인들은 "스스로 방자하게 출입하여 혹은 나무를 하고 혹은 예불을 위해 내지에 깊이 들어오며, 혹은 물건의 판매를 이유로 옷을 바꾸고 말씨를 변하여 여러 고을로 횡행하기도"하였다. 심지어 조선인들에게서 농기구와 농우를 구입하여 민가에서 섞여 살면서 농사까지 지을 정도로 그들의 거주 범위는 애초의 제한구역을 넘어서는 경우도 많았다.106)

다섯째, 포소에 위치한 왜리의 성격을 들 수 있다. 조선 후기의 왜관이

---

103) 『세종실록』 세종 20년 1월 임진(7일)조에는 조선은 왜인들의 불법행위를 방지하기 위해 왜관 주위에 이중으로 장벽을 둘러싸고(안쪽은 木栅), 서쪽과 북쪽에 두 개의 문을 만들어 상주하는 把守를 두어 왜인들의 출입을 감시하도록 하게 하였다는 기사가 나온다.
104) 村井章介는 조선정부가 항거왜의 대책으로써 그들의 활동을 막기 위해 진성이나 관한을 설치하였는데, 첫째, 포와 州郡의 경계선상에 왜인거류구를 명시하고 왜인의 활동을 그 내부로 물리적·공간적으로 봉쇄하여 쌓여진 장벽, 둘째, 삼포의 곳곳에 설치된 수군의 영소로 에워싸서 왜인과의 變事에 대비하여 왜인을 군사적으로 위협하기 위한 진성 타입으로 되어 있다고 밝혔다(村井章介, 앞의 책, 116~118쪽).
105) 『성종실록』 성종 5년 7월 경진(27일)
106) 『중종실록』 중종 4년 4월 계해(2일)

도항해 오는 왜인들의 일시적인 주거지였다면 삼포의 왜리는 항구적인 정착촌으로 다양한 구성원이 존재하였다는 점이다. 조정에서는 항거왜인들을 통제하고 쇄환하기 위한 목적으로 종종 삼포에 거주하는 왜인들의 수를 조사하였는데, 가장 많을 때에는 약 500호에 3,000여 명의 항거왜인이 있었다고 한다.

1475년 3월에 실시된 항거왜인의 거주실태를 조사한 자료에 의하면,[107] 당시 삼포왜인의 총수는 450호로 총인구는 1,209명이었다. 삼포 가운데 제포가 가장 인구가 많았고, 성인 남자는 554명이, 성인 여자는 780명으로 거의 같은 수이고, 어린이부터 노인, 승려에 이르기까지 다양한 계층의 사람들이 거주하였다. 이러한 인구 구성은 조선 후기의 왜관이 성인 남자 이외의 어떤 사람도 체류할 수 없고, 유녀의 출입조차 금지되었던 철저한 금녀의 구역으로 성인 남자들의 세계였던 것과는 달리 삼포의 왜인들은 가정을 이루어 가족 단위로 거주하였음을 의미한다. 이것은 삼포의 왜리가 도항왜인들의 무역을 위한 일시적인 거주지역이 아니라 상주지역이었음을 시사한다.

---

[107] 『성종실록』 성종 6년 2월 신해(2일)

제2장 조선 후기 왜관의 성립과 왜관 정책의 변화

1. 머리말

　조선 전기 일본 사절은 제포·부산포·염포 이른바 삼포에 도착하여 서울에서 조선국왕을 알현하고 조일 외교를 마무리하고 돌아갔다. 여기에 무역이 함께 수반되었다. 그러므로 조일외교는 서울에서 진행되었고, 조일무역은 서울의 동평관과 포소왜관에서 이루어졌다.
　그러나 조선 후기에는 서울의 왜관이었던 동평관이 1609년(광해군 1) 정식으로 폐지되면서 왜관은 부산에만 남게 되었다.[1] 이로서 외교의례 및 접대는 서울, 무역은 서울과 포소왜관이라는 기존의 도식은 무너지고 외교와 무역을 비롯한 조선 후기 조일관계는 오로지 부산에 위치한 왜관에서만 이루어지게 된 것이다.
　결국 부산의 왜관은 조선 후기 한일관계의 실질적인 통교업무가 수행된 곳이었으며, 특히 초량왜관은 당시 동아시아 지역에 존재했던 외국인 무역거점 중에서도 최대 규모로, 관내에는 쓰시마에서 파견된 외교사절, 관리, 상인 등의 숙사가 설치되어 있었고, 관외에는 외교의례용 건물, 조선 측 관리의 집무소와 같은 부속시설이 배치되었다.
　최근의 왜관에 관한 연구 경향은 '왜관, 닫힌 세계의 열린 틈새'라는 어구에서도 짐작할 수 있듯이 교류와 소통이라는 점에 초점이 맞춰지고 있다.[2] 조선 초기 왜관이 성립하게 된 배경에서도 알 수 있듯이 조선정부에

---

[1] 『春官志』 권3, 「倭館」
[2] 왜관 내 '교류와 소통'이라는 측면에서 왜관을 다룬 대표적 연구는 다음과 같다. 이훈, 「1836년, 남응중의 난입사건 취급과 근세 왜관」, 『한일관계사연구』 21, 2004; 김동철, 「조선 후기 통제와 교류의 장소, 부산 왜관」, 『한일관계사연구』 37,

게 왜관은 조선에 건너온 일본인의 통제를 위한 공간이었다. 그럼에도 왜관에서는 조선 정부의 바람과는 달리 양국인 간에 많은 교류와 접촉이 이루어졌다. 심지어 지역민과 왜관 내 일본인 사이에 경제적 목적 외에 정치적 사안에 대해 연대할 수 있는 소통이 이루어지기까지 하였다.[3] 그러나 아이러니하게도 그러하기 때문에 조선정부에게 왜관은 더욱 통제해야 하는 공간이기도 하였다.

주지하다시피 조선 후기 부산 왜관은 280여 년 동안 세 번에 걸쳐 장소를 옮겼다. 절영도왜관, 두모포왜관, 초량왜관이 그것이다.[4] 본 연구에서는 조선 후기 세 차례의 왜관 이전 과정을 통해 조선정부가 희망한 '바람직한' 왜관의 모습은 어떤 것이었는지를 밝혀보고자 한다. 나아가 임진왜란 후 조일 양국 간에 국교재개는 이루어졌으나 조선 전기와는 너무나 달라져 버린 상황에서 왜관운영을 위해 조선정부가 주목한 것은 무엇인지에 대해서도 살펴보고자 한다. 나아가 왜관 이전을 통해 이루어진 일본인에 대한 통제의 시도와 실상을 면밀하게 살펴봄으로써 조선 후기 왜관의 기능과 성격을 밝혀보고자 한다.

2. 절영도왜관의 성립

조선 전기에는 한양의 동평관 외에 삼포(부산포·제포·염포)에 왜관이 설치되었다. 삼포의 경우 여러 차례 개설과 폐쇄를 반복하다가 1547년(명

2010; 양흥숙, 「조선 후기 東萊 지역과 지역민 동향 -왜관 교류를 중심으로-」, 부산대학교 박사학위논문, 2009. 「조선 후기 왜관 통제책과 동래 지역민의 대응」, 『역사와 세계』 37, 2010, 「'범죄'를 통해 본 조선 후기 왜관 주변 지역민의 일상과 일탈」, 『한국민족문화』 40, 2011
[3] 양흥숙, 위의 논문(2011)
[4] 『조선왕조실록』에서 왜관은 釜山倭館, 釜山館, 釜官, 東萊倭館, 東萊館, 萊館으로도 기록되어 있다.

종 2) 丁未約條로 부산포왜관으로 단일화되었다. 이때부터 포구에 있는 왜관은 부산에만 존재하였다. 그러나 임진왜란의 발발로 일본과의 국교가 단절됨에 따라 서울의 동평관과 부산포왜관은 모두 폐쇄되었다.[5] 이후 부산포왜관은 일본군이 구축한 倭城에 흡수되어 사라졌다.

임진왜란이 종결된 직후, 쓰시마는 조일 국교 재개를 꾀하며 조선에 사자를 파견하기 시작했다. 경제적으로 자활 능력이 없었던 쓰시마로서는 조일 국교의 회복과 무역의 재개가 자신들의 생존을 위한 필수 조건이었다. 이에 1599년(선조 32) 6월부터 사자를 파견하고, 조선인 피로인(민간인 포로) 일부를 송환해 왔다. 이듬해인 1600년(선조 33) 4월, 쓰시마가 일본 측의 국교 회복 요청을 조선에 전달하자, 조선은 임진왜란 후 처음으로 회답하였다. 이렇게 시작된 양측의 교섭으로 인해 '倭使'의 왕래가 자주 이뤄지면서 조선에서는 관련 업무를 수행할 공간이 필요해졌다. 이에 따라 절영도에 왜관이 설치되었다.

절영도왜관은 1601년(선조 34)경 설치되어 1607년(선조 40) 두모포로 왜관이 이전될 때까지 존속하였다.[6] 임진왜란 후 조선과 일본 간의 국교가 수립되지 않은 상황에서 강화교섭을 위해 온 일본 사절을 '임시적으로' 맞이한 공간이었다는 의미에서 '가왜관', '임시왜관'으로 불리기도 했다. 그러나 절영도왜관이라는 명칭이 당대에도 이미 사용되었고[7], 또한 그곳

---

[5] 조선 전기 왜관의 성립과 변천에 대해서는(다시로 가즈이 지음·정성일 옮김, 『왜관-조선은 왜 일본사람들을 가두었을까?』, 논형, 2005, 21~28쪽; 본서의 1부 제1장 참조
[6] 한편, 김의환은 절영도왜관의 설치시기를 1603년으로 보고, 절영도왜관의 존속기간을 1603~1607년이라고 하였다(金義煥, 「李朝時代に於ける釜山の倭館の起源と變遷」, 『日本文化史研究』 2, 帝塚山短期大學 日本文化史學會, 1977. 이에 반해 小田省吾와 田代和生은 절영도왜관은 1601년에 설치되었고, 1607년에 폐지되었다고 보았다.(小田省吾, 앞의 논문); 田代和生, 「草梁倭館の設置と機能」, 『近世日朝通交貿易史の研究』, 創文社, 1981.
[7] 慶暹, 『海槎錄』 2월 임자(19일)

에서 조일 간의 외교교섭과 무역, 사절의 숙박 등 왜관으로서 기능이 수행되었다는 점에서 '가왜관'이 아닌 '왜관'으로 명명해도 좋을 것이다.

절영도는 지금의 부산광역시 영도구에 있는 섬, 影島를 의미한다. 절영도 남단은 쓰시마 북단과 가장 가까운 지점으로, 일본에서 조선으로 건너올 때 자주 이용된 익숙한 항로였다. 이에 따라 임진왜란이 발생하기 1년 전인 1591년(선조 24), 쓰시마도주 소 요시토시(宗義智)는 조선에 건너와 절영도에 정박한 뒤 조선 사정을 탐지하고 돌아간 바 있다.[8] 또한, 임진왜란 당시 사쓰마번(薩摩藩)의 수군이 군선을 정박시키기 위해 해안을 준설하여 정박지로 조성한 포구 즉 사쓰마보리(薩摩堀)가 남아 있어서 일본 사절들이 안전하게 상륙하는 거점 역할을 하였다.[9]

조선정부가 절영도에 왜관을 설치한 이유는 여러 가지 요인이 복합적으로 작용한 결과였다. 우선, 임진왜란 이후 기존의 부산포왜관이 부산진성에 흡수되면서 군사기밀 지역이 되었기 때문에 기존의 왜관을 활용할 수 없는 상황이었던 데다 임진왜란을 겪은 후 침략군에 대한 적개심이 극도로 높아진 당시의 분위기에서, 일본 사절이 부산포 해안에 상륙하는 것은 대의명분으로 보나, 백성들의 정서로 보나 받아들이기 어려운 일이었다. 또한, 국내 정보가 일본에 누설될 가능성이 있었기 때문에 조선으로서는 결코 용납할 수 없는 것이었다. 그러나 일본의 재침략 가능성에 대한 우려와 동아시아 국제 정세를 고려했을 때, 조선에 건너온 일본 측 사절을 완전히 외면하고 방치할 수도 없는 것이 현실이었다. 이러한 복잡한 상황 속에서 조선 정부는 육지에서 떨어져 있으면서도 부산 앞 바다에 위치한 절영도를 최적의 대안으로 선택했을 것이다.

절영도왜관의 공간 구성과 건물 배치는 비교적 단순한 형태였던 것으로 보인다. 1607년 回答兼刷還使의 副使로 일본을 다녀온 慶暹의 『海槎錄』

---

[8] 『亂中雜錄』 萬曆 19년(선조 24) 9월
[9] 김재승, 「절영도왜관의 존속기간과 그 위치」, 『동서사학』 6·7합집, 2000, 89~90쪽

에는 같은 해 7월, "왜인 橘智正이 절영도에 왔는데, 옛날 館舍는 철훼되고 초가집이 보잘것없으며"라는 기록이 남아있다. 이 시기는 두모포로 왜관의 이전이 결정된 후 두모포왜관 내 건물들이 거의 완공된 시점이었지만, 해당 기록을 통해 절영도왜관이 최소한의 관사 건물과 주변에 초가집으로 된 보조 건물들로 이루어졌음을 짐작할 수 있다. 이는 절영도왜관이 임기응변적인 성격을 띠고 있었으며, 규모도 크지 않았음을 알려준다.

절영도왜관 건물의 조영 주체는 조선정부가 아니라 일본측(쓰시마)으로, 그들의 필요에 따라 임시 건물을 축조했을 것이라는 견해가 있다.[10] 임진왜란 직후 절영도는 무인도였기 때문에 건축공사가 불가능했고, 왜관 건물도 없어 선상대담(船上對談)을 했을 것이며, 이후 일본 사절의 출입이 빈번해지고 피로인 송환선박이 절영도에 기항하면서 일본 측에서 자신들의 필요에 따라 임시 건물을 수시로 건립했을 것이라는 해석이다. 그러나 임진왜란 이전이나 이후에나 왜관의 조성·수리·개건 등을 조선 정부가 주도하고 비용을 부담한 점, 왜관은 본래 조선에 건너온 일본인을 통제하기 위한 목적에서 설치되었다는 점을 고려하면, 절영도왜관의 건물은 조선 측에서 마련했을 가능성이 크다.

절영도왜관은 임진왜란 직후 조일 양국 간의 강화교섭을 위해 긴급히 조성된 공간이라는 점에서 조선 전기 왜관과 후기 왜관의 과도기적 성격을 지닌다. 조선정부로서는 일본과의 필요성 때문에 절영도왜관을 설치할 수밖에 없었으나, 그것이 결코 반가운 존재는 아니었을 것이다. 임진왜란 이후 일본인이 절영도에 머문 사실은 『선조실록』 1600년(선조 33) 6월 15일 기록에 처음 등장한다.[11] 당시 동래부사 金遵階는 그해 5월 8일 부산에서 일본 사절과 중국 장수가 연회를 마친 후 귀환하던 중 바람이 순조롭지 않아 절영도에 정박해 있었으며, 이후 5월 25일 일본으로 떠났다고

---

10) 김재승, 위의 논문, 105~106쪽
11) 『선조실록』 선조 33년 6월 병술(15일)

보고했다. 이 기록을 통해 절영도가 일본 사절이 조선을 왕래할 때 바람 등을 피하는 기항지로 활용되었음을 알 수 있다.

3. 두모포왜관의 성립과 왜관 정책

1) 두모포왜관의 조성

국교 재개 교섭이 본격화된 1606년(선조 39)부터는 정식 왜관의 필요성이 대두되었다. 조정에서는 일본인들이 조선 국왕의 능을 파헤치고 조선의 백성을 죽인 원수이므로, 그들과 국교를 재개하고 왜관을 건립하여 교역한다는 것은 부끄러움을 모르는 치욕적인 것으로 인식하기도 했다.12) 다른 한편으로, 절영도에 일본 사절을 머물게 하는 것은 그들을 섬에 유폐시키는 것으로 오해를 살 수 있다는 우려가 있었던 데다가,13) 1607년 조선 국왕사절인 회답겸쇄환사가 일본에 파견되면 국교가 재개될 것이므로 국교 재개 이후를 대비하여 왜관을 육지로 옮겨야 한다는 데로 의견이 모아졌다.

조정에서는 1606년 9월부터 새로운 왜관 부지를 물색하기 시작하였다.14) 일본 측은 조선 전기의 부산포왜관 터를 왜관부지로 활용할 것을 제안했으나 이 지역은 이미 부산진성에 포함되어 있어 조선으로는 이를 수용할 수 없는 상황이었다.15) 결국 그해 12월, 부산진과 별개의 장소인 두모포가 왜관 부지로 결정되었고, 1607년 봄부터 왜관 조성이 시작되었다. 6월에는 왜관 건물들은 거의 완공되었고, 연향대청은 기둥을 세운 상

---

12) 위와 같음
13) 『선조실록』 선조 39년 8월 기미(23일)
14) 『선조실록』 선조 39년 9월 계미(17일)
15) 『선조실록』 선조 40년 6월 신해(20일)

태였다.16)

조선 측이 부산진성과 멀지 않은 곳에 왜관을 정한 이유는 왜관을 조선 측 군영 근처에 두어 감시하려는 의도와, 옛 왜관과 가까운 곳에 새 왜관을 지어 일본인들의 원망을 줄이려는 조치였다. 두모포왜관은 1607년부터 1678년(숙종 4) 초량왜관이 성립될 때까지 72년간 존속하였다.17) 두모포왜관은 1678년 새롭게 설치된 초량왜관에 대비하여 구관, 고관으로 불리기도 하였다.

두모포왜관에 대한 구체적인 상황은 알 수 없지만 대체적인 규모는 동서 126보, 남북 63보로 약 1만평에 이른다고 한다.18) 왜관은 "지세가 평이하고 뒤에는 높은 산이 있다.", "앞쪽은 해안을 끼고 있어 편편하고 뒤쪽으로 구릉이 이어졌다."19)라는 기록에서도 짐작할 수 있듯이 전체적으로 지세가 낮았다. 왜관 안팎에는 하천이 흐르고 바다가 가까이 있는 까닭에 왜관 내부는 습하고 풀이 성하였다.20) 두모포왜관이 습하다는 사실은 왜관 건립 당시 연향청은 두 물줄기 사이에 있어 官人이 출입하기에 편하지 않다고 한 것21)에서도 짐작할 수 있듯이 설치 초기부터 자주 거론되었으

---

16) 『선조실록』 선조 39년 12월 을묘(21일)
17) 두모포왜관의 위치에 대해서는 조선도 만족하지 않았다. 실제로 두모포왜관이 설치된 후 5년만인 1611년(광해군 3) 5월 조선은 두모포왜관을 절영도로 이전하려고 하였다. 경상좌수영을 부산성 안으로 옮길 경우 두모포왜관이 거리상으로 부산성과 가까워서 좌수영의 군진을 일본인들이 탐지할 우려가 있으므로 두모포왜관을 다른 곳으로 이전해야 한다는 것이었다. 조정에서는 첫째, 종래에 비록 임시적이긴 하지만 왜관이 절영도에 있은 적이 있고, 둘째, 왜관을 육지에 두기보다는 섬에 두는 것이 일본인을 다루기에 편하다는 경상감사의 건의에 따라 왜관을 두모포에서 절영도로 옮길 방침을 굳히고 일본에 알렸다. 그러나 일본인들이 완강히 반대해서 이 문제는 흐지부지되었다(졸고, 『조선 후기 왜관변천사 연구』 전북대학교 대학원 박사학위논문, 2001, 63쪽, 주)19).
18) 小田省吾, 앞의 논문, 126쪽.
19) 『倭館移建謄錄』 庚辰(1640년) 10월 18일·11월 23일
20) 『邊例集要』 권11, 「館宇」 경진(1640년) 10월
21) 『啓本謄錄』 狀啓並附, 萬曆 39년 5월 "初日. 享廳 旣在兩水之中 官人出入果爲非便"

며, 이후 쓰시마가 왜관 이전을 요구한 주된 이유 가운데 하나였다.

두모포왜관 내에는 어떤 건물들이 있었는지는 명확하지 않다. 다만 두모포 왜관에서 발생한 화재로 소실된 건물의 명칭이나, 1646년부터 1648년에 걸쳐서 이루어진 왜관 수리과정에서 언급한 건물, 그리고 1653년 '禁散入各房約條'의 규정에 관한 자료 등을 통해서 짐작할 수 있을 뿐이다. 그것을 표로 작성하면 다음과 같다.

〈표 1〉 두모포왜관 내 조영 건물

건물 명칭	출처
外大廳	『增正交隣志』 권4, 「약조」 禁散入各房約條(1653년)
中大廳	『증정교린지』 권4, 「약조」 금산입각방약조(1653년)
東館大廳	『邊例集要』 권11, 「관우」 병인(1626년) 11월
東館東行廊	『변례집요』 권11, 「관우」 무인(1638년) 2월
東館大廳左右行廊·東邊창고·四所代官各房·諸率倭接處	『변례집요』 권11, 「관우」 정미(1667년) 윤4월
東西館諸處家屋·5개의 창고·寺院	『변례집요』 권11, 「관우」 신해(1671년) 11월
西館西行廊·禁徒倭家·醫倭家·鷹師倭家·木手倭家	『변례집요』 권11, 「관우」 임자(1672년) 10월
東館中大廳·東館西行廊·西館東西行廊·鷹師倭·禁徒倭·代官倭所接房舍	『변례집요』 권11, 「관우」 갑인(1674년) 2월
新館木手倭所接假家	『변례집요』 권11, 「관우」 병진(1676년) 11월
東行廊·代官六·창고	『변례집요』 권11, 「관우」 정사(1677년) 2월
館守家·御歲館屋·老頭屋·神社·酒屋·東向寺·東向寺 우물 등의 흔적	小川次郎右衛門『愚塵吐想』(1806); 田代和生,『倭館』
宴享廳, 尺量廳	『변례집요』 권 11, 「관우」 신해(1611년) 7월
公須家	『변례집요』 권 11, 「관우」 신해(1611년) 7월

* 양흥숙, 「17세기 두모포왜관의 경관과 변화」, 『지역과역사』 15, 2004, 185쪽의 〈표 2〉를 참고하여 재작성하였음.

두모포왜관의 동쪽은 바다에 접하고, 남쪽과 북쪽·서쪽은 담장이 둘러쳐져 있었으며 동문 밖에는 佐自川이 흐르고 있었다. 좌자천은 왜관 정문인 守門에서 수십 보 떨어진 거리에 위치해 왜관 지역을 나타내는 자연 경계가 되었다. 남쪽에는 배를 대는 선창이 있었고, 그곳에 水柵을 세웠다.22) 즉, 왜관은 3면에 담장이 있고, 앞바다에는 수책이 세워져 4면이 모두 둘러싸인 형태였다. 조선측에서 당초 수책을 설치한 취지는 선창 보호라는 목적도 있었겠지만 조선인과 일본인의 출입을 살피고 밀무역 등을 막는 禁防의 의미가 컸다. 왜관에는 문을 지키는 군관과 복병을 두어 출입을 금지하였다.23) 이러한 왜관 경계 모습은 초량왜관에서도 동일하게 나타난다.

<표 1>을 통해서 보면, 왜관 안에는 동관과 서관으로 나눠진 건물이 있고, 동관에는 외대청과 중대청이 담장을 두른 분리된 공간으로 있었다. 당초 조선은 일본에서 건너오는 사절이 머물 서관을 짓고 연향을 베풀 연향청을 서관 동쪽에 지었다. 뒤이어 연향청을 중앙에 두고 동관을 지었다. 그런데 두모포왜관 초기에 일본 사절들은 서관에 들어가는 것을 좋아하지 않았기 때문에 연향이 있을 때면 동관에 모였다가 나왔다고24)한다. 그것은 서관이 비좁고 창문과 벽이 없어서 숙박하기에 불편하였기 때문이었다.

서관에 대한 불편함이 제기되어 1611년(광해군 3) 10월 연향청을 왜관 밖으로 옮기고, 연향청 옛터에 서관을 지었다.25) 개시무역을 하는 외대청,26) 물품을 보관하는 창고, 館守倭家·代官倭家, 禁徒倭家, 鷹師倭家, 醫倭家·寺院, 심지어 술집(酒屋)도 있었으며, 일본측의 番所인 老頭屋도 갖추어져 있었다.

왜관 뒷산에는 왜관에서 사망한 일본인의 무덤이 있었다. 건물의 동·서

---

22) 양홍숙, 박사학위논문, 18~19쪽
23) 『邊例集要』 권 13, 난출, 을사(1665년) 5월; 『현종실록』 현종 6년 5월 임인(17일)
24) 『변례집요』 권11, 「관우」 신해(1611년) 3월
25) 『변례집요』 권11, 「관우」 신해(1611년) 10월
26) 김동철, 「조선 후기 통제와 교류의 장소, 부산왜관」, 『한일관계사연구』 37, 2010, 13~14쪽

관 배치와 왜관 밖 조선의 부속건물인 연향청, 공수가 등 왜관 내외의 공간 배치는 1678년 새로 조성되는 초량왜관에서도 그대로 나타난다. 따라서 초량왜관은 두모포왜관의 주요 건물들을 계승하면서 두모포왜관 시절의 경험에 근거하여 다양한 건물이 확대·증축된 것으로 보인다.

2) 두모포왜관의 성립과 왜관 정책

임진왜란 이후 조선 내부에서는 일본에 대한 적개심으로 일본과의 국교 재개는 생각할 수조차 없는 일이었다. 하지만 조선은 왜란을 통해 일본이 군사적으로 매우 강하다는 사실도 절감하게 되었다.[27] 동시에 서북방과 동남방에서 적을 둘 경우 국가의 존재 자체가 어려워질 수 있다는 것도 뼈저리게 경험하였다.

광해군은 임란 이후 고조된 서북방에서의 누르하치의 위협은 동남방에서 일본과의 관계까지 악화시킬 수 있다고 판단하고, 일본측의 왜관 설치 요구를 수용하였다. 즉 두모포왜관의 성립은 당시 국내외 정세를 고려한 광해군의 대일회유책이자[28], 대일교섭에 대한 절차의 정비와 대응의 결과물이었다. 결국 조선으로서는 '함께 하늘을 이고 살 수 없는 원수(不俱戴天之怨讐)'로 여기던 일본을 지척에 두어서 국방에 늘 비중을 두어야 하지만 다른 한편으로는 왜관을 통해서 일본인과 직접적으로 접촉하면서 교린관계를 유지해 나가야 했다. 따라서 국교 재개 후 마련된 왜관의 안정적인 운영은 국방과 교린 문제를 동시에 해소하는 가장 효과적인 방안이었다.

---

27) 李山海, 『鵝溪遺稿』 권5, 「陳弊箚」.
28) 1610년(광해군 2) 鄭仁弘이 누르하치와 通好하면 안된다는 箚子를 올리자 광해군은 일본과의 화의가 불가피했던 사례를 들어 반박하였다. '함께 하늘을 이고 살 수 없는 원수'인 일본이지만 조선의 역량을 고려하면 통신사를 보내 일본과 교통하는 것이 불가피했다고 지적하였다(정인홍, 『來庵集』 권7, 「辭職箚」 경술년(1610년) 2월 10일).

전기와 달리 조선 후기에는 일본국왕사를 비롯한 일본 사절이나 상인들의 상경이 엄격히 금지되었다.29) 일본인의 상경이 용이했던 조선 전기에 일본인들에 의해 산천의 형세나 關防과 관련된 조선의 내부 정보가 고스란히 노출되면서 임진왜란 당시 그들이 전쟁의 길잡이가 되었던 전철을 다시 밟지 않기 위한 조처였다. 또 다른 한편으로는 전기의 恒居倭人들이 왜관 근처에서 모여 살며 형성했던 倭里를 왜관 권역 속에 포함시킴으로서 왜관에 거주하고 있는 일본인과 조선인의 접촉을 막기 위해서 경계를 정하여 왜관에 거주한 일본인들이 경계 밖으로 마음대로 넘어가지 못하도록 하였다. 또 조선인들이 왜관에 들어가는 것도 금함으로써30) 왜관을 지역사회와 더욱 격리시키고자 하였다.

초량왜관의 규모와 비교하면 두모포왜관은 대단히 비좁았다. 짧은 준비 기간에 우선 필요한 건물 위주로 왜관을 조성했기 때문이기도 하지만, 왜관 설치 목적이 일본인의 장기체류를 배제한 채 쓰시마의 요청을 수용해 줌으로써 일본인들의 회유와 임진왜란과 같은 전쟁의 재발 방지에 있었기 때문으로 보인다.

그러나 왜관에 도항해 온 일본인들은 조선이 원하는 방향과는 전혀 다르게 움직였다. 업무를 마친 후 바로 귀국하지 않아 '久留' 즉 장기체류자가 증가하였다.31) 마침 17세기 중엽이 되면 조일관계는 외교와 무역에서 많은 변화가 일어나게 되는데, 그에 따라 왜관에 거주하는 인원도 증가하

---

29) 임진왜란 이후 조선과 일본의 국교 재개 과정에 대해서는 민덕기, 「壬辰倭亂以後의 朝·日講和交涉과 對馬島(1)-交隣·羈縻秩序의 再編을 中心으로」, 『사학연구』 39, 1987, 「壬辰倭亂 以後의 朝·日講和交涉과 對馬島(2)-交隣·羈縻秩序의 再編을 中心으로」, 『사학연구』 40, 1989 참조.
30) 1653년 동래부사와 왜관의 관수 사이에 정약된 '禁散入各房條約'에는 잠상금지, 국정누설금지, 조선인의 왜관출입규정, 조선관인의 왜관경비, 재관일본인의 통행 범위 등이 언급되어 있다.
31) 두모포왜관 당시 일본인들의 장기체류로 인한 숙소난과 왜관 내 임시가옥의 조성 및 관사의 증축·보수에 대해서는 양홍숙의 박사학위논문, 21~27쪽 참조.

였다.

두모포왜관 시기에 조선 후기 왜관의 대략적인 체제가 갖춰졌다. 두모포왜관 설립 직후에 체결된 1609년 기유약조[32]로 조일관계가 정비되어 가고, 조선에서는 일본에 1629년(인조 7) 문위행의 파견과 1636년 통신사를 파견하였다. 일본의 대조선 외교는 1622년 일본국왕사가 단절되면서 연례송사와 임시사절인 차왜가 담당하게 되었다. 특히 연례송사의 정례화와 차왜에 대한 조선의 접대 허용, 1637년 겸대제 실시로 인한 무역의 확대는 왜관에 머무는 인원의 급격한 증가를 가져왔다. 일본에서는 1637년 왜관업무를 총괄하는 관수를, 1635년에는 공사무역을 총괄하는 대관을, 1651년에는 양국의 업무를 교섭하고 주관하는 재판을 파견하였다. 결국 왜관은 새로운 건물을 짓거나 기존의 건물을 증축해 나가게 되었다.[33] 이러한 새로운 건물의 조성으로 부지난이 가속되자, 조선측에서는 체류 기한을 정하고 파견 인원의 수를 제한하는 등의 방법으로 왜관의 협소함을 해결하려고 하였으나 결코 쉽지 않았다.

조선 후기 왜관에서의 중요한 특징은 쓰시마에서 온 사자들이 객사[34]

---

[32] 기유약조는 조선 후기 대일 외교의 규범적인 약조 국가간의 외교사행 및 접대 등에 관한 조사의 성격을 갖는다. 1609년 선위사 이지완과 왜사 玄蘇·平景直 등이 협의한 것으로 내용은 세견선, 접대, 문인, 세사미, 수직, 수도서, 왜관 체류기간 등에 대한 조목으로 이루어져 있다. 기유약조는 기본적으로 조선 전기에 체결된 약조들을 종합 정리한 것으로, 조선 전기와 달리 파생할 수 있는 문제를 일괄 협의한 특징을 갖는다. 따라서 기유약조는 조선 전기와 마찬가지로 조공적 교역관계를 규정하고 있는 점에서는 조선 전기와 맥락을 같이 하지만, 통교자를 엄격하게 통제하였다는 점에서는 차이를 보이고 있다(홍성덕, 「17세기 후반 한일외교 교섭과 울릉도」, 『독도·울릉도 연구-역사·고고·지리학적 고찰』, 2010, 18~19쪽).

[33] 두모포왜관 내 임시가옥(假家)의 조성 및 규모는 양흥숙, 박사학위논문, 23쪽에 <표 2>로 작성되어 있다.

[34] 객사란 원래 지방에 파견된 지방관들이 매월 1일과 15일에 국왕에 대해 망궐례를 행하는 곳이었다. 또한 지방을 순시하는 관리들의 숙소가 되는 곳이기도 하였다. 부산진 객사는 조선측 관리뿐만 아니라 일본 사절도 조선국왕에 대해 의례를 행하던 곳이었다(양흥숙, 「17세기 두모포왜관의 경관과 변화」, 『지역과 역사』, 2004,

에서 국왕의 전패에 숙배를 올리는 것이었다. 이는 교린관계에 있는 사절들을 '기미교린'라는 조선의 외교질서 안에서 그들을 통제하기 위한 조선 전기적 전통에 의한 것이다. 조선 전기에는 일본에서 도항해오는 모든 사절은 서울에 올라가 궁궐에서 국왕에 대한 숙배의 예를 취하는 것이 하나의 규정이었다. 왜관에 온 일본 사자들은 객사에서 숙배식을 행해야만 무역을 비롯한 외교업무를 행할 수 있었기 때문에 숙배식은 조일 외교에서 중요한 외교행위였다.[35] 그들은 객사의 전패에 숙배한 후 이루어진 연대청(연향대청)에서의 연향이 당시 양국의 현안을 협의할 수 있는 외교교섭의 중요한 기회였다.[36]

조선 후기 일본 사자들의 국왕숙배가 시작된 것은 1609년부터였다. 임진왜란 이후 일본 사자의 상경이 허락되지 않은 상태에서 국왕숙배는 여의치 않은 것이었다. 사절 겐소(玄蘇)와 야나가와 가게나오(柳川景直)가 '부산관'에서 선위사 李志完에게 서계를 건넸다는 기사가 있는데, 이때부터 부산진 객사에서의 국왕숙배식이 시작된 것으로 보인다.[37] 『증정교린지』에 의하면 당시 겐소와 야나가와 가게나오가 "상경을 할 수 없으므로 전패에 숙배함으로써 궐내에서 引接하는 의례를 대신하고자 합니다."라고

183쪽).
[35] 金東哲,「17~19世紀の釜山倭館周辺地域民の生活相」,『都市史研究』9, 都市史研究會, 2001
[36] 이에 따라 거기에 걸맞는 왜관 구성원이 정비되었다. 왜관의 조선측 관리로는 동래부(조선)와 왜관(일본)을 연결하는 매개자로 사역원에서 정식 교육과 훈련을 마친 훈도와 별차가 임명되었고, 일본 사절인 차왜의 접대는 물론 차왜가 요구하는 외교문제를 해결하기 위해 특별히 접위관이 파견되었다. 대부분 경상도관찰사나 都事가 접위관의 역할을 하다가 1629년(인조 7) 처음으로 서울에서 파견되는 경접위관이 파견되었다. 더욱이 1637년 겸대제 실시 이후 차왜가 정례화됨에 따라 이러한 외교 체제의 변화 속에서 보다 효율적인 외교적 대응을 위해 접위관 역시 경·향접위관으로 구분되어 파견되었다. 조선 후기 접위관에 대해서는 양흥숙,「조선 후기 대일 접위관의 파견과 역할」,『釜大史學』24, 2000 참조.
[37] 『광해군일기』광해 1년 4월 기미(8일)

요청하면서 비롯되었다고 한다.38) 이후 왜관에 들어온 일본 사자들은 초량객사가 설치될 때까지 부산진 객사에서 조선국왕의 전패에 숙배하였다.

두모포왜관에서는 무역이 대청에서 이루어졌다. 조선 전기에는 포소왜관 외에 상경로의 왜물고, 동평관 등지에서 무역이 이루어졌지만, 조선 후기에는 부산 왜관 내에서만 합법적인 무역이 가능하였다.39) 더불어 개시무역을 감독하고 밀무역을 단속하는 무역 규제도 순차적으로 마련되었다. 더불어 각종 왜관규정이 마련되었다. 1653년 2월에 '開市節目'이 제정되고, 같은 해 4월에 '禁散入各房約條'와 '倭人書納約條'가 마련되었다.40)

'금산입각방약조'는 조선시대 조선인과 일본인의 왜관과 그 주변 공간에 대한 출입 통제를 정식으로 규정한 최초의 약조라는 점에서 주목할 만하다. 왜관과 관련하여 왜관의 무단출입, 국내사정의 누설, 잠상 등 각종 금령을 위반할 경우에 대비한 처벌규정 등이 있는데, 그 대상을 조선인에만 한정하였다는 점은 이후 초량왜관기에 체결된 여타 약조 및 규정과 다른 점이다.

---

38) 『增正交隣志』 제3권, 「倭使肅拜式」
39) 김동철은 두모포왜관 때도 초량왜관 때와 마찬가지로 개시대청이 존재하였다고 하였다(김동철, 「왜관의 開市와 朝市」, 『한일관계 속의 왜관』, 한일문화교류기금·동북아역사재단 주최 2011년 한일국제학술회의, 105~106쪽). 이에 비해 양흥숙은 두모포왜관 때 개시무역은 대청, 즉 외대청과 중대청이 서로 인접해 있어서 두 대청을 오가며 개시가 열렸고, 두모포왜관에서는 초량왜관에서 보이는 무역 전용 공간으로서 개시대청은 없었다고 보았다(양흥숙, 박사학위논문, 69쪽). 또한 田代和生도 두모포왜관에서 개시를 위한 전용시설을 새로 설치한 흔적은 기록에서 찾아볼 수 없다는 의견을 제시하였다(田代和生, 「일조관계에서의 왜관」, 『한일관계 속의 왜관』, 한일문화교류기금·동북아역사재단 주최 2011년 한일국제학술회의, 8~10쪽).
40) 『효종실록』 효종3년 9월 신묘(22일); 『증정교린지』 권4, 「약조」; 김동철, 「17세기 일본과의 교역·교역품에 관한 연구」, 『國史館論叢』 61, 1996, 362~365쪽

4. 초량으로 왜관 이전과 왜관 정책의 변화

1) 초량왜관의 조성

조선 후기 조일 외교와 무역의 변화는 왜관의 공간변화를 가져왔다. 1675년(숙종 1) 초량에서 시작된 새 왜관 공사는 1678년 종료되었다.[41] 10만여 평의 넓은 부지에 총 공사비는 조선이 지불한 것만 대략 쌀 9천석, 은 6천냥이 들었고, 조선에서는 연인원 125만명에 달하는 목수와 인부가 동원되었으며, 일본인 목수들도 2000명 정도 참가해서 초량왜관은 조일 합작의 대공사로 완성되었다.[42] 1678년 초량으로 왜관을 옮김으로써 조일 관계는 초량왜관시대를 맞이하게 되었다. 이후 초량왜관은 1876년 근대 개항 때까지 조일외교와 교역의 공간으로 존재하였다.

1678년에 새롭게 설치된 초량왜관의 면적은 사료에 따라 약간의 차이가 있지만, 『증정교린지』에 의하면 동서가 372보, 남북이 256보로, 약 10만평 내외였으며, 두모포왜관의 10배에 해당하는 면적이었다.[43]

---

[41] 『邊例集要』 권11, 「관우」 개축(1673년) 9월; 갑인(1674년) 9월; 을묘(1675년) 6월, 8월; 병진(1676년) 4월; 무오(1678년) 윤3월
한명기는 새로운 왜관으로의 이건 배경에 대해서 "17세기 중반까지 조선은 두 차례의 호란 경험이 말해주듯이 청의 압박이 심각했던 상황에서 일본과 쓰시마에 대한 유화적인 자세를 취할 수밖에 없었고, 그 유화책의 최종적인 결정판이 새 왜관의 건설을 허용한 것이었다. 물론 새로운 장소에서 일본인들을 제대로 통제해야 한다는 의도 또한 새 왜관 이건의 배경으로 자리 잡고 있었다."고 해석하였다(한명기, 「조선 후기 왜관의 역사적 의미」, 『한일역사의 쟁점』, 경인문화사, 2010, 254쪽).

[42] 田代和生, 『新·倭館』, ゆまに書房, 2011, 73~74쪽

[43] 田代和生, 『草梁倭館の設置と機能』, 『近世日朝通交貿易史の研究』, 創文社, 1981, 172쪽.

〈표 2〉 초량왜관 내 건물과 조영 및 관리/수리 주체

	건물명		조영	수리
동관	동관삼대청	관수왜가 48間 중문 3間 曲墻 75間 廁間 내외 각 1間	조선	조선
		재판왜가 32間 중문 3間 曲墻 75間 廁間 내외 각 1間		
		開市大廳 40間 중문 1間 廁間 1間		
	書僧倭家		쓰시마번	쓰시마번
	通事倭家			
	鷹房			
	代官倭家(公一代官倭家, 公三代官倭家, 公代官倭家, 公下代官倭家, 公代官倭會計廳, 判掌官倭家, 知掌官倭家, 別三代官倭家, 別代官倭家, 別代官倭會計廳)			
	醫倭家			
	禁徒倭家(別禁徒倭家, 都頭禁徒倭家, 都禁徒倭家, 中禁徒倭家, 小禁徒倭家)			
	貿易家(藁索貿易家, 雜物貿易家, 藥材貿易家)			
	燒酒家			
	酒房			
	木手倭家			
	白糖家			
	造泡家			
	船格倭主人家			
	餠家			
	簟席家			
	登每家			
	庫(公大官倭庫, 別大官倭庫, 送使倭庫, 藁索庫, 物貨庫)			
	搜檢廳			
	捕盜幕 6個			
	神堂			
서관	서관삼대청	東大廳 20間 동헌 35間 서헌 25間	조선	조선

		건물명	조영	수리
		六行廊 66間 曲墻 216間 6尺 廊間 6間		
		中大廳 20間 *동헌 長1間 橫4間 서헌 25間 우행랑 56間 좌행랑 56間	조선/ 쓰시 마번	조선
		西大廳 20間 동헌 35間 서헌 25間 曲墻 216間 6尺 廊間 각 6間	조선	조선
	船倉	총240把	조선	조선
	門	守門 12칸 馬廐 4칸 水門 1칸 北門 1칸 內北門 1칸	조선	조선
	外墻	둘레 1,273보, 높이 6尺	조선	조선
부속 건물	伏兵幕	6개소	조선	조선
	烽燧	4곳	조선	조선
	宴大廳	35칸	조선	조선
	公須間	公須間 28칸 大門 3칸 中門 1칸 반 曲墻 41칸 3척 外三門 3間	조선	조선
	炭幕	대청 3間, 東庫 5間 西庫 5間	조선	조선
	客舍	正廳과 동·서헌 44間 중문 3間, 좌·우익랑 2間, 외삼문 3間	조선	조선
	誠信堂	內舍 8間, 中行廊 6間, 중문 1間, 대청 9間, 馬廐 2間, 행랑 10間, 대문 1間	조선	조선
	賓日軒	內舍 9間, 행랑 6間, 馬廐 2間, 중문 1間, 대문 1間	조선	조선
	柔遠館	대청 6間, 別堂 4間 半, 행랑 6間, 대문 1間	조선	조선
		通事廳 6間, 通引房 5間, 使令房 6間, 대문 1間	조선	조선
		設門 6間	조선	조선

건물명	조영	수리
門直房 3間	조선	조선
搜檢所 2곳	조선	조선

* 『증정교린지』 권3, 「館宇」와 『草梁話集』에 근거하여 작성하였다.
** 윤유숙, 『近世日朝通交と倭館』(岩田書院, 2011) 191~192쪽, <표 9>에 의하면 일본측이 조성한 것으로 되어 있다.

초량왜관의 중앙에는 용두산이 있었는데, 이 산을 경계로 서관과 동관으로 나누어진다. 서관에는 쓰시마에서 파견된 정례사절이 체재하던 숙소인 서관삼대청과 육행랑이 나란히 건립되어 있었다. 서관은 일본에서 건너온 사자들이 머무는 곳으로, 그들은 사절로서의 역할이 끝나면 바로 귀국하기 때문에 비교적 단기간 체재하였다. 동관에는 관수의 숙사 겸 집무소인 관수왜가를 비롯하여 조선인들과 재관일본인들이 무역을 하던 개시대청·재판왜가 등의 동관삼대청과 신사·절 등이 있었고, 조선 흙으로 도자기를 굽는 요지도 있었다. 동관 거주자들의 체재 기간은 대략 1년 내지 2년이며, 길어도 3년 정도였다.44)

왜관 남쪽 해안 쪽으로는 선원의 숙소나 검역을 위한 건물과 창고가 있었고 포구에는 배를 정박해 두기 위한 두 개의 다리가 놓여 있었다.45) 그리고 그 주변은 돌담으로 둘러져 있고, 남쪽에 있는 龍尾山이 강한 남풍을 차단해 주는 위치에 있어서 두모포왜관에서 문제가 되었던 협소한 장소와 남풍의 문제가 초량왜관에서는 잘 해결되었다.

---

44) 왜관에 있어서 관내에서 일어나는 일을 총괄했던 館守와 외교교섭을 담당했던 裁判의 임기는 2년이었다. 그리고 서기직의 書僧倭, 곧 東向寺僧의 임기는 1년부터 3년까지였다. 조선측 사료인 『通文館志』에 의하면 3년 교대로 되어 있다. 한편, 대마종가기록인 『分類事考』(日本國會圖書館所藏) 6권 東向寺편과 『日帳呼出』(萬松院宗家文庫所藏) 동향사편에 의하면 1749년 이전에는 1년 임기, 1749~1755년까지는 2년 임기, 1756년 이후에는 1년 임기로 되어 있다. 한편 무역실무를 담당했던 대관은 1~3년마다 교대하였다(田代和生, 앞의 논문, 176~192쪽).
45) 초량왜관의 경관에 대해서는 高橋章之助, 『宗家と朝鮮』, 北內印刷所, 1920에 수록된 「釜山和館竣工圖」를 참고로 작성하였다.

왜관의 주변은 높이 6척의 돌담으로 둘러져 있었다.46) 그리고 이 담장에는 세 곳의 출입구가 있었는데, 水門·北門·東門이다. 水門은 無常門이라고도 하며 서남쪽의 문으로 1間이다. 관내의 일본인이 죽었을 때 그 시체를 운반하는 문으로 열쇠는 조선측에서 관리하였다. 북문은 일명 宴享門으로 1간이며 일본사신이 연향대청에 출입할 때 이용한 문으로 東伏兵幕將이 지키고 항상 봉쇄하였고 열쇠는 조선관리가 관리하였다. 마지막으로 동문은 일명 守門이라고 하는데 왜관의 정문에 해당한다. 총 12간이며 東萊·釜山將校 각 1인·通事 2인·門直 2인이 수직하고 동래부사가 발급한 帖文을 가진 자만이 출입할 수 있었다.

조선에서는 항상 왜관의 출입을 통제하고 있었으며, 왜관 담장 밖에서 왜관을 경비하기 위하여 복병막을 설치하였다. 복병막은 처음에는 동·서·남 세 곳에 설치하여 각 鎭將의 장교 1인과 졸 2인으로 하여금 윤번하여 월장하는 것을 방비하였으나, 1739년(영조 13)에 발생한 交奸事件을 계기로 다시 3개처를 추가하여 6곳으로 증설하였다.47) 따라서 왜관 일본인의 관외 출입은 모두 이곳에서 체크되어, 봄·가을 구왜관에 참배하는 것 외에는 일체의 여행도 금지되었다. 또 조선측의 관리나 상인 등의 출입도 소정의 통행증에 의해 일일이 체크되었는데, 이러한 규정을 어진 자는 양쪽 모두 엄중한 처벌의 대상이 되었다.

그리고 왜관 밖 북쪽에는 외교사절의 응접을 행하는 宴享大廳(朝鮮大廳), 일본사절의 응접을 위하여 파견된 조선 관리의 숙소인 柔遠館, 조선 역관의 주거지인 誠信堂, 조선국왕을 향한 肅拜所인 客舍 등 외교의례를 위한 건물 내지는 조선측 관리의 숙소가 세워졌다. 이들 건물의 조성과 배치는 두모포왜관을 보완·확대하여 축조한 것으로 보인다.

---

46) 왜관의 담장은 처음에는 6척 높이의 흙담이었는데 1709년 돌로 축성하여 改修하였다고 한다(『通文館志』 권7, 人物(洪舜明)).
47) 『增正交隣志』 권3, 「館宇」

초량왜관에서는 일본 사절만을 위한 숙배 장소인 초량객사가 별도로 마련되었다. 초량객사는 두모포왜관 시절 일본사절이 국왕숙배식를 행하기 위해 왜관 문 밖을 나가 부산진성에 있는 객사를 왕래할 때 從倭들이 마을에 마음대로 들어가 돌아다는 폐단이 심했기 때문에 이러한 것을 차단하기 위한 조처의 산물이었다.[48]

<표 2>을 통해서 알 수 있듯이 초량왜관 내의 건물들은 조선정부가 건축한 것과 일본측에서 물자와 비용을 조달하여 지은 건물로 나눠진다. 조선은 일본에서 도항한 외교사절의 숙소나 관수왜가·재판왜가·개시대청과 같이 무역이나 외교업무상 중요한 기능을 갖는 관사나 역인들의 숙소, 연향대청과 외교의례 공간을 비롯한 조선측 부속시설과 두모포왜관 시절부터 설치되어 있었던 가옥에 대해서는 축조 비용을 부담하였으나 초량왜관에서 새롭게 신설된 건물에 대해서는 일본 측이 부담하였다.[49] 어떻든 초량왜관 건설 당시 왜관 관우의 조영자금에 대한 분담은 이후 관리 책임의 분담으로도 이어졌다. 그래서 초량왜관 조성 당시 비용을 낸 쪽이 그 건물의 수리와 개축 등의 유지비용을 부담하는 것이 관례가 되었다.[50]

2) 초량왜관의 성립과 왜관 정책

1640년(인조 18)부터 1673년(현종 14) 초량으로 왜관 이전이 결정될 때까지 쓰시마는 33년 동안 8차례에 걸쳐 조선에 왜관의 이전을 요구하였다.[51] 일본의 요구는 크게 1640~1661년의 제1시기와 1668~1673년까지의

---

48) 『通信使謄錄』 4책, 임술(1682년) 11월 30일
49) 『邊例集要』 권11, 「館宇」 丙辰(1676년) 7월, 丁巳(1677년) 12월
50) 조영 비용의 부담과 이후 왜관 건물의 수리와 개축 등의 유지비용을 정부에서 부담한 것은 일본의 외국인 거주지인 長崎의 出島나 唐人屋敷와 구별되는 큰 특징 가운데 하나이다(졸고, 「近世 東아시아 外國人 居住地의 특징-부산의 초량왜관과 長崎의 出島를 중심으로-」, 『전북사학』 27, 2004, 49~51쪽).
51) 두모포왜관에서 초량왜관으로의 이관 교섭에 관해서는 본서의 1부 제3장; 윤용출,

제2시기로 나눌 수 있다. 제1시기는 이관 요구가 平彦滿送使나 公作米 年限의 연장 등 다른 외교 사안들을 보다 원만하게 해결하기 위한 수단으로 이루어졌다고 한다면, 제2시기는 이관 자체에 목적이 있었다.52)

1640년에 쓰시마가 왜관 이전을 요청한 것은 1637년부터 겸대제가 실시되고, 1639년에 막부의 대조선무역 확대 요청이 있게 되면서 무역량의 증가를 예상하고 왜관을 보다 편리한 장소에 이전해 둘 필요가 있었기 때문으로 보인다.53) 두모포왜관의 설치가 임진왜란의 경험, 즉 '倭奴'와 다시 국교를 재개하는 것이 탐탁하지 않은 상황에서 일본에 대한 회유책으로 쓰시마의 요구에 수응한 것이라면, 초량왜관의 설치는 조선의 대일정책이 기존과 다르게 변화하였음을 반영한 것이었다.

쓰시마의 거듭된 왜관 이전 요청에도 이관을 허가하지 않던 조선이 기존의 입장을 뒤집고 초량으로 왜관을 이전하게 된 배경은 먼저 조선의 대일정책에 대한 자신감을 들 수 있다. 전쟁 후 적대적인 상황 속에서 시작된 두모포왜관, 이후 정묘·병자호란의 발발 등으로 인조대 이후의 대일정책은 광해군대와 마찬가지로 유화적인 기조로 전개될 수밖에 없었다.54)

조선은 왜관에 대해서 조선 전기와는 다른 차원의 경계를 정하고 약조를 통하여 왜관 내 일본인들의 왜관출입에 대한 물리적이고 법제적인 통제를 시도하였다. 그럼에도 불구하고, 왜관에서 양국인 간의 바람직하지 못한 접촉이 빈번하고, 국가기밀의 누설에 따른 국방상의 문제 등 다양한 문제가 빈번하게 발생하고 있던 터였다. 조선으로서는 새로운 왜관통제책

「17세기 중엽 두모포왜관의 이전교섭」, 『한국민족문화』 13, 1996 참조
52) 윤용출은 일본 측의 이관교섭을 1차 교섭(1940), 2차~5차 교섭(1659~1670), 6차~8차 교섭(1671~1673)으로 나누어 분석하였다(윤용출, 위의 논문).
53) 田代和生, 『日朝通交貿易史の硏究』, 創文社, 1981, 169쪽
54) 한명기는 인조대 유화적인 대일정책의 실례로 '구시대 인물'임에도 재주가 있다는 이유로 金緻를 동래부사로 임명한 것이나 1629년 玄方일행의 상경을 들고 있다(한명기, 「정묘호란 무렵 조선의 대일정책과 그 역사적 의미」, 『大東文化硏究』 54, 2006, 220~222쪽).

이 요구되었으나 국내외적 상황은 그리 녹록치 않은 상태였다. 그러나 17세기 중반 이후 청과의 관계가 안정되었고, 특히 현종말 숙종대가 되면 무역과 왜관 경영에 있어서 자신이 생기기 시작하면서 조선으로서는 자신들이 구상한 왜관을 정립할 여유가 생겼고,55) 그 결과가 초량왜관으로의 이전이다.

조선은 왜관 이전을 통해서 양국인의 잦은 접촉으로 인한 흐트러진 왜관 통제의 재정비와 1609년 기유약조 이후 누적되어 온 대일정책상의 문제점들을 해결하고 무역량의 증가에 동반한 적합한 장소를 확보하고자 하였다. 쓰시마번의 유학자 마쓰우라 마사타다(松浦允任)가 『朝鮮通交大紀』에서 "移館은 실로 조선측이 바라던 바이고, 교섭을 질질 끌게 한 조선측의 강한 이관 거부 자세는 실은 쓰시마측을 잘 다루기 위하여 계산된 계책이었다"56)라고 파악했던 것처럼 초량으로의 왜관 이전은 조선측의 대일정책 변화을 반영한 것이었다.

조선은 왜관 운영에 있어서 무역과 외교업무상 중요한 기능을 가진 관사나 관리의 숙소 등에 대해서 조성과 수리를 주관하고 비용을 전담하였다. 그리고 초량왜관 이전 직후부터 왜관 통제강화를 위하여 무오절목, 계해약조를 비롯하여 여러 가지 약조와 금조를 상세하게 규정하여 마련하였고, 조선인과 접촉을 통해서 일어난 각종 일본인 범죄에 대한 일본인 처벌 강화를 요구하였다. 두모포왜관 시절보다 규정위반에 대한 처벌내용이 구체화되었고, 처벌의 대상도 조선인에 한정하지 않고 일본인에게도 적용시켰다는 점이 이전과의 차이이다. 이는 조일 간의 접촉 중에 발생하는 문제들에 대한 책임소재를 분명히 함으로써 이제까지의 방어적인 대일정책을 취함으로써 왜곡된 조일간의 외교관행들을 타파하기 위한 단서를 마련

---

55) 조선 후기 조일무역의 추이에 대해서는 정성일, 『朝鮮後期 對日貿易』, 신서원, 2000 참조
56) 『朝鮮通交大紀』 권7, 「光雲院公」

했음을 의미하고, 왜관 안팎에서 끊임없이 발생하는 문제들을 확실하게 해결해 나가겠다는 조선 조정의 강력한 의지가 반영된 것으로 보인다.

초량왜관에서는 왜관의 경계가 더욱 명확해졌다. 이관 직후부터 국가에서는 왜관에서는 주변에 담을 쌓고 일본인의 출입 통제구역을 엄하게 정하였다. 당시 동래부사였던 李馥(1676.7~1679.10 재임)이 이관 초기에 왜관 관수와 약속을 하고 金謹行이 문위행의 도해역관으로 쓰시마에 가서 확정짓도록 한 '七條約束'과 조정된 '五條論定'에는 왜관 출입 한계가 명확히 제시되어 있다. 전면은 海港을 넘어서 절영도에 왕래할 수 없고, 서쪽은 연향청을 지나지 못하며, 동쪽은 객사를 지나지 못하도록 하였다. 즉 왜관의 앞쪽·서쪽·동쪽의 세 방향에 대한 출입 범위를 제한하고, 이를 위반한 일본인은 관수에게 잡아보내 쓰시마로 이송하여 처벌하도록 하였다.57) 이 규정은 초량왜관 설립 이후 왜관 주변의 경계를 통제한 최초의 규정이다.

1679년(숙종 5)에는 왜관 담장 밖에 금표를 세워 다시 한 번 왜관이 통제구역임을 명시하였다. 왜관의 동서남북에 금표를 설정하여 일본인들이 통행증 없이 무단으로 경계를 넘어가지 못하도록 하였다.58) 그리고 1682년(숙종 8)에는 조선과 쓰시마 사이에 조선의 왜관통제의 완결판이라고 할 수 있는 계해약조를 체결하였다. 또 1709년(숙종 35) 동래부사 權以鎭은 왜관의 흙담을 1.8m 높이의 돌담으로 개축하여 조선인이 왜관에 함부로 넘나드는 것을 통제하였다. 그리고 수문으로부터 3리쯤 떨어진 곳에 설문을 조성하고 역관 등 왜관 업무를 담당한 인력만 제외하고 초량촌에 거주하던 지역민을 설문 밖으로 모두 강제 이주시켰다. 초량왜관 설문이 설치되기 전에는 왜관 담장이 왜관을 내외로 구분하는 유일한 경계였으

---

57) 『邊例集要』 권5, 「約條附禁條」 무오(1678년) 8월; 『숙종실록』 숙종 4년 9월 계묘(5일)
58) 『邊例集要』 권5, 「약조」, 기미(1679년) 10월; 『通信使謄錄』 第4冊 壬戌(1682年) 11月 30日, 「約條定奪」

나, 설문이 설치되면서 또 하나의 경계가 설치되었다. 초량왜관 설문은 초량왜관의 바깥문과 같은 기능을 하였다.

이주한 지역민이 조성한 마을은 신초량촌(新村)으로, 왜관의 설문으로부터 100여 보 밖에 떨어진 멀지 않은 지역이었다. 1739년(영조 15)에는 왜관 밖의 복병막을 6군데로 늘려 왜관 출입자에 대한 통제를 강화하였다.[59] 실제로 조선인의 경우에 왜관출입이 특별히 허용된 역관이나 상인을 제외하고는 누구나 허가없이 왜관을 출입할 경우 '난출', '난입'으로 엄벌에 처해졌고, 경우에 따라서는 사형에 준하는 형벌이 가해지기도 하였다.

다음은 『증정교린지』[60]를 편찬한 김건서가 조선 후기에 두 나라 사이에 규정된 다양한 절목(節目)이나 규정들 중에 「약조」와 「금조」로 정리한 것이다. 이들 규정은 대부분 조선에 의해서 주도된 것들이다.[61]

〈표 3〉 조선 후기 왜관 관련 제 규정

순번	왜관	연도	명칭
1	두모포	1609년(광해 원)	己酉約條
2		1653년(효종 4)	禁散入各房約條/ 倭人書納約條
3		1663년(현종 4)	館倭刺殺小通事館門外梟示
4		1678년(숙종 4)	朝市約條
5		1679년(숙종 5)	新官限界
6		1683년(숙종 9)	信使在馬島約定條約
7		1709년(숙종 35)	任譯及倭人出入式
8		1711년(숙종 37)	信使時定倭人潛奸律
9		1712년(숙종 38)	書籍潛賣之禁

---

59) 조일 양국의 왜관 출입에 대한 물리적이고 법제적인 통제에 대해서는 尹裕淑, 「約條にみる近世の倭館統制について」, 『史觀』138, 1998에 자세하다.
60) 『증정교린지』는 김건서가 1796년 『捷解新語文釋』을 완성한 후 편찬하기 시작하여, 1802년(순조 2) 음력 5월에 완성된 것이다(하우봉·홍성덕,「국역 증정교린지 해제」, 『국역 增正交隣志』, 1998). 따라서 19세기의 내용은 반영되어 있지 않다.
61) 尹裕淑, 앞의 논문(1998) 참조.

순번	왜관	연도	명칭
10	초량	1736년(영조 12)	除出使譯官出入倭館時搜身之法
11		1738년(영조 14)	以邊禁解弛多有作奸犯罪者更新節目
12		1739년(영조 15)	漂人物故外勿爲送使事定式
13		1784년(정조 8)	漂人到日本作亂館門外梟示
14		1786년(정조 10)	館倭以柴炭事欄出殺人首犯取服經斃
15		1787년(정조 11)	草梁村女與馴行奸時發引誘者梟示
16		1829년(순조 29)	館倭刺殺通事首犯倭取服
17		1859년(철종 10)	左水營退婢與歪行奸事發引誘者梟示

<표 3>에 의하면, 두모포왜관이 있었던 70여 년 동안 왜관관련 규정은 3차례 수립되었으며, 왜관 지역민의 일상을 통제하는 첫 규정(약조)은 1653년(효종 4)의 '금산입각방조약'이었다. 한편 초량왜관 시기에는 19세기를 제외한 약 120여 년 간 14번의 규정이 수립되었다. 200여 년간의 초량왜관 존속기간을 고려해 보더라도, 『증정교린지』가 19세기의 내용을 반영하고 있지 않다는 점을 주목한다면 그 수가 훨씬 많음을 알 수 있다. 이는 초량왜관 시기에 조선의 왜관 운영 및 통제가 보다 적극적이고, 더욱 강화되었음을 시사한다.

5. 맺음말

이상을 통해서 조선 후기 왜관의 설치와 이전을 통해 조선 후기 왜관정책에 대해서 살펴보았다. 조선 후기 절영도왜관, 두모포왜관, 초량왜관은 그 주된 기능이 '일본인 통제'라는 측면에서는 동일하지만, 성립 면에서 볼 때 출발에 상당한 차이가 있었음을 알 수 있다. 즉 조선의 왜관 설치에 자발성의 차이가 그것이다. 물론 이러한 상황은 각 왜관의 설치 당시 조선을 둘러싼 국내외적인 환경과 결코 무관하지 않다.

조선 전기 왜관이 조선 전기 대일정책의 근간은 왜구의 재발 방지와 증가하는 통교자를 통제하기 위한 목적으로 일본측의 반대 속에서 조선정부가 주도한 것이라면, 조선 후기의 왜관은 전혀 다른 양상이었다. 임진왜란을 통해서 일본은 조선에게 '영원히 함께 할 수 없는 원수'로 인식되었지만, 왜란 이후 중국대륙에서 명청교체가 현실로 나타나고 있던 상황, 언제까지나 일본의 국교재개 요청과 무역요구를 거부할 수만 없는 상황에서 비롯된 것이었다.

절영도왜관과 두모포왜관의 설치는 조선정부로서는 내키지 않음에도 불구하고 대일 유화책 선상에서 이루어진 것이다. 그러나 이후 왜관은 병자호란 이후의 청과의 관계를 유지하는 과정에서 '지렛대'로 활용되기도 하였다. 효종 연간 이른 바 북벌을 도모하는 과정에서 무기를 수리하고 성지를 수축하는 등 조선의 군비증강을 견제하려는 청의 힐문과 간섭을 피하기 위해 조선은 일본의 재침이 우려된다는 논리를 내세웠다. 이 때문에 청과의 외교적 갈등과 긴장이 유발되기도 했지만 병자호란 이후 가중되고 있었던 청의 압박을 견제하기 위한 차원에서 일본의 존재를 이용하고자 시도했던 것은 주목된다.62)

조선 전기와 달리 조선 후기에는 부산에만 왜관이 설치되면서 외교의례 및 접대는 서울, 무역은 서울과 포소왜관이라는 도식이 무너졌다. 부산왜관은 조선 후기 대일 외교 및 교역의 유일한 창구였고, 동래는 대일관계의 중심지역이 되었다. 조선 전기 삼포왜관이 조선에 입국하여 상경하기 위해 잠시 머물다 가는 임시 숙소였고, 이들 사절을 따라 왜관주변과 상경도로에서 대일무역이 진행되었다면, 조선 후기 왜관은 삼포왜관보다 그 기능과 쓰임새가 크게 확대되었다. 양국의 외교교섭이 수시로 진행되는 공간이었고, 안정적인 무역장소를 제공하였다. 왜관 운영을 위한 각종 제도가 생겨나고 더불어 의례와 시설을 갖추어 나갔으며 인적·물적 교류도 진행되었다.

---

62) 한명기, 앞의 논문(2006), 248~250쪽

조선 후기 왜관은 절영도-두모포-초량으로 이어지는 부산 단일왜관이었다. 왜란 직후 임시로 조성된 절영도는 논외로 하고, 두모포왜관 시절 왜관운영을 위한 각종 제도가 생겨나고 왜관시설이 갖춰졌으며, 초량왜관의 성립으로 조선 전기부터의 일관된 왜관 정책인 '왜관통제' 및 왜관 시스템이 완성되었다고 할 수 있다. 이러한 조선 후기 왜관의 설치, 운영 및 이전은 조선이 처한 국내외적인 상황과 연동한 것이었음은 물론이다.

일본에게 무역의 공간으로 이해되었던 왜관이 조선 영토 안에 자리잡고, 그 명칭이 쓰시마관이나 일본관이 아닌 부산관, 동래관이었다는 것은 조선정부에게 왜관은 외교적인 성격을 지닌 통제의 공간이었음을 시사한 것이다. 17세기 중후반 조일 간 무역량의 증가로 왜관 내에서 교역이 차지하는 비중이 상당했지만 그럼에도 불구하고 조선에게 왜관은 외교적인 성격을 가진 통제의 공간이었다. 이것은 초량왜관으로 왜관이 옮겨간 직후 상세한 왜관관련 규정들이 쏟아져 나온 것에서도 잘 드러난다.

마지막으로 조선 전기와 후기 왜관의 차이점을 언급함으로써 조선 후기 왜관의 특징이 무엇인지에 대해서 언급하는 것으로 글을 마무리하고자 한다.

조선 전기 왜관과 후기 왜관의 특징은 다음과 같다. 첫째, 조선 전기 대일정책의 근간은 왜구의 재발을 방지하고 증가하는 통교자를 적절히 통제하는 것이었다. 조선은 여러 가지 도항일본인에 대한 조치를 취했는데, 그 가운데 하나가 왜관의 설치였다.

15세기부터 조선정부는 일본인과 조선인의 접촉을 제한하려는 움직임이 존재하였다. 삼포왜관 중 부산포왜관의 경우, 부산성과 왜관은 "평시에는 부산은 서쪽에 있고 왜관은 동쪽 5리쯤 되는 곳"에 떨어져 위치하였다.[63] 또한 왜관 근처에 형성된 왜리에 關限을 정하여 그 경계를 넘어 출입할 수 없도록 함으로써 일본인 마을과 조선인 마을을 엄격하게 구분하려고 하였다.[64] 이로써 조선 내에서 왜리를 형성하면서 살아가는 일본인

---

[63] 『선조실록』 선조 39년 9월 계미(17일)

을 조선사회와 격리된 닫힌 공간 속에 가두려고 하였다. 왜관은 목책, 담장, 성벽만들기 등으로 점차 양국 사이의 경계를 강화하면서 거주 공간인 왜리는 점차 왜관쪽으로 결합되어 갔다. 이러한 조선 전기 왜관의 일본인 통제 기능은 이후 조선 후기까지 일관된 왜관정책으로 계승되고 더욱 강화되어. 조선 후기 왜관은 사방이 담장으로 둘러싸여 허가 없이는 출입 불가능한 권역이 되었다.

이와 관련하여 조선 전기와 후기 왜관에는 거주 공간으로서의 차이가 존재하였다. 조선 전기 삼포에서는 일본에서 처자식을 데리고 조선에 건너온 항거왜인들이 왜관 주변에 눌러 살면서 왜리를 형성하고 있었으므로 조선 전기 왜관은 왜관과 왜리가 따로 형성된 이원적인 공간이었지만, 조선 후기 왜관은 왜관과 왜리가 한 공간 안에 합쳐진 일원적인 공간이었다. 그리고 왜관 구성원면에서 조선 전기 왜관에는 일본국왕사를 비롯하여 쓰시마 및 기타 규슈의 제 영주 내지 그들의 사자들도 머물렀다면 후기의 왜관에는 쓰시마인 만이 머물렀다.

어떻든 임진왜란 이후 두모포왜관이 조선정부의 대일 유화책에서 성립한 것이라면, 초량왜관은 현종말 숙종대의 대일외교의 자신감 속에서 성립한 것이고, 그 결과 조선정부는 왜관 경영과 통제에 보다 주도적이고 적극적으로 임하였다. 일본인들의 경제적 요구를 들어주면서도 다른 지역으로의 자유로운 왕래를 제한하여 적절히 통제하는 방편으로 왜관을 이용하려고 하였다. 무역이나 교류의 공간보다는 도항해오는 일본인들을 적절히 잘 통제할 수 있는 공간이 바로 조선정부에서 왜관에 대해 가지고 있던 기본적인 생각이었다.

---

64) 조선 전기 삼포에 위치한 왜관의 모습은 村井章介, 『中世倭人傳』, 1993, 岩波書店; 김동철, 「15세기 부산포왜관에서 한일 양국민의 교류와 생활」, 『지역과 역사』 22, 2008 참조.

제3장 조선 후기 왜관 이전 교섭과 조일관계의 변화

1. 머리말

임진왜란으로 폐쇄되었던 왜관은 조일 강화교섭의 재개와 함께 절영도에 임시왜관이 설치되었고, 1607년(선조 40)에는 두모포왜관이 설치되었다. 이후 쓰시마에서는 조선 조정에 조선 전기에 왜관이 위치해 있던 부산진성 안으로 왜관을 옮겨줄 것을 요구해 왔다. 1640년(인조 18)에 있었던 일로, 이것이 조일 간에 있었던 왜관 이전 논의의 시작이었다. 이후 쓰시마에서는 30여 년간에 걸쳐 왜관의 이전을 조선에 요구해 왔고, 조선은 1673년(현종 14)에 이를 허락하고, 다년간의 공사를 거쳐 1678년(숙종 4)에는 초량으로 왜관을 옮겼다. 이때부터 초량왜관의 시대가 시작되었고, 초량왜관은 이후 200여 년간에 걸쳐 조일외교와 무역의 주요 거점이 되었다.

왜관의 이전은 조선 후기 한일관계의 실상과 밀접한 관련 속에서 이루어진 만큼 왜관의 이전에 관한 논의는 조선 후기 왜관 및 한일관계를 이해하는데 중요한 주제라 할 수 있다. 따라서 본 장에서는 조선 후기 왜관의 이전 교섭[1]을 당시 조일관계 속에서 입체적이고 동태적으로 살펴보고자 한

---

[1] 조선 후기 왜관의 이전에 관한 연구는 대략 다음과 같다.
小田省吾,「李氏朝鮮時代における倭館の變遷」『朝鮮支那文化の研究』, 邊江書院, 1929,「釜山の和館と設門に就て」,『朝鮮』125, 1925; 武田勝藏,「日鮮貿易上の三浦と和館」『史學』1-3, 1921; 長正統,「日鮮時代における記錄の時代」『東洋學報』50-4, 1968; 中村榮孝,「浦所の制限と倭館の設置」『日鮮關係史の研究』上, 吉川弘文館, 1965; 金義煥,「釜山市形成의 歷史的 背景과 그 性格」,『鄕土釜山』3, 1970,「釜山單一倭館成立의 硏究-17·8世紀의 對日關係의 究明을 위해-」,『봉산고승제박사 고희기념논문집』, 봉산고승제박사 고희기념문집간행회, 1988; 金容旭,「釜山倭館考」『韓日文化』11-2,

다. 기존의 연구에서는 왜관의 이전을 일본의 적극적인 요구와 조선의 수동적인 대응이라는 관점에서 주목한 경향이 있었다. 요컨대 왜관의 이전에 관한 논의는 조일 두 나라 간에 이루어진 것임에도 불구하고, 쓰시마의 입장에서 주로 다루고 있어, 이를 허락한 조선의 입장보다 일본의 입장이 강조되었다. 이에 본고에서는 '왜관의 이전'을 조선의 입장에서 살펴봄으로써 조선 후기 조일관계의 성격에 관한 객관적인 접근을 시도하고자 한다.

2. 임진왜란 직후 국교 재개와 왜관의 설치

임진왜란으로 조일 양국의 외교관계는 단절되었다. 그러나 전쟁이 종결되면서 양국은 곧바로 국교재개의 필요성을 인정하지 않을 수 없었다. 결국 국교재개교섭이 진행되면서 조선정부는 임시나마 사자들을 접대하고 그들이 머물 수 있는 공간을 마련해야 했다. 이렇게 해서 마련된 것이 절영도에 마련된 임시왜관이었다.[2]

그러나 조일관계가 정상화의 길로 가면서 1606년(선조 39)조선 조정은 임시로 부산 앞바다에 설치하였던 절영도왜관과는 다른 양국의 무역과 외교 교섭의 장소로의 필요성을 느끼게 되었다. 조정에서는 일본인들이 조선 국왕의 능을 파헤치고 조선의 백성을 죽인 원수이므로, 그들과 국교를 재개하고 왜관을 건립하여 교역한다는 것은 부끄러움을 모르는 치욕적인 것으로 인식하기도 했으나 다른 한편으로, 절영도에 왜사를 머물게 하는 것은

1962; 이원균, 「朝鮮後期의 釜山倭館에 대하여」,『인문사회과학논문집』48, 1992; 河宇鳳,「壬辰倭亂 以後의 釜山과 日本關係」『港都釜山』9, 1992; 田代和生,「草梁倭館の設置と機能」,『近世日朝通交貿易史の硏究』, 創文社, 1981; 村井章介 外,「三浦から釜山倭館へ―李朝時代の對日交易と港町-」,『靑丘學術論叢』3, 韓國文化硏究振興財團, 1993; 윤용출,「17세기 두모포왜관의 이전 교섭」,『한국민족문화』13, 1999

[2] 절영도왜관에 대해서는 본서의 1부 제2장 참조

그들을 섬에 유폐시키는 것으로 오해를 살 수 있다는 우려가 있었던 데다가,3) 1607년 조선국왕사인 회답겸쇄환사가 일본에 파견되면 국교가 재개될 것이므로 국교 재개 이후를 대비하여 왜관을 육지로 옮겨야 한다는 데로 의견이 모아졌다.

조정에서는 1606년 9월부터 새로운 왜관 부지를 물색하기 시작했다.4) 일본측은 조선 전기의 부산포왜관 터를 왜관부지로 활용할 것을 제안했으나 이 지역은 이미 부산진 성내에 있어서 경상좌수영와 부산첨사영이 각각 설치되어 있는 군사기밀지역이었기 때문에5) 부득이 새로운 곳으로 정하지 않을 수 없었다. 그래서 새로운 장소를 물색하여 그해 12월, 부산진과 별개의 장소인 두모포가 왜관 부지로 결정되었고, 1607년 봄부터 왜관 조성이 시작되었다.6) 이른바 豆毛浦(현 부산 동구청 일대)에 세운 왜관, 즉 두모포왜관이다.

두모포왜관은 1607년 6월에는 왜관 건물들은 거의 완공되었고, 연향대청은 기둥을 세운 상태였다. 연구에 따르면, 두모포왜관의 규모는 동서 126보, 남북 63보로 약 1만 평에 달했다고 한다.

조선 측이 부산진성과 멀지 않은 곳에 왜관을 정한 이유는 왜관을 군진 근처에 두어 감시하려는 의도와 옛 왜관 터에 짓지 않으면 일본인들이 원망할 것이라는 우려를 반영한 조치였다. 두모포왜관은 1607년부터 1678년(숙종 4) 초량왜관이 성립될 때까지 72년간 존속했으며, 그동안 조일 간의 외교 및 무역에 필요한 여러 규정과 왜관 운영방침이 대부분 성립되었다.7)

두모포왜관의 경관을 살펴보면 동쪽으로는 바다에 면하고, 남쪽과 북쪽·

---

3) 『선조실록』 선조 39년 8월 기미(23일)
4) 『선조실록』 선조 39년 9월 계미(17일)
5) 『선조실록』 선조 40년 6월 신해(20일)
6) 『선조실록』 선조 39년 12월 을묘(21)
7) 두모포왜관 시대에 만들어진 여러 규정과 왜관 운영방침에 대해서는 양흥숙, 「17세기 두모포왜관의 경관과 변화」, 『지역과 역사』 15, 2004에 자세하다.

서쪽은 담장이 둘러 쳐져 있었으며 동문 밖에는 佐自川(佐川)이 흐르고 있었다. 좌자천은 왜관 정문인 守門에서 수십 보 떨어진 거리에 위치하여 왜관지역을 나타내는 자연 경계가 되었다. 왜관 수문 밖의 좌자천이 동쪽 천변이 되므로 왜관 대문인 수문은 왜관의 동쪽 즉 부산진을 향하여 위치하였다. 두모포왜관의 주변 경관은 뒤쪽에는 산이 있고, 앞쪽에는 바다가 있어서 좌자천을 건너서 조선 군인들에게 출입 허가를 받고 다시 큰 문을 지나야 비로소 왜관에 도착할 수 있었다.[8]

그리고 왜관 내부에는 중앙에 연향청이 있고, 좌우에 동관·서관이 세워져 있었으며, 남쪽에는 배를 대는 선창이 있었다. 그러나 선창이 남풍을 직접 받고 있어서 水柵을 세웠지만 평상시에도 배를 육지에 끌어 올려놓지 않으면 안 될 정도로 불완전한 곳이었기 때문에[9] 설치 당시부터 두모포왜관은 일본측이 왜관의 이전을 요구할 소지를 지니고 있었다.

더구나 두모포왜관 설치 이후 양국관계가 정상화됨에 따라 왜관 체류 인원이 증가하고, 그에 따라 왜관 내 새 건물이 들어서면서 부지난이 가속화되었다. 왜관의 체류자가 늘어나는 상황에서 또 다른 일본 사절단이 왜관에 오면 반드시 가건물, 즉 가건물의 조성이 요구되었는데, 1620년 중엽에는 이미 가건물을 지을 수 있는 부지도 부족한 상황이 되었다.[10] 이에 조선에서는 왜관에서 일본인들이 체류할 수 있는 기한을 정하고, 쓰시마로부터 파견 인원의 수를 제한하는 등 조치를 취함으로써 두모포왜관의 협소함을 해결하고자 하였으나 만족할만한 성과를 거두지는 못하였다.

---

[8] 양흥숙, 박사학위논문, 19~20쪽
[9] 小田省吾, 앞의 논문(1928), 94~126쪽
[10] 『변례집요』 권11, 「관우」 병인(1626년) 9월
　　"丙寅 天啓六年府使柳大華時 倭使等每於宴席以館舍甚狹實難容接 年造假家無一隙地 退築墻垣事樓樓發說 令廟堂商確善處事 啓"

3. 왜관의 이전을 둘러싼 조일 교섭 과정

1) 제1시기 -왜관의 확장과 수축-

1607년 두모포왜관이 설치되고 나서 쓰시마는 총 8차례에 걸쳐 조선에 왜관을 옮겨달라는 요청을 해 왔다.[11] 왜관을 이전해 달라는 요청이 있기 전에 쓰시마는 이미 몇 차례에 걸쳐 왜관의 수리를 요청한 바 있었다.[12]

1638년(인조 16) 1월 문위행으로 쓰시마에 파견되었다가 귀국한 洪喜男이 왜관의 담장을 쌓아 바람과 파도를 막을 수 있게 해달라는 쓰시마도주 소 요시나리(宗義成)의 요청을 조정에 전하였다. 조정에서는 그해 4월 監司 및 水使에게 왜관의 海墻, 즉 바다 쪽으로 난 담장을 돌로 쌓은 공사를 주관하여 마무리 짓도록 명하였다. 당시 왜관에 머물러 있던 차왜 平成連은 담배 300근과 담뱃대 1,500개를 공사에 동원된 역군들에게 나누어 주면서 노고를 치하했다고 한다.[13]

왜관의 이전에 대한 논의가 맨 처음 제기된 것은 1640년(인조 18) 5월로, 쓰시마도주가 아들을 얻은 것을 축하하기 위해 쓰시마에 파견된 문위역관 홍희남이 도주와 만났을 때였다. 당시 쓰시마도주는 문위역관 홍희남에게 또 다시 왜관의 담장을 쌓아서 바람과 파도를 막을 수 있도록 바다 쪽에 난 담장을 돌로 쌓아줄 것과 왜관 북쪽의 담장 밖에 난 길로 조선인들이

---

11) 선행 연구에서는 1640년부터 1673년 초량으로 이관이 결정될 때까지 왜관 이전 요청을 위한 사자의 도해가 모두 7차례였던 것으로 되어 있다. 이것은 일본측 사료(『通航一覽』 卷124, 「朝鮮國部」 貿易)에 근거한 것으로 보인다. 그러나 조선의 자료인 『邊例集要』와 『倭館移建謄錄』에는 왜관의 이전을 요청할 목적으로 일본에서 조선에 건너 온 교섭 사자는 1640년부터 총 8회에 걸쳐 나타난다.

12) 17세기 초부터 두모포왜관의 담장을 수리해 달라는 요구가 몇 차례 진행된 바 있다 (『변례집요』 권11, 「관우」, 辛亥(1611년) 7월, 10월, 丙寅(1626년) 11월, 壬申(1632년) 3월).

13) 『備邊司謄錄』 인조 16년 1월 23일; 『東萊府接倭狀啓謄錄可考事目抄冊』, 무인 4월

통행하지 않도록 차단해 줄 것을 요청하였다. 이 자리에서 쓰시마도주는

> 關白의 정사는 더욱 준엄하고 執政들은 모두 뛰어나다. 처음 귀국이 침입을 당하였다는 소식을 듣고는 모두들 팔을 걷어붙였으며 시기를 틈타서 출병하자는 의논이 있었다. 내가 도모하여 일이 중지되었다. 그런데 관백은 항상 나를 의심하고 있으므로 현재 이곳에 近臣을 보내어 그들로 하여금 섬 안의 형세를 은밀히 살피고 겸하여 귀국의 사정도 정탐하게 하고 있다.… 부산성은 애초에 귀국에서 쌓은 것이 아니라 바로 일본이 쌓은 것이다. 이제 관왜로 하여금 성 안으로 옮겨 살게 하고 器械를 많이 갖추게 한다면, 비록 의외의 변란이 있더라도 귀국과 더불어 기미를 살펴 주선할 수 있을 것이니 이 어찌 상책이 아닌가. 바라건대, 그대는 돌아가 조정에 보고하여 이 말을 저버림이 없도록 하라.14)

라고 하면서, 왜관을 임진왜란 이전에 위치하였던 부산성 안으로 이전해 줄 것을 요청하였다. 이때 쓰시마도주는 청나라의 동향과 관련해서 '不時之患'을 대비해야 한다는 뜻이라고 설명하고, 두모포의 왜관을 부산진성 안으로 옮기게 해 달라는 요청을 구두로 전달하였다. 당시 두모포왜관의 담장을 여러 차례 수리한 것은 세 방향에서 바람을 맞는 두모포왜관의 구조적 약점과 관련이 있었기에15) 쓰시마에서는 이 문제를 근본적으로 해결하기 위해 왜관을 이전할 필요성을 느끼고 있었던 것이다.

홍희남을 통해 구두로 전달된 쓰시마도주의 왜관 이전 요청은 같은 해 10월부터 12월에 파견된 차왜 일행을 통해 보다 구체화되었다. 재판차왜 후지 도모나와(藤智繩)와 부특송사 정관 平智友는 부산첨사 鄭楷를 대면한 다례 석상에서 왜관의 이전을 공식적으로 제기하였다.

그들은 왜관을 두모포에서 부산진성 안으로 이전해 줄 것을 정식으로 요

---

14) 『인조실록』 인조 18년 5월 을미(15일).
15) 『邊例集要』 권11, 「관우」, 기해(1640년) 3월, 4월.

청한 것이다. 이로써 쓰시마의 왜관 이전 요청은 구체화되었다.16) 그들은 첫째, 두모포왜관이 협소하여 선박의 출입에 불편한 점이 많고, 둘째, 왜관의 지세가 낮은데다 뒤쪽에 높은 산이 있어 외부로부터 방비하기가 어렵다는 이유를 들어 임진왜란 이전에 왜관이 있었던 부산성을 비워주면 그곳에 옮겨가서 건물을 새로 짓고 '意外의 變'을 대비하겠다는 것이었다.17) 이어서 재판차왜 후지 도모나와가 접위관이었던 梁山郡守 鄭好仁을 마주 대했을 때도 왜관의 이전 논의가 제기되었다.18)

이에 부산첨사 鄭楷는 "부산성은 우리가 진을 설치한 곳"이라는 사실을 확인시키고, "조선정부가 왜관 건물을 지어주고 우대하여 조금도 불편함이 없는데도 부산성으로 옮기겠다는 것은 이해할 수 없는 일이므로 허용할 수 없다"라고 단번에 거절하였다.19)

그렇다면 쓰시마가 두모포에서 부산성으로 왜관의 이전을 희망한 이유가 좁은 왜관으로 인한 숙소난에 국한되어 있었을까?

오다 쇼고(小田省吾)와 다시로 가즈이(田代和生)는 일본측이 왜관의 이전을 요구하게 된 것이 이 시기가 국서개작폭로사건 이후 겸대제도 실시와 1639년에 있었던 막부의 대조선무역의 확대 요청이 있던 때로, 무역량의 증가가 예상되었으므로, 쓰시마로서는 왜관을 보다 편리한 장소에 이전해 둘 필요가 있었기 때문이었다고 보았다. 뿐만 아니라 당시 조선에 침입한 후금

---

16) 『倭館移建謄錄』 경진 10월 18일, 『변례집요』 권11 「館宇」 경진(1640년) 10월
17) 『변례집요』 권11 「館宇」 경진(1640) 10월
18) 『왜관이건등록』 경진 10월 8일. 그런데 차왜 일행은 동래부사 姜大遂가 처음 응접했을 때에는 이러한 요구사항을 거론하지 않았다. 당시 동래부사 강대수가 이미 다른 일로 파직 처분을 받고서 새로 부임할 부사를 기다리는 중이어서 쓰시마로서는 달리 상대할 필요성이 적었기 때문으로 보인다. 당시 차왜 일행은 동래부에서 어느 관리를 만나서 어떤 발언을 해야 할 것인지에 대해 상당히 준비된 상태였으며, 쓰시마에서 동래부 현지 사정을 철저하게 파악하고 교섭에 임했음을 시사한다(윤용출, 앞의 논문, 75쪽).
19) 『변례집요』 권11, 「館宇」 경진(1640) 10월; 『왜관이건등록』 경진 10월 10일

(淸)의 남하에 대비하여 부산성을 개축하고 그 곳에 왜관을 옮겨 병기를 갖추어두려고 하는 의도가 있었기 때문에 조선에 이관을 요청한 것이라고 설명하였다.[20]

일본측이 두모포왜관을 부산진성으로 옮기고자 한 것에는 군사적인 목적 또한 개재되어 있었다. 병자호란 이후 청의 세력 확장에 불안해하면서 한반도의 정세 변동을 주목하였던 도쿠가와 막부(德川幕府)에서는 왜관을 청으로부터의 침략에 대비한 전초기지 및 정보수집처로 활용하려는 의도를 갖고 있었다. 두모포왜관의 이전 문제가 이처럼 군사적 필요성에 의해서 처음 제기되었으므로, 조선정부 또한 크게 의구심을 갖게 되었다. 따라서 조선정부는 쓰시마의 왜관 이전 요청에 대하여 관방의 체계를 견지한다는 군사적 차원에서 대응하였다.[21] 따라서 일본측이 자신들의 뜻을 굽히지 않고 계속 이전 요구를 하였는데, 이에 대해 조정에서는 논의 초기부터 단호한 거절을 반복할 뿐이었다. 결국 1640년에 제기되었던 제1차 왜관 이전에 관한 교섭은 조선이 왜관의 선창을 확장하고 수리해 주는 것으로 매듭지어졌다.[22]

당시 조선으로서는 병자호란이 끝난 지 불과 4년여에 지나지 않아 북으로는 청나라의 위협을 대비하고 아울러 남변의 안전을 도모해야 하는 상황에 있었으므로 국방상으로 주요 거점인 부산진성 안에 왜관을 이전한다는 것은 받아들일 수 없는 요구였던 것이다.

---

[20] 小田省吾, 「李氏朝鮮時代における倭館の變遷」 『朝鮮支那文化の硏究』 128-132쪽; 田代和生, 『近世日朝通交貿易史の硏究』, 創文社, 1981, 169쪽

[21] 윤용출, 앞의 논문, 5~6쪽

[22] 이때 결정된 왜관수리로 조선은 1645년(인조 13) 봄부터 건축에 필요한 목재를 벌채하기 시작하여 동년 9월에는 부산포에 목재를 운반하였다. 12월에는 경상좌·우도의 각 수군진에 소속된 邊防軍과 부산의 烽燧軍 382명을 동원하여 왜관의 서관 개축 공사에 착수하였고, 1647년(인조 25) 6월에 준공을 보게 되었다. 이 공사의 소요 일수는 9개월, 공사에 동원된 연인원수는 37,884명, 건축에 소요된 목재는 2,078株, 목공의 연인원수는 8,623명, 비용으로 쓰인 목면은 2,169필에 달하였다고 한다(부산직할시사편찬위원회, 『부산시사』 권1, 1998, 757쪽).

그러나 조선이 일본의 요청을 받아들이지 않은 것은 그들의 이관 요구가 이관만을 목적으로 한 것이 아니었다고 파악했기 때문이기도 하다. 즉 이관 논의의 그 배후에는 平彦滿送使[23]를 허락받기 위한 쓰시마의 의도가 숨겨져 있었기 때문이기도 하였다. 즉 쓰시마는 겸대제 실시라는 통교무역체제의 개편 이후에 줄어든 무역 이익을 平彦滿送使를 추가함으로써 만회하고자 하였다. 그해 11월에 역관 홍희남이 동래부사 鄭好恕에게 올린 수본에 의하면 쓰시마는 조선에게 왜관의 이전을 요구하면서 동시에 平彦滿送使를 요청하였다.[24] 그래서 조선은 그해 바로 쓰시마에 平彦滿送使를 허락해 주었고,[25] 1642년부터 送使船이 조선에 건너오고 있다. 따라서 1640년에 있었던 이관 요구는 平彦滿送使와 맞물려 있는 만큼, 平彦滿送使의 성립과 함께 설명할 때 그 성격이 보다 명확해질 것이다.

제2차 왜관 이관 논의는 1659년(효종 10) 4월에 있었다. 1640년 때와는 달리 쓰시마도주 소 요시자네(宗義眞)는 왜관의 이전 교섭을 전담하는 차왜로 平智友를 파견하여 이관교섭을 전담하게 하였다. 1차 교섭으로부터 거의 20년이 지난 뒤의 일이었다. 平智友는 풍랑이 심할 때는 두모포에 선박을 정박할 수 없어 불편하다는 이유로 이전을 요구하는 내용의 서계를 예조참의, 동래부사·부산첨사 앞으로 가져왔다. 그리고 만약 조선이 왜관 이전을 받아주지 않는다면 수년 안에 도주가 직접 조선에 와서라도 요구를 관철하겠다는 태세였다.[26] 1차 왜관 이전 교섭과는 달리 왜관 이전을 관철

---

[23] 平彦滿送使는 義眞公送使라고도 불리며 1642년부터 1702년까지 도항하였는데, 이 기간의 연례송사는 연례구송사라고 한다. 조선정부는 平彦滿送使를 1640년(인조 18)에 허락하였다가 1702년(숙종 28)에 혁파하였다(『春官志』 권3, 「年例送使」).
[24] 『倭館移建謄錄』 경진 11월 20일
"東萊府使鄭好恕狀啓內 別遣驛館洪喜南手本內… 則釜城移館事以爲奇貨 而彦滿送使之言又爲提起 藤倭小撐惡無比其心所在 誠甚可慮云云事手本是白置… 釜城移館之事決非可從之意乙 渠亦非不知而累累言及者 只是提起難從之請 欲成彦滿送使船之計是白在果…."
[25] 『春官志』 권3, 「年例送使」

하고자 하는 강한 의욕을 보였다. 이에 조선은 허락할 수 없다는 회답서계를 내렸으나 平智友는 이관을 요구하며 회답서계를 수령할 수 없다고 버티다가, 그해 8월에 몸에 생긴 병을 이유로 돌아감으로써 이관 논의는 해결의 실마리를 찾지 못하는 듯하였다. 그러나 조선은 이듬해인 1660년(현종 1) 2월 공작미의 연한을 연장하기 위해 파견된 다치바나 도모마사(橘智正)에게 이관 대신 왜관의 선창을 수축해 주겠다는 회답서계를 건네줌으로써 이관 교섭을 일단락 지었다.27)

조선이 제1차 왜관 이전 논의 때와 마찬가지로 이관을 허락하지 않고 단지 선창을 수리해 주는 것으로 논의를 마무리 지었던 것은 그들의 이관 요구의 배후에는 조선이 공무역의 대금으로 지불하였던 공목을 공작미로 대신 바꿔 받으려는 쓰시마의 '換米之計'의 의도가 있다고 판단한 때문이었다.28)

17세기 전반 이후 일본은 목면 재배의 보급과 함께 국내의 목면 산업이 발달하자 그 동안 공무역 수입품의 대금으로 지급받았던 조선 목면의 일본 국내 시장에서 판매가 점차 어려워지게 되었다. 게다가 조선에서 지급한 목면의 질이 떨어짐에 따라 이익률이 감소하여, 17세기 후반에는 공무역으로 수입된 조선 목면을 일본으로 가져가지 않고 왜관의 창고에 보관하였다가 개시 때 다시 조선 상인에게 되파는 재수출 방법이 행하여졌다. 결국 조선에서 지급한 공목의 질 저하와 일본 국내에서 목면 생산의 발달로 공목에 의한 결재가 불가피하게 되자, 쓰시마에서는 1651년(효종 2)에 차왜 平成扶를 조선에 보내어 공목의 질을 복구해주도록 요구하는 한편, 공목의 일부를 쌀로 환산하여 지급하여 줄 것을 요청했는데,29) 이때 쌀로 바꾸어 지급해

---

26) 『변례집요』 권11, 「館宇」 기해(1659년) 4월
27) 『변례집요』 권11, 「관우」 경자(1660년) 2월
28) 『변례집요』 권11, 「관우」 기해(1659년) 5월
29) 金東哲, 「17·8世紀 對日公貿易에서의 公作米 문제」, 『港都釜山』 10, 1993, 106쪽

준 것을 공작미라고 한다.

이 환미제도는 본래 조일 양국 간의 조약으로 규정되어 있는 것이 아니었다. 처음에는 5년 기한의 한시적인 임시 조치로 이루어졌다. 경지면적이 좁아 쌀 생산이 절대적으로 부족했던 쓰시마로서는 공작미는 쓰시마인의 생명줄과 같은 것이었기 때문에 쓰시마는 5년 기한이 끝날 때마다 무역가를 공목을 대신하여 공작미로 지급해 줄 것을 교섭하기 위한 공작미년한재판을 파견하여 그 기간의 연장을 요구하였다.[30] 1655년(효종 6)에 공목을 공작미로 바꾸어 지급받았던 쓰시마는 공작미의 연한이 1660년으로 끝나게 되자 다시 공목을 쌀로 바꿔줄 것을 요구하게 된 것이다.[31]

제3차 이관 논의는 1661년 11월 이관차왜 平成喬가 예조참판 앞으로 보내는 서계를 지참하고 부산에 건너오면서 시작되었다.[32] 제2차 이관 논의 이후에 극심한 흉년을 이유로 조선이 왜관 선창의 수축을 곧바로 착수하지 않자 '公木換米' 문제로 조선에 온 다치바나 시게쓰네(橘成般)는 1660년 2월부터 줄곧 새로운 선창의 수축을 요구하였다. 그리고 그 해 12월에 문위역관 金謹行이 쓰시마에 갔을 때도 쓰시마에서는 왜관 수축에 대한 요구가 있었다.[33]

그러나 당시 조선의 입장은 옛 선창의 수축은 허락할 수 있지만, 새롭게 선창을 수축해 주는 것은 불가하다는 입장이었기 때문에 선창 수축의 건은 평행 상태에 놓이게 된다.[34] 그러다가 이듬해인 1661년(현종 2) 11월에 이

---

30) 김동철, 위의 논문, 102쪽
31) 『春官志』 권3, 「論公木作米之山」
  실재로 조선정부는 對馬島의 요청에 따라 1655년에 公木 300同을 쌀로 바꾸어 지급하였다. 그리고 1660년에는 쓰시마가 공작미년한재판 橘成般을 통하여 환미기간을 더 연장해 줄 것을 요구하자 조선에서는 400同을 作米해 주었다.
32) 『왜관이건등록』 신축 11월 22일; 11월 24일; 『변례집요』 권11, 「관우」 신축(1661년) 11월
33) 『변례집요』 권11, 「관우」 경자(1660년) 12월
34) 『변례집요』 권11, 「관우」 경자(1660년) 11월

관차왜 平成喬가 도해해 옴으로써 이관에 관한 논의가 본격화되었다.35) 이 관차왜 平成喬는 당시 조선에 있던 차왜 다치바나 시게쓰네와 함께 줄곧 조선측에게 이관을 요구하였다. 이들은 두모포 왜관이 좁다는 것, 선창이 불편한 것 등을 근거로 내세우면서 왜관을 부산진성으로 옮겨줄 것을 요청하였다.36) 그밖에 荒唐船을 譏察해 줄 것, 兼帶船 및 공목의 복구, 조선 상인들의 오래된 부채를 징수해 줄 것 등을 함께 요청하였다.37) 조선은 여러 차례에 걸친 논의 후에도 타결점을 찾지 못하고, 왜관 이전 요청을 받아들일 수 없다는 입장만을 재확인할 뿐이었다. 결국 1663년(현종 4) 가을에 가서야 옛 선창의 수축과 담장의 개수를 착수하기에 이른다.38)

2) 제2시기 -왜관의 이전-

한 동안 잠잠했던 왜관 이전에 대한 논의는 1668년(현종 9) 12월 이관차왜 平成勝이 부관 平成廣, 그리고 반종과 격왜 등을 인솔하고 왜관 이전을 희망하는 내용의 예조참판, 예조참의, 동래부사·부산첨사 앞의 서계와 별폭을 지참하고 부산에 건너오면서 시작되었다. 3차 왜관 이전 교섭이 결렬된 지 6년이 지난 시점이었다. 그는 처음부터 자신의 임무는 에도(江戶)의 분부에 따라 이관에 관한 일을 결정하려는데 있다고 밝혔다. 이번에 다시 왜관의 이전을 요구하는 일이 쓰시마도주의 독자적인 판단이 아니라 막부에 지시에 따른 것임을 분명히 하면서 경접위관의 신속한 접대를 요청하였다. 특히 차왜 平成勝은 특별히 부관을 거느리고 와서 전임자들과 다른 모습을 과시했다.39)

---

35) 『변례집요』 권11, 「관우」 신축(1661년) 11월
36) 『왜관이건등록』 신축 11월 22일, 11월 24일; 『변례집요』 권11 「관우」 임인(1662년) 3월.
37) 『東萊府接倭狀啓謄錄可考事目抄冊』 신축 11월
38) 『변례집요』 권11, 「관우」 계묘(1662년) 4월

당시 차왜 平成勝이 지참한 쓰시마도주의 예조참판 앞 서계의 내용을 보면 일본측의 부산성으로 왜관 이건요구에는 두 가지의 이유가 있었다. 첫째, 왜관의 선창이 협소하고 수심이 얕아서 배가 정박하기가 불편하다는 것, 둘째, 이제까지 일본에 조선에 건너올 때 관소였던 쓰시마의 와니우라(鰐浦)가40) 물살이 빠르고 해가 갈수록 배가 건너다니는 나루가 좁아져서 배가 드나드는데 불편하므로 사스나(佐須奈)로 관소를 옮기기로 결정하였으므로, 조선도 이러한 일본의 입장을 생각하여 사스나와 더불어 왕래하기 쉬운 장소로 왜관을 이전해 달라는 내용이었다.41) 이를 접한 예조참판은 답서에서,

> (왜관을) 옮긴다는 일은 결단코 따를 수 없는 일이라는 것은 앞서 이미 자주 언급하였다. …대개 舊館(두모포왜관)의 시설이 오래 되었는데, 이제 와서 한 가지의 불편함 때문에 이관하고자 하니, 명령을 빙자하여 이미 왜관을 옮긴 후에 또 불편함이 생기면 장차 또한 옮기려는가? 근자에 배를 정박하는 데에 어려움이 있다하여 선창을 개축해 준 것도 얼마 오래되지 않았는데 또 그 험난한 것을 말하면 어찌 새로 선택한 別浿가 오래 가고 근심이 없을 것이라는 것을 알겠는가? 또 鰐浦라는 땅은 귀주의 관할이므로 스스로 너희가 개축해도 우리에게는 문제가 될 것이 없는데, 이것을 빙자하여 (이관)을 말한다는 것은 더욱 이해할 수 없는 바이다. 만약 우리나라가 津梁을 옮긴다면 귀주 또한 우리를 따라서 이관하겠는가? 바라건대 이러한 뜻을 잘 헤아려 다시는 번거롭게 청하지 말라.42)( ) 안은 인용자 주, 이하 동일.

---

39) 『왜관이건등록』 무신 12월 13일.
40) 쓰시마는 1671년 幕府의 허가를 얻어 鰐浦에서 佐須奈로 조선에 대한 關所를 이전하기로 결정하였다(荒野泰典, 「小左衛門と金右衛門-地域と解禁をめぐる斷章-」, 『海から見た日本文化』, 小學館, 1992. 426쪽).
41) 『왜관이건등록』 기유 정월 16일
42) 『通航一覽』 권124, 「朝鮮國部」 100, 移館事考
"移館之事 斷不可從之意…蓋舊館之設 所由來已久 今以一事之不便 乃欲移 藉令旣移之後 又有不便 則其將又移之耶 頃以泊舡之難 改築船滄 而日月未久 又言其難險 則安知

라고 하여, 관소가 협소하고 선창이 불편하다는 것만으로 이관을 허락할 수는 없다는 입장을 밝히고 있다. 또한 일본의 對朝鮮 關所를 와니우라에서 사스나로 이전하는 것은 일본 국내의 사정일 뿐 조선과는 아무런 상관이 없는 일이므로 관소를 옮기는 것을 빙자하여 함부로 조선에게 이관을 요구하지 말라는 것이었다.

그런데 여기서 주목할 만한 것은 쓰시마가 이제까지 이관을 희망하는 장소로 부산성만을 고집했던 것과는 달리[43] 장소와는 관계없이 무조건 왜관을 이전해 줄 것을 요청하고 있다는 점이다.[44] 그리고 이전의 이관 요구가 쓰시마에게 조선정부가 다른 외교 사안을 허락해 주거나 왜관의 선창을 수리해 주는 것으로 마무리되었다면, 제5차 왜관 이전교섭부터는 양측이 전혀 합의점을 찾지 못하고 조선은 거부로, 일본은 이관차왜의 연이은 파견으로 대응하고 있어 왜관의 이전에 대한 교섭이 종전과는 다른 적극적인 양상을 띠게 되었다는 점이다.

이듬해인 1669년(현종 10) 11월 곤겐도(權現堂)와 공작미에 관한 두 가지 일을 맡은 차왜 다치바나 나리노부(橘成陳)가 도항해 왔다.[45] 곤겐도의 일이란 쓰시마도주 소 요시나리가 반쇼인(萬松院) 뒤에 도쿠가와 이에야스(德川家康)를 분향하기 위한 사당으로 곤겐도를 짓고, 제사 비용을 마련한다는 명목으로 곤겐도에 대해 세견선을 증가시켜 달라고 요청한 일이다.[46] 당시 다치바나 나리노부는 왜관 이전 문제를 요구하기 위한 목적을 지닌 이관차왜가 아니었음에도 틈나는 대로 이관 문제를 거론하였다.[47] 그 역시 4차 왜

新擇之別洲 可得以長保無患耶 且鰐浦之地 貴州所理 自彼改築 於我無干 藉此爲言 尤所未解 若弊邦津梁 或有移易 則貴州亦效我而移之耶 冀諒此意 更勿煩請云"
43) 『왜관이건등록』 임인 3월 16일
44) 『왜관이건등록』 기유 정월 28일
45) 『현종개수실록』 현종 10년 11월 신축(12일)
46) 『增正交隣志』 권5, 日光山致祭儀
47) 『東萊府接倭狀啓謄錄可考事目抄册』 己酉 12월, 戊戌 2월; 『변례집요』 권11 「관우」

관 이전 교섭 사자와 마찬가지로 쓰시마의 대조선 관소의 이전 문제를 왜관을 옮겨야 하는 중요한 근거로 제시하였다.[48]

그러나 조선 정부는 공목을 공작미로 바꿔 지급해 달라는 요청은 허락하였지만, 그 외의 주장에 대해서는 여전히 냉담하였다. 결국 차왜가 요청한 왜관 이전 및 곤겐도에 관한 문제는 모두 조선의 승인을 얻지 못하였다. 공목을 쌀로 바꾸어 주는 사안은 3년간 다시 허용해 준다는 내용의 회답 서계가 전해졌다.[49]

제5차 이관 교섭은 차왜 平成尙이 돌아간 직후인 1670년(현종 11) 2월에 새로운 이관차왜 平成喬가 도착하면서 시작되었다. 平成尙은 예조참판 앞 서계를 지참하고 건너왔다.[50] 그는 제4차 왜관 이전 교섭 때와 마찬가지로 쓰시마의 와니우라가 협소하고 파도가 거세고 험난해서 사스나로 대조선 관소를 이전하게 되었는데 조선으로 건너오는 수로가 이전에 비하여 두 배나 거리가 멀어지게 되었다. 따라서 왜관을 두모포보다는 거리가 가까운 부산성으로 이전해 달라는 것이었다.[51] 그러나 조선은 결코 허락할 수 없다는 입장을 재차 밝히고 있을 뿐이었다.

제6차 이관교섭은 1671년(현종 12) 5월 이관차왜 平成太가 조선에 건너오면서 시작되었다. 平成太는 왜관을 이전해야만 하는 3가지 이유가 쓰인 쓰시마도주의 예조참판 앞 서계를 지참하고 부관 승 겐쓰네(玄常), 도선주 다치바나 나리사다(橘成貞) 등을 대동하여 조선에 건너왔다.[52] 쓰시마도주가 제시한 3가지 이유란 첫째, 왜관 내 건물이 낡고 궁벽하다는 점, 둘째, 선창에 토사가 쌓여 파도가 쳐서 배를 대기가 불편하다는 점, 셋째, 두모포

己酉(1669년) 12월
[48] 『왜관이건등록』 戊戌 1월 2일
[49] 『현종개수실록』 현종 10년 12월 丁亥(28일)
[50] 『왜관이건등록』, 경술 2월 7일; 『현종실록』 현종 11년 3월 병인(9일)
[51] 『변례집요』 권11, 「관우」 경술(1670년) 5월
[52] 『왜관이건등록』 신해 5월 21일

왜관의 입지가 조일 양국관계에서 오래도록 국교를 유지할 만한 요지는 아니라는 점이었다. 그리고 왜관을 熊浦로 옮겨줄 것을 요청하였다.[53] 이러한 쓰시마의 이관 요구에 대하여 조정에서는 허락하지 않았다.[54]

이에 平成太 등은 접위관 申厚載의 접대를 거부하고 왜관에 들어가기를 거부하며 쓰시마의 입장을 완강히 관철시키려 하였다. 이들은 왜관에서 조금도 거리낌이 없이 행동하였고, 찬거리가 작다고 트집을 잡고 칼을 빼어드는 등 행패를 일삼았다. 특히 왜관의 일본인들은 魚價米가 좋지 않다는 이유를 들어 창고지기의 머리를 치기는 등 시간이 갈수록 그 행패가 더욱 노골화되고 심해져 갔다. 특히 그해 9월에는 왜관 관리의 허락 없이는 왜관을 함부로 드나들 수 없다는 금법을 어기고 난출을 감행하기도 하였다.[55] 平成太는 또한 병을 칭하여 수행왜인 50여 명과 동래의 온천에 가서 목욕을 하고, 조선이 이관을 허락하지 않을 경우는 동래에서 늙어 죽겠다고 공공연히 맹세를 하면서 함부로 행동하는데 조금도 꺼리는 기색이 없었다. 심지어 쓰시마에서 말을 가져와 상경하려는 태도를 보이기까지 하였다.[56] 또한,

> 차왜가 장차 江戶에서 나올 것인데 그의 호칭은 손우위문(孫右衛門)이라고 한다. 이뿐만이 아니다. 녹이 40, 50만 석이고 관작이 가장 높은 사람으로 肥前·薩摩·筑前의 太守 같은 이도 조만간에 나올 것인데, 귀국에서는 어떻게 할 것인지 모르겠다.[57]

라며 막부의 위세를 믿고 협박하고 공갈하는 데 거리낌이 없는 등 날로 그 횡포가 심해져 갔다. 이러한 쓰시마의 완강한 요구에도 불구하고 조선은 거

---

53) 『通航一覽』 권124, 「朝鮮國部」 100, 移館事考; 『현종개수실록』 현종 12년 6월 임오 (3일)
54) 『변례집요』 권11, 「관우」 辛亥(1671년) 6월
55) 『변례집요』 권11, 「관우」 신해(1671년) 9월; 『현종실록』 현종 12년 9월 계유(25일)
56) 『현종실록』 현종 12년 10월 신사(3일), 계미(5일)
57) 『현종실록』 현종 12년 10월 계미(5일)

절로 일관하였는데, 도중에 平成太가 동래에서 병으로 죽는 일이 발생하였다.58) 그는 조선에 건너올 때 조선에 대해 왜관의 이전 교섭을 성사시키지 못하면 죽어도 돌아가지 않을 것이라고 맹세했다고 하며, 왜관 이전을 둘러싼 소란을 주도한 인물이었다. 역관들에 따르면 그가 분노를 이기지 못해서 화병으로 죽었다고도 하고, 약을 먹고 스스로 목숨을 끊었다고도 전해졌다. 그의 시신은 소금에 절여진 채 쓰시마에서 온 飛船에 실려 돌아갔다.59)

　제6차 이관차왜 일행 가운데 정관 平成太가 병사하게 되자 부관 일행은 쓰시마로 돌아가지 않고 계속 조선에 체류하였다.60) 그럼에도 쓰시마도주 소 요시자네(宗義眞)는 곧 이어 平成之를 제7차 이관교섭 사절로 조선에 파견해 왔다.61) 또한 쓰시마에 돌아가지 않았던 부관 등 일행은 왜관의 이전은 막부의 지시에 따른 것이며, 만약 조선이 이관을 허락해 주지 않는다면 도주는 막부에 중죄를 면할 수 없게 되므로 이관 여부는 도주의 사활이 걸린 문제라는 점을 강조하면서 이관 요청을 계속하였다.62) 조정에서는 이관에 대해 절대불가론을 밝히고 동래부사로 하여금 쓰시마에 조선의 태도를 분명하게 밝히도록 하였다. 이러한 조선의 입장은 현종이 동래부사 李夏를 인견하면서,

　　네(李夏)가 부임한 뒤에 왜인에게 "너희들이 비록 집을 천 칸 짓고, 10년을 머무른다고 해도 너희들이 바라는 바가 이로 인해 이루어질 리는 전혀 없다. 너희들의 요청을 허락할 수 있는 것이라면 비록 부산에 있더라도 허락할 수 있지만, 허락할 수 없는 것이라면 비록 동래에 있더라도 허락할 수

---

58) 『현종실록』 현종 12년 12월 을유(8일)
59) 위와 같음; 다시로 가즈이 지음, 정성일 옮김, 『왜관, 조선은 왜 일본사람들을 가두었을까?』, 논형, 2005, 64~66쪽
60) 『현종실록』 현종 13년 6월 계사(19일)
61) 『현종실록』 현종 12년 10월 정유(19일)
62) 『변례집요』 권11, 「관우」 계축(1672년) 3월

없다. 하물며 조정에서 만약 너희들이 여기에 왔다고 해서 허락한다면, 이
것은 너희들에게 부대껴서 들어주는 것이 되니, 어찌 그럴 리가 있는가. 차
라리 빨리 물러나 조정의 조치를 기다리는 것이 나을 것이다."라는 등의 말
로 분명히 깨우치라. …63)

라고 교서를 내림으로써 이관은 절대로 불가하다는 입장을 거듭 밝혔다.
그러나 일본측은 왜관의 이전 요구를 포기하지 않았다. 그 이듬해인
1672년(현종 13) 12월에 쓰시마도주는 제8차로 이관차왜 平成令을 다시 부
산에 파견하였다. 5척의 배와 曳來小船 11척 등으로 구성된 선단을 끌고 온
이관 차왜 平成令은 부관·都船主倭·通事倭·書僧倭·醫倭·禁徒倭·鷹師倭를
비롯하여 32명의 반종, 215명의 격왜, 15명의 軍官倭 등 가장 많은 인원을
거느렸다. 平成令은 도주의 부관임을 자처하며, 이관 문제로 에도로부터 별
도의 분부를 받고 특별히 인원을 갖추어 온 것이라고 자신들을 소개하였다.
平成令이 도착했을 때 관수 이하 왜관에 머물던 쓰시마 관리들이 두모포
선창에 나와 엎드려 맞이하였다.64) 차왜 일행은 다례 등의 행사에서도 휘
장과 같은 儀物을 많이 걸어놓는 등 위세를 과장하는 데 주력하였고, 왜관
의 일본인들을 마치 천민을 대하듯이 하였다. 차왜 일행은 이렇게 함으로써
자신들이 앞에 왔던 많은 이관차왜들에 비해 지체가 높다는 사실을 과시하
기에 힘썼던 것이다.65)
8차 이관 교섭 사자가 지참한 서계의 내용은 모두 왜관을 옮기게 해달라

---

63) 『현종실록』 현종 13년 2월 무자(12일)
64) 『왜관이건등록』 壬子 윤7월 5일, 12월 20일
65) 平成令은 도주가 장차 에도에서 중죄를 입을 것이 예상되므로, 도주로부터 은혜를
  입은 자신이 자청해서 왜관의 이전을 간청하러 온 것이라고 밝히며, 도주의 어려운
  처지를 불쌍히 여겨서 구휼을 베풀어 달라고도 하였다. 또한 유황 밀무역 사건이 발
  생했을 때 일본에서는 범인 査誅가 70~80명에 달했지만, 조선에서는 한 명의 窮查
  者도 없었다는 사실을 상기시키면서 이 또한 쓰시마도주의 노력 덕분이라고 하였다
  (『왜관이건등록』 癸丑 2월 8일).

는 쓰시마도주의 간청을 담고 있었다.66) 차왜 平成令은 특별히 쓰시마도주의 곤란한 입장을 강조하였다. 차왜는 쓰시마도주가 평상시 조일 양국관계에서 조선측에 곤란한 일이 생길 때마다 성심을 다하여 미봉책을 써왔다는 사실을 조선정부도 감안해야 할 것이라고 언급하였다. 그리고 이번의 이관 요청 또한 에도의 명을 받든 것이므로 그 성패는 도주의 존망과 관계된다는 사실도 덧붙였다.67)

조정에서는 접위관으로 趙師錫을 파견하기에 앞서 왜관이전을 허락할 것인지에 대한 논의가 있었다. 일단 접위관에게 그 요청을 막도록 하고, 문위역관이 쓰시마에서 돌아오기를 기다려 재논의하기로 결정하였다.68) 한편 차왜 일행은 조정에 가서 직접 담판을 짓겠다고 하면서 서둘러 상경할 기색을 보이기까지 하였다. 그러나 조정에서는 종전의 태도와는 달리 이를 제지하려 하지 않았다. 이에 정관 平成令은 접위관 조사석에게 부산성이나 웅천이 아닌 다대포나 초량 등 다른 포에라도 옮길 수 있도록 해줄 것을 요청하기에 이른다.69)

조사석의 보고를 받은 조정은 웅천의 경우 국방상의 요지이므로 허락할 수 없지만, 초량은 허락해도 무방하다는 결론을 내렸다. 현종은 이관을 허락하기로 하고 일본측에게 부산성과 거리가 멀리 떨어져 있는 다대포, 목장, 초량 가운데 한 곳만을 선택하도록 하였다.70) 조정에서는 관방의 중요성을 이유로 쓰시마가 새로운 이전 대상지로 신청한 웅포를 거부하고 대신 관방체계의 중심부에 있지 않은 다른 지역을 선정해 줌으로써 왜관 이전에 관한 오랜 소모적 논의를 종결시키고자 했던 것이다. 이에 차왜 平成令은 쓰시마의 사스나로부터 항로가 편리하다는 이유로,71) 1673년(현종 14) 9월

---

66) 『현종실록』 현종 13년 12월 기미(18일)
67) 『왜관이건등록』 癸丑 2월 8일
68) 『현종실록』 현종 13년 12월 신미(30일)
69) 『현종실록』 현종 14년 10월 을묘(19일)
70) 『변례집요』 권11, 「관우」 계축(1673년) 8월

새로운 왜관터로 초량을 선택함으로써 30여 년간에 걸쳐 조일 양국의 과제였던 이관교섭은 종결을 보게 되었다.72)

새로운 왜관의 공사는 조선의 계속된 기근과 현종의 사망으로 공사가 지연되어 숙종이 즉위한 이듬해인 1675년(숙종 1)에 착수하였다. 1678년(숙종 4)에 드디어 왜관 건물이 완공되었다.73) 이로써 국교 재개 이후 60여 년간 조일외교의 중심지였던 왜관은 두모포에서 초량으로 이전함으로써 초량왜관은 이후 1876년(고종 13) 조일수호조규가 체결될 때까지 조일외교와 무역의 거점으로서 역할을 수행하게 되었다.

4차부터 8차에 이르기까지 왜관의 이전에 관한 논의과정을 통해서 주목할 만한 것은 1640년(인조 18)부터 1661년(현종 2)까지의 이관교섭기(제1시기)와 1668년(현종 9)부터 1673년에 이르기까지 이관교섭기(제2시기)의 성격이 다르다는 것이다.

즉, 제1시기에는 쓰시마가 왜관의 이전을 요구하였을 때 양국 간에 처리하기 불편한 외교 사안이 함께 요구되었다는 점이다. 이에 대해 조선 조정은 쓰시마의 이관 요구에 대해서 무조건 거절보다는 양국 간 현안이 된 외교 사안을 수용하고 왜관의 담장을 물려 쌓아 주는 등 왜관부지를 늘이고 선창을 수축해 주는 것으로 마무리하였다.

그러나 제2시기의 왜관 이전 교섭기에는 제1시기와 그 처리 방법이 달랐다. 제2시기에는 쓰시마가 차왜를 파견하여 이관을 요구해 오면 조선은 왜관 부지의 확장과 건물 수리라는 차선책을 제시하기보다는 그들의 요구를 모두 거절하였다. 이에 대해 쓰시마에서는 왜관의 이전을 이전보다 완강히 요구하고 이관교섭을 위해 조선에 건너온 차왜들은 죽음을 불사하면서까지

---

71) 荒野泰典, 앞의 논문, 423~425쪽
72) 『변례집요』 권11, 「관우」 계축(1673년) 9월; 『通航一覽』 권124 「朝鮮國部」 100, 移館事考; 『현종개수실록』 현종 14년 10월 을묘(19일)
73) 『通航一覽』 권124, 「朝鮮國部」 100, 草梁和館事考

자신들의 주장을 관철시키려 하였다. 다시 말하면, 제1시기에 있었던 이관 논의가 쓰시마의 대조선 정책의 전형인 경제적인 이익을 달성하기 위한 협상카드의 수단으로 활용된 면이 있다고 한다면, 제2시기에 있었던 이관 요구는 왜관이라는 공간의 이전 그 자체에 목적이 있었던 것으로 보인다. 따라서 제1시기와 제2시기의 이관 논의는 그 성격이 다른 만큼 차별성에 주목하여 다뤄져야 할 것이다.

4. 쓰시마의 왜관 이전 요구와 조선의 대응

지금까지 살펴본 왜관의 이전을 둘러싼 조일 간의 교섭 과정을 표로 작성하면 <表 2>와 같다.

우리는 여기에서 몇 가지 의문점을 갖지 않을 수 없다. ① 왜 두 시기, 즉 제1 시기와 제2 시기 간에 위에서 언급한 차이가 있었을까? ② 1661년 제3차 이관 요구가 있었고, 조선이 곧이어 왜관 선창을 개축해 줌으로써 쓰시마는 한동안 이관에 대해 아무런 요구를 하지 않다가 갑자기 1668년에 이관을 요구한 이유는 무엇일까? 특히 무엇이 쓰시마도주로 하여금 끊임없이 이관차왜를 파견하는 등 왜관의 이전에 대하여 그토록 강한 애착을 갖도록 하였을까? ③ 1640년 이래로 쓰시마가 8차례에 걸쳐 왜관의 이전을 요청하는 사자를 조선에 파견하였음에도 불구하고 거부만을 반복해 왔던 조선 정부가 1672년(현종 13) 제8차 이관차왜가 조선에 건너온 이후 기존의 입장을 뒤집고 이관을 결정하게 된 이유는 무엇이었을까? 조선 후기에 있었던 왜관의 이전 교섭은 단순히 이관이라는 문제로 끝나는 것이 아니라 조선 후기 조일 관계의 성격을 이해하는 데 중요한 단서가 될 것이다.

〈표 2〉 조선 후기 왜관 이전 교섭 논의 과정

순번	년월	교섭사자	서계수령자	처리 결 과
1	1640.11	藤智勝·平智友		平彦滿送使 허가·왜관 수리
2	1659.4	차왜 平智友	예조참의	공작미 허가·왜관 수리
3	1661.10	이관차왜 平成喬	예조참판	왜관 수리
4	1668.12	이관차왜 平成勝	예조참판	이관 불허
5	1670.2	이관차왜 平成尙	예조참판	이관 불허
6	1671.5	이관차왜 平成太	예조참판	이관 불허
7	1671.10	이관차왜 平成之	예조참판	이관 불허
8	1672.12	이관차왜 平成令	예조참판	이관 불허

* 『倭館移建謄錄』과 『邊例集要』에 근거하여 작성한 것임.
* 교섭 사자는 관수나 재판 등 왜관에 상주한 일본 역인, 즉 관리를 제외한 이관을 목적으로 파견된 사자만을 중심으로 작성한 것임.

먼저, 제1시기와 제2시기, 두 시기 간에 있었던 쓰시마의 이관 요구에 대해 조선측의 대응이 달랐던 이유가 무엇이었는지 살펴보자.

단적으로 말해서 제1시기와 제2시기에 있었던 이관에 대한 쓰시마의 자세가 달랐기 때문이라고 할 수 있다. 쓰시마가 1640년 조선에 왜관의 이전 요청과 더불어 조선측에게 平彦滿送使를 허가해 줄 것을 요구한 것이나, 1859년(효종 10)에 왜관 이전 요청과 함께 공무역의 대금으로 지불하였던 공목을 공작미로 바꿔줄 것을 청해 온 것으로 미루어 쓰시마의 왜관 이전 요청은 순수한 이관에만 목적이 있었던 것이 아니었음을 알 수 있다.

물론 이 시기는 1637년(인조 15) 겸대제의 실시로 조일 간에 새로운 무역체제가 확립되어 가던 시기였다. 또한 쓰시마로서는 1639년 막부로부터 대조선 무역의 확대 요청을 받고 있었던 터라 조선에 대한 무역량이 증가할 것을 예상하고 있던 상태였다. 따라서 쓰시마로서는 기존의 왜관보다 넓고 편리한 장소로의 이전이 필요한 것은 사실이었지만, 그렇다고 해서 반드시 이관을 해야할 상황은 아니었다. 이러한 점은 당시 쓰시마가 왜관의 이전을 요청하면 조선은 그 이관을 허가하는 대신 왜관 담장의 수리와 선창을 수축을 제안하고, 일본측은 그것을 받아들임으로써 이관 요구를 마무리 짓고 있는 것에서 보아도 쓰시마의 요구가 온전히 왜관의 이전에만 있었던 것은 아니었음이 확인된다. 다시 말해서 쓰시마는 왜관 이전 요구를 平彦滿送使나 공작미의 연한 연장 등 당시 조선과의 교섭에서 중요한 현안이었던 사안들을 관철시키기 위한 협상카드로 왜관의 이전을 요구하고 이를 이용한 것으로 보인다.

조선으로서는 당시 쓰시마의 왜관 이전 요구가 지니는 의도를 이미 파악한 상태였고, 아직 북방의 청나라를 의식하지 않으면 안 되는 상황이었으므로, 쓰시마의 요구를 조금씩 수용해 주면서도 왜관의 이전은 허락하지 않았다. 더구나 조선 전기에 왜관이 위치하였던 부산성 안은 임진왜란 당시 일본군이 그들의 진영으로 사용한 곳이고, 이후 부산첨사영이 설치된 곳이었던 만큼 국방상의 차원에서도 쓰시마의 요구를 들어줄 수가 없었던 것이다.

둘째, 1661년(현종 2)에 제기되었던 왜관의 이전 요구가 왜관 선창을 수축해 주는 것으로 종결된 이후 이관에 대해 언급이 없던 쓰시마가 1668년(현종 9)부터는 거의 매년 이관차왜를 파견하고, 차왜들의 태도도 종전과는 전혀 다르게 완강해진 이유는 무엇일까?

> 지금의 日本館 땅을 초량이라고 하는데, 옛날과 지금이 달라진 점은 몇 해 전(1667년, 현종 8)에 筑前의 町人 다수가 상의하여 조선의 조정에 제의하여 역인과 논의하여 일본의 武具를 많이 건내준 일이 발각되어 모두 막부로부터 처벌을 받았다. 이 이후에 御沙汰(막부의 분부)에 일본관이 있는 장소가 나빠서 이러한 일이 있었기 때문에 熊川으로 옮길 수 있도록 조선에 대해 분부하였는데, 그와 같은 일이 이루어지지 않다가 드디어 지금의 장소(초량)로 옮기게 되었다.[74]

---

74) 『通航一覽』 권124, 「朝鮮國部」 100, 草梁和館事考
"只今の日本館の地を草梁と申候て、古と今替り申候儀は、先年筑前の町人伊藤小左衛

위의 인용문을 통해서 알 수 있듯이 이 시기의 이관 요구는 막부의 쓰시마 내에서의 조선 항로의 정비와 통제 강화에 관련하여 일어난 것이었기 때문이었다.75) 즉, 막부는 1667년(현종 7)에 지쿠젠(筑前)의 거상(豪商) 이토 고자에몬(伊藤小左衛門) 일행과 쓰시마의 상인들 간에 있었던 무기 밀무역 사건이 발각되자 두모포왜관을 밀무역의 주요 거점으로 파악하고 쓰시마로 하여금 왜관을 다른 장소로 옮기도록 하라는 교섭을 명한 것이다.76)

그러면 제2시기에 있어서 이관의 주된 계기가 된 무기 밀무역사건이란 무엇인가?

이 사건은 1666년 여름 야나가와(柳川)의 에구치 이에몬(江口伊右衛門)의 하인 마사유키무라(正行村)의 헤이자에몬(平左衛門)이 자신의 주인 에구치 이에몬이 조선과 밀무역을 기도하고 있다고 막부에 밀고함으로써 시작되어, 1667년 3월에 이르러 야나가와 오키노하타마치(沖端町)의 기자에몬(喜左衛門) 외 9명이 체포되면서 사건의 전모가 드러난 사건이다. 이 무기 밀무역사건은 1662년부터 총 7회 시도되었고, 그 가운데 5회에 걸쳐 실행된 사건이었다. 이 사건으로 94명이 조사를 받았고, 그 가운데 연좌된 사람을 제외하고 87명이 유죄 처분을 받은 것으로 종결되었다. 이 사건은 쓰시마, 나가사키(長崎), 하카타(博多), 후쿠오카(福岡), 야나가와, 오사카(大阪) 등 여러 지역의 사람들이 관련되어 있었을 뿐만 아니라 활동 범위도 조선

門、對馬の町人數多申合、朝鮮の朝廷へ申入、役人と談して、日本の武具を大分渡し候て、其段顯れ、何も御仕置に被仰付候、御沙汰に、日本館の有所惡きゆえ、箇樣の儀出來候間、熊川へ所替仕候樣にと、朝鮮へ被仰達候得とも、左樣不仕、漸只今の所へ替り申候儀……"

75) 荒野泰典, 앞의 논문, 426쪽.
76) 막부는 1667년 6월에 무기 밀무역사건이 일어난 것은 왜관이 위치한 장소가 좋지 않기 때문이라고 보고, 쓰시마로 하여금 왜관을 남쪽에 위치한 장소로 바꿔야 할 것이라는 '御沙汰'를 내렸다. 또한 비밀리에 조사할 것이 있다는 이유로 왜관에 있던 井出彌六左衛門이 江戸家老로부터 歸國과 江戸出府를 명받았다(『分類記事大綱』「倭館一件」; 荒野泰典, 「小左衛門と金右衛門」『海から見た日本文化』, 1992, 小學館, 425쪽).

이나 쓰시마, 나가사키, 하카타, 오사카 등 광범위한 지역에 걸쳐 있었다.

막부는 1667년 7월 관계자의 처벌을 결정하고, 8월 쓰시마에 사건에 관계한 내통자를 적발하여 엄벌에 처할 것을 조선 정부에 강력히 요구하도록 하였다. 그러나 조선이 내통자를 적극적으로 적발하려는 자세를 보이지 않자 막부는 쓰시마를 통해 1668년(현종 9) 8월 다시 히라타 고자에몬(平田小左衛門) 등을 파견하였다.

결국 이 사건은 주범 이하 90여 명에 달하는 많은 사람들이 관련된 조선 후기 조일 밀무역에 있어서 가장 규모가 큰 사건 가운데 하나로, 쓰시마의 관리체제는 물론 사건의 처리를 둘러싸고 양국 간의 외교문제로까지 확대되었다. 쓰시마는 이 사건을 계기로 증서에만 의존하던 종전의 방법을 고쳐 왜관이나 쓰시마의 요소에 番所를 설치하고, 감독을 두어 밀무역에 대한 검문을 강화하였고,[77] 대조선 관소를 1672년 와니우라에서 사스나로 옮김으로써 조선무역의 항로를 바꿨다.[78]

이제까지 쓰시마의 이관 요구가 왜관의 수축이나 외교사안들을 해결하기 위한 협상 카드로 함께 제시되었다고 한다면, 이때부터는 막부의 지시에 따른 것이었으므로 쓰시마로서는 종전과는 다른 입장과 태도를 취할 수밖에 없었던 것으로 보인다. 특히 조일 간의 밀무역은 막부와 쓰시마 모두 절대로 금하는 사안이었던 만큼 쓰시마인들이 중심이 되어 야기된 1667년 무기 밀무역 사건은 쓰시마에게는 조선무역에 대한 관리 소홀이라는 막부의 책임 추궁이 따를 수밖에 없었다. 따라서 이 사건의 능숙한 처리는 쓰시마에게는 自藩의 사활이 걸린 문제였으므로 왜관의 이전은 반드시 실현되어야 할 사안이었고, 따라서 이전과 달리 완강하게 이관을 조선에 요구하게 된

---

[77] 『通航一覽』 권129 「朝鮮國部」 105, 貿易; 『雨森芳洲全書』 4 「和交覺書」 下, 偽船ノ事ヲ告ル事. 이 사건의 개요는 荒野泰典, 위의 논문(1992년), 412~423쪽을 참고하여 작성하였다.
[78] 『通航一覽』 권129 「朝鮮國部」 105, 貿易

것이다.

　마지막으로, 1640년 계속된 쓰시마의 요청에도 불구하고 시종일관 왜관의 이전을 허락하지 않았던 조선정부가 1673년(현종 14)에는 기존의 입장을 번복하고 왜관의 이전을 전격 단행한 이유는 무엇이었을까? 이에 대해 기존 연구자들은 다음과 같이 설명하고 있다.

　먼저, 쓰시마번의 유학자 마쓰우라 마사타다(松浦允任)는 『朝鮮通交大紀』에서 "이관은 실로 조선측이 바라던 바이고, 교섭을 질질 끌게 한 조선측의 강한 이관 거부 자세는 실은 쓰시마를 잘 다루기 위하여 계산된 계책이었다"라고 파악하고 있다.[79] 그리고 오다 쇼고(小田省吾)는 "대개 이 이건 사건은 30여 년에 걸친 조선과 쓰시마 사이의 일대 교섭사건으로 종래의 이관이 모두 조선측의 사정으로 행해졌던 것에 비해 이번의 이관은 쓰시마의 요망에서 나와 특별한 인내와 열심의 결과로 이루어진 것"이라고 하였다.[80] 다케다 쇼조(武田勝藏)는 "1671년 11월에 왜관에 불이 나서 왜관의 건물이 거의 全燒한 때문이었다"고 설명하고 있다.[81] 한편 아라노 야스노리(荒野泰典)는 왜관의 이전이 1673년까지 지연된 이유에 대해서 "당시 조선은 연이은 기근과 당쟁이라는 국내문제로 인하여 대일관계에 대해서는 쓰시마의 교섭 자세가 방치할 수 없을 정도로 격하게 되기까지 이관이라는 문제에 신경을 쓸 겨를이 없었다"[82]고 파악하였다.

　기존의 연구는 대체로 왜관의 이전을 주로 일본 입장에서 다루고 있을 뿐, 이를 허락한 당사국인 조선이 어떠한 태도로 이관문제를 풀어나갔는지에 대해서는 주목하고 있지 않다. 이에 왜관의 이전을 허락한 조선의 입장

---

79) 『朝鮮通交大紀』 권7, 「光雲院公」
80) 小田省吾, 앞의 논문, 127쪽
81) 武田勝藏, 앞의 논문, 77쪽
82) 村井章介 外, 「三浦から釜山倭館へ -李朝時代の對日交易と港町-」『靑丘學術論叢』 3, 韓國文化研究振興財團, 1993, 111쪽

에서 이 시기에 이관을 단행한 이유를 살펴보자.

초량왜관을 짓는 대역사에는 많은 경비와 노동력이 필요하였다. 『증정교린지』에 따르면 소용된 料米와 工價가 대단히 많이 소요되어 그 경비가 쌀 9,000여 섬과 은 6,000냥에 달하였다고 한다.83) 물력 또한 모두 조정에서 지급하였으며 지급이 어려운 경우에는 값을 치르거나 구하기 쉬운 물력으로 대신 지급해 주기도 하였다. 노동력의 경우, 연인원 50만 명의 인부가 필요하였던 이 대규모 역사에는 경상도 일대의 승군과 수군 등이 징발·사역되었다.

1677년(숙종 3) 조정의 논의에서 영의정 許積은 왜관의 역사 때문에 특별히 경상도 백성들의 고통이 평소의 갑절이나 심해졌다고 지적하고, 우참찬 尹鑴는 "영남의 온 道는 왜관의 역사로 재물이 다하고 백성이 피곤한데, 왜인이 한번 잠깐 寓居할 곳을 짓기 위하여 온 도 백성들의 힘을 다하는 것은 신이 이해하지 못할 바입니다"라고 하여 왜관을 짓기 위하여 경상도 전체의 재물과 백성들을 동원하여 힘을 쏟는 일은 이해할 수 없는 일이라고 비판하였고, 왜관의 역사로 나라의 형세가 점차 쇠약해져 부진하기에 이르렀으므로, 새로운 왜관 조성 당시 경상감사 및 동래부사·부산첨사를 잡아다가 벌줄 것을 청하기까지 하였다. 숙종은 윤휴의 지적대로 왜관의 역사에 많은 비용이 소모된 것을 문제 삼아 왜관 이건의 토목공사에 관련된 주요 책임자들 곧 전 경상감사 鄭重徽, 전 동래부사 魚震翼, 전 부산첨사 李相勛 등 세 사람을 定配 처분하였다.84) 이렇듯 왜관을 옮겨 짓는 일은 조선의 입장에서 보면 많은 어려움을 무릅쓴 대역사였다.

조선이 많은 어려움들을 감수하면서까지 왜관을 이전해 준 배경으로는 첫째, 이관 요구를 둘러싼 일본측의 협박과 왜관에서 빈번하게 일어나는 실화 사건으로 인한 민심의 동요 수습을 들 수 있다.

---

83) 『增正交隣志』 권3 「監董」
84) 『숙종실록』 숙종 3년 12월 정묘(25일), 숙종 4년 1월 경인(18일)

1667년 이후 왜관 이관이 허락된 1672년까지 왜관에서 발생한 화재사건은 기록에 보이는 것만도 3회에 달한다.[85] 특히 1667년(현종8) 4월과[86] 1671년(현종 12) 11월의 화재로[87] 왜관 내 건물이 거의 타버린 사태가 발생하였다. 그리고 차왜들이 이관을 이유로 협박과 공갈을 하며 동래에서 거리낌없이 하는 행동으로 영남지방뿐만 아니라 서울에서도 인심이 어수선하게 되어 곧 변이 일어날 것이라는 소문이 있을 정도였다.[88] 이러한 왜관 내 일본인들의 거리낌없는 행동과 원인 모를 화재의 빈번한 발생은 조선 백성들을 불안하게 하였다.[89] 특히 1671년 11월에 있었던 화재로 왜관이 거의 타버려 왜관 건물을 새롭게 지어주어야 할 상황이었다. 따라서 조선으로서도 이관의 필요성을 느끼고 있었던 터에 기존 왜관 건물의 재건을 위해 필요한 재정으로 민심을 수습하는 차원에서 일본의 요구를 들어주면서 새로운 왜관을 신축하여 이전하는 것도 적절하다고 판단한 듯하다.

둘째, 당시 조선정부는 점차 흐트러지고 있던 왜관통제를 재정비할 필요성이 있었고, 왜관의 이전은 그러한 일련의 과정에서 이루어진 것으로 보인다.

여러 기록을 통해서 알 수 있듯이 두모포왜관이 설치된 이후 시간이 지남에 따라 왜관 주변을 비롯하여 동래지역에 이르기까지 지역의 주민과 왜관에 거주하는 일본인들 사이에 친밀한 관계가 형성되었고, 그 관계는 동래부 관리들에게까지 미치고 있어서 정부의 통제가 어려워지고 있었던 상황

---

[85] 『邊例集要』 권11, 「館宇」에 의하면 두모포 왜관에서 발생한 화재 사건은 총 6회였다. 1626년 11월, 1638년 2월, 1667년 4월, 1671년 11월, 1672년 10월, 1674년 2월로, 제4차 이관 논의 이후에 화재가 빈번하게 일어났음을 알 수 있다.
[86] 『현종실록』 현종 8년 윤4월 무자(14일)
[87] 『邊例集要』 권11, 「館宇」 신해(1701년) 11월
[88] 『현종실록』 현종 12년 10월 계미(5일)
[89] 1671년 11월에 발생한 화재에 대해서 쓰시마는 다음 달인 12월 기사에서 "此處館所 累次失火 其不吉可知"라고 하여 조선이 일본의 이관 요구에 응하지 않기 때문에 화재가 발생한 것이라는 것을 암시하고 있다(『邊例集要』 권11, 「館宇」 신해(1671년) 11월).

이었다.[90] 즉 조일 간에 법으로 금지되어 있는 잠상 행위, 즉 밀무역이 공공연하게 이루어지고 있었고, 조선 국내의 정보가 누설되어 왜관을 통해서 일본에 전해지기도 하였다. 그리고 조선여인과 왜관의 일본인 사이에 교간 사건이 발생하고, 왜관의 일본인들이 왜관 밖 출입금지를 무시하고 생선과 채소를 매매한다는 이유로 마음대로 출입하는가 하면 심지어 십 리 밖에 있는 仙巖寺에까지 왕래하며 법당의 제도를 그려갔다고 하는데도, 훈도나 역관들은 이 사실을 상부에 보고도 하지 않고 오히려 숨기려고 한 사건이 발생하였다.[91] 또한 왜관의 일본인들이 집단적으로 조선 군인들을 구타하는가 하면,[92] 1671년 9월에는 어가미가 좋지 않다는 이유로 칼로 조선인 창고지기의 머리를 치고,[93] 차왜들은 매번 이관 요구를 빌미로 수행왜인들을 데리고 난출을 감행하였다.[94]

　이러한 일련의 사건들을 통해서 알 수 있듯이 당시 조선의 왜관 통제는 종전에 비해서 대단히 해이해진 상태였다. 따라서 조선으로서는 두모포왜관에 거주하던 일본인의 통제가 중요한 과제로 등장하게 된 것이다. 이에 조정에서는 그동안 민가와의 접촉이 빈번했던 두모포보다는 백성들의 생활공간과 멀리 떨어진 새로운 지역으로 왜관을 이전함으로써 왜관에 거주하는 일본인과 조선인의 접촉을 제한하고자 한 것으로 생각된다. 그래서 조선은 새로운 왜관의 후보지를 부산첨사영이 있었던 부산포와 멀리 떨어진 외진 지역이었던 초량으로 정하여 왜관을 이전하고,[95] 왜관 주위를 담으로

---

[90] 『현종실록』현종 8년 윤4월 무자(14일), 13년 2월 무자(12일)
[91] 『현종실록』현종 6년 5월 임인(17일)
[92] 『현종실록』현종 6년 7월 을미(11일)
[93] 『현종실록』현종 12년 9월 계유(25일)
[94] 『邊例集要』권13 「欄出」, 임자(1672년) 4월
[95] 초량왜관의 '초량'이라는 단어는 우리말로 '샛뛰'라고 불렸는데, 샛뛰는 억새·갈대라는 뜻의 '草'자와 뛰 '梁'자의 음을 따서 지은 것으로 이는 초량왜관이 邊地에 설치되었음을 보여준다(『釜山地名總覽』 1, 부산광역시시편찬위원회, 1995, 343쪽). 한편 이러한 사실은 초량왜관이 위치하였던 곳의 現 부산시 지명 가운데 왜관과 관련된

쌓고, 출입문을 守門과 宴席門 두 개로 한정하였을 뿐만 아니라, 담 밖으로는 伏兵所를 세워 관리를 파견하여 엄중히 경비하도록 한 것이다.

셋째, 17세기 후반에 들어가면서 조일 간에는 많은 무역거래가 이루어졌었던 만큼,[96] 조선으로서는 협소하고 선창이 불편한 두모포보다는 보다 편리하고 넓은 장소로의 왜관의 이전이 필요하였다. 이때는 동아시아 국제상황 뿐 아니라 국내적으로도 안정기에 해당하는 시기였으므로 조선으로서는 종전과는 다른 보다 본격적이고 적극적인 대일관계를 모색할 수 있게 된 시기였다. 이러한 시대적 상황 속에서 장소가 협소하고 왕래가 불편한 두모포에서 보다 넓은 장소인 초량으로 왜관의 이전이 단행되었으리라고 생각한다.

마지막으로, 조선이 왜관의 이전이라는 사안을 통해서 조일관계의 총체적인 재정비를 단행하려 했다는 점이다.

조선은 임진왜란 이후 국교 재개 과정에서 조선 전기 이래 양국 간에 누적되어 온 쟁점들을 집약시켜 그것을 토대로 1609년 일본과 기유약조를 맺었다. 그런 만큼 조선 후기 조일관계는 기유약조에 기초한 것이라고 해도 과언이 아니다. 그러나 시간이 흐르면서 양국 간에 합의된 규례들이 제대로 지켜지지 않는 등[97] 여러 가지 문제가 노출되고 누적되었다.

더욱이 17세기 후반이 되면 양국 관계의 재정비에 대한 욕구가 한층 고조되었는데, 무기 밀무역사건의 발각으로 쓰시마는 조선에 왜관의 이전을 본격적으로 요구하게 된 것이다. 이를 계기로 조선은 왜관의 이전을 통하여 조일관계의 총체적인 재정비를 꾀하였던 것으로 보인다. 실제로 조선은 초량으로 왜관을 옮긴 1678년(숙종 4) 이후 이제까지 왜관을 둘러싸고 양국

명칭이 많다는 것을 통해서도 확인할 수 있다.
[96] 三宅英利, 「銀の路-對馬藩の倭館貿易」, 『近世アジアの日本と朝鮮半島』, 朝日新聞社, 1993, 154~155쪽
[97] 『현종실록』 현종 6년 6월 정사(2일)

간에 첨예하게 문제시되고 누적되어 왔던 문제들을 재검토하여 다수의 약조나 관련 규정의 재정비를 주도하였다.[98]

초량왜관으로 왜관을 이전한 후 조일 간에 가장 먼저 맺은 약조는 朝市約條였다. 이 약조는 1678년(숙종 4)에 동래부사 李馥과 관수가 협의하여 정한 것이다. 동래부사 이복은 초량왜관이 완성되기 1년 전인 1677년(숙종 3) 12월 초량왜관에서 재개된 업무의 관리를 위해 절목을 명확히 개정하고, 지금까지와 같이 왜관 실무자 선에서 이루어지는 사사로운 약속에 그칠 것이 아니라 별도로 首譯을 파견하여 쓰시마 번 당국과 직접 협의하여 약조를 결정할 것을 조정에 건의하였다. 그리고 이듬해 3월 그는 왜관 규제책으로서 모두 7개 항목으로 된 戊午節目을 제시하였고, 이 무오절목을 바탕으로 왜관실무자 선에서의 협의가 이루어져 조시약조가 체결되었다. 그리고 1679년(숙종 5)에는 초량왜관의 경계 범위를 확실히 정해둘 필요로 동래부사 李瑞雨와 관수 및 차왜 다치바나 나리노부 사이에 '新舘限界'가 약정되었다.

그리고 1683년(숙종9)에는 통신사로 일본에 갔던 尹趾完과 쓰시마도주 사이에 5개조에 이르는 약조를 체결하였는데 이것이 바로 계해약조이다.[99] 그 내용은 다음과 같다. 첫째, 禁表로 정한 경계 밖에서는 크고 작은 일을 막론하고 함부로 나가 경계를 범한 자는 모두 사형으로 다스린다. 둘째, 路浮稅를 행한 자를 현장에서 잡았을 때는 준 자나 받은 자 모두 사형으로

---

98) 초량으로 왜관을 이전 한 후 조일간에 맺어진 약조 등에 대해서는 『증정교린지』 권 4, 「約條」, 「禁條」 참조.
  1678년(숙종 4) 초량왜관으로 이관이 단행된 이후 조일간에는 여러 약조들이 속속 성립되었는데, 그 대표적인 것이 1683년(숙종 9) 계해약조이다. 계해약조의 운용에 대해서는 尹裕淑, 「近世癸亥約條の運用實態ついて-潛商・闌出事例を中心に」, 『朝鮮學報』 164, 1997 참조.
99) 계해약조 성립과정에 대해서는 졸고, 「조선 후기 대일교섭에 있어서 尹趾完의 通信使 경험과 영향」, 『한일관계사연구』 31, 2008 참조

다스린다. 셋째, 개시 때에 몰래 각방에 들어가서 밀무역을 한 자는 피차 각각 사형에 처한다. 넷째, 오일잡물을 들여보낼 때 왜인은 색리·고자·소통사 등에게 욕하거나 때리지 말도록 한다. 다섯째, 피차간에 죄를 범한 사람은 모두 관문 밖에서 형을 집행한다. 이 약조는 그동안 양국 간에 누적되어 온 잠상문제나 왜채(노부세) 등을 재검토한 것이었다.[100] 1711년(숙종 37)에는 통신사 趙泰億이 쓰시마도주와 협의하여 소위 倭人潛奸律을 제정하였는데 이것이 바로 辛卯約條이다. 신묘약조는 일본인의 조선 여성에 대한 접촉과 왕래 문제를 다룬 것이다.[101]

이렇듯 초량왜관으로 이관한 이후 여러 약조나 금조들이 재검토됨으로써 조선의 대일정책이 종전과는 달리 엄격해지고 체계화되었다. 이러한 사실을 통해서도 조선정부가 왜관 이전이라는 사안을 일본과의 관계에서 어떻게 적용하여 풀어나갔는지를 확인할 수 있다.[102] 예컨대 조선은 왜관의 이전이라는 쓰시마의 요구를 들어주면서 동시에 왜관의 통제 강화는 물론 기유약조 이후에 누적되어 온 대일정책상의 문제점들을 재정비한다는 목표를 달성하였던 것이다.

한편 1678년 초량왜관으로 이전 이후 조일 간에 많은 금조와 약조가 맺어지고, 조선의 대일 외교의 태도가 더욱 엄격해진 것에서도 이러한 조선의 입장이 잘 드러난다. 예컨대, 왜관을 이전하기 이전의 양국관계가 기유약조

---

100) 『增正交隣志』 권4 「약조」 숙종 4년 무오
101) 신묘약조의 내용은 다음과 같다. ① 왜관에 있는 일본인이 왜관 밖에 나와서 강간한 자는 사형죄로 논단한다. ② 和奸 및 강간 미수자는 먼 곳으로 유배한다. ③ 여인이 스스로 왜관에 들어가서 간음한 자는 次律로써 시행한다(『증정교린지』 권4, 「약조」).
102) 雨森芳洲, 『交隣提醒』.
"古館之時分迄は朝鮮亂後之余威有之候故朝鮮人を無理を以押付置、譯官共其身難義之余り中間に、而都之首尾よろしく取繕ひ、成かたき事も成り候様にいたし候故、以強根取勝候 を、朝鮮を制御するの良策と人人心得居候、新館に成候而は余威も段段薄く成り無體に勝を取候事難成勢に成候……。"

에 기초하여 유지되어 온 것이라면, 이후의 조일관계는 1683년에 있었던 계해약조를 토대로 유지되었다고 할 수 있다. 따라서 기유약조의 재정비라는 측면에서 볼 때 왜관의 이전은 조선의 대일정책에 큰 변화를 동반한 것이었으며, 이러한 점에서 17세기 후반은 조선 후기 한일관계에 있어서 하나의 획을 그은 중요한 시기였다고 할 수 있다.

5. 맺음말

임진왜란 이후 조선은 1601년부터 1607년까지 절영도에 임시로 왜관을 두고 강화교섭 사자들을 맞이하였다. 1607년 양국 간에 국교가 재개되자 그해 조선은 두모포에 정식으로 왜관을 설치하였다. 서울의 동평관은 1609년부터는 임진왜란 이후 일본인들의 전면적인 상경 금지로 폐쇄되었다. 그래서 조선 후기에는 양국의 외교 업무뿐만 아니라 무역의 모든 업무가 부산에 위치한 왜관에 집중되었으며, 부산의 왜관은 대일교섭에 있어서 접대처, 무역처, 도박처로서 기능을 수행하게 되었다.

두모포왜관은 설치 당시부터 수심이 얕고, 장소가 협소하고, 위치가 바다에서 불어오는 바람을 직접 받고 있어서 평상시에도 배를 육지로 끌어 올려놓지 않으면 안 될 정도로 불완전한 곳이었다. 그래서 쓰시마는 수차례에 걸쳐서 조선 전기에 왜관이 있었던 부산진성 안으로 이관을 요청하였다. 이러한 쓰시마의 이관 요구는 1640년부터 시작되었는데, 1673년 초량왜관으로 이전할 때까지 33년 동안 모두 8차례에 걸쳐 있었다.

일본의 이관 요구는 크게 1640~1661년의 제1시기와 1668~1673년까지의 제2시기로 나누어 볼 수 있는데, 제1시기의 이관 요구는 쓰시마가 조선에 平彦滿送使나 공작미 연한의 연장 등 다른 별도의 외교 사안과 함께 이루어졌다. 그리고 이러한 쓰시마의 요구에 대해서 조선은 이관은 거절하되 현안이 된 외교 사안을 해결해 주고 왜관의 확장과 수축을 해주는 것으로 이관 교섭을 마무리지었다. 제2시기에는 쓰시마가 이관차왜를 파견하여 왜관의 이전을 요구해 오면 제1시기와는 달리 조선은 매번 거절을 반복하였고, 쓰시마는 더욱 완강하게 이관을 요구하였다.

제1시기는 쓰시마의 이관 요구가 다른 외교 사안을 보다 원만하게 해결하기 위한 수단으로 이루어졌다고 한다면, 제2시기는 이관 자체에 목적이 있었다고 할 수 있다. 즉, 제2시기는 1667년 쓰시마인들이 중심이 되어 조선과 쓰시마, 나가사키, 하카타, 오사카 등 광범위한 지역에 걸쳐 발생한 무기 밀무역사건이 발각되면서 막부의 지시로 이관이 제기되었기 때문에 쓰시마는 왜관의 이전에 대해 종전과는 다른 입장과 태도를 취할 수밖에 없었다. 1673년 쓰시마의 이관 요구를 거절하던 조선이 초량으로 왜관의 이전을 결정하고, 드디어 1678년 두모포에서 초량으로 왜관을 옮김으로써 조일관계는 본격적인 초량왜관 시대를 맞이하게 되었다.

조선이 1673년 초량으로 왜관의 이전을 결정한 배경에는 단순히 쓰시마 측의 지속적인 요구를 수용하려는 외교적 고려만이 아니라, 동아시아 국제 질서의 안정과 국내 정치적 안정을 도모하는 가운데 1609년 기유약조 체결 이후 누적되어 온 대일정책상의 구조적 문제를 해결하고자 하는 의도가 내재되어 있었다. 다시 말해, 초량으로의 이전은 조일관계의 총체적 재정비를 위한 제도적 전환점으로 기능하였으며, 이는 조선이 자국의 외교적 주도권을 유지하는 동시에 일본과의 교섭 질서를 장기적으로 안정화시키려는 전략적 선택이었다. 이러한 맥락에서 초량왜관은 17세기 후반 이후 한반도 내에서 유일하게 제도적으로 승인된 異文化 공간으로 자리매김하였으며, 이후 200여 년간 조일관계의 지속성과 안정성을 담보하는 핵심적 거점으로 작동하였다.

제4장 초량왜관의 폐쇄와 일본 전관거류지화 과정

1. 머리말

1867년(고종 4) 12월 9일(일본력, 1868년 1월 3일) 일본에서는 메이지유신(明治維新)으로 불리는 정치적 변혁이 있었다. 그 결과 무가 정권인 도쿠가와 막부(德川幕府)가 붕괴하고, 12세기 말 이후 정치에서 배제되어 온 천황을 행정 수반으로 하는 메이지 신정부가 수립되었다. 메이지정부는 출범 직후 외교권을 중앙정부로 일원화하는 데 주력하였으며, 영국·미국·프랑스·이탈리아 등 서구 열강의 외교 사절을 접견하고 왕정복고를 선포하였다. 그러나 대조선 외교에 대해서만은 외무성에서 직접 교섭을 추진할 역량이 아직은 부족하다고 판단하여, 종래와 같이 쓰시마 번주 소 요시아키(宗義達)에게 조일교섭 업무를 위임하고 왕정복고 사실을 조선에 통고하도록 지시하였다.[1]

본고에서는 조선 후기 왜관의 마지막 모습을 고찰함으로써 근세에서 근

---

[1] 메이지 신정부는 출범 직후 외교권을 중앙정부로 일원화하는 데 주력하였다. 이에 따라 영국, 미국, 프랑스, 이탈리아 등 서구 제국과의 외교관계를 중앙정부가 직접 주도할 것임을 대외적으로 천명하였다. 아울러 1868년 3월 1일에는 쓰시마에도 모든 외국과의 외교 교섭은 중앙정부가 관장할 것임을 공식적으로 명령하였다. 이러한 조치는 국가 기구 측면에서 볼 때, 1861년 이래 막부가 추진해 온 조선과의 직접 외교 시도와 그 연장선상에 놓이는 것이었다. 특히 1866년 막부가 조선과의 직접 외교를 공식 선언한 이후의 정책을 계승·발전시킨 조치였다.

이는 메이지 정부가 쓰시마에 대해 전근대적 한일관계에서 담당해 온 전통적인 중개자 역할을 탈피하여, 근대적 외교체제 하에서 대조선 외교 담당자로서의 새로운 역할을 수행하도록 요구한 것이었다(현명철, 「개항 전 한·일관계의 변화에 대한 고찰」, 『國史館論叢』 72, 1991, 246-247쪽).

대로 이행하는 과정에서 왜관의 성격 변화와 함께 조일관계가 어떻게 재편되었는지를 살펴보고자 한다. 특히 조선의 초량왜관이 언제까지 존속하였는지를 검토하고, 근대에 들어서 왜관의 기능과 성격이 어떻게 변화했는지를 기존의 도시형성사적 연구를 넘어서 조일 통교체제의 개편이라는 관점에서 분석하고자 한다. 아울러 왜관이 일본의 대조선 침략 전진기지로 전환되는 과정에서 일본이 기존 왜관의 성격을 어떻게 자의적으로 재해석하고 이를 한반도 침탈에 이용하였는지 밝히는 데 초점을 두고자 한다.

검토 대상 시기는 메이지정부의 이른바 '왜관 접수'와 이에 대한 조선의 撤供撤市 조치부터 1876년 조일수호조규 및 그 부속 조약의 체결, 그리고 1877년 부산구조계조약을 거쳐 초량왜관이 일본의 전관거류지로 전환되는 시기까지로 설정하였다. 일본 메이지정부가 1867년 왕정복고 단행 사실을 조선에 통고한 사건이 조일 전통적 통교체제 재편의 서막이었다는 점에는 이견이 없지만, 기존 연구에서는 메이지정부의 '왜관 접수'를 '왜관 점령', '왜관 점거' 또는 '왜관 폐쇄'로 이해하고, 이후 왜관은 그 기능을 상실하였으며 교린체제가 일거에 붕괴되었다고 보는 시각에는 재검토가 필요하다.

특히 1876년 조일수호조규 체결 이후 왜관이 일본의 전관거류지로 전환 과정을 이후 연이어 체결된 조약문의 검토를 통해 구체적으로 분석하고자 한다. 1877년 체결된 부산구조계조약은 부산이 일본의 전관거류지로 전환되는 결정적 계기가 되었을 뿐 아니라, 이후 원산·인천·목포·마산 등지에 설정된 일본 전관거류지의 선례로 작용하였고, 조선이 서구 열강과 체결한 조계조약의 모델로 기능하였다는 점에서도 중요한 의의를 지닌다는 점에서 이러한 시도는 의미를 지닌다.

이러한 고찰을 통해 근세 교린체제에 입각한 한일관계가 근대 한일관계 속에서 어떻게 왜곡·변질되어 갔는지를 규명하는 데 하나의 단서를 제공하고자 한다.

2. 일본 메이지정부의 초량왜관 '접수'와 조선의 대응

메이지정부의 왕정복고 사실을 알리는 일본의 서계는 1867년 12월 두 차례에 걸쳐 조선에 전달되었다. 서계는 모두 '左近衛少將 大馬守 平朝臣 義達'의 명의로 되었으며, 왕정복고와 이제까지 도서를 사용해 교섭해 온 전례를 새롭게 변경한다는 내용이 들어 있었다. 서계는 각각 '禮曹大人', '東萊 釜山 兩令公' 앞으로 한 통씩, 그리고 예조참판, 예조참의 앞으로 한 통씩, 모두 4통이었다.2) 그러나 조선에 파견된 大修大差使 히구치 데쓰시로(桶口鐵四郎)가 소지한 서계는 조선 조정에서 끝내 수리되지 못한 채 시간이 흘렀다. 이는 해당 서계가 단순히 왕정복고 사실을 통고하는 데 그치지 않고, 그간 조일 간에 유지되어 온 교린체제를 근본적으로 부정하는 내용을 담고 있기 때문이었다.

> 일본국 左近衛小將大馬守 平調臣 義達이 朝鮮國 禮曹參議公 閣下에게 바칩니다. 아뢰올 바는 우리나라의 시세가 크게 바뀌어서 정권이 황실에 돌아갔다는 것입니다. 이는 귀국과의 隣誼를 굳게 하는 데에 있어서도 크게 기뻐할 일이라 하겠습니다. 머지않아 別使를 보내어 그 전말을 具陳할 것이므로, 여기서는 갖추지 않겠습니다. 제가 지난번 京都에서 조정으로부터 칙명을 받아 특별히 상을 받고 작위를 올려 받아 左近衛小將으로 進官하였습니다. 거기에 또한 교린의 직을 영원토록 담당하도록 명을 받았습니다. 또한 證明印記를 받았으니, 요컨대 양국 교제는 더욱 성신을 두터이 하고 영원히 변함이 없도록 하라는 천황의 뜻이니 은혜가 지극합니다. 이번 서한에는 특히 新印을 찍어 조정에 성의를 표합니다. 귀국 역시 마땅히 받아들여야 할 것입니다. 지난날 도서를 받아 (교제를 해) 온 것은 후의에서 나온 것으로 알고 있으며 따라서 쉽게 바꿀 수 없으나, 그러나 조정의 특명이니 어찌 以私害公할 이유가 있겠습니까. 제 뜻이 이와 같습니다. 귀 조정이 다행히 이

---

2) 『朝鮮外交事務書』 1, 211-213쪽; 『日本外交文書』(韓國編), 서울 泰東文化社, 60~61쪽

를 혜량해 주시기를 깊이 바라는 바입니다.3) ( ) 안은 인용자 주, 이하 동일.

위의 인용문에서 확인할 수 있듯이, 조일 양국의 변경이었던 쓰시마가 이제까지 조선이 제공한 모든 것을 부정하고, 일본 조정의 내셔널리즘 체제에 완전히 흡수되었음을 통고하는 표현을 서계에서 사용하였다.4) 쓰시마는 서계에서 종래 조일 간의 외교 관례를 무시한 채, 자신을 '朝臣', '左近衞少將' 등 일본 중앙정부 관직으로 칭하였고, 서계 내용에는 조선이 쓰시마에 준 도서를 폐지하고 새로운 인장(新印)을 사용하였다는 사실을 명시하였다. 또한 '皇室', '奉勅'과 같이 중국 외에는 사용하지 않던 용어까지 포함되어 있었다. 나아가 전통적인 도서·수직제도를 사사로운 교제로 간주하여 '以私害公'이라 표현한 것은 쓰시마가 조선의 통제에서 벗어나겠다는 선언이자 종래 양속관계에서의 이탈을 의미하는 것이었다.5) 이는 곧 근세 한일관계의 전면적인 부정에 다름아니었다.

12월 18일 왜관으로부터 서계 등본을 전달받은 왜학훈도 安東晙은 서계의 형식과 내용이 규정을 벗어난 것임을 확인하고, 이를 즉시 거부할 것을 주장하였다. 다음날 안동준은 대수대차사 히구치 데쓰지로를 만나 대면하였는데, 이 자리에서 히구치 데쓰지로는 메이지정부의 왕정복고의 대요를 설명하고 새로운 인장을 사용한 이유를 밝히면서 전례에 따른 접위관의 접대를 요구하였다. 그러나 안동준은 대수대차사 히구치 데쓰시로 일행을 규정 외의 사자로 간주하였고, 서계 내용 중 위식이 많다는 이유로 즉시 귀국할 것을 요구하였다.6)

---

3) 위와 같음
4) 현명철, 앞의 논문(1991), 250쪽
5) 『朝鮮外交事務書』 1, 211~213쪽; 『日本外交文書』(韓國編), 60~61쪽
6) 『日省錄』 고종 4년 12월 13일.
　　당시 조정에서는 "지금 동래부사 정현덕의 장계를 보니 일일이 훈도와 별차 등의 手本을 열거하면서 말하기를, 對馬島主 平義達이 올린 서계 중에 '左近衞少將'이라

이 사실은 동래부사 정현덕을 통해 조정에 보고되었다. 당시 조정에서는 문제가 된 자구의 구체적인 문제점을 지적하고, 마지막으로 다음과 같은 내용이 담긴 두 통의 각서를 훈도 명의로 대수대차사에게 보냈다.

> "대저 양국의 약조는 변경될 수 없는 문자이므로, 왕복하는 서계에는 방만한 문장이 아니더라도 한 마디라도 규격에 어긋나고 한 글자라도 거슬리면 받아들일 수 없다. 비록 백 년을 기다린다 하더라도, 단지 이웃 나라와의 우호만 해칠 뿐이니, 어찌 일이 이루어지기를 기대할 수 있겠는가."[7]

이는 조선이 메이지정부가 보내온 서계를 무조건 거부한 것이 아니라 '잘못된 부분'을 고쳐오면 받아들이겠다는 입장을 밝힌 것이다. 다시 말해 일본이 종전과 같은 교린관계를 원한다면 양국 간의 약조에 따라 수백 년간 지속해온 종래의 외교 형식을 따르라는 요구였다. 조선은 양국 관계의 우호 지속의 원칙은 기본적으로 교린체제에 입각한 것이며, 이를 어길 경우 교섭은 불가능하다는 태도를 견지하였다. 또한 일본의 국체 변화는 일본 국내 사정에 불과하다는 인식을 고수하였고, 이에 따라 조선은 쓰시마를 배제하는 외무성 관리와 직접 교섭하는 것은 일체 불허한다는 태도로 일관하였다.[8]

는 표현은 간혹 받아들인 예가 있었지만, 平字 아래의 '朝臣'이라는 두 글자는 일찍이 전례가 없던 바로 격례에 크게 어긋난 것입니다. 이에 역관 등을 통해 엄하게 책유하여 수정하여 올리게 하였습니다. 직명이 이전과 달라져 이미 항식과 항례에 벗어났으니 삼백 년 간의 조약의 본뜻에 비추어 어찌 이럴 수가 있습니까. 별도로 개유하시어 서계를 개수해 오라고 분부하시는 것이 어떠하겠습니까"라고 한 동래부사 정현덕의 제안대로 논의가 처리되었다.

7) 『大修參判御用手續覺』, 宗重正家記卷三明治三年朝鮮御用件書取
  손승철, 위의 책, 311~312쪽에 당시 조선에서 문제삼았던 자구에 대한 상세한 설명이 있다.
8) 이러한 견해는 1870년(고종 7) 3월 일본에 전한 동래부사의 뿌簡에 잘 나타나 있다. "대저 귀국에서 皇을 칭하고 勅을 칭하는 것은 천하에 이상한 말이 아니며 자기 나

조선은 이러한 모든 문제가 일본이 양국 간에 종래부터 유지해 교린체제의 외교 형식을 사사롭게 해석하고 일방적으로 기존 외교관계를 파기한 데서 비롯되었다고 보았다. 따라서 교린체제 하에서의 전례를 무시한 메이지정부의 일방적인 통보는 조선 조정의 강한 반발을 불러일으키기에 충분한 것이었다.

조선과의 교섭이 진전되지 않자[9] 메이지정부는 여러 차례에 대책회의를 거친 뒤, 1870년(고종 7) 5월에 쓰시마번주 소씨(宗氏)의 직함을 회수하고, 조선과의 교섭에 직접 나섰다.[10] 그해 12월에는 사다 하쿠보(佐田白茅), 모리야마 시게루(森山茂) 등을, 이듬해 10월에는 요시오카 히로타케(吉岡弘毅) 등 외무성 관리를 조선에 파견하여 직접 교섭을 시도하였다. 메이지정부의 외무경 사와 노부요시(澤宣嘉)는 왜관에 머물고 있던 대수대차사 히구

　　라에서 행하면 당연한 일이요. 따라야 할 것이다. 만약 그렇지 않다면 중요한 바가 받아들여질 수 없으며, 많은 사람에게 위협이 되지 않는다. 귀국 역시 우리나라가 반드시 받아들일 수 없음을 잘 알면서 이처럼 가벼이 시험을 하니, 신실함이 없음이 심하다.…교린의 舊規를 준수함에 있으며, 즉 우리나라의 뜻을 수긍하여 따르지 않는 것은 또한 옳지 않다. 참으로 바라건대 구호를 유지하고자 한다면…서계를 고쳐옴이 마땅하다."(『日本外交文書』(韓國編), 229쪽)
[9] 이러한 상황에서 메이지 정부는 쓰시마 인사인 오시마 도모노조(大島友之允, 大島正朝)를 파견하여, 기존 교섭 방식인 구례에 따른 타협안을 제시함으로써 일정 부분 교섭이 진전되는 듯하였다. 그러나 1870년 5월 3일, 독일 군함 헤르타(Hertha)호의 부산항 시위 사건으로 인해 협상은 중단되고 말았다. 특히 이 독일 군함에는 수명의 일본인이 동승하고 있었는데, 그 가운데 한 사람이 과거 초량왜관에 파견된 적이 있는 쓰시마 출신 역관이었다는 사실이 조선 정부에 큰 충격을 주었다. 조선은 사건 직후 예조참의가 작성한 엄중한 항의서를 쓰시마 측에 발송하였고, 동시에 청나라 예부에 자문하여 해당 사실을 공식적으로 통보하였다. 이 사건을 계기로 조선 내부에서는 일본과 서양 세력을 동일시하는 '왜양일체' 인식이 확산되었고, 결국 양국 간의 교섭은 중단되는 결과를 초래하였다(『승정원일기』, 고종 7년 5월 12일).
[10] 이보다 앞서 1869년 9월 23일 메이지정부의 태정관은 쓰시마에 대해 조선과의 교제는 모두 외무성 소관이므로 宗家는 사절을 파견하지 말라는 명령을 하달하였다. 이는 향후 조선외교를 외무성이 전담하여 '접수'하겠다는 방침을 공식적으로 통고한 조치였다(『日本外交文書』(한국편), 147쪽).

치 데쓰시로에게 일본은 조선과 이미 수백 년간 교린체제를 통해 우호관계를 유지해왔으나 국가 간 정식 조약이 없으므로, 수호통상조약을 맺은 미국과의 관계가 우선한다는 지침을 시달하였다.[11] 이는 메이지정부가 대외정책에 있어 서구 외교 원리에 따라 근대적 조약 체결을 중시한다는 사실을 보여주는 것[12]으로, 기존의 조일 교린체제를 부정하는 입장이었다. 그러나 교섭이 이어지는 동안에도 조선의 입장은 변하지 않았다. 조선 정부는 여전히 일본 측 서계에 포함된 위식의 개정만을 요구하며 교섭에 임하지 않았다.

결국 메이지정부는 1872년(고종 9) 1월 쓰시마번의 소 요시아키를 외무대승에 임명하여 조선에 파견할 계획을 세우며, 대수대차사 히구치데쓰시로를 귀국시켰다. 그리고 구 쓰시마번 무사 사가라 마사키(相良正樹)와 12등 출사 우라세 히로시(浦瀬裕)를 모리야마 시게루, 히로쓰 히로노부(廣津弘信) 등과 함께 조선에 파견하였다. 이들은 기선 만주마루(滿珠丸)를 타고 부산에 도착하였고, 조선 정부에 소 요시아키가 번주의 세습직에서 해임되어 메이지정부의 외무성 관리로 임명되었음을 통고하고 교섭을 요청하였다. 그러나 동래부사 鄭顯德은 이번 사자의 파견은 전례가 없는 일일뿐 아니라, 그들이 기선을 타고 입항한 것은 이양선으로 오해받기 쉬워 접대할 수 없다며 교섭을 거부하였다.[13]

이렇듯 조일 간 교섭이 계속 진전되지 않자, 1872년 5월 27일 외무성 관리였던 사가라 마사키와 관수 후카미 마사카게(深見正景) 등은 왜관에 거주하던 일본인들을 이끌고 왜관을 벗어나 동래부 관아로 나아가 동래부사와의 면담을 요구하였다. 이는 일본인들의 집단 난출로, 소요사태는 5일간이나 계속되었다.[14] 왜관 거주 일본인들의 난출은 전근대 이래 일본이 조선

---

11) 三宅英利 著, 孫承喆 옮김, 『近世韓日關係史研究』, 강원대학교 출판부, 1987, 310쪽
12) 毛利敏彦, 「明治初期外交の朝鮮觀」, 『國際政治』51, 國際政治學會, 40쪽; 손승철, 앞의 논문, 315쪽에서 재인용.
13) 『高宗時代史』1, 고종 9년 6월 7일

과의 외교 교섭에서 자신들의 요구를 관철시키기 위해 동원했던 전형적인 물리적 수단이었다.

조선은 왜관 내 일본인들의 난출에 대해 일본의 책임을 물어 관수의 직무를 정지시키고, 8월에는 관수 업무를 일대관이 대행하도록 문서를 통해 통보하는 등 종래 전례에 입각한 대응조치만을 취하였다.[15] 결국 이 사건은 일본에게 아무런 실질적 성과 없이 종결되었고, 양국 간의 국교만을 더욱 악화시키는 결과를 초래하였다.

이때의 난출에 대한 조선의 처리 방식은 대일교섭에서 상징적인 의미를 갖는다. 즉 대원군 정권의 대일정책이 이전과 근본적으로 변함이 없다는 점을 명확히 보여준 사건이었다. 조선은 일본의 일방적인 교섭체제의 변경 시도에 대해 기존 교린체제라는 전통적 원칙을 고수하고 있음을 재천명한 셈이었다. 당시 조정에서는 왜관에 주재한 일본 관원들에게 직접 책임을 물어 처벌해야 한다는 주장이 제기되었지만, 고종은 처벌을 보류하도록 명하였다.[16] 동래부사 정현덕이 조정에 난출 사태의 경과를 보고하며, 왜관 정문(守門)을 지키지 못한 군관 등 관련자들을 처벌하겠다고 아뢰자, 고종은 처벌을 보류하고 죄를 기다릴 필요가 없다는 유문을 내리게 하였다.[17] 이러한 일련의 조치로 볼 때, 조선 조정은 일본이 요구하는 서구식 조약체결 방식보다는 교린체제를 확고히 하고 있었음을 알 수 있다.

한편, 일본의 최고 권력기관인 태정관에서는 5월 7일자 외무성의 上申을 받아들여 1872년 5월 28일 왜관을 草梁公館으로 명명하였다. 이와 함께 왜관 관리 업무를 기존의 쓰시마번에서 외무성 소관으로 이관하기로 결정하

---

14) 田保橋潔, 『近代日鮮關係の硏究』 上, 原書房, 1940, 214쪽.
15) 난출의 경과에 대해서는 田保橋潔, 앞의 책, 277~299쪽; 현명철, 앞의 논문 267~270쪽 참조.
16) 『承政院日記』 고종 9년 6월 7일
17) 『日省錄』 고종 9년 6월 8일; 『承政院日記』 고종 9년 6월 8일

고, 상주 인원 가운데 외무성 직원이 아닌 구 쓰시마 관계자들에게는 왜관에서 퇴거하여 귀국할 것을 명령하였다. 아울러 쓰시마번에게는 조선과의 무역을 청산하도록 지시하고, 세견선의 폐지에 따른 대책으로 왜관 유지비용 5천 엔을 쓰시마에 지불하도록 결정하였으며, 조선 표류민 문제도 나가사키현(長崎縣)으로 이관하는 등 이른바 '왜관 접수'를 위한 실질적인 조치들을 추진하고 있었다.[18] 이러한 일련의 결정에 따라 외무서기 요시오카 히로타케(吉岡弘毅)는 왜관 정리를 단행하기로 하고, 1872년 6월 13일 부산으로 출발하였다.[19]

6월 15일 요시오카 히로타케, 사가라 마사키, 히로쓰 히로노부 등은 관수 후카미 마사카게와 쓰시마 통사 히로세 히로노부를 왜관에 남기고, 구 쓰시마 상인들을 이끌고 귀국하였다. 이들은 왜관에서 관수 이하 상인들까지 전원 철수할 것을 주장하지만,[20] 이러한 실무자들의 의견과 달리 외무경 후쿠시마 다네오미(副島種臣)는 현안 해결을 위해 '각별한' 관원을 파견해야 한다고 판단하였다. 후쿠시마 다네오미는 1872년 7월 24일, 왜관 내 土官 정리, 상인의 자유로운 거류 허용, 소씨(宗家)의 부채 2만 5천 냥 청산 등을 골자로 하는 조처를 태정관 정원에게 상신하였다. 이어 8월 10일에는 다음과 같은 구체적인 방안을 상신하였다.

　　和館은 嘉吉 연간(1441~1443년) 이래, 본래부터 우리 인민이 거주해 온 곳으로, 우리 국권이 미치는 지역이므로 하루아침에 폐기하는 것은 온당하지 않다. 차차 사절을 파견하여 담판하기 전까지는 아래와 같이 조치하는 것이 현재로서는 합당하다.
　　一. 草梁館司 및 대관소는 종전대로 유지할 것
　　一. 쓸모없는 土官, 잡인 등은 모두 정리하여 귀국시킬 것

---

[18] 『日本外交文書』 1(한국편), 378~382쪽.
[19] 『日本外交文書』 1(한국편), 390~392쪽.
[20] 『日本外交文書』 1(한국편), 393~396쪽.

一, 상인의 거류는 자율에 맡길 것
一, 감합인은 기존의 옛 인장(舊章)을 사용할 것
一, 세견선은 폐지할 것
一, 세견선 물품 지체분(1872년 해당 연도분)은 宗家의 부채이므로 지급할 것
一, 쓰시마에 체류 중인 (조선)표류민은 모두 송환할 것
一, 위의 목적을 달성하기 위해 '특별한' 관원을 초량에 파견하여 적절히 처리할 것.21)

외무경 후구시마 나네오미가 상신한 위 내용을 태성관 정원은 그대로 수용하였고, 천황의 칙지 형태로 외무경에게 하달되었다. 이에 따라 8월 18일에는 '특별한' 관원으로 하나부사 요시모토(花房義質) 외무대승의 조선 파견 명령이 내려졌고, 모리야마 시게루 外務少記·히로쓰 히로노부 외무소기·사이토 사카에(齋藤榮) 外務權大綠의 수행 명령, 오쿠 요시노리(奧義制) 外務少錄의 조선국 초량 근무 명령이 각각 발령되었다.22)

위의 인용문에서도 알 수 있듯이 메이지정부는 조선과의 교섭 창구로서 왜관의 중요성을 인정하고 있었다. 실제로 외무성의 왜관 정리 단행 조치로 6월 15일 사가라 마사키 일행이 귀국할 당시에도 관수 후카미 마사카게와 우라세 히로시 등을 왜관에 남겨두고 쓰시마의 상인들만 동반 귀국시킨 것에서 확인할 수 있다. 이는 메이지정부가 조선과의 교섭창구로서 왜관을 폐쇄할 의도가 전혀 없었음을 보여준다.

따라서 일본 메이지 신정부의 '왜관 접수'는 조선과의 교섭 방식을 변경하거나 왜관 자체를 폐쇄하려는 것이 아니라 일본 국내에서 외교를 일원화

---

21) 「日本外交文書」(韓國篇), 403쪽.
22) 『日本外交文書』(韓國篇), 400~403쪽; 『朝鮮外交事務書』 6, 241~250쪽.
하나부사의 일행의 조선 파견에 대해서는 심기재, 「明治 5년 하나부사[花房] 일행의 조선 파견」, 『동양학』 35, 2003 참조.

하는 과정에서 이루어진 조치에 지나지 않았다. 즉, 조선과의 통교 및 무역 창구로서 왜관의 기능은 유지하되 대외 교섭 업무를 종래 쓰시마번에서 메이지 정부 외무성 직속으로 이전한 것에 불과한 것이다.

1872년 9월 '왜관 접수'의 권한을 위임받은 외무대승 하나부사 요시토모는 9월 15일 모리야마 시게루와 함께 군함 가스가마루(春日丸)를 타고, 기선 유코마루(有功丸)를 호위선으로 삼아 쓰시마를 출발하여 왜관에 도착하였다. 일행에는 히로쓰 히로노부, 사이토 사카에, 오쿠 요시노리 등이 동행하였다.23) 하나부사는 도착 직후 관수 후카미 마사카게를 호출하여 왜관 내 상황에 대한 조사를 시작하였다. 조사의 핵심은 왜관 내 대관소 세력이 조선 측 훈도 및 별차 등과 내통하여 외무성 방침에 비협조적 태도를 보였는지 여부를 파악하는 것이었다. 조사 결과, 대관소 세력이 조선 인사들과 내통하면서 외무성의 교섭 방침을 따르지 않고 종전대로 쓰시마의 주도하에 조선과의 무역을 지속하려 했다는 사실이 밝혀졌다.24)

당시 일본 외무성은 조선과 쓰시마 간의 유착관계가 조일 교섭을 방해하는 주요 요인으로 인식하고 있었기 때문에 외무대승 하나부사 요시토모 일행에게 부여된 임무는 왜관에 잔존한 쓰시마 세력을 일소하고 조선과 쓰시마 간의 기존 교섭 관계를 단절시키는 것이었다. 이에 따라 하나부사는 1대관 가이즈 시게타로(海津茂太郎), 우에노 게이스케(上野敬助), 나카야마 가효에(中山喜兵衛) 등 외무성 방침에 불복하고, 조선의 지시에 따랐던 인사

---

23) 『日本外交文書』(韓國篇), 406쪽.
  한편, 김흥수는 하나부사 일행의 파견은 조선과의 외교교섭을 위한 파견이 아님에도 그때까지 파견된 사절 중에서 최고위직인 외무대승이 파견된 것은 일본이 '왜관 점거'를 얼마나 중시했는지를 보여주는 것이며, 더욱이 하나부사 파견에 병력을 대동한 것은 이들 파견의 주목적인 쓰시마의의 대조선 외교권 접수에 있었기 때문이라고 해석하였다(김김흥수, 『한일관계의 근대적 개편 과정』, 서울대학교출판원, 2009, 308~309쪽).
24) 『朝鮮事務書』 18권, 299~356쪽; 『日本外交文書』(한국편), 426쪽.

들을 문책하여 쓰시마로 귀환시킨 후25), 왜관 정리에 착수하였다. 또한 폐번치현과 소씨의 해임으로 인해 세견선의 파견이 불가능해졌다고 조선에 통고하였으며, 조선에 공식 통보 없이 왜관을 '접수'하고 다음과 같은 인사 조치를 단행하였다. 난출을 주도했던 관수 후카미 마사카게를 외무성 9등 출사로 임명하여 신임 관수에 재임명하였고, 11등 출사 히로세 나오유키(廣瀨直行)를 1대관으로, 외무소록 오쿠 요시노리를 학사 겸 감찰로, 14등 출사 스미나가 게이조(住永友輔)를 제2대관 겸 대통사로 임명하였으며, 나머지 구 쓰시마번 무사들은 모두 귀국시켰다.26)

이러한 조치는 첫째, 관수·대관 등의 명칭은 그대로 두고, 오쿠 요시노리 외에 구 쓰시마번 출신 인물을 외무성 외무성 관원으로 재임명하여, 왜관을 외무성의 직접 관할 하에 두었다는 점에서 의의가 있다. 둘째, '조선과 쓰시마 간의 사정'을 배제한다는 목적 아래 조선 측과 내통하고 있었던 대관소 세력을 일소하고, 외무성에 협력적인 인물들로 왜관 관리 체제를 재편하였다는 점에서 주목된다.27) 그러나 하나부사 요시토모 일행은 조선과의 교섭을 진전시키지 못한 채 9월 24일 부산항을 떠났다.

1873년 1월 15일 외무성은 7등출사 히로쓰 히로노부에게 조선국 재근을 명하였다. 그는 3월 4일 왜관에 도착하여 관수 후카미 마사카게를 면직시키고, 기존의 '초량공관'이라는 명칭을 '大日本國公館'으로 개칭하였다.28) 이는 왜관을 일본 외무성이 직할한다는 사실을 대내외에 공표하는 조치였다. 이로써 조선 소유였던 초량왜관은 조선의 허가 없이 그 관할이 쓰시마번에서 일본 외무성 소속 공관으로 전환되었으며, 곧이어 외무성이 관할하

---

25) 이때의 왜관 난출 및 밀사 왕복 경위에 대해서는 심기재,「明治政府의 對朝 외교·무역 일원화 과정의 일고찰 -代官 처리를 중심으로-」,『日語日文學硏究』48, 2004 참조.
26) 『日本外交文書』(韓國篇), 413~415쪽
27) 石川寬,「明治期의 大修參判使と対馬藩」,『歷史學硏究』775, 2003 참조.
28) 『旧韓国外交文書』1, 1월 15일, 3월 4일;『고종실록』고종 10년 3월 4일

는 영사관으로 재편되고 영사가 취임하였다.

이것은 조선의 입장에서 본다면 엄연한 주권 침탈이었다. 초량왜관은 조선이 도쿠가와 막부와 국교를 수립하면서 쓰시마에 부산포 초량 일대에 부지와 부속건물을 마련해 제공하고 그 사용권을 허가한 것에 불과하였다. 따라서 1872년 왜관 난출 이후, 조선은 쓰시마가 대일본교섭 창구로서의 역할을 상실할 경우, 메이지정부가 조선과 직접 교섭해야 한다고 보았으며, 그렇다면 왜관의 존속은 더 이상 필요하지 않으므로 왜관이 설치되어 있던 초량 일대는 원래의 초량읍으로 환원되어야 한다고 인식하고 있었다. 그러나 일본은 초량왜관의 부지 와 부속건물의 반환이나 사용권 협의에 있어 조선과 어떠한 절차나 협의도 거치지 않은 채 '왜관 접수'에 대한 보상금을 쓰시마에 지급하는 방식으로, 초량왜관을 일방적으로 외무성 직속의 공관으로 전환해 버렸다. 이는 메이지정부가 '國威'라는 명분 아래 한 치의 양보도 있어서는 안 된다는 인식 속에서 취해진 조치로서, 조선 입장에서 볼 때 명백한 불법 행위였다.[29]

1872년 5월 왜관 난출 사건 이후 동래부사 정현덕은 훈도를 비롯한 조선측 왜관 담당 관리들의 왜관 출입을 전면 금지하였다. 그리고 난출의 책임을 물어 관수였던 후카미 마사카게의 직무 해제를 요구하면서, 전 2대관 가이즈 시게타로를 임시관수로 인정하겠다는 의사를 훈도 안동준과 별차 玄豊瑞을 통해 문서로 왜관에 통고하였다.[30] 또한 동래부는 관수 이하 왜관

---

[29] 이훈, 「개항전후 일본의 정치적 변동과 표류민 송환체제의 변질」, 『朝鮮後期 漂流民과 韓日關係』, 국학자료원, 2000, 227쪽
 손승철은 메이지정부의 이러한 조치를 '왜관 점령'으로 규정하였다. 그는 메이지 정부가 왜관을 마치 자신들의 대외공관인 양 '접수'한 행위는 조선정부를 기만한 침략행위로 규정하였다. 나아가 그는 1872년 9월의 이른 바 '왜관 접수'에 대해서도 일본측이 주장하는 '접수'가 아니라 교섭 사절로 위장한 침략적인 무력 행위였다고 비판하였다(손승철, 『朝鮮時代 韓日關係史研究』, 지성의 샘, 1994), 317쪽).

[30] 田保橋潔, 『近代日鮮關係の研究』 上(原書房, 1973), 216~217쪽

에 머물고 있던 일본 측 관원을 모두 인정하지 않고, 왜관에 대한 식량 지급과 교역을 전면 중단하는 철공철시를 단행하였다. 아울러 잠상 행위 역시 엄금한다는 포고문을 왜관 정문(수문)에 게시하여 모든 통교 업무를 사실상 중단시켰다.[31]

철공철시는 교린정책에 입각하여 왜관에 머무는 쓰시마인들에게 지급하던 시탄 등의 제공과 무역을 중단하는 경제적 조치였다. 이는 조선이 대일교섭 과정에서 종종 활용하던 강경 조치였다.[32] 이러한 일련의 조치는 왜관의 운영이 교린체제라는 근세적 외교질서 속에서 작동하고 있었음을 시사하는 사례라 할 수 있다. 비록 왜관에서 '동래부→훈도·별차→관수'로 이어지는 공적 경로를 통한 조일 간 외교 및 무역업무는 최소한으로 축소되었지만,[33] 1876년(고종 13) 2월 조일수호조규가 체결되기까지 왜관의 운영은 지속되었다. 다시 말해, 메이지정부의 외교 일원화 조치, 즉 '왜관 접수' 이후에도 일본인의 왜관 출입은 조선의 허락없이는 이루어질 수 없었으며, 규모는 축소되었으나 무역 행위 또한 유지되는 등, 왜관은 여전히 교린체제라는 근세적 외교질서 속에서 움직이고 있었다. 따라서 메이지정부의 '왜관 접수'는 '왜관의 점령'이나 '왜관의 철폐'를 의미하는 것이 아니었으며, 조선 후기 왜관의 존속은 1872년 메이지정부 외무성의 '왜관 접수' 시점이 아니라 1876년 2월 27일 조일수호조규가 체결될 때까지로 보아야 할 것이다.

---

31) 「朝鮮交際始末」권3, 再撰朝鮮尋交摘要; 田保橋潔, 앞의 책, 295~296쪽에서 재인용
32) 雨森芳洲 著, 한일관계사학회편, 『역주 交隣提醒』, 국학자료원, 2001, 19쪽
33) 이 시기에도 왜관을 중심으로 한 조일간의 교류가 완전히 중단된 것은 아니었다. 물론 교류의 양적·질적 측면에서는 이전과 비교할 수 없을 만큼 축소되었지만, 왜관에 남아 있던 쓰시마 상인과 일본 내 타 지역 상인, 그리고 조선 상인 간에 소규모의 교역이 이루어졌다. 또한 양국 연안에서 발생한 표류민 송환 등의 업무 역시 지속되었다(李薰, 앞의 책, 국학자료원, 2000, 229쪽).
　이후 일본과의 교섭 과정에서도 조선은 훈도를 임명한 사실을 왜관에 통고하였으며, 柴炭을 공급한 사례도 확인된다(田保橋潔, 앞의 책, 344쪽).

3. 왜관의 일본 조계화

1) 조일수호조규의 체결

1872년 이후 소원해졌던 조일 관계는 일본 국내에서 침한론자들이 정치적으로 패배하고, 조선에서는 대원군이 실각하고 고종이 친정에 나선 1873년(고종 10) 11월 3일 이후 새로운 국면을 맞이하게 되었다. 양국 관계가 재검토되기 시작한 것이다. 그러나 조선과 달리 일본은 협상 과정에서 조선의 국내 정치가 불안정하다는 점을 이용하여 복잡한 외교적 교섭보다는 군함을 조선 연안에 파견해 군사적 압박을 가함으로써 사태를 해결하려는 방식을 선택하였다. 이는 일본 국내에서 전개되었던 침한론의 논리를 계승한 접근이었다. 이러한 일본 태도를 조선이 수용할 수 없는 것은 당연한 일이었다.[34]

이렇듯 일본은 조선의 정치 상황을 이용하여 처음부터 조선과 외교협상의 결렬을 염두에 두고 있었다. 1875년(고종 12) 5월과 6월에는 부산에 함대를 보내 조선 해안의 측량과 시위 행동을 감행하였다. 같은 해 9월에는 외무경 데라지마 무네노리(寺島宗則)가 부산에 와 있던 이사관 모리야마 시게루에게 조선과의 교섭을 중단하고 귀국할 것을 명령하였다. 동시에 운요호(雲揚號)를 조선 서해안으로 이동시키도록 지시하고, 강화 해협에서 운요호사건(雲揚號事件)을 일으켰다.[35]

운요호사건 이후 메이지정부와 조선은 곧바로 협상에 착수하였다. 1876년(고종 13) 2월 3일 강화도 연무당에서 조선 측에서는 전권대신 申櫶과 부관 尹滋承이, 일본 측에서는 특명전권판리대신 구로다 기요타카(黑田淸隆)

---

[34] 일본의 대조선 협상에 대해서는 김흥수, 앞의 책 참조
[35] 『高宗實錄』 고종 12년 8월 25일; 『備邊司謄錄』 고종 12년 8월 25일; 『日省錄』 고종 12년 8월 25일; 『承政院日記』 고종 12년 8월 25일

와 부대신 이노우에 가오루(井上馨)가 참석한 가운데 조일수호조규(일명 丙子修好條約, 강화도조약)에 관한 공식 협상이 시작되었다. 일본은 2월 15일, 미리 작성한 조약 초안을 조선에 전달하였는데, 조선 조정에서는 일부 조항의 수정을 전제로 이를 수락하기로 결정하였다. 이로써 1876년 2월 27일 강화도에서 체결된 조일수호조규는 조선이 외국과 체결한 최초의 근대적인 조약이 되었다.36)

이 조약은 총 12개 조항으로 구성되어 있으며, 이 가운데 왜관의 조계 설정을 전제로 하는 조항은 제1관(예규의 혁파), 제4관(개항장 내에서 일본인의 왕래·통상·가옥의 건조 및 임차), 제5관(개항장 설치), 제8관(영사 파견), 제10관(영사 재판권)에 해당된다.

> 제1관 조선국은 자주국가로서 일본국과 평등한 권리를 보유한다.……먼저 종전에 (양국간 의) 교제의 정을 막을 우려가 있는 여러 가지 규례들을 모두 혁파한다.….
>
> 제4관 조선국 부산의 草梁項에는 일본공관이 있고, 다년간의 양국 인민의 통상지이다. 앞으로는 종전의 관례와 세견선에 등의 일은 혁파하여 없애고 새로 세운 條款에 준하여 무역 사무를 처리한다. 또 조선국 정부는 제5관에서 별도로 정하는 두 곳의 항구를 개항하여 일본국 인민이 오가면서 통상하도록 허가하며, 이들 항구 내의 토지를 임차하여 가옥을 짓거나 혹은 그곳에 사는 백성들의 가옥에 임시로 거주하는 것은 각각 그 편의에 따르게 한다.
>
> 제5관 경기·충청·전라·경상·함경 등 5도에 연한 곳에 통상에 편리한 항구 두 곳을 택하여 지명을 지정한다. 항구를 개항하는 시기는 조선력 병자

---

36) 조일수호조규 체결 과정에 대해서는 金基赫, 「江華島條約의 歷史的 背景과 國際的 環境」, 『국사관논총』 25, 1991 참조

년(1876년, 고종 13) 2월, 일본력(明治 9년) 2월부터 계산하여 모두 20개월 이내로 한다.

제8관 장차 일본국 정부는 조선국이 지정한 각 항구에 일본국의 商民을 관리하는 관청을 수시로 설치할 수 있다. 만약 양국이 교섭할 안건이 있을 때에는 해당 관리는 소재지의 지방장관과 상의하여 처리한다.

제10관 일본국 인민이 조선국이 지정한 각 항구에 체류하는 동안 죄를 범하여 조선국 인민과 관계되는 사건을 일으켰을 때는 모두 일본 관원이 심의하여 처단할 것이다. 만약 조선국 인민이 죄를 범하여 일본국 인민과 교섭할 일이 생겼을 때에는 조선 관원이 조사하여 처분할 것이다. 다만 각각 그 나라의 법률에 근거하여 심문하고 판결하되, 조금이라도 치우침이 없이 공평하고 정당하게 처리해야 한다.[37]

제1관에서는 조일수호조규가 교린체제의 전면적인 부정을 전제로 체결된 조약임을 분명히 하고 있다. 제4관은 초량왜관의 철폐, 즉 교린관계에 입각한 조일 관계의 종언과 함께 일본 메이지정부가 조선 내에 자국 조계를 설치하고자 하는 조약상의 권리를 확보하려는 의도가 내포되어 있는 조항이었다. "조선국 부산의 초량항에는 일본공관이 있고 다년간의 양국 인민의 통상지이다"라고 하여, 종래 교린외교 체제하에 부산에 설치된 왜관을 '공관'으로 기술하고 있다. 이는 일본이 부산 초량지역을 왜관이 설치되어 조일 양국의 외교와 무역이 이루어졌던 공간으로서 역사성을 언급하면서도 왜관을 '공관'으로 기술한 점에서 기본의 왜관 관리 및 세견선 파견 등을 포함한 근세적인 외교와 무역 체제의 단절을 선언한 것이라 할 수 있다.
종래 교린체제 하의 조일 외교와 무역의 실질적 공간이었던 왜관이 조선

---

[37] 동북아역사재단 편, 『한일 조약 자료집(1876~1910) -근대외교로 포장된 침략』, 동북아역사재단, 2020, 27~33쪽

의 규제와 통제하에 있었던 것과 달리, 공관은 치외법권을 가지는 외교사절의 거주지로서 거주국의 주권이 미치지 않는 공간임을 전제한 표현이었다. 이로써 메이지정부는 초량왜관 본래의 기능과 성격을 무시하고, 이를 자국 영토의 연장선으로 기정사실화하려는 의도를 일찍부터 갖고 있었음을 확인할 수 있다. 어쨌든 일본은 제4관 규정을 근거로 하여 향후 조선 영토 내에 자국 전관거류지, 즉 조계를 설치할 수 있는 근거를 마련하게 되었다.

제5관은 조선은 부산항을 계속 개방하고, 새롭게 경기·충청·경상·전라·함경 5도 가운데 편리한 항구 두 곳을 정하여 20개월 이내에 일본 상인들에게 개방하도록 규정하고 있다. 이는 조선으로 하여금 대외관계에서 전례 없는 내지 자유거주권과 자유통상권을 일본에게 인정하도록 강제한 것으로, 조선에 매우 불리한 불평등 조항이었다. 그런데 여기에서 주목할 점은 조선이 조일수호조규를 체결할 당시 일본이 제시한 외국 대표의 수도 주재권과 국내 여행권은 거부하면서 일본의 조계 설정 의도를 간파하지 못한 채 이를 쉽게 수용하였다는 점이다.38) 외국 대표의 수도 주재권과 국내 여행권은 당시 근대 국제관계에서 외교적 관례였음에도 조선이 이를 거부한 것은 조일수호조규를 근대적인 조약으로서 인식하지 않고 전통적인 사대교린의 연장선에서 해석했기 때문임을 보여준다.39)

---

38) 김의환, 『朝鮮近代對日關係史硏究』, 경인문화사, 1979, 453~456쪽.
 한편, 조일수호조규 제2관에는 사절 파견에 관한 조항이 포함되어 있었는데, 그 내용은 다음과 같다. "일본국 정부는 지금부터 15개월 후에 수시로 사신을 조선의 경성에 파견하여 예조판서와 친접하여 교제의 사무를 상의할 수 있다. 이 사신의 駐留期間의 장단은 모두 시의에 따른다. 조선 정부도 역시 수시로 사신을 일본국 東京에 파견하여 예조판서와 친접하여 교제 사무를 상의할 수 있으며, 이 사신의 주류기간 역시 시의에 따른다." 일본은 이 조항을 사절의 상주권으로 해석했으나 조선은 교린질서의 연장선으로 이해하여 사절의 상주권을 인정하지 않았다. 이로 인해 대표의 상주 여부는 이후 양국 간 주요 쟁점으로 부상하게 되었다.
39) 藤村道生, 「朝鮮における日本特別居留地の起源」, 『名古屋大學文學部硏究論文集(史學) 12』 35, 1964, 23쪽

이로 인해 조일수호조규가 일본의 무력적 위협 하에서 체결된 조약이라는 점만으로는 설명할 수 없는 문제들이 존재했음을 알 수 있다. 즉, 조선은 조약체결 과정에서 일본의 은밀한 의도-부산을 조계화하려는 단계적 준비 과정-를 정확히 간파하지 못한 채 조일수호조규를 근세 왜관 체제의 연장으로 자의적으로 해석하고, 이를 교린관계라는 외교형식으로 받아들였던 것이다.40) 이러한 조계에 대한 조일 간 인식 차이는 이후 조약들에서도 동상이몽의 형태로 지속되어 양국 간 갈등의 원인이 되었고, 조선에게는 심각한 비극으로 작용하게 되었다.

제8관은 일본이 조선 내 개항장에 자국 영사를 상주시키는 권리를 확보한 조항으로, 이는 훗날 상당한 분쟁의 소지가 된 중요한 사안이었음에도 조선은 별다른 조건없이 이를 수락하였다. 이 또한 조선이 조일수호조규를 근세적 교린관계의 연장선에서 인식하였음으로 보여주는 또 하나의 사례라고 할 수 있다. 조선이 개항장 내 일본국 영사의 상주에 쉽게 동의한 것은 과거 왜관에서 관수가 상주하면서 왜관 내 일본인을 단속하고 제반 업무를 총괄하였던 전례에 따른 것으로 해석할 수 있다.41)

제10관은 일본이 조선에서 일방적으로 영사재판권을 확보한 전형적인 불평등 조항으로, 조선 영토 내에서 발생한 일본인의 범법 행위에 일본 영사가 재판을 관할하도록 규정한 항목이다. 이 조항은 일본이 과거 구미 열강

---

40) 이러한 사례는 조일수호조규 제2관의 사절 파견 조항에서도 확연히 드러난다. 일본은 이 조항을 상주 외교사절 제도가 성립한 것으로 해석한 반면, 조선은 이를 기존 교린질서의 연장이자 전통적인 사절 제도의 지속으로 인식하였다.
41) 제9관 역시 무역에 관한 조항이었다. 과거 조일 양국의 무역은 관에 의한 직영 또는 감독하에 이루어졌지만, 조일수호조규 체결 이후에는 정부의 부당하거나 불필요한 간섭 없이 상인들이 자율적으로 행하는 사무역으로 전환되었다는 점에서 근대적 의의를 찾을 수 있다. 아울러 이 조항에서도 조선 정부가 근대 동아시아의 외교·무역 체제와 근대적 체제의 차이를 충분히 인식하지 못하고 있었음을 엿볼 수 있다(國史編纂委員會 編, 『高宗時代史』 권1, 고종 13년 2월 3일).

과 조약을 체결하는 과정에서 겪은 불평등한 경험을 그대로 조선에 적용한 것으로, 조선인이 일본에서 누릴 권리에 대한 규정은 없고, 일본인이 조선에서 누릴 수 있는 권리만을 일방적으로 상세히 명시하고 있었다. 그럼에도 조선은 이 조항을 쉽게 수용한 것은 초량왜관에서 조일 양국인 간의 접촉 과정에서 범법 행위 처리가 조선인에 대해서는 동래부가 조정과 협의하여, 일본인에 대해서는 관수가 쓰시마번과 협의하여 처리하던 기존의 전례에 따른 것으로 해석할 수 있다.

2) 朝日修好條規附錄과 왜관

1876년 2월에 체결된 조일수호조규에서 일본은 통상장정의 체결과 조약 내용을 보완하기 위한 협상 여지를 사전에 마련해 두었다. 이는 일본이 1854년 3월 13일 미일화친조약 체결 후 통상장정 체결까지 4년 이상 지체하였던 사례와 대조되는 조치였다. 일본은 조일수호조규 제2관에서 "조약 체결 15개월 후부터 (일본) 사신이 수신로 조선국 경성에 파견되어 예조판서를 접견하고 교제 사무를 상의할 수 있다. 해당 사신이 주재하는 기간은 모두 時宜에 따른다"라는 규정을 삽입하였다. 또한 제11관에서는 조약 체결 6개월 이내에 조선과 일본 양국이 각각 위원을 파견하여 통상장정을 체결하고 양국 상인 간 교역의 편의를 도모하며, 조일수호조규의 각 조항 중 세부 항목을 보충·협의할 수 있도록 규정하였다.[42]

이로써 6개월 이내에 동 조일수호조규부록 및 통상장정에 관한 相議權을 확보한 일본은 구미 열강이 상투적으로 구사하던 외교 수법인 修信使 초청 외교를 답습하였다. 그 결과 같은 해 4월, 일본은 제1차 수신사 金綺秀 일행 76명을 초청하여 일본을 방문하도록 하였다. 그리고 수신사 일행이 귀국

---

[42] 국사편찬위원회 편, 『高宗時代史』 권1, 高宗 12년 2월 3일

하는 편에 일본은 조일수호조규부록 및 통상장정(일명, 조일무역장정규칙) 체결을 위한 협상단으로 외무성 소속 미야모토 고이치(宮本小一)를 이사관으로 임명하여 조선에 파견할 것임을 공식적으로 알려왔다.[43]

1876년 7월 30일 서울에 도착한 이사관 미야모토 고이치는 이번에도 조일수호조규부록과 조일무역장정규칙 초안을 사전에 준비해 온 상태였다.[44] 일본 측 초안 내용을 접한 조선 조정은 당혹감을 감추지 못했다. 총 13개 조항 가운데 제1관에서는 '일본국 공사의 조선국 수도 상주'가, 제2관에서는 '일본 외교관 및 그 동반자의 조선 내지 여행의 자유'가, 제4관에서는 개항장에서 일본인이 통행할 수 있는 '遊步地域'의 설정이 표시되어 있었기 때문이다.

제1관은 조일수호조규 제2관에 명시된 "해당 사신이 주재하는 기간은 모두 시의에 따른다."는 문구와 관련되는 사항이었다. 이에 대해 조선은 조일수호조규 체결 당시 제2관의 규정은 잠시 체류하는 것을 전제로 한 것이지 공사관이 '永住'하는 것을 인정한 것은 아니라고 해석하였다. 따라서 제2관에서 공사의 내지 여행과 가족동반 문제 역시 조선으로서는 용납할 수 없는 사항이었다. 한편, 제4관의 유보지역 조항에서는 일본이 자국 이정으로 10리(조선 기준 약 100리)의 범위를 요구한 데 대해, 조선 정부는 조선 里程으로 10리를 주장하며 그 범위 역시 부산항에 국한시켰다.

조일수호조규부록은 이사관 미야모토 고이치와 講修官 趙寅熙 사이에 수차례의 회담을 거친 끝에 1876년 8월 24일 조인되었다. 최종 협상 결과, 제1관의 일본국 공사의 조선국 수도 상주 조항은 완전히 삭제되었고, 제2관은 일부 수정되어 일본 관리관에 한해서 조선 내지 여행이 허용되었다. 제4관의 유보지역도 조선 이정으로 10리로 축소되었다.

---

43) 국사편찬위원회, 『修信使日記』 129~137쪽
44) 金義煥, 앞의 책, 456~458쪽에 일본이 처음에 제출한 초안과 조인된 조일무역장정규칙이 제시되어 있다.

여기서 주목할 점은 조일수호조규부록 제4관에서 일본에서는 '유보지역'이라고 명시하고 중국에서는 '出外遊玩地'라고 표기한 것을, 이번에는 굳이 '일본 인민이 부근을 間行할 수 있는 도로의 里程'이라는 표현으로 바꾸어 '間行道路里程' 또는 '間行里程'이라는 생소한 용어를 사용하였다는 사실이다. 일본이나 중국에서는 이 범위 내에서 물품 매매가 금지된 순수한 유보범위, 즉 단순한 통행 및 유락 지역으로만 인식되었던 것과 달리, 일본은 이지역 내에서 물품 매매를 가능하도록 규정함으로써 '간행도로이정'이라는 새로운 용어를 도입하게 된 것이며, 이것은 결국 초량왜관이 위치한 지역을 일본의 특별거류지로 설정하려는 의도가 숨겨져 있었음을 보여준다.45)

이외의 조관은 일본이 제시한 원안을 대부분 수용한 것으로, 최종적으로 조일수호조규부록은 총 11개 조항으로 정해졌다. 총 11관 중 제3관과 제4관은 왜관지역에 대한 조계 설정과 직법 관련된 조항으로, 조일수호조규에서보다 조계 문제를 더욱 구체화하고 있다는 점에서 주목된다. 조일수호조규에서는 언급되지 않았던 부산 등지 개항장에서의 임대료 문제가 논의되기 시작하였으며, 특히 임차지가 조선의 국유지일 경우에는 조선인과 동일한 수준의 임대료를 납부하도록 규정하였다. 한편, 초량왜관의 수문과 설문의 철폐를 논의하고, 일본인의 왕래 범위를 점진적으로 확대하는 내용도 포함되었다.46)

당시 일본은 정식으로 토지차입 방법에 관한 규정을 마련하였는데, 이때 채택한 방식은 토지차입을 원칙적으로 지주와의 교섭에 위임하는 것이었고, 소위 세틀먼트(settlement) 방식을 취한 것이었다.47) 이것은 결국 왜관지역

---

45) 孫禎睦, 「開港場·租界制度의 槪念과 性格-韓半島 開港史의 올바른 認識을 위하여」, 『韓國學報』 26, 일지사, 1982, 29쪽
46) 『高宗時代史』 권1, 고종 13년 7월 6일
47) 조계는 토지차입 방식에 따라 크게 컨세션(concession)과 세틀먼트(settlement)로 구분된다. 컨세션은 "설정국 정부와 피설정국 정부간에 토지의 임차관계가 있고, 설정국의 영사가 일괄해서 영구차용권(永借)를 인정받은 토지를 자국 국민에게 영사를

을 컨세션(concession) 방식의 조계지로 설정하기 위한 전 단계로 해석할 수 있다. 또한 초량왜관의 수문과 설문의 철폐를 논의한 것은 조선 조정이 조계지역을 초량왜관과 같이 봉쇄할 수 있다고 경계한 조치로 보인다. 그러나 초량왜관의 수문 및 설문의 철폐는 실제로는 이행되지 않았다.

한편, 조일수호조규부록 제11관에서 "위 10관의 장정 및 통상규칙은 모두 수호조규와 동일한 권리를 가지며, 양국 정부는 이를 준행하여 위반함이 없어야 한다"고 전제하고 있다. 그리고 "이 각 관 가운데 만약 양국 인민이 교제·무역을 실행하는 데 있어 장애가 있다고 인정되어 부득이하게 변경하게 될 경우, 양국 정부는 속히 의안을 작성하여 1년 전에 통지한 후 협의하여 개정한다"고 규정하였다.

3) 釜山口租界條約의 체결과 왜관

일본은 앞서 체결한 조일수호조규부록과 조일무역장정규칙의 이행을 위해 1876년 10월 이를 공포하고, 동시에 일본인의 부산 도항과 통상업무의 종사를 허가한다는 사실을 함께 공고하였다. 같은 해 11월 일본의 태정관은

통해 불하하는 방식"을 말한다. 반면, 세틀먼트는 "정부 간 직접적인 토지임차 관계는 존재하지 않고, 피설정국이 외국인의 거주를 위해 따로 설정한 지역 내에서 원지주와 설정국 국민이 직접 교섭을 통해 영구 차용계약을 체결하는 방식"을 말한다. 이 경우 양국 관헌, 즉 영사는 교섭 및 수속 절차에 편의를 제공하는 역할에 그친다. 따라서 컨세션은 세틀먼트에 비해 훨씬 강력한 권리를 설정국에 부여하는 방식이며, 학자에 따라 컨세션을 좁은 의미의 조계, 세틀먼트를 단순한 거류지로 구분하여 칭하기도 한다(藤村道生, 앞의 논문, 9쪽).

한편, 조일수호조규부록 제3관에는 "의정된 조선국 통상 각 항구에서 일본국 인민이 조차지(租賃地)에 거주하는 경우, 각자 해당 지주와 상의하여 가격을 정하고, 조선국 정부 소유의 토지는 조선인들이 관에 납부하는 것과 동일한 세를 납부하도록 한다"고 규정되어 있다. 이 규정만을 보면 토지 차입이 원칙적으로 지주와 일본인 거류민 간의 직접 교섭에 맡겨졌음을 알 수 있다. 따라서 조일수호조규부록의 조계지에 관한 규정은 세틀먼트 방식을 취하고 있었음을 확인할 수 있다.

외무성 관리 곤도 마스키(近藤眞鋤)를 부산 주재 관리관으로 임명하여 파견하였다. 외무경 데라지마 무네노리는 곤도 마스키에게 관리관으로서 무역사무, 부산에 도항하는 일본 인민의 선박과 재화의 보호, 그리고 당면한 거류지 차입 문제를 담당하도록 지시하였다.48)

그해 11월 24일 조선에 도착한 외무대승 하나부사 요시모토와 부산 주재 관리관 곤도 마스키는 12월 6일에는 훈도 玄昔運과, 12일 및 13일 양일에는 동래부사 洪祐昌과 회담을 시작하였다. 이 회담은 조일수호조규부록 제3관과 제4관에 근거하여 부산에서 일본인 거류지시설 설정 문제를 논의하기 위한 것이었다. 주요 내용은 ① 초량왜관의 수문과 설문의 철거, ② 해관의 설치, ③ 해관사무장정 제정, ④ 간행이정 설정과 동래 通行門鑑 설치, ⑤ 일본인 거류지 조차에 대한 地租年額 결정, ⑥ 초량왜관 내 개시대청과 관수가, 재판가의 교환, 서관 삼대청 및 육행랑의 매수 추진, ⑦ 관내 도로 보수 및 선박 수리에 관한 사항 등이었다. 이 가운데 간행이정 문제를 제외한 대부분 사항에서 합의가 이루어졌고, 이에 따라 1877년(고종 14) 1월 30일 부산구조계조약49)이 체결되었다.

그 내용을 옮기면 다음과 같다.

> "상고하건대 조선국 경상도 동래부 소관 초량항의 一區는 옛날부터 일본국 관민의 거류지였다. 그 범위는 별도의 그림과 같다. 그림 가운데 舊稱 東萊館區 내의 가옥 중 赤色으로 색칠한 가옥 세 동은 조선국 정부 소유의 건물이다.
>
> 일본력 明治 9년(1876년) 12월 12일, 조선력 병자년 10월 27일 일본국 관

---

48) 寺島外務卿ヨリ近藤管理官ヘノ達」,「管理官トシテ相當スベキ事務委任ノ件」, 明治 9年 11月 13日; 藤村道生, 앞의 논문, 39~40쪽에서 재인용

49) 이 조약은 '釜山口租界條約', '釜山日租界條約', '釜山口日本專管居留地管理約條', '釜山口居留地借入約書', '釜山港居留地借入約條', '釜山口居留地借入約書' 등 다양한 명칭으로 불린다.

리관 近藤眞鋤는 조선국 東萊府伯 洪祐昌과 회동하고, 양국 위원이 이전에 논의해 조인한 수호조규부록 제3관의 취지에 비추어 지금부터 地基租를 납부기로 한다. 매년 금 50원을 연말에 다음 해의 租額을 완납할 것을 약정한다. 가옥은 일본력 明治 10年(1877년) 1월 30일, 조선력 병자년 12월 17일부터 재차 협의를 거쳐 舊稱 재판가를 제외하고 조선국 정부가 지은 두 건물을 일본국 정부가 지은 구청 개선소 및 창고 등 여섯 동의 건물과 교환하여 양국 관민의 쓰임에 충당하기로 한다. 이후 바로 조선국 정부에 소속될 가옥 일곱 동은 황색으로 윤곽을 표시하여 그 구별을 분명히 한다. 地基 또한 이와 같다. 단, 지기는 朱色으로 이를 구분한다.

기타의 地基·道路·溝渠는 모두 일본국 정부가 보호·수리하는 것으로 하고, 선창은 조선국 정부가 보수한다. 따라서 지도를 첨부하여 병록하고 서로 조인함으로써 후일의 분란을 방지한다.

　　　　　　대조선국 병자년 12월 17일 동래부백 홍우창 인
　　　　　　대일본국 明治 10年 1月 30日 관리관　近藤眞鋤 인"[50]

부산구조계조약은 왜관이 있던 지역을 일본 조계로 설정하고, 그 구체적인 집행을 위해 체결된 조약이다. 동래부 소관 초량항에 위치한 11만평에 달하는 초량왜관 지역이 일본 조계로 그대로 편입되었고, 조계지는 일본에 영구 임대하기로 규정되었다. 지조의 납입에 대해서도 명시하였는데, 연간 지조는 일본 화폐 50엔(日貨 50圓)으로 정하고, 매년 말에 다음 해의 금액을 미리 완납하는 방식으로 하였다. 또한 조계 설정 이후 조계 내에 남아있는 조선 정부 소속 토지 및 가옥을 제한하였으며, 마지막으로 조계 설정 후 부지·도로·구거,·부두 등 조계 지역 내 시설의 유지 및 수리 책임이 일본에 있음을 명시하였다. 이로써 초량왜관시대는 막을 내리고, 용두산을 중심으로 한 초량왜관 부지가 일본전관거류지로 공식 설정되었다.

---

[50] 『舊韓末條約彙纂(1876-1945)』 中卷, 「釜山港租界條約」, 國會圖書館 立法調査局, 1965; 『高宗時代史』 권1, 고종 13년 12월 17일.

이 조약에 첨부된 지도 釜山口租界條約付地圖51)에는 초량왜관의 동관 삼대청이라 불리는 관수가, 개시대청, 재판가가 적색으로 진하게 색칠되어 있다. 이 세 동의 건물은 초량왜관 내 건물 가운데 조선이 조영한 건물로, 건물의 수리 역시 조선에서 담당하였다. 이 세 동의 건물 중에 재판가를 제외하고 관수가와 개시대청은 일본에서 사용하고, 일본에서 만든 선창가의 改船所와 창고 등은 조선에서 사용할 수 있도록 하였다. 이에 따라 관수가는 일본 관리관청으로 활용되었으며, 개시대청 역시 조계 내 공공건물로 사용되었다.

여기서 주목할 것은 부산구조계조약문 맨 앞에 ① "조선국 경상도 동래부 소관 초량항 一區는 옛날부터 일본국 관민의 거류지였다"고 명시하여, 조계가 설치되는 초량지역이 오래도록 일본과 밀접한 공간이라는 사실을 강조하고 있다는 점이다. 또한 조약 본문에서는 ② 지조 지불에 대한 구체적인 약정과 방법이 제시되었으며, ③ 왜관 내에 존재하던 가옥의 처분, 수문과 설문의 철거에 대한 논의가 집중적으로 이루어졌다는 점도 확인된다.

먼저, '草梁港一區'는 근세 조일 외교와 무역의 장이었던 초량왜관을 지칭하는 표현이다. 또한 조일수호조규 제4관에서 "조선국 부산 초량항에는 일본공관이 있고 다년간 양국 인민의 통상지였다…"라고 서술된 내용과, '부산구조계조약'에서 "동래부 소관 초량항 일구는 옛날로부터 일본국 관민의 거류지였다…"고 한 표현은 서로 맥락이 연결되는 것으로 이해할 수 있다. 이것은 당시 일본이 기존 초량왜관을 일본의 조계지로 설정하고자 했던 의도를 명확히 보여주는 사례로, 두 조약의 체결 과정에서 일본이 조약문을 의도적으로 조정한 결과로 보인다.52)

---

51) 김승·양미숙 편역, 『신편 부산대관』, 선인, 2010, 53쪽
52) 부산직할시사편찬위원회, 『釜山市史』 1, 1998, 799쪽
    藤村道生은 "옛날부터 일본국 관민의 거류지였고"라는 표현을 부산구조계조약 체결 당시의 상황을 반영한 것으로 해석하였다. 일본 정부는 조일수호조규에서 부산 외

결국 일본은 초량왜관을 종래 "옛날부터 빌려 사용한 땅"이라는 인식에서 "옛날부터 일본 인민이 왕래·거주하며 일본의 국권이 행사되어 온 공간"으로 둔갑시키고자 하였으며, 이를 토대로 컨세션(concession) 방식의 조계지 설정을 구상하고 있었던 것이다.

조선시대 왜관은 조선이 일본, 정확히는 쓰시마에 제공한 외교·통상·거주 공간이었다. 왜관의 운영 책임은 쓰시마도주에게 있었고, 조선은 왜관 내 건물의 조영과 수리는 물론 유지·관리 비용도 부담하였다. 반면 왜관에 체류하는 일본인들은 조선이 정한 통교 규정에 따라야 했으며, 왜관 전체가 조선 정부의 규제와 통제 아래에 있었다.

1872년 메이지정부가 외교 일원화 조치를 시행하여 외무성이 쓰시마로부터 이른바 왜관을 '접수'한 이후에도 조선은 초량왜관 부지를 일본에 양도한 사실이 없었고, 임차 관계 역시 성립한 바 없었다. 이른바 '공관'으로 사용한 건물의 유지·수리 또한 조선이 담당하였으며, 수문과 설문을 통한 일본인들의 왜관 출입 역시 엄격히 제한되었다.53) 따라서 일본은 초량왜관에 대해 어떠한 법적 기득권도 보유하지 않았다고 할 수 있다. 그럼에도 "동래부소관 초량항 일구는 옛날로부터 일본국 관민의 거류지였다…"라는 표현은 초량왜관 부지를 일본전관거류지로 전환하기 위한 의도적 서술, 곧 외교적 빌드업(build-up)의 일환이었다고 평가할 수 있다.

또한 일본이 왜관지역에 대해 지조 지불 약정을 체결하고, 가옥의 처분, 수문과 설문의 철거에 적극적으로 나섰던 이유는 초량왜관에서 교린체제에 입각한 조일관계의 성격과 흔적을 제거하기 위한 것으로 보인다. 일본은 초

에 두 항구의 개항권과 거주권을 확보한 뒤, 조일수호조규부록을 통해 부산에 있는 일본공관의 존재를 승인받았으며, 태정관 포고 제128호를 통해 일반 일본인의 조선 도항을 허가하였다. 그 결과, 조약 체결 당시 부산에 건너온 일본인 상인은 100여 명에 달했고, 부산항에 입항한 일본 선박도 11~12척에 이른 현실을 조약문 표현에 반영한 것으로 해석하였다(藤村道生, 앞의 논문, 46쪽).

53) 藤村道生, 위의 논문, 46쪽

량왜관 지역 10여 만여 평에 달하는 일본공관 부지에 대해 매년 50엔의 지대를 지불하고 영구 임대하는 방식을 통해, 해당 지역을 일본인의 전용 거류지로 전환하려 하였으며, 이러한 내용을 조약에 명시함으로써 근대적 전관거류지로서 성격을 변화시키고자 했다. 그리고 이 사실을 명확히 증빙하고 후일 발생할 수 있는 분쟁의 소지를 차단하기 위해 釜山口租界條約 附地圖를 조약에 첨부한 것이다.

다시 말해 왜관은 "오랫동안 일본 인민이 왕래·거주하고 일본 국권이 행해져 온 곳"이 아니라, 쓰시마도주 소씨가 직접 언급했듯이 "원래 (宗氏가) 사적으로 소유한 곳이 아니며, 歲遣定約에 입각하여 (宗家가) 예로부터 빌려 사용한 땅"이었다.54) 그럼에도 일본이 초량왜관을 "옛날부터 일본국 관민의 거류지였다"라고 조약문에 명시하고, 이를 근거로 일본특별거류지로 설정한 것은 왜관의 역사와 연혁을 의도적으로 무시한 행위라고 할 수 있다. 아울러 일련의 조약에서 일본이 왜관의 성격을 자의적으로 해석하고 그 부지에 조계를 설정한 것은 외교사적 측면에서도 부당한 조치로 평가될 수 있다.

아울러 가옥의 처분과 관련하여 일본 정부가 취한 방침을 살펴보면, 일본의 의도가 더욱 분명해진다. 즉, 부산구조계조약에 명시된 조선 소유 건물이 재판가, 개시대청, 관수가 3동으로 되어 있고, 그 외 다른 건물에 대한 언급이 없는 점, 그리고 그 가운데 왜 재판가 1동만 교환에서 제외되었는가 하는 점이 주목된다. 본래 일본은 초량왜관 지역 내 조선이 필요하다고 인정한 해관 건물 외의 모든 조선 소유 건물을 처분할 방침이었다. 그러나 곤도 관리관과 훈도 현석운의 회담에서 조선은 조일수호조규부록 제3관에 따라 수문과 설문을 철거한 이후에도 왜관 지역을 출입하는 인원과 무역물품을 감시할 필요가 있으므로, 陪通事 2~3명을 상주시켜야 한다는 이유로 재

---

54) 『日本外交文書』(韓國編), 326~327쪽

판가의 유지가 필요하다고 주장하였다. 이에 따라 일본의 처분 요구를 거절하였다.55) 이는 부산구조계조약 이후에도 조선이 초량왜관 지역에서 일본인을 통제하기 위한 최소한의 수단을 유지하려 했던 의지를 표현한 것으로 해석할 수 있다.

그렇다면 왜 조약문에서는 조선이 조영한 나머지 건물들에 대한 언급이 생략되었을까? 일본 입장에서 보면, 조선이 '초량항 일구'를 일본의 조계지로 인정한다고 하더라도 조선이 초량왜관 시절에 지은 건물들을 계속 보유하고 있는 한 해당 부지의 주요 시설들이 조선에 속하기 때문에 컨세션 방식의 조계지, 즉 전관거류지를 설정하기가 어려웠다. 이에 따라 일본은 전관거류지로 전환을 위해 조약체결에 앞서 선제적인 조치를 취하였다. 구체적으로 1876년 12월 12일에 있었던 곤도 관리관과 동래부사 홍우창의 회담에서 서관 건물 8동을 매수한 것이다.56) 결과적으로 조약문에는 배통사의 대기소로 사용될 재판가와 개시대청, 관수가 조선 정부가 직접 조영하여 통제 권한을 유지하고자 했던 일부 건물만 조선 소유 건물로 명기되었을 뿐이다. 이는 일본이 조약 체결에 앞서 조계 내 주요 건물에 대한 실질적 소유권을 확보함으로써, 조계 내에서 일본의 단독적 영향력 행사를 사전에 준비한 조치로 해석할 수 있다.

1880년 2월 병자수호조규 제8관에 따라 거류민의 보호와 관리 및 통상사무의 관장을 위해 설치된 관리관청이 영사관으로 개편되었고, 그 업무는 영사가 전담하게 되었다. 이후 일본 영사는 거류민들에게 부산 일본제국 전관거류지 토지 대여 규칙(釜山日本帝國專管居留地地所貸渡規則)을 시달하였다. 해당 규칙에 따르면, 거류지 내 토지는 일본인만이 차용할 수 있으며,

---

55) 12月 6日 近藤管理官ト洪東萊府使トノ對話書,「修好條規附錄條項實施ニ關シ豫備交渉ノ件」N.G.B. 第9卷, 114號文書附屬書 2; 藤村道生, 앞의 논문 46쪽에서 재인용.
56) 따라서 이 서관 8동에 대해서는 이미 사전에 매수 약정이 체결되어 있었기 때문에, 이후 체결된 부산구조계조약 조문에는 이들 건물에 대한 내용이 포함되지 않았다.

토지 차용자는 그 토지를 일본인에게만 양여·대여·상속할 수 있었다. 또한 거류지 내 가옥을 일본인이 아닌 외국인에게 대여할 경우에는 일본 영사에게 보고하여 허가를 받아야 했다. 토지증서(地券) 발행권 역시 일본 영사가 독점하였고, 조선 정부의 裏書는 불필요한 것으로 규정함으로써 초량왜관 부지는 실질적으로 일본의 전관거류지로 전환되었다.

따라서 1876년 조일수호조규 체결 이후부터 부산구조계조약에 이르는 일련의 과정은, 초량왜관 부지를 일본의 전관거류지로 전환하기 위한 예정된 수순이었다고 평가할 수 있다.57) 이와 같이 일본은 매우 조직적이고 계획적으로, 동시에 탈법적인 방식으로 초량왜관 부지를 전관거류지로 전환하였다.

1876년 개항 당시 부산의 일본인 거주자는 82명에 불과하였다.58) 그러나

---

57) 이러한 점은 중국에서의 전관 조계와 비교할 때 그 성격이 더욱 분명해진다. 중국의 경우 전관 조계 내에서 영사가 발행하는 地券은 반드시 중국 정부의 이서가 있어야 효력을 발하는 것이 일반적인 관례였다. 반면 부산의 일본 거류지는 더욱 강력한 국가 주권 침해적 성격을 띠었고, 단순 거류지와 구별되는 특별거류지로 기능하였다. 참고로 일본의 단순거류지와 구분되는 특별거류지의 주요 특징을 정리해 보면 다음과 같다. ① 해당 지역 내에서 일본인의 거주와 영업을 허가하고, ② 개항장의 일부를 거류지로 설정하며, ③ 해당 지역 내 토지는 일본인 외 외국인에게 양도할 수 없으며, ④ 행정권은 일본 정부 대표가 독점적으로 행사하고 被租借國 정부는 여러 나라 사신의 개입을 거부하며, ⑤ 거류지 유지비용은 일본 정부가 국고에서 부담하고, ⑥ 제도 시행에 있어 피조차국 정부의 동의를 받지 않고 일본 정부가 일방적으로 시행하며, ⑦ 경찰관도 국고지출 경비로 상주하고 일본정부가 경찰권을 독점하고, ⑧ 전시에는 군사기지 또는 병참기지로 사용할 수 있다(『日本外交文書』 권30, 112~119쪽).

한편, 「부산구조계약조」에서 "地基, 道路, 溝渠는 모두 일본국 정부의 보호와 수리에 귀속한다"라고 규정한 조항도 지방행정권을 일본 관리관에게 위임한다는 명문의 규정은 없었으나 훗날 일본의 강력한 지방행정권 행사로 이어지는 토대가 되었다. 특히 부산구조계약조 체결 과정에서 국제외교에 대한 이해가 부족했던 동래부사 홍우창이 "초량 일구는 이미 귀국에 빌려준 것이니 도로나 기타 사안은 (귀국의) 뜻에 맡기겠다"라고 한 발언이 조약문에 반영됨으로써, 일본의 지방행정권 강화로 이어지게 된 것이다(金義煥, 앞의 책, 464~468쪽).

불과 2년 후인 1878년경에는 그 수가 1,440~1,500명에 이를 정도로 급증하였다. 이에 따라 1879년에는 급격히 증가한 일본인 거주민을 효과적으로 관리·통제하기 위해 조계 지역을 일본식 행정구역으로 개편하고, 동명을 일본식으로 재편하였다. 먼저 용두산과 용미산 사이에 위치한 왜관 동관 지역은 둘로 분할하여, 제1구를 혼마치(本町)·도키와마치(常盤町)·벤텐마치(辨天町)로, 제2구를 이리에마치(入江町)·사이와이마치(幸町)로 각각 명명하였다. 당시 이 지역의 호수는 160호에 달한 것으로 기록되어 있다. 서관 지역은 니시마치(西町)라 하여 1구 1동으로 구획되었으며, 약 20호가 존재한 것으로 파악된다[59]

1880년 이후에는 새로운 조계지를 흡수하여 북쪽 해안 일대를 기타하마마치(北濱町)로 명명하였으며, 이러한 행정구역 개편 상황은 1881년에 작성된 「浦山港見取圖」에 잘 반영되어 있다. 「포산항견취도」는 1881년 일본인이 작성한 것으로, 당시 일본 조계지 내부와 외부의 상황을 비교적 상세하게 묘사한 지도이다.[60] 「포산항견취도」에 따르면, 서관 지역은 니시마치와 니시야마시타마치(西山下町)로 행정구역이 세분화되었고, 일본인들의 상가 및 공공건물은 니시마치에 20동, 니시야마시타마치에 6동이 있어 총 26동이 분포하고 있었다. 동관 지역은 혼마치, 사이와이마치, 미나미하마마치, 이리에마치, 벤텐마치, 도키와마치), 고토히라마치(琴平町), 기타하마마치(北濱町)로 행정구역이 세분화되었으며, 총 170동의 일본인 건물이 확인되었다. 결과적으로 조계 내 일본인 건물 수는 불과 1년여 사이에 36동이 늘어나는 등 빠른 속도로 증가하고 있었음을 알 수 있다.[61]

---

58) 井上淸磨, 『釜山を擔ぐ者』, 大朝鮮社, 1931(경인문화사, 1990), 29쪽
59) 부산시사편찬위원회, 「開港期의 釜山의 政治」 『釜山市史』 1, 1998, 803쪽
60) 「浦山港見取圖」는 1881년 일본인에 의해 작성된 것으로, 당시 일본 조계의 내부와 외부를 비교적 상세하게 묘사한 지도 성격의 그림이다. 拙稿, 「자료소개 : 새로 발견된 왜관지도-「浦山港見取圖」-」, 『韓日關係史硏究』 15, 2002 참조
61) 인구 면에서도 1880년부터 1881년 사이에만 1,925명이 증가하여, 1881년 당시 부산

4. 맺음말

　근세 교린체제 하에서 조일 외교와 무역의 장이었던 초량왜관은 19세기 후반 메이지유신 이후 급격한 변화를 맞았다. 본고에서는 초량왜관이 1876년 개항 이후 그 본래의 성격과 기능을 상실하고 일본의 전관거류지로 전환되는 과정과, 그 과정에서 일본이 왜관을 자의적으로 재해석하고 침탈의 전초기지로 활용한 실태를 살펴보았다.

　왜관은 조선 정부가 일본에서 도항해 오는 일본인을 효과적으로 통제하고 통교자를 접대하기 위한 목적으로 조선 전기부터 설치하여 1876년까지 대일 외교 및 무역의 장으로 활용해 온 공간이었다. 왜관은 본래 조선이 조성한 영역으로, 조선은 단지 쓰시마 도주에게 해당 공간 사용을 허가하였을 뿐이며, 왜관에 체류하는 일본인은 조선이 정한 통교 규정의 적용을 받았다. 다시 말해, 조선 조정은 일본인이 초량왜관 부지에 근대적 거류지를 설정할 권리를 부여한 적이 없었고, 일본은 초량왜관에 대해 어떠한 기득권도 가질 수 없었다.

　그러나 메이지정부는 왕정복고 이후 조선에 대해 근대적 외교체제를 일방적으로 강요하려 하였고, 초량왜관의 역사적 성격을 의도적으로 왜곡하여 이를 근대적 거류지로 전환하려 하였다. 조선 침략을 기도하며 초량왜관 침탈을 노골적으로 추진하였다. 특히 1872년 '왜관 접수'를 통해 초량왜관을 외무성 관할로 편입시키고, 이후 일련의 조약을 통해 왜관 부지를 일본의 전관거류지로 전환한 것은 일본의 계획적이고 조직적인 침탈 전략의 일환이었다.

　이 과정에서 조선 정부는 일본의 의도적 침탈에 적절히 대응하지 못했다. 조선은 일본과의 통상 관계를 여전히 근세 교린체제의 연장으로 인식했으

　에 거주하는 일본인은 총 4,773인에 달하였다(井上清磨, 앞의 책, 29쪽

며, 조일수호조규 체결 이후에도 초량왜관을 통상지로 이해하고 그 법적 성격 변화에 대한 경계심을 충분히 가지지 못했다. 일본이 의도한 조계지화 시도와 전관거류지 설정을 충분히 인지하지 못한 채, 조약 조항의 세부 내용과 일본 측 요구에 대응하는 과정에서 왜관의 관리권을 점차 상실하였다. 결국 1877년 부산구조계조약 체결로 초량왜관은 일본의 전관거류지로 공식 전환되었으며, 이 조약은 이후 원산·인천·목포·마산 등지에 설정된 일본 전관거류지의 선례가 되었고, 조선이 서구 열강과 맺은 조계조약의 사실상 모델로 작용하였다.

초량왜관이 일본의 전관거류지로 전환된 것은 단순한 공간적 변화가 아니라, 조일 통교체제의 근본적 재편과 조선에 대한 일본의 침탈 전략이 본격화되는 상징적 사건이었다. 일본은 왜관을 근세적 통교 공간에서 근대적 전진기지로 전환시키며 조선 침략의 교두보로 삼았고, 이러한 전환 과정에서 조선은 자국 통상 주권과 외교 주권의 상실을 체감하지 못한 채 왜관의 법적 성격을 상실해갔다. 따라서 초량왜관의 전관거류지화는 일본 메이지 정부의 의도적 침탈 전략과 근세 외교 질서의 붕괴, 조선 정부의 대응 한계가 복합적으로 작용한 결과라 할 수 있다.

본고의 고찰을 통해, 근세 교린체제에 입각한 전통적 한일관계가 일본의 침탈적 외교 전략 속에서 어떻게 왜곡되고 근대적 조계체제로 재편되었는지, 그 과정의 일단을 확인할 수 있었다.

초량왜관이 상징하는 근세 한일관계의 마지막 모습과 그 침탈 과정을 재구명함으로써, 향후 일본의 조선 침략 과정에서 나타난 외교·통상 공간의 재편과 법적 성격 변질 문제에 대한 보다 심화된 연구로 이어지기를 기대한다.

제2부

왜관, 교류와 갈등의 공간

제1장 조선 후기 왜관을 통한 일본산 담배·담뱃대의 유입과 문화적 수용

1. 머리말

1726년(영조 2) 11월 13일, 쓰시마에서 부산 왜관으로 연례송사인 부특송사선 2척이 건너왔다. 이틀 후인 15일에 왜관에서는 부특송사선의 짐 검사가 있었는데, 1호선 만자이마루(萬財丸)의 선장(船頭) 후지사키 이치로에몬(藤崎一郎右衛門)과 2호선 야와타마루(八幡丸)의 선장 사에키 조에몬(佐伯長右衛門)이 싣고 온 뱃짐 검사가 다른 문제가 없이 끝났다. 16일에는 관수가 부특송사가 왜관에 도착한 것과 관련하여 왜관에 온 조선인 軍官 1인과 小通事 1인에게 삶은 고기와 술을 대접하였다, 그리고 '전례대로' 군관에게는 썬 담배(刻多はこ) 3갑(箱), 소통사에게는 2갑를 선물로 주었다.[1] 이는 제43대 왜관 관수 요시카와 나이조노스케(吉川內藏之允)[2]가 남긴 『館守日記』의 내용이다.

조일 외교교섭과 무역의 장이었던 왜관은 임진왜란 이후 조선 정부가 일본 사절의 상경을 전면적으로 금지하면서 부산 한 곳으로 일원화되었다. 조선 후기 부산에 위치한 왜관은 조선의 유일한 외국인 거주지로 조선인과

---

[1] 『館守日記』享保 11年(1726년) 11월 16일
 "釜山より着船之爲祝詞、軍官一人小通事壹人相附來り候付、煮肴御酒出之、例之通り軍官江刻多はこ三箱小通事江同二箱遣之。"

[2] 제43대 관수 吉川內藏之允(平勝美)는 1726년 9월 11일 왜관에 부임하여 1728년 4월 18일까지 왜관에 체류하였다(허지은, 「근세 왜관 館守의 역할과 戶田賴母」, 『한일관계사연구』 48, 한일관계사학회, 2014, 181~186쪽 <표 1> 역대 관수의 이름 및 근무년월, 다례연, 봉진연, 상선연의 시행 연월일 참조).

일본인의 접촉과 소통을 차단하고 통제하기 위한 공간이면서 또 다른 한편으로는 양국인의 공식적인 소통과 접촉을 위해 허용된 공간이기도 한 이중적인 성격을 지닌 공간이었다.

왜관은 조선시대 한일관계를 연구하는 대표적인 키워드인 만큼 왜관에 관한 연구는 제도사, 경제사, 사회사, 생활사, 문화사, 건축사 등 다양한 분야에서 다각적으로 진행되어 왔다. 특히 최근에는 왜관이 조일 양국인 간의 접촉과 교류가 다양하게 이루어졌던 공간이며, 그 속에서 이루어진 문화교류에 주목한 연구가 다수 발표되는 등 왜관 연구에서 주목할 만한 성과도 상당하였다.[3]

본 연구는 부산 현지인으로서 왜관을 중심으로 활동했던 동래부 소속 하급 率屬이었던 군관과 소통사가[4] 일본(쓰시마)으로부터 '전례대로' 선물받았던 일본산 담배의 행방에 대한 궁금증에서 출발한 것이다. 따라서 본 연구에서는 왜관을 통해서 조선에 전해진 일본산 담배와 담뱃대가 조선인들

---

[3] 왜관을 통한 조일 문화교류를 주목한 연구는 대략 다음과 같다.

김성진, 「釜山倭館과 韓日間 文化交流」, 『한국문학논총』 22, 1998, 「朝鮮後期 金海의 生活相에 미친 日本文物」, 『人文論叢』 52, 부산대 인문학연구소, 1998; 이현주, 「朝鮮後期 在地畫員 小考-18세기 東萊 在地畫員 卞璞의 官需繪畵 연구-」, 『文物研究』 14, 2008; 이훈상, 「조선 후기 지방 파견 화원들과 그 제도, 그리고 이들의 지방 형상화」, 『동방학지』 144, 2008; 양흥숙, 『조선 후기 東萊 지역과 지역민 동향-倭館 교류를 중심으로-』, 부산대학교 박사학위논문, 2009. 이종봉, 「조선시대 기장지역의 도자기 생산과 의미」, 『한국민족문화』 33, 2009; 변광석, 「임진왜란 직후 기장지역의 상황과 피로인 사기장」, 『한국민족문화』 33, 2009; 성현주, 「기장지역 도자기의 제작기법과 도자사적 성격」, 『한국민족문화』 33, 2009; 田代和生, 「倭館-鎖國時代의 日本人町」, 文藝春秋, 2002; 『新·倭館鎖國時代의 日本人町』, ゆまに書房, 2011; 정성일, 「倭館 開市 때 제공된 日本料理 기록의 비교(1705년, 1864년)」, 『한일관계사연구』 52, 2015; 김강식, 「조선 후기에 해항도시 부산에서의 문화교섭 양상 -초량왜관을 중심으로-」, 『해항도시문화교섭학』 14, 2016; 이종수, 「조선시대 부산과 왜관의 음식문화 교류와 변동 분석」, 『해항도시문화교섭학』 14, 2016

[4] 『增正交隣志』 권3, 「率屬」

의 생활문화, 특히 담배문화 속에 어떻게 투영되었는지를 조일 문화교류라는 측면에서 살펴보고자 한다. 지금까지 왜관을 통한 문화교류 연구가 주로 음식, 회화, 도자기 등에 주목한 것들이었고, 담배에 대해서는 다뤄진 적이 없다는 것도 본 연구 시도의 또 다른 배경이 되었음을 밝혀 두며, 이러한 시도가 조선 후기의 왜관과 한일 문화교류사 연구에 미력하나마 도움이 되기를 기대한다.

2. 담배의 조선 전래와 보급

서양에 담배가 전래된 시기는 콜럼버스가 1492년 아메리카에 가서 그곳에 사는 원주민인 인디언에게 담뱃잎을 얻어 전한 후부터라고 한다. 이후 담배는 급속히 전파되어 16세기에 필리핀을 거쳐 일본으로 전래되었고, 17세기 초반에는 조선에까지 전래되었다.[5] 약 1세기 만에 전 세계에 담배가 전래된 것이다.[6] 담배가 일본에서 조선에 전래되었다는 사실은[7] 이수광

---

[5] 조선에 담배가 언제 전래되었는지에 대해서는 세 가지의 설이 있다. 첫째는 선조대(1568~1607)인 임진왜란 때 전래되었다는 설이다. 둘째는 1609년부터 1614년 사이에 전래되었다는 설로 1930년대 문일평이 주장하였다. 그는 그 시기가 임진왜란 후 왜관에서 조일무역이 이루어지기 시작한 1609년부터 『지봉유설』이 쓰여진 1614년 사이라고 보았다(문일평, 「담배고」, 『湖岩全集』 권2, 일성당, 1939, 394~397쪽). 셋째는 1618년 무렵에 전래되었다는 설이다. 이는 조선 후기 『紀年通攷』・『大東紀年』・『芝陽漫錄』과 이규경의 『五洲衍文長箋散稿』에 근거한 것이다.
[6] 이영학, 「담배의 사회사 -조선 후기에서 일제시기까지-」, 『역사와 비평』, 1991년 봄호, 통권 14호, 1991.
[7] 담배가 우리나라에 전래된 경로에 대해서는 첫째, 유럽에서 일본으로 전래된 것이 조선에 들어왔다는 설, 둘째, 유럽에서 중국을 거쳐 조선에 전래되었다는 설, 셋째는 위의 두 경로를 모두 생각할 수 있다는 설 등이 있으나, 뒤의 두 가지 설은 증빙 문헌이 빈약하며 현재로서는 일본에서 조선에 전래되었다는 설이 유력하다(이영학, 『한국 근대 연초산업 연구』, 신서원, 2013, 31쪽).

(1563~1628)의 『芝峯類說』, 장유(1587~1638)의 『谿谷漫筆』 등 여러 문헌 외에 조선시대 잡가인 '담바귀 타령' 등 민요에서도 간접적으로 확인된다.8) 일본에서 조선에 전래된 담배는 급속히 보급·재배되어 담배가 들어온 지 10년 남짓 지난 시기에는 전라도 김제까지 재배가 될 정도였다.9)

> 이 풀은 병진(1616년)·정사년(1617년) 사이에 바다를 건너와 피우는 사람이 있었으나 성행하지는 못했다. 신유년(1621년)·임술년(1622년) 이래로는 그것을 피우지 않은 사람이 없었고, …씨를 뿌리고 거두어 서로 교역하기에 이르렀다.10) ( ) 안은 인용자 주, 이하 동일

위 인용문에서는 조선에 전래된 담배가 급속히 보급되고 재배되어 전래 초기부터 농가에서 재배하는 필수 작물이 되었음을 보여준다. 전래 초기에는 약재로 인식되어 보급되었던 담배는 시간이 지남에 따라 약초보다는 기호품으로 애용되었고, 손님을 접대할 때 차나 술 대신 담배를 권하는 풍습이 생기면서 煙茶, 煙酒라고 불리기도 하였다. 남녀노소와 신분의 귀천을 막론하고 담배의 소비가 이루어지면서 국내의 담배 수요도 급격히 증가하였다. 결국 담배는 17세기 초부터 한반도의 절대 다수가 즐긴 기호품의 제왕으로, 조선인의 일상적인 삶에서 중요한 물질이 되었다.11) 1653년(효종 4) 제주도에 표류하였다가 1666년 조선을 탈출하여 고국에 돌아간 네델란드인 하멜이 "(조선에서는) 4, 5세 때에 담배를 배우기 시작한다"라고 『하멜표류기』에 언급할 정도였다. 결국 이 시기가 되면 일본과 조선에서 담배

---

8) 성경인·장사훈 편, 『조선의 민요』, 1949, 「담바귀 타령(一), 232~236쪽
"귀야 귀야 담바귀야, 동래 울산의 담바귀야, 은을 주러 왔느냐, 금을 주러고 왔느냐, 은도 없고 금도 없어, 담바귀 씨를 가지고 왔네, 여기 저기 전 산 밑에, 담바귀 씨를 솔솔이 뿌려……."
9) 張維, 『谿谷漫筆』 권1
10) 『인조실록』 인조 16년(1638) 8월 갑오(4일)
11) 안대회, 『담바고 문화사』, 문학동네, 2015, 5쪽

는 막강한 중독성과 전파력을 갖게 되었던 것이다.

　국내에서 담배의 수요가 증가하자 담배 생산 농가에서는 자신들의 소비 충족 외에 상품으로 판매를 고려하게 되었다. 전국적으로 담배의 생산량이 많아지게 되었고, 1620년대가 되면서 조선은 그 잉여생산물을 새로운 시장인 중국으로 전파하게 된다. 조선의 대다수 지역을 흡연자로 넘치게 만든 담배는 자연스럽게 흡연 청정지역으로 남아있던 중국 북방지역으로 급속하게 파급되었다.[12] 특히 정묘호란과 병자호란 이후에는 국내 수요의 증가와 함께 대외적으로 담배의 수요가 증가하면서 그 영향으로 담배 재배도 확대되었다.

　병자호란 이후 포로의 속환과 몽골 지역에서 소를 구입하기 위해 담배가 칙사 행차의 반전(노자)으로서 지속적으로 필요했다. 어떻든 호란은 조선에 퍼진 흡연 문화가 본격적으로 중국(청)에 전해지게 된 계기가 되었다.[13] 이렇듯 국내는 물론 대외 무역을 통해 담배의 수요가 증가하면서 재배 지역도 늘게 되었고 아울러 담배의 수요도 더욱 늘어났다. 그리하여 17세기 중엽에는 17세기 초보다 많은 사람에게 담배가 보급되어,[14] 17세기의 담배는 '동북아시아의 문제아'가 되었다.[15]

　한편 18세기에는 국내에서 담배의 소비가 보편화되면서 담배의 재배가 곡물 재배보다 이익이 커지자 농민들은 곡물을 재배하던 비옥한 토지에 담뱃잎을 재배하기 시작하여 어떤 곳에서는 지역 전체가 담뱃잎을 재배하기도 하였다. 1730년대 전라북도의 진안, 장수 지방에서는 담배 재배 산지가

---

12) 안대회, 위의 책 37~38쪽
13) 역사학자 문일평은 「담배고」에서 여진족이 정묘호란 이후에 담배 맛을 알게 되어 거금을 주고 조선에서 담배를 구입하였으며, 병자호란 이후에는 아예 담배 종자를 사들여 가서 재배하여 자급하였다고 하였다.
14) 『伊溪遺稿』(奎4758). 「南草答辯」(1646년)
　"至於南草之吸煙 則上自公卿下至牧竪 內自中國外至蠻貊 無有不惑好"
15) 이영학, 앞의 책, 신서원, 2013, 313~317쪽

형성될 정도였다. 그래서 18세기 말에는 담배 재배 산지로 전라도의 진안·장수, 평안도의 삼등·성천·강동·평양, 황해도의 신계·곡산·토산, 강원도의 금성·안협, 충청도의 정산, 경상도의 영양지방 등이 두드러졌다.16)

이로써 담배는 조선 후기에 중요한 상품작물로 등장하였으며, 담배 수요의 증가와 조선 후기 상품화폐경제의 발달에 힘입어 담배 매매도 활발하게 이루어졌다.17) 이렇게 생산된 담뱃잎은 서울과 지방에서 판매되었고, 18세기에는 가공 방법이 발달하면서 담뱃잎을 잘게 썬 折草를 담뱃대에 담아 피우는 방법이 생겨나게 되었다. 한편, 17세기 중엽 이후 서울에서는 葉草廛이라는 시전이 생겼으며, 18세기 중엽 이후에는 私商들이 등장하여 엽초전 몰래 담배판매에 종사하였으며, 1791년 신해통공이 실시되면서 담배 매매가 더욱 활성화되었다. 지방에서도 대도시 또는 광업이나 수공업 촌락 및 장시 등 사람들이 많이 모이는 곳에서 매매되어 담배는 18세기 말에 지방 장시에서 쌀·면포·어물·소 등의 물품 다음으로 활발하게 거래되는 품목이 되었다. 이로써 담배는 17세기 초 이래 한반도의 절대 다수가 즐긴 기호품의 제왕이자 경제의 블루오션이었고, 일상 삶에서 중요한 물질이18) 되었다.

3. 일본산 담배와 담뱃대의 국내 유입과 유통

담배는 조선 후기에 여러 가지 명칭으로 불렸다. 조선에서는 南靈草, 淡泊塊, 煙草, 淡婆古, 淡婆姑, 南洋草, 煙酒, 煙茶, 相思硝, 長岐夜話草, 南草, 妖草, 莨, 菸, 煙, 踏花鬼, 反魂草, 일본에서는 다바코(タバコ)라고 불렸으나

---

16) 안대희, 앞의 책, 123쪽
17) 이영학, 「담배의 사회사-조선 후기에서 일제시기까지」, 『역사비평』, 1991년 봄호, 통권 14호, 1991, 122~123쪽
18) 안대희, 앞의 책 5쪽

일반적으로 南草·煙草로 통용되었다.[19]

 앞에서도 언급했듯이 담배는 17세기 초 일본에서 전래되자 곧바로 국산화되었다. 그러나 일본산 담배, 즉 '지사미'는 최고급 담배로 널리 인기가 많았으므로, 조선은 중개무역으로 청나라에 지사미를 공급하여 많은 이익을 내기도 하였다. 조선정부가 중국의 칙사에게 하사하는 공식적인 물품 가운데 긴 담뱃대(長竹)와과 함께 지삼초와 궤지삼초가 기록되어 있는데, 이렇듯 지사미는 17세기 조선과 청나라 간의 사절단과 관련한 문헌에 자주 등장한다.

 '지사미'는 원래 잘게 썬 일본 담배를 말한다.[20] 비슷한 말로 실담배, 썬담배, 쇠털담배, 쌀담배, 써레기 등이 있다. 지사미는 한자로는 '지삼(枝三)'이라 쓰고 지사미라 불렀다. 이 용어는 17세기에 등장하여 18세기까지 널리 쓰이다가 19세기 이후에는 자취를 감춘 말이다.[21] 지사미는 일본어에서 '기자미 다바코(刻み夕バコ)'로 불렸으며, 보통 다바코라고 생략하여 사용하였다. 기자미 다바코는 잎담배를 잘게 썰어서 담뱃대에 채워 피우는 것으로, '지사미'로 명칭이 정착되면서 한자로는 枝三이라고 썼다.[22] 지사미는 여러 가지 이름으로 불리었는데, 일본산 실담배를 가리킬 때는 倭枝三, 조선산 담배는 鄕枝三 또는 남초라고 하였다. 지삼초 또는 지삼남초, 細切南草 등으로도 불렸으며, 포장 상태에 따라 櫃枝三, 匣枝三, 封枝三으로 불리

---

[19] 문일평, 『담배이야기』, 온이퍼브, 2015, 17쪽
[20] 정조대 학자인 유득공(1748~1807)의 『古芸堂筆記』(권 5)에는 "倭呼煙爲淡婆姑 呼截煙爲支三伊 我人語亦然 盖此草本自倭中來 故我人學倭語而呼之也" 라고 되어 있고, 이어서 "今人不知其爲倭語 妄解之曰 淡婆古者 膽破塊也 煙性破痰故也 支三伊者 鈺三昧也 湖南之鎭安 關西之三登 出佳煙故也 其說似通 然傳舍甚矣 自古妄解者 類多如此" 라고 기술하였다(문일평, 위의 책).
[21] 안대회, 앞의 책, 53쪽
[22] 徐浩修, 『海東農書』 권4
 "大抵出於南番 故俗稱南草 其切細者曰枝三伊 此卽倭語也 今以關西所種 爲佳品號爲西草 又曰香草"

기도 하였다. 이 가운데 궤지삼이 가장 고급스럽고 널리 판매되었으므로 궤지사미는 담배의 통칭으로도 쓰였다.23)

품질 좋은 실담배 내지 썬담배를 가리키는 지사미는 1719년(숙종 45) 통신사행에 제술관으로 일본을 다녀온 申維翰(1681~1752)의 기록에 일본의 담배 가공법이 "찌고 말려서 독기를 없애며 실처럼 가늘게 썬다"24)라고 되어 있는 것으로 미루어 일본만의 특별한 가공 기술로 만들어진 것임을 알 수 있다. 18세기에 가서야 가공 방법이 발달하면서 담뱃잎을 잘게 썬 절초를 담뱃대에 담아 피우는 방법이 생겨난 조선 담배에 비해 가공 기술면에서 앞선 일본산 담배는 담배가 전파된 첫 1세기 동안 동아시아 흡연자의 입맛을 사로잡으며 최고의 인기를 누렸다. 그 인기 덕분에 가공한 담배를 가리키는 이름이었던 지사미란 이칭이 담배 자체를 뜻하는 범칭으로 통했다.

1) 왜관을 통한 유입

일본과 청나라 사이에서 중개무역을 하던 조선에 큰 이익을 안겨주었던 최고급 일본산 담배인 지사미는 어떻게 조선에 유입되고 유통되었을까?

가. 왜관무역을 통한 수입

① 일본 장사치가 부산 포구에 배를 대고 약 한 가지를 팔았다. 그 이름이 痰破塊인데 덩어리진 가래를 잘 낫게 한다고 했다. 그 약을 복용할 때는 구리로 만든 작은 술잔을 쓰는데 그 크기가 참새알을 반으로 갈라놓은 정도다. 여기에는 한 자 남짓되는 자루가 달려 있는데 술잔에 작은 구멍이 뚫

---

23) 안대회, 위의 책, 54~55쪽
24) 申維翰, 『青泉先生續集』 권7, 『海東聞見雜錄』 상
  "我國所謂南草 本自東萊倭館而得來 俗諺呼爲淡麻古 卽倭音多葉粉之訛也 倭人所呼亦如我國之諺 而其義 取如多葉草而細粉故云爾 觀其蒸乾殺毒 細切如絲 每人必具煙管二枚 遞易而吸之 不令熟氣逼喉吻 食物之致精如此"

러서 자루 속으로 통해 있다. 자루의 주둥아리는 좁아져 잎새만하다. 잎을 가루로 내어 술잔 속에 채우고 불을 붙여서 자루 주둥아리를 통해 그 연기를 들여 마신다. … 25)

② 우리나라의 이른바 南草란 것은 본래 동래 왜관에서 얻어 온 것인데, 속담에 淡麻古 곧 왜말에 多葉粉이란 音이 잘못 전해진 것이다. 왜인도 역시 부르기를 우리나라 속음처럼 부른다. 그러나 뜻은 잎이 많고 가는 가루(粉)로 만들었다는 것이다. 그들이 쪄서 말리어 독을 제거하고 실처럼 가늘게 썰어서 매인이 반드시 담뱃대 두 개를 가지고 번갈아 피워서 더운 기운이 목구멍에 침투하지 못하게 하니, 식물에 대하여 정갈하게 하는 것이 이와 같다. 26)

③ 소를 사기 위한 後運에 쓸 枝三草를 경상감사가 비축해 놓은 목면을 덜어 내어서 동래부에서 사들이게 한 것은 실로 우연이 아닙니다. 그런데 이번에 동래부사의 첩정 안에 "보낸 30同에서 28동을 덜어내어 지삼초 1,200근을 사고, 2동은 작은 烟竹 2,300개를 사서 보냅니다"라고 하였습니다. 지삼초를 간품해 보니 왜의 지삼초가 아니라 바로 우리나라 장사꾼이 파는 물건이었습니다. 게다가 습기가 많이 스며든 것으로 봐서 이는 필시 왜학역관이 성의없이 자신들의 돈으로 쓸모없는 물건을 사서 구차하게 숫자만 채워 보냈을 것이니 지극히 가증스러운 일입니다. 해당 왜학역관을 攸司로 하여금 우선 추고하게 하고 지삼초를 다시 마련해서 바치도록 하소서. 동래부사도 잘 살피지 못한 잘못을 면하기 어려우니 추고하소서. 27)

④ 이시해가 호조의 말로 아뢰기를, "第三使가 이형장을 시켜 전언하기를, '우리가 돌아간 뒤 攝政王과 여러 왕에게 바쳐야 할 물품이 많습니다. 이 때문에 세 칙사가 각각 枝三 1000匣씩 얻어 가기를 원하니, 주상께 아뢰어 구해 주십시오.'라고 하였는데, 정 칙사는 또 그 두 배의 수량을 얻기원

---

25) 유몽인, 「담파귀설」; 안대희, 위의 책, 32~33쪽에서 재인용
26) 申維翰, 『海遊錄』, 附 「聞見雜錄」
27) 『承政院日記』 인조 16년(1638) 2월 10일

한다고 합니다. 겨울에 칙사 행차가 있을 것이라는 소식을 듣고서 동래에서 지삼을 사 왔었는데, 그 비축분으로 수량을 맞춰 들여보내 주겠습니다. 감히 아룁니다." 하니, 알았다고 전교하였다.[28]

사료 ①과 ②는 1609년 기유약조 체결 이후 쓰시마 상인들이 왜관에서 팔았던 '담파괴', 즉 담배는 처음 우리나라에 들어올 때는 목의 가래를 없애는 약용으로 들어왔고, 부산 왜관을 통해 쓰시마 상인들에 의해 전해졌음을 보여준다.

사료 ③은 1638년 2월 18일 몽골로 소를 구입하러 가는 사절단이 떠나기 8일 전에 비변사에서 담배 조달에 연루된 큰 비리를 적발하고 조정에 올린 보고서이다. 국가의 대사를 위해 거금을 들여 왜관에서 일본산 담배와 담뱃대를 구매하는 과정에서 왜학역관이 값비싼 일본산 담배와 담뱃대 대신 저가의 조선산 담배와 담뱃대로 대체하고 일본산으로 속이려 시도한 횡령사건의 처리에 관한 내용이다. 이때 경상감사가 조달한 목면은 1.18필로 왜지삼 1근의 값을 치를 만큼 비싼 가격이었으며, 청나라에 보내는 최상품의 담배는 왜관에서 수입한 담배, 즉 왜지삼이었다. 한편 이 사건의 발생은 조선의 담배 가공 기술이 빠른 속도로 일본산 담배와 품질을 겨룰 수 있을 만큼 향상되었음을 말해주는 것이기도 하다.

사료 ④는 1647년 3월 8일에도 섭정왕 도르곤을 비롯한 청나라 황족에게 선물할 지사미를 동래에서 사오겠다는 호조의 보고서에 관한 것이다. 이는 상당한 기간 왜관에서 담배 중개무역이 전개되었던 구체적인 정황이라고 할 수 있다.

왜관은 당시 대항해시대의 국제 무역품이 일본이란 거점을 통해 들어오는 통로 역할을 한 곳으로, 왜관은 담배 교역의 중심지였다. 왜관이 담배 교역의 중심지였음을 보여주는 사례는 신유한이 "우리나라의 이른바 남초라

---

28) 『承政院日記』 인조 25년(1647) 3월 8일

는 것은 본래 동래 왜관에서 얻어 왔다"고 언급한 것에서도 알 수 있다. 다만 담배는 조일 간의 공무역 품목에는 포함되지 않았던 것으로 미루어, 조선 정부가 거래를 금지한 물품을 제외하고는 특별히 종류나 수량에 제한이 없었던 개시무역이나 밀무역으로 수입되어 조선에 판매된 것으로 보인다.29) 즉, 쓰시마의 상인들이 일본산 담배를 왜관으로 가져와서 조선 정부와 조선 상인을 상대로 판매한 것이다.

나. 왜관 출입 조선인과 관수의 선물 수수를 통한 유입

조선인의 경우 역관 등 직임을 가지고 공무로 왜관을 출입하는 경우를 제외하고는 동래부사의 승인이 없는 왜관 출입은 통제되었다. 그럼에도 왜관의 운영과 대일 교류를 위해 직임을 가진 다양한 계층의 조선인이 왜관을 출입한 것도 사실이다.30) 통신사, 문위행, 선위사, 접위관, 경상감사, 동래부사, 부산첨사, 왜학역관, 호조 수세관 등 조선의 고위 관직자들과 장인 등 기술자, 의원, 화원 등이 그들이다. 때로는 지역민들도 왜관을 왕래하였다. 이러한 과정에서 양국인이 접촉하면서 문학 교류·기술 교류·미술 교류가 진행되었고, 양국인의 생활에까지 영향을 미치는 문물의 전달과 문화의 교류가 있었다.31)

---

29) 김동철, 「17세기 일본과의 교역·교역품에 관한 연구 -밀무역을 중심으로」, 『국사관논총』 61, 1995
30) 김성진, 「釜山倭館과 韓日間 文化交流」, 『한국문학논총』 22, 1998, 「朝鮮後期 金海의 生活相에 미친 日本文物」, 『人文論叢』 52, 부산대 인문학연구소, 1998; 양홍숙, 『조선후기 東萊 지역과 지역민 동향-倭館 교류를 중심으로-』, 부산대학교 대학원 박사학위논문, 2009
31) 조선어 통사였던 小田幾五郎의 『通譯酬酢』에는 왜관을 방문한 조선인에 대한 접대 당시의 상황이 자세히 기록되어 있다. 뿐만 아니라 조선인이 돌아간 후 역관과 나누었던 대화까지 기록되어 있어서 왜관에서의 조선인 접대를 중심으로 한 조일간의 교류의 실상과 조선어 통사의 입장을 파악할 수 있다. 小田幾五郎와 『通譯酬酢』에

다음은 제43대 왜관 관수 요시카와 나이조노스케가 왜관에 부임한 직후인 1726년 11월부터 이듬해인 1727년 10월까지 1년 동안 업무 수행을 위해 왜관을 출입한 조선인 군관과 소통사에게 관수가 선물로 일본산 담배를 건넨 사례를 표로 작성한 것이다. 군관과 소통사는 왜관과 직접 관계되는 실무를 담당했으므로 쓰시마의 이해관계와 밀접한 직임이다. 따라서 이들에게는 종종 뇌물이 제공되기도 하였다.[32]

〈표 1〉 왜관 출입 조선인 군관·소통사가 관수에게서 선물로 받은 일본산 담배

순번	일시	왜관 출입 사유	대상	수량	종류
1	1726. 11. 16.	부산첨사가 부특송사선의 도착 祝詞	군관 1인	3箱	刻多はこ
			소통사 1인	2箱	
2	12. 18.	부특송사 다례	군관, 소통사	'例之通り'	刻多葉粉
3	12. 29.	부산포에서 歲暮의 祝詞 선물을 보내옴	군관	'例之通り'	箱多葉
4	12. 31.	동래부에서 歲暮의 祝詞 선물을 보내옴	군관	'例之通り'	割多葉粉
5	1727. 1. 9.	동래부에서 정초 선물을 보내옴	군관	'例之通り'	刻多葉粉
		부산포에서 정초 선물을 보내옴	군관	'例之通り'	刻多葉粉
6	윤1. 12	접위관과 동래부사가 침핀시 다례 참석	군관	3箱	刻多はこ
			소통사	2箱	
7	윤1. 22.	차왜접대 접위관, 동래부사 수행	군관	3箱	刻多はこ
			소통사	2箱	
8	윤1. 26.	경상도 관찰사가 동래에 오면서 선물을 보내옴	군관	3箱	刻多はこ

대해서는 허지은, 「쓰시마 朝鮮語通詞 오다 이쿠고로(小田幾五郞)의 생애와 대외인식」, 『동북아역사논총』 30, 2010 참조.

[32] 일본측은 兩譯이라고 불리는 훈도와 별차뿐 아니라 30여명에 달하는 소통사에 대해서 많은 관심을 갖고 있었다. 1713년에는 소통사에게 '통사배령은'이라는 은이 지급되었다. 소통사는 이 은으로 '義田'이라는 토지를 구입하였을 정도로 일본인과 소통사는 유착되어 있었다. 따라서 소통사는 조선사람이지만, 오로지 쓰시마를 위해 일한다고 인식될 정도였다. 조선 조정에서도 소통사를 일본인의 심복으로 인식하고 있었다(大場生與, 「對馬藩による朝鮮側小通事への援助」, 『三田中世史硏究』 4, 1997; 김동철, 「17~19세기 東萊府 小通事의 編制와 對日活動」, 『지역과 역사』 17, 2005, 218쪽).

순번	일시	왜관 출입 사유	대상	수량	종류
			소통사	2箱	
9	2.15.	동래부사, 부산첨사 연향	군관	'例之通り'	箱多葉粉
10	4.24.	부산첨사 대청행	군관 1인	'例之通り'	刻たばこ
			소통사	'例之通り'	
11	5.4.	동래부사, 부산첨사 단오 祝辭, 선물	군관	2箱33)	刻たばこ
			소통사	2箱	
12	7.2.	以酊菴 봉진연, 동래부사, 부산첨사 대청행	군관 1인	'例之通り'	刻多葉粉
			소통사	'例之通り'	
13	7.9.	특송사, 동래부사·부산첨사 대청행	군관 1인	'例之通り'	刻たばこ
			소통사	'例之通り'	
14	9.13.	萬松院送使, 동래부사·부산첨사 대청행	군관 1인	'例之通り'	刻たばこ
			소통사	'例之通り'	
15	10.6.	萬松院送使 봉진연, 동래부사·부산첨사 대청행	군관 1인	'例之通り'	刻たばこ
			소통사	'例之通り'	
16	10.9.	兒名送使 연향, 동래부사·부산첨사 대청행	군관 1인	'例之通り'	刻たばこ
			소통사	'例之通り'	
17	10.16	부특송사 다례, 동래부사·부산첨사 대청행	군관 1인	3箱	刻たばこ
			소통사	2箱	
18	11.1.	부특송사, 동래부사·부산첨사 문안	군관 1인	3箱	刻たばこ
			소통사	2箱	
19	11.6	부특송사, 동래부사·부산첨사 문안	군관 1인	3箱	刻たばこ
			소통사	2箱	
		計	군관	59箱	
			소통사	32箱	

* 출전: 일본국회도서관 소장 享保 11년(1726년), 12년(1727년) 『館守日記』 1, 2, 3, 4, 5권(관수: 吉川內藏之允)

위 『관수일기』에 따르면, 왜관에서는 왜관을 수리할 때나 왜관을 방문한 조선인을 접대를 해야 할 일이 있으면 술과 함께 '스이모노(吸物)'라는 안주용 국물, 과자, 삶은 고기를 내놓았다. 또한 양역(훈도와 별차)이나 판사

---

33) 왜관에서 다른 때는 군관에게 刻みたばこ 3箱을 지급한 것과 다르게 이때는 2箱만 지급하였다. 그러나 왜 그런 차이가 있었는지에 대해서 지금으로서는 알 수 없다.

등이 업무 외 구경 등을 위해 왜관에 들어올 때도 삼단 찬합, 술, 고기 등을 내놓았다. 그리고 왜관의 하급업무 담당자인 군관과 소통사가 업무상 왜관에 들어오면 왜관측에서는 일본 요리를 내놓고, 술과 스이모노를 접대하고 그들이 돌아갈 때에는 전례대로 담배를 선물하였다.

<표 1>에서 볼 수 있듯이 왜관에서는 1726년 11월부터 1년 동안 군관에게 17회에 걸쳐서 담배가 59상자의 썬 담배(刻タバコ)가 선물로 주어졌고, 소통사에게는 14회 동안 32갑의 썬 담배가 선물로 제공되었다. 당시 담배 1갑이 어느 정도였는지 대해서는 조사가 좀 더 필요하지만, 이것을 돈으로 환산하면 상당한 액수였음은 분명하다.

17세기 사료에 따르면 일본산 담배, 즉 왜지삼 가격은 매우 비쌌으며, 귀한 물건으로 취급되었다. 1639년(인조 16)에 몽골에서 농우를 구입하는 데 필요한 왜지삼 가격이 1근에 면포 1.18필에 해당했으며,34) 1682년(숙종 8)에는 사행에 필요한 왜지삼을 구입하는 데 평소에는 千匣의 가격이 은자 20냥이었는데, 당시에는 25~26냥을 주어도 쉽게 구입할 수 없다고 할 정도였다.35) 연초 1근의 가격이 은 1냥으로 취급되었으며36) 의주의 雇價廳에서는 지삼을 은이나 종이 등의 물품과 함께 고리대 자금으로 이용하기도 했으며,37) 어떤 武人이 담배 1바리(駄)를 이조판서 사위에게 뇌물로 주고 감찰 직위를 얻어 조정에서 물의를 빚기도 한 사례가 보이기도 한다.38)

위의 사례는 왜관 업무에 종사하는 하급 직책인 군관과 소통사의 예에 한정된 것이지만, 왜관의 운영과 대일 교류를 위해 직임을 가진 다양한 계층의 조선인이 왜관을 출입하였다는 점을 주목한다면, 통신사, 문위행, 선

---

34) 『비변사등록』 인조 16년 2월 10일
35) 『비변사등록』 숙종 8년 3월 1일
36) 『비변사등록』 인조 22년 10월 23일
   "南草之例 員役所持之數 以銀一兩 准南草一斤 則當爲五十兩 以此定數爲白乎矣"
37) 『비변사등록』 인조 22년 5월 15일
38) 『숙종실록』 숙종 3년 12월 병오(4일)

위사, 접위관, 경상감사, 동래부사, 부산첨사, 왜학역관, 호조 수세관 등 조선의 고위 관직자들과 장인 등 기술자, 의원, 화원 등을 통해서, 때로는 지역민들을 통해서도 일본산 담배의 유통은 가능했을 것이다.

2) 사행을 통한 유입

양국 간에 이루어진 외교교섭 및 외교행위에서 주고받는 국서 및 서계는 반드시 별폭이 포함되었다. 별폭은 외교상대 간에 선물로 주고받은 예물 목록으로, 이때 주고받은 것을 공예단이라 하였다.

조선 후기 일본을 왕래한 사절단으로는 통신사행과 문위행이 있다. 통신사행은 조선 국왕이 일본 최고 통치자인 막부 쇼군(將軍)에게 보낸 외교 사행으로, 쇼군직 즉위를 축하하기 위한 목적으로 일본의 에도(江戶)를 왕래하였다. 조선 후기에는 초기 3회의 회답겸쇄환사를 포함하여 총 12회 파견되었다. 그리고 쓰시마에는 54회에 달하는 문위행을 파견하였다. 문위행은 왜학역관이 우두머리로 임명된 사절로 주로 쓰시마도주 소씨(宗氏)를 위문하는 임무를 수행하였다. 즉 조선은 일본의 중앙 정부에 통신사를 파견하고 쓰시마에는 문위행을 파견하였으며, 이들 사행 중에 양국의 외교 당사자 간에는 국서 및 서계를 주고받는 의식이 있었는데, 이때 공예단이라는 선물목록이 포함되어 있었다.

한편, 통신사나 문위행은 공예단 외에도 막부장군이나 쓰시마도주를 비롯하여 막부 또는 쓰시마 측의 고위 관료나 측근에게 사적으로 전달하는 예물 목록을 지참하였는데, 이를 사예단이라 한다. 통신사행의 경우 三使가 지참한 사예단은 쓰시마에는 쓰시마도주를 비롯하여 반쇼인(萬松院), 이테이안(以酊庵), 세이잔지 장로(西山寺長老), 부교(奉行), 護行正官, 부관(副官), 裁判 3인에게 지급되었고, 막부측에는 쇼군과 구 쇼군, 장군직 계승자(若君), 집정 5인을 비롯하여 막부측의 고위 관료나 측근에게 전달되었다.

한편, 이에 대한 답례로 막부측과 쓰시마도주, 사행이 지나는 각 지역에서는 삼사에게 답례로 예물을 지급했는데, 이를 私回禮單이라고도 하였다. 삼사가 받은 사회예단은 사행이 끝난 후 수행원들에게 분배되었다.39)

① 대마도주가 재판왜에게 시켜 은담뱃대(銀煙竹) 4개와 담배(南草) 세 궤짝을 보내왔다. 세 당상 앞으로는 2개, 세 판사 및 제술관·良醫 앞으로는 각기 1개씩을 보내왔는데, 판사 이하는 담배 궤짝에 색칠이 없었다. 담배 궤짝의 모양이 매우 묘하여 붉은 실과 그림을 그린 비단으로 그 허리를 묶어 놓았다. 또한 外樻에도 담았는데 또한 기묘하였다.40)

② 바람 불고 비 왔다. 그대로 적간에 머물렀다. 도주가 담배(煙草) 3근과 삼중(杉重) 하나씩을 각각 바쳤다. 당상 앞으로는 각각 담배 두 근, 삼중 하나를 보냈고, 상관들에게는 담배 30근을 보냈다.41)

③ 비. 상관(上關)에 머물렀다. 도주가 하인을 보내어 문안하고 삼합과 담배(煙草) 3근을 보내왔다. 저녁 뒤에 종사는 집에서 보낸 편지를 받았는데, 나와 정사는 고향 소식을 듣지 못하여 한없이 서운했다.42)

사료 ①과 ②는 1682년 임술통신사행에 당상역관으로 참여한 洪禹載가 남긴 『동사록』의 내용이다. 통신사행 당시 쓰시마도주는 재판을 통하여 3명의 당상역관, 제술관, 양의 등에게 은 담뱃대와 담배를 선물로 지급하였다. 사료 ③은 1711년 신묘통신사행의 부사 任守幹이 남긴 기록이다. 통신사

---

39) 『增正交隣志』; 한국학진흥사업 성과포털, 사예단(私禮單)
(http://waks.aks.ac.kr/dir/searchView.aspx?dataID=00008140@AKS-2013-CKD-1240001_DIC)
40) 洪禹載, 『東槎錄』, 임술년(1682) 6월 28일
41) 위의 책, 7월 12일
42) 任守幹, 『東槎日記』, 신묘년(1711) 9월 4일

제1장 조선 후기 왜관을 통한 일본산 담배·담뱃대의 교류와 문화적 수용   155

행이 가미노세키(上關)에 머물렀을 때 쓰시마도주가 통신사에게 하인을 보내 문안하고 삼합과 담배 3근을 선물로 보내왔다는 내용이다. 위 인용문을 통해서도 알 수 있듯이 통신사행과 문위행 당시 쓰시마나 통신사가 지나는 일본 각 지역에서 쓰시마도주, 각 지역의 번주, 막부로부터 받은 선물 중에는 담뱃대와 담배가 포함되었다.

〈표 2〉 1811년 통신사가 받은 막부로부터 받은 잡물 분배기[43]

수행원	인원	잡물 목록	비고
군관兵房	2	각각 설면자(雪綿子 풀솜) 5파(把), 금병풍(金屛風) 1좌(坐), 금갑경(金匣鏡) 1좌, 남항라(藍項羅) 1필, 용단색 각기소리(龍丹色各其所里) 1좌, 유주전자(鍮酒煎子) 1좌, 동대야(銅大也) 1좌, 능화지(綾花紙) 50장, 동식로구(銅食爐口) 1좌, 황련(黃蓮) 반 근.	
日供	2	각각 설면자 5파, 옥색주(玉色紬) 1필, 소별(小別) 각기소리 1좌, 황련 반 근, 시회사층함(蒔繪四層函) 1좌, 사대접시(砂大楪匙) 1좌, 동대야 1좌, 동주전자 1좌, 동식로구 1좌.	
三堂譯	3	각각 설면자 7파, 남비(南飛) 2좌, 지행담(紙行擔) 1건, 동주전자 1좌, 미선(尾扇) 1병, 연죽(煙竹) 1개	○
製述官	1	설면자 5파, 채화연갑(彩畫硯匣) 1좌, 금갑경 1면, 진서(晉書) 1질(秩), 산우별찬합(蒜隅別饌盒) 1좌, 동대야(銅大也) 1좌, 색시전지(色詩箋紙) 50장, 황련(黃蓮) 반 근, 미선(尾扇) 1병	
掌務官	1	설면자 7파, 화초초(花草綃) 1필, 소별각기소리(小別各其所里) 1좌, 황련(黃蓮) 반 근, 산우찬합(蒜隅饌盒) 1좌, 시회사층함(蒔繪四層盒) 1좌, 일인면도(一人面道) 1좌, 전골(煎骨) 1좌.	
堂下譯	4	각각 설면자 5파, 동주전자 1좌, 황련 반 근, 식로구 1좌, 유개화보아(有蓋畫甫兒) 1개, 철전망(鐵煎網) 1건, 유개칠보아(有蓋漆甫兒) 1개	
畫師·寫字官	2	각각 설면자 5파, 수촉롱(手燭籠) 1좌, 황련 반 근, 유개사보아(有蓋沙甫兒) 1개, 동주전자(銅酒煎子) 1좌, 납보아(鑞甫兒) 1개, 연죽 1개	○
理馬·喂鷹·兩騎將	4	각각 설면자 3파, 채화보(彩畫褓) 1건, 동주전자 1좌, 유개칠목보아(有蓋漆木甫兒) 1개, 주개남비(朱蓋南飛) 1좌.	
陸次官	9	각각 설면자 3파, 유개칠목보아 1개, 납종자(鑞宗子) 1개, 동주전자(銅酒煎子) 1좌, 부채[扇子] 2병	
廳直	2	각각 설면자 3파, 철망장(鐵網欌) 1차(次), 납접시(鑞楪匙) 1개, 전롱(煎籠) 1건.	
通事	10	각각 설면자 2파, 유개화보아 1개, 납보아(鑞甫兒) 9개, 추자(錐子) 1개, 부채	

156 제2부 왜관, 교류와 갈등의 공간

수행원	인원	집물 목록	비고
		[扇子] 2악(握)	
都沙工	4	각각 설면자(雪綿子) 2파, 우산(雨傘) 1병(柄), 유개화보아(有蓋畫甫兒) 1개, 목보아(木甫兒) 3개	
沙工	12	각각 설면자 2파, 진피(陳皮) ○대(帒), 부채[扇子] 2병, 미선(尾扇) 1병, 남초(南草) 2봉(封), 연죽(煙竹) 1개, 납접시(鑞楪匙) 3개	○
禮房	2	각각 설면자 5파, 금병풍(金屛風) 1좌, 홍주사(紅蛛絲) 1필, 황련(黃蓮) 반 근, 동대야(銅大也) 1좌, 능화지(綾花紙) 50장, 목갑경(木匣鏡) 1면, 소별각기소리(小別各其所里) 1좌, 유주전자(鍮酒煎子) 1좌, 우산(雨傘) 1병	
工房	2	각각 설면자 5파, 금병풍 1좌, 홍주(紅紬) 1필, 황련 반 근, 연죽(煙竹) 1개, 소별각기소리(小別各其所里) 1좌, 유주전자(鍮酒煎子) 1좌	○
檢船	2	각각 설면자 5파, 무족대반(無足大盤) 1좌, 홍주 1필, 황련 반 근, 봉서지(奉書紙) 50장, 동대야 1좌, 피지상(皮紙箱) 1좌, 동주전자 1좌, 우산(雨傘) 1병	
書記	2	각각 설면자 5파, 채화연갑(彩畫硯匣) 1좌, 포(布) 1필, 산우찬합(蒜隅饌盒) 1좌, 봉서지 1축(軸), 유개납좌(有蓋鑞坐) 1좌, 황련 반 근, 유리잔(琉璃盞) 1개, 우산(雨傘) 1병, 동대야(銅大也) 1좌	
乾糧官	2	각각 설면자 7파, 각기소리(各其所里) 1좌, 동대야(銅大也) 2좌, 유족대반(有足大盤) 1립(立), 동주전자(銅酒煎子) 1좌, 황련 반 근, 시회사층함(蒔繪四層函) 1좌, 전골(煎骨) 1좌, 갈분(葛粉) 1궤(櫃)	
醫員	2	각각 설면자 5파, 황련 반 근, 납보아 1개, 홍항라(紅項羅) 1필, 동주전자 1좌, 유개칠목보아(有蓋漆木甫兒) 1개, 능화지(綾花紙) 50장	
伴倘	2	각각 설면자 3파, 황련 반 근, 사찬합(砂饌盒) 1좌, 납보아 1개, 능화지 50편	
別陪行	1	설면자 3파, 황련 반 근, 목갑경(木匣鏡) 1면(面), 유개화보아(有蓋畫甫兒) 1개, 동주전자 1좌	
小童	15	각각 설면자 3파, 화초초(花草綃) 1필, 연죽(煙竹) 1개, 납보아 1개	○
及唱	4	각각 설면자 2파, 반목보(班木褓) 1건, 우산 1병, 목소도(木小刀) 1개	
使奴	2	각각 설면자 2파, 반목보 1건, 주전자 1좌, 황련 4냥	
刀尺	5	각각 설면자 2파, 납접시(鑞楪匙) 1개, 연죽(煙竹) 1개, 주전자(酒煎子) 3좌, 전롱(煎籠) 2건	○
差備下官	26	각각 설면자 1파	
中·下官	250	각각 설면자 1파	

43) 柳相弼, 『東槎錄』「江戶所送雜物分派記」

<표 2>는 1811년(순조 11) 통신사행이 끝난 후 정사와 부사가 막부로부터 받은 잡물을 사행에 참여한 수행원들에게 분배한 내용을 표로 만든 것이다. 통신사가 수행원들에게 분배한 물품 가운데에는 담뱃대 39개와 담배 24봉이 포함되어 있다. 이 담뱃대와 담배는 당상역관 3명, 화원과 사자관 2명, 사공 1명, 工房 2명, 소동 15명, 도척 5명에게 각각 지급되었다.

4. 일본산 담배·담뱃대와 조선의 생활문화

앞 장에서는 왜관을 통해서, 그리고 일본에 다녀왔던 사절을 통해서 담배와 담뱃대가 조선에 유입된 정황을 살펴보았다. 그렇다면 이렇게 조선에 들어오게 된 담배와 담뱃대의 행방은 어떻게 되었으며, 조선의 생활 문화에는 어떠한 영향이 있었을까?

일본산 담배는 왜관의 개시 등에서 이루어진 사무역이나 밀무역을 통해 조선에 판매됨으로써, 그리고 왜관에서 이뤄진 양국인의 접촉을 통해서 조선인에게 전해졌다. 특히 왜관에서는 왜관에 근무하는 조선의 고위 관리 대부분이 서울에 기반을 두고 파견 나온 지방관이었으므로 그들이 왜관 재직 시 왜관에서 받았던 물건은 주변 사람들에게 다시 선물로 전해져서 국내에 유통되었다.[44] 담배와 담뱃대로 예외는 아니었다. 원만한 왜관 업무의 수행을 도모하기 위해[45] 왜관에서 소통사, 군관 등 왜관 솔속 등 하급 직역 종

---

[44] 1688년(숙종 14) 8월에 동래부사 이덕성은 지인인 金昌協에게 日本刀를 선물하였다 (김성진, 「19세기 초 金海人의 生活을 침식한 倭風」, 『지역문화연구』 3, 1991, 79~95쪽; 양흥숙, 박사학위논문, 124쪽).

[45] 쓰시마도주는 역관에게 각종 물화를 지급하여 교섭을 유리하게 이끌기 위해 쓰시마의 조선역관에 대한 대접은 지극하였다. 훈도에게 丁銀 1냥 8전, 별차에게 은 8전을 지급하였다. 즉 연간 은 1000량, 丹木 440근, 水牛角 10桶을 주었다. 이러한 역관에 대한 쓰시마의 관심은 훈도·별차에 한정된 것이 아니라 수십 명의 소통사에게도 마

사자에게 출입 때마다 지급한 담배와 담뱃대는 물론이거니와 통신사행과 문위행 과정에서 수행원으로 참여한 소동, 사공, 도척, 소통사 등에게 잡물 명목으로 지급된 담배나 담뱃대는 동래 지역을 비롯한 국내 장시를 통해서 유통되었다.46) 당시 국내에서 일본산 담배와 담뱃대는 최고의 품질로 알려져 매우 비쌌으며, 귀한 물건으로 취급되었기 때문이다.47)

이러한 일본산 담배의 조선 국내 유통은 경상도 지역의 민요에도 반영되었다. 담배에 관한 민요는 '담방귀타령'이라고 하며, 이외에 '담배타령' · '담배노래' · '담방구노래' 등의 이름으로 널리 전승되었다.48)

구야구야 담바구야 동래울산 담바구야 / 너거국이 좋다해도 대한국을 내 나왔네 / 한때는 앞동산흩고 또한때는 뒷동산에 흩어서 / 낮이되면 실안개 베자찌우고 / 밤이되면 밤이슬맞고 고이곱게 잘길러서 / ….49)

　　 찬가지였다. 쓰시마도주의 뇌물 중 일부는 소통사, 오일색, 고자, 서계색, 관직, 部長 등 조금이라도 일본인과 관련있는 사람 모두에게 지급되었다. 심지어 중앙 관청의 아전, 동래부 관노에게도 지급되었다(權以鎭,『有懷堂集』권5,「倭人闌出狀啓」;『숙종실록』권48, 숙종 36년 3월 갑오(29일); 양홍숙, 앞의 논문(1999년), 130~131쪽).
46) 조선 후기 동래부 읍내장에서는 "米, 豆, 麰麥, 綿布, 緞紬, 廣魚, 鯊漁, 靑魚, 北魚, 大口魚, 八梢魚, 乾鰒, 海蔘, 淡菜, 海衣, 海菜, 蜂蜜, 鍮器, 磁器, 釜鼎, 木物, 竹物, 紙地, 煙草, 簟席, 牛犢"이 거래되었다.(박용숙·김동철,「개항기의 부산」,『부산시사』1, 부산시사편찬위원회, 818~819쪽; 박재환 외,『부산의 장터』, 부산발전연구원 부산연구센터, 2007, 41쪽; 김동철,「조선 후기 동래지역의 유통기구와 상품」,『역사와 경계』97, 2015, 222~224쪽).
47) 이덕무의『靑莊館全書』, 권 70,「부록 상」에는 "25일, 입직하였다. 倭黃連 1냥 · 倭煙杯 1개를 하사받았다"라고 하여 이덕무가 정조로부터 일본산 담뱃대를 하사받은 기록이 있다. 즉, 일본산 담뱃대가 국왕에게까지 들어갔으며, 귀한 선물로 활용되고 있음을 보여주는 예이다.
48) 임동권,『한국민요집』, 집문당, 1974
49) 담배타령[담바구 타령], 박경수, 황경숙 편저,『동부산 문화권 민요(Ⅱ)』부산구술문화총서 제3권, 부산광역시시편찬위원회, 2014, 66~67쪽

구야구야 담바구야/ 동래울산 담바구야/ 너거국에 좋다더니/ 우리국에 어야왔소/ 가지왔소 가지왔소/ 담박꽃씨를 가지왔소/ 저기야 저산밑에/ 이리저리도 훝쳤더니/ 그담박 점점자라서/ 낙락수가 되었네/ 은장도 들은칼에/ 으쓱으쓱 빚어넣고/ 영감쌈지는 한쌈지요/ 총각쌈지는 두쌈지요/ 목구녕에는 실안개돌고/ 청룡황룡은 지고못온다.50)

위의 담배타령은 부산 지역에서 널리 불리는 민요로, '담바구타령', '담배타령' 등의 이름으로 전국에서도 널리 전해지고 있다. 이는 담배 수요의 증가와 재배가 전국적으로 확대되면서 담배 타령 또한 경상도 지역을 넘어 전국화된 것으로 보인다.51)

국내에서 생산된 담배 가운데는 전라도 진안에서 생산되는 진안초와 평안도 삼등 지역에서 생산되는 삼등초가 300여 년 동안 최상의 담배로 유명했고, 명성이나 품질, 생산량에서 담배는 평안도산이 으뜸이었음에도 불구하고52), 민요의 노랫말에 '동래 울산의 담바구' 등이 언급되었다는 것은 담배가 왜관이 위치한 동래 지역을 통해서 전해졌으며, 왜관을 통해서 수입된 일본산 담배가 최상의 담배로 알려져 당시 국내에서 유통되었음을 시사하는 것이다.

한편, 담배는 담배 자체뿐만 아니라 담배도구(煙具)로 통칭되는 담뱃대(煙竹), 담배서랍(煙盒), 담배 재떨이(恢取器), 담배주머니(煙袋), 연로(煙爐)

---

50) 김승찬·박경수·황경숙, 『부산 민요 집성』, 세종출판사, 2002, 245~246쪽
51) "구야 구야 담바구야/ 동래 울산에 담바구야/"
(https://terms.naver.com/entry.nhn?docId=2273680&cid=50223&categoryId=51052. 충북 음성에서 채록된 '담바구 타령'); "구야 구야 담방구야/ 동래 월산에 담방구야/ 너그 국은 어따 두고/ 조선국으 나왔느냐/ 조선국이 좋다 히서/ 조선국으 나왔더니/ 우리 국만 못허더라/"(김익두, 『전북의 민요』, 전북애향운동본부, 1989. 전라북도 고창 지역에서 채록된 '담바고 타령').
52) 『無名子集』 시고 제1책, 「詩」, 在泮有人以煙草歌命題賦百韵 押煙 以速爲善 余亦走筆; 李晩永, 『才物譜』 「南靈歌」; 안대회, 위의 책, 146쪽 재인용

등 거기에 따른 부속물이 많았기 때문에 그런 도구를 만드는 데도 공예기술이 필요하였다. 그 가운데 흡연자들의 최상의 기호품으로는 담뱃대를 들 수 있다.

그런데 조선 후기 최고급 명품 담뱃대의 생산지는 동래 지역이었다. 東萊煙竹, 釜山煙竹으로 불리는 동래와 부산의 담뱃대는 최상의 제품으로 인기가 높았다. 동래산 연죽은 대개 대꼬바리가 백동이었다. 『임원경제지』「贍用志」에서는 "우리나라 연초는 왜국에서 전래되었기 때문에 담뱃대도 동래 제품이 좋다. 왜국에 가까워 그 제조법을 전수받았기 때문이다"라고 하여 동래가 담뱃대 제작의 명산지로 등장한 배경을 설명했다. 『임원경제지』「倪圭志」에는 동래 특산물로 담뱃대인 '煙盃'가 수록되어 있다. 담뱃대로서는 전국에서 유일하게 등장한다. 담뱃대는 잘 말려 썬 담뱃잎을 대통에 넣고 불을 붙여 담배를 피우는 데에 사용하는 기구로, 煙竹, 煙管, 煙盃라고도 하였다.

왜관이 있는 동래, 부산의 담뱃대가 최상품으로 알려졌다는 사실은 "소상반죽 부산죽에53)/ 담배 한 대를 붙여 무늬/목구녕 안에 실안개 돈다"54)라고 노래한 충청도 음성의 '담바구 타령'에서도 엿볼 수 있다. 그리고 『춘향전』의 각 이본에도 명품 담뱃대가 등장하는데 李古本에서는 "은수복 부산대 김해간죽 길게 맞추어 죽으로 세워놓고"라 하여 은으로 수복자를 상감한 부산대와 김해간죽을, 남원고사본에서는 "待客初人事는 康壽福 獻壽福의 釜山竹, 舒川作 瀟湘斑竹, 洋漆竿竹, 刻竹, 漆竹, 瑞山龍竹, 白簡竹이 수수하다"라 하여 역시 문자를 새긴 부산죽과 충청도 서천과 서산의 담뱃대를 명품으로 꼽았다. 李惟命(1767~1817)은 무사의 풍모를 묘사하며 "부산

---

53) '소상반죽 부산죽'에서 '소상반죽'은 '瀟湘에서 나는 斑竹'으로 솜씨있는 장인이라야 만들 수 있는 귀한 물건을 의미한다.
54) 담바구타령, 『한국민속문학사전(민요 편)』
(https://terms.naver.com/entry.nhn?docId=2273680&cid=50223&categoryId=51052)

의 연죽과 통영의 칼을, 소매 가득 휴대하고 의기도 호방하다"55)라 하였고, 정조의 사돈인 洪仁謨는 "동래부의 백금 연죽은 은꽃을 아로새겼고, 평양의 닥종이 쌈지는 주름을 잡은 무늬라네"56)라고 평하였다.

따라서 조선 후기 최상품의 담뱃대 산지는 동래 또는 부산이며, 동래·부산 지역의 담뱃대가 전국에서 최상품으로 알려진 배경에는 왜관과 일본사행을 통해서 유입된 일본산 담배와 담뱃대의 영향도 있었음을 부정할 수는 없을 것이다.57)

5. 맺음말

15세기 말 아메리카에서 서양으로 전래된 담배는 전 세계로 급속히 전파되어 16세기에 필리핀 등을 거쳐 일본으로 전래되었고, 17세기 초반에는 조선에까지 전래되었다. 담배의 보급은 매우 빨리 보급되고 재배되어 17세기 초 조선에서는 이미 기호품의 제왕으로, 조선인의 일상적인 삶에서 중요한 물질이 되었다. 국내에서 담배의 수요가 증가하자 담배 생산농가에서는 자신들의 소비 충족 외에 판매를 고려하게 되었다. 전국적으로 담배의 생산량이 많아지게 되자 1620년대에는 새로운 시장인 중국으로까지 전파하게 된다. 조선의 대다수 지역을 흡연자로 넘치게 만든 담배는 자연스럽게 흡연

---

55) 이유명, 『東浦齋草』, 「待先達」 2
56) 洪仁謨, 『足睡堂集』 권2, 「煙茶」 한국문집총간 속103집
57) 담뱃대는 조선 후기부터 鍮器와 함께 동래의 명물로 손꼽혔으며, 일제강점기에도 동래연관조합을 통해서 다량의 담뱃대가 생산되어 전국적으로 팔렸다(『매일신보』, 「東萊: 煙管組合好況」, 1918년 2월 10일. 그리고 1922년 3월 15일자 「동아일보」에는 동래는 예부터 담뱃대로서 유일무이한 生道를 삼아 왔으므로 수백 년 전부터 수공업이 매우 발달하여 수천 명의 직공이 생활하고, 6년 전에 연관 조합이 결성되어 품질을 개량하고 다방면의 경제계를 발전시켰다고 기록되어 있다.

청정지역으로 남아있던 중국 북방지역으로 급속하게 파급되었다.

18세기에는 국내에서 담배의 소비가 보편화되면서 담배의 재배가 곡물재배보다 이익이 커짐에 따라 농민들은 곡물을 재배하던 비옥한 토지에 담뱃잎을 재배하기 시작하여 지역 전체가 담뱃잎을 재배하는 지역도 생겨났다. 이로써 담배는 조선 후기 중요한 상품작물로 등장하였으며, 담배 수요의 증가와 조선 후기 상품화폐경제의 발달에 힘입어 담배 매매도 활발하게 이루어졌다.

한편, 일본산 담배, 즉 지사미는 최고급 담배로 인기가 있었으므로, 조선은 중개무역을 통해 청에 지사미를 공급하여 이익을 얻기도 하였다. 특히 가공 기술면에서 조선에 앞선 일본산 담배는 담배가 전파된 첫 1세기 동안 동아시아 흡연자의 입맛을 사로잡으며 최고의 인기를 누렸다. 그 인기 덕분에 가공한 일본산 담배를 가리키는 이름이었던 지사미란 이칭이 담배 자체를 뜻하는 범칭으로 통했다.

먼저, 일본산 담배는 왜관무역을 통해 수입되었다. 다만 담배는 공무역의 품목에는 포함되지 않았던 것으로 미루어 왜관의 개시 등에서 이루어진 사무역이나 밀무역의 형태로 수입되어 조선에 판매된 것으로 보인다. 즉, 쓰시마의 상인들이 일본산 담배를 왜관에 가져와 조선 상인을 상대로 판매한 것이다.

둘째, 왜관업무 수행 과정에서 선물을 통한 유입을 들 수 있다. 왜관은 조선인의 출입이 원칙적으로 금지되었지만, 왜관의 운영과 조일교섭 중 다양한 계층의 조선인이 왜관을 출입하였다. 이러한 과정에서 양국인이 접촉하면서 문학 교류·기술 교류·미술 교류가 진행되었고, 양국인의 생활에까지 영향을 미치는 문물의 전달과 문화의 교류가 일어났는데 이러한 과정에서 일본의 담배와 담뱃대도 조선에 전해졌다. 특히 왜관과 직접 관계되는 실무를 담당하였으므로 쓰시마의 이해관계와 밀접한 관련이 있었던 군관과 소통사는 일본산 담배와 담뱃대의 대표적인 통로였다.

다음으로 통신사행과 문위행 등 일본사행을 통한 유입을 들 수 있다. 통신사와 문위역관 등이 공예단 외에 막부쇼군이나 쓰시마도주, 막부 또는 쓰시마의 고위 관료나 측근에게 사적으로 전달하는 사예단에 대해 막부측과 사행이 지나는 각처의 번주 등이 삼사에게 답례로 예물을 지급한 사예단에 담배와 담뱃대가 포함되었다. 귀국 후 사신들은 담배와 담뱃대가 포함된 사예단을 '잡물'이라는 명목으로 수행원들에게 분배하기도 하였다.

이렇게 조선에 들어오게 된 일본산 담배와 담뱃대는 서울 등에 거주하는 주변 사람들에게 다시 선물로 전해져서 국내에 유통되었고, 최고의 품질로 알려져 매우 비쌌으며, 국왕이 신하에게 선물로 줄 만큼 귀한 물건으로 취급되었다. 이러한 일본산 담배와 담뱃대는 동래 지역을 비롯한 국내 장시를 통해서 유통되었다. 또한 일본 담뱃대의 영향으로 동래연죽과 부산연죽이 조선의 최고급 명품 담뱃대로 알려지고, 문헌에는 담뱃대 제작의 명산지로 동래가 기록되었다.

이렇듯 동래·부산 지역의 담뱃대가 최상품으로 알려진 배경에는 왜관과 일본사행을 통해서 유입된 일본산 담배와 담뱃대의 영향에 의한 것이었음을 알 수 있다. 이러한 일본산 담배와 담뱃대의 유통은 경상도는 물론이고 전국적으로 '담배타령'·'담배노래'·'담방구노래' 등 민요로 널리 불리고 '동래 울산의 담바구'라는 노랫가사로 전승되었다.

제2장 조선 후기 조일 역관의 기록과 왜관

1. 머리말

  역관은 외국과의 교섭에서 중간에서 통역을 하는 통역관으로 역할 외에 타국과의 외교 실무를 교섭하고 국가의 당면한 과제를 순조롭게 처리하는 임무를 지닌 외교 실무자이자 직업 외교관이었다. 조선 후기 청나라에 파견한 賚咨官이나 쓰시마에 파견되는 문위행에서 역관이 주무관으로 파견된 사실은 직업 외교관으로서 역관의 성격을 잘 보여주는 예라고 할 수 있다.
  조선시대 조일관계에 종사한 역관은 그 명칭이 다르다. 대일외교 교섭과 무역 업무에 종사하였던 조선의 일본어 통역관은 '왜학역관'이라고 부르고, 대조선 외교교섭과 무역에 관여하였던 일본의 조선어 통역관은 '조선어통사'라고 칭한다.[1] 왜학역관은 왜관이나 통신사행·문위행 등의 외교 현장에서 통역관으로서의 활동 외에 상대국에 대한 정보 및 해외정보의 수집 및 제공, 일본(쓰시마)에서 파견되어 온 연례송사 및 차왜와의 외교교섭과 무역활동, 표류민 송환 등의 업무에도 종사하였다. 왜학역관이 통신사행이나 문위행 등 사행을 수행할 때는 많게는 수십 명씩 배속되기도 하였고, 한 사

---

[1] 조선시대에는 외국어를 譯語라 하고, 譯學에 종사하는 사람은 譯學人 또는 譯學子라 하였다. 그리고 통역에 종사하는 사람은 譯語之人·譯語人·譯人·譯者·舌人·舌者·象胥·譯官·通事라고 칭하였다. 그 가운데 일본어 통역을 담당했던 관원은 '왜학역관', '왜역관'으로 불렸다. 반면에 일본에서 조선어 통역은 通事·通譯·通弁·傳語官 등으로 불렸지만, 쓰시마에서는 通詞라는 용어가 사용되었다. 현재 학계에서는 조선의 일본어 역관은 '왜학역관'이라는 용어가 사용되고 있으며, 일본의 조선어 역관은 '조선통사'·'조선어통사'·'쓰시마통사'라고 하는 것이 일반적이다(허지은, 「쓰시마 朝鮮語通詞 연구의 동향과 과제」, 『상명사학』 14, 2008, 108쪽).

람이 여러 차례 사행에 참여하기도 하였다. 특히 예조참의가 쓰시마도주에게 파견한 외교사행인 문위행에서는 책임자인 정관에 왜학역관이 임명되었다.2) 한편, 일본의 조선어 역관인 '조선어통사'는 부산의 왜관과 쓰시마에서 대조선 업무에 종사하였다.

이들 왜학역관과 조선어통사는 업무수행 과정에서 자신들이 업무 수행 과정에서 얻은 정보와 해외에서 경험한 異文化를 기록으로 남기기도 하였다. 물론 이 기록들은 역관 자신의 개인적인 관심의 차원에서 쓰인 것이었지만, 그것은 단순히 개인적인 기록에 머물지 않고 조정과 쓰시마번에 제출되어 이후 후배 역관들의 업무 수행을 위한 지침서로 활용되기도 하였다.

조선 후기 조선과 일본의 '역관'에 대한 연구는 다양하게 이루어져 왔고, 그 성과 또한 크다. 그러나 기왕의 연구는 왜학역관이나 조선어통사들이 남긴 기록을 개별적으로 소개하거나 내용의 일부를 발췌하여 이들의 역사인식이나 활동을 다룬 것이 대부분이다.3) 따라서 현재 남아있는 조일 양국의

---

2) 문위행은 연구자에 따라 問慰譯官使 또는 渡海譯官使, 譯官使 등으로 명명되기도 한다. 그러나 이러한 명칭 사용은 충분한 검토가 필요하다. 문위행의 명칭에 대해서는 유채연, 「조선 후기 '문위행' 명칭과 성립과정에 대한 재고」, 『한일관계사연구』 52, 2015 참조
3) 조일 양국의 역관이 남긴 기록을 다룬 논문으로는 다음 연구를 들 수 있다.
田川孝三, 「通文館志の編纂とその重刊について」, 『朝鮮學報』 4, 朝鮮學會, 1953; 金鍾圓, 「通文館志의 編纂과 重刊에 대하여 -田川氏의 설에 대한 몇 가지 存疑-」, 『歷史學報』 26, 1965; 이성후, 「김지남의 동사일록 연구」, 『금오공대논문집』 3, 1982; 김구진·이현숙, 「『通文館志』의 편찬과 그 간행에 대하여」, 『국역 통문관지』, 세종대왕기념사업회, 1998; 조강희, 「조선통신사 수행역관과『捷解新語』의 改修-日本語의 改修를 중심으로-」, 『조선통신사연구』 1, 2005; 김윤제, 「奎章閣 所藏『通文館志』의 간행과 판본」, 『奎章閣』 29, 2006; 백옥경, 「역관 김지남의 일본체험과 일본인식-동사일록을 중심으로」, 『한국문화연구』 10, 2006(a), 「임술사행록에 나타난 역관의 활동과 일본인식」, 『한국사상사학』 26, 2006(b), 「譯官 吳大齡의 日本認識」, 『朝鮮時代史學報』 38, 2006(c), 「譯官 金顯門의 日本認識-1711년 사행록『東槎錄』을 중심으로」, 『韓國思想史學』 29, 2007; 하우봉, 「김건서의『增正交隣志』와 일본과의 관계」, 『조선 후기 외교의 주인공들』, 백산자료원, 2008; 허경진·박은애, 「한학역관 오대령과

역관 기록을 그 종류와 작성 배경, 특징 및 내용 등에 대해 종합적이고 입체적으로 파악해 보려는 시도는 여전히 의미가 있다.

본 연구에서는 조선 후기 조선과 일본의 역관들이 상호교섭 속에서 편찬·생산한 기록을 통해 두 나라 간의 외교실무 교섭과 무역의 장이었던 왜관을 당대의 역관들은 어떻게 이해하였는가를 고찰해 보고자 한다. 먼저, 두 나라의 역관들이 남긴 기록을 전체적으로 정리·소개하여 그 특징은 무엇이며, 업무 수행 중 양국의 역관들이 주목한 관심사가 무엇이었는지를 밝혀보고자 한다. 그리고 조일 역관의 왜관 기록과 특징에 대해서도 살펴보고자 한다. 이러한 시도는 조일 외교와 무역의 최일선에서 활동한 양국 역관들의 활동, 나아가 왜관에서 이뤄진 조선 후기 한일관계의 실상을 보다 구체화시키는 데 기여할 수 있을 것이다.

2. 조일 양국의 역관이 남긴 기록들

1) 조선의 역관 기록

조선시대 대일업무에 종사한 역관에는 왜학역관 외에 한학역관도 포함된다. 일반적으로 통신사행과 문위행 등 대일사행에는 왜학역관 외에 한학역

이언진의 사행기록」,『조선통신사연구』9, 2009; 미노와 요시쯔구,「小田幾五郎『草梁話集』について」,『日語日文學研究』71-2, 2009; 허지은,「쓰시마 朝鮮語通詞 오다 이쿠고로[小田幾五郎]의 생애와 대외인식 :『通譯酬酢』을 중심으로」,『동북아역사논총』30, 2010; 정우봉,「1934년 問慰使行錄 海行記 연구」,『대동문화연구』94, 2016; 양흥숙·정성일·김동철,「『초량화집(草梁話集)』의 이본(異本)과 재생산 -『조선초량화집(朝鮮草梁話集)』과의 비교를 중심으로」,『지역과 역사』48, 2021;「유채연,「18세기 중반 문위행의 파견 실태-『海行記』를 중심으로-」,『인문과학연구』83, 2024

관도 참여하였다. 통신사를 수행한 역관은 당상역관(首譯)이 3인, 상통사 3인, 차상통사 2인, 압물통사 4인으로 모두 12인이었다. 그 가운데 왜학역관은 10명이었고, 2명은 한학역관이었으며, 상통사 3인 가운데 1명, 압물통사 4인 가운데 1명이 한학역관이었다.4) 문위행에서 한학역관의 수행 여부는 『增正交隣志』 등에는 규정되어 있지는 않지만, 1734년(영조 10)에 문위행의 정관 金顯門을 수행하여 쓰시마에 다녀온 한학역관 김홍조의 예에서 볼 수 있듯이 한학역관도 포함되었다. 이들 역관은 왜관에서 업무를 수행하는 과정에서 얻은 정보나 통신사행이나 문위행 등 해외 경험을 기록으로 남기기도 하였다.

다음 <표 1>은 조선 후기 조선의 일본어 역관이 남긴 기록을 표로 작성한 것이다.

<표 1> 대일 교섭에 참여한 조선 역관의 기록들

순번	편찬 년도	자료명	저·편찬자	역관으로서 경력	비고
1	1618~1636 (인조 14)	『捷解新語』 (10권)	康遇聖	왜학역관/ 임진왜란 때 일본피로인으로 10여년 후에 귀국/ 1609년(광해군 1) 역과 합격/1613~1615년 왜관 왜학훈도/1617·1624·1636년 통신사행 참여	일본어 학습서 사역원에서 교재로 사용. 1748년, 1763~4년 개수
2	1682 (숙종 8)	『東槎錄』	洪禹載	왜학역관 홍희남의 손자/ 남양홍씨 가문 출신/ 1666년(현종 7년) 역과 급제/ 1678년 초량왜관 조성 당시 왜관 공사 감독·완성/1682년 임술통신사행 당상역관 참여	통신사 사행록
3	1682 (숙종 8)	『東槎日錄』	金指南	한학역관/우봉김씨 가문/ 김건서의 증조부/장남 김경문과 『통문관지』 편찬/1672년(현종 12) 역과 급제/1682년 사역원 당상역관 사역원 정/1682년 임술통신사행 압물통사 참여/중국사행에 다수 참여/『燕行錄』과 『北征錄』 저술	통신사 사행록

---

4) 『增正交隣志』 권5, 「통신사행」; 『通文館志』 권6, 「교린」 통신사행

순번	편찬 년도	자료명	저·편찬자	역관으로서 경력	비고
4	1708 (숙종 34)	『通文館志』 (초간본)	金指南	위와 같음	외교자료집
5	1711 (숙종 37)	『東槎錄』	金顯門	왜학역관/우봉김씨 가문/金指南의 2男 1702년 역과 합격/ 1708년 왜관 假訓導 /1709년 왜관 別差 역임/ 1711년 신미통신사 압물통사/ 1713년 왜관업무 종사 /1715년 왜관수리 監董官/ 1733년 왜관 訓導/1734년(영조9) 문위행 당상역관/ 1738년(영조 14) 문위행 당상역관	통신사 사행록
6	1734 (영조 10)	『海行記』	金弘祖	한학역관/우봉김씨 가문 1719년(숙종 45) 역과 합격 후 친족을 따라 변경지역에서 대외업무 담당/ 1732년 숙부인 김현문을 따라 초량왜관에 머뭄/ 1734년 문위역관 정관 金顯門의 문위행에 伴人으로 참여	문위행 사행록
7	1764 (영조 40)	『溟槎錄』 (1권 1책 83장)	吳大齡	한학역관/ 해주오씨 가문/ 1717년(숙종 43) 역과 합격/ 60대까지 역관활동/ 1763년(63세) 계미통신사 한학 상통사/ 1731년(영조 7) 등 13회 중국사행 경험	통신사 사행록
8	1764 (영조 40)	『虞裳剩馥』	李彦瑱	한학역관/江陽李氏/ 1759년 역과 합격 1763년 통신사 한학압물통사	통신사 사행록 7일간의 일기
9	1774~1776 (영조 50 ~52)	『隣語大方』5) (일본어본, 10권 5책)	崔麒齡	왜학역관 玄啓根(천령현씨)이 1774년~1776년경에 쓴 초고 편찬/ 왜학당상역관	일본어 학습서/ 사역원 교재
10	1783~1788 (정조 7~12)	『倭語類解』	洪舜明	왜학역관/ 남양홍씨 가문 1705년 역과 급제/ 왜학역관 洪喜男의 증손자/교회 역임/ 倭學首譯으로 20여 년간 현업 종사6)	일본어 어휘집/ 사역원 교재
11	1796 (정조 20)	『捷解新語文釋』(12권4책)	金健瑞	왜학역관/ 우봉김씨 가문/ 1771년(영조 47) 28세 역과 급제/ 1789년 왜관 근무/ 왜학교회와 당상역관을 거쳐 崇政知樞에 오름/ 1796년(정조 20) 『첩해신어문석』 편집, 재간행/『통문관지』를 편찬한 김지남의 증손/ 당상역관	일본어 학습서 『重刊捷解新語』의 일본어 본문만을 히라가나의 초서체로 옮긴 것
12	1802 (순조 2)	『增正交隣志』 (초간본)	金健瑞	위와 같음	외교자료집 1864(고종1) 증보

순번	편찬 년도	자료명	저·편찬자	역관으로서 경력	비고
13	1795~1808 (정조 19 ~순조 8)	한글서간 (99통)		왜관 업무 종사 중 왜학역관이 생산한 실무문서	기타 宗家文書에 수록

 대일업무에 관여했던 조선 역관이 남긴 기록의 특징은 먼저, 임진왜란 당시 일본에 포로로 끌려갔다가 귀국한 康遇聖이 역관으로 활동하면서 편찬한 일본어 학습서인 『捷解新語』를 제외하면 대부분이 17세기 후반 이후의 기록이라는 점이다.

 17세기 후반은 두모포에서 초량으로 왜관이 새롭게 이전·설치되면서 조일관계 전반이 재정립되었던 시기이자 양국관계가 안정기에 접어든 시기라는 특징이 있다. 다른 한편으로 문학사적 측면에서 볼 때, 17세기 조선에서는 중인들이 문화활동이 활발하게 일어나는 시기이면서, 역관들이 작성한 일본사행록이 본격적으로 출현하는 시기이기도 하다.[7] 회답겸쇄환사를 포

---

 5) 18세기부터 19세기에 걸쳐서 조선과 일본에서 사용된 일본어·조선어 학습서이다. 간행년대는 명확하지 않으며 동일한 이름의 異本이 다수 존재한다. 일본어 학습서는 왜학역관 玄啓根이 1774년~1776년경에 쓴 초고를 왜학당상역관 崔麒齡(1733~?)이 1790년(정조 14)에 편찬한 것으로, 『捷解新語』, 『倭語類解』와 함께 司譯院에서 일본어를 배우는 학습서로 사용된 倭學書이다. 『隣語大方』의 초고 작성과 開板 과정에 대해서는 정승혜, 「『隣語大方』 朝鮮刊本의 成立과 撰者에 대하여: 奎章閣 韓國本 書目『西庫書目』에 據하여」, 『국어사연구』 9, 2009 참조
 6) 목판본으로, 홍희남의 증손인 洪舜明(1677~1745)이 쓰시마번의 아메노모리 호슈(雨森芳洲)와 교류하면서 일본어를 물어 長語와 類解 등의 책을 지었다는 기록을 근거로, 저자를 홍순명으로 추정한다. 그러나 간행년대는 홍순명 사후 18세기 후반으로 파악된다. 홍순명은 1705년(숙종 3) 왜학을 전공으로 역과에 급제, 敎誨 등을 역임하였고, 왜학 首譯으로 20여 년간 현업에 종사하였으며, 절충장군에 이르기도 하였다(이상규, 「역관 홍순명의 경력과 저작 『倭語類解』」, 『조선시대의 사상과 문화』, 집문당, 2003).
 7) 16세기 말 17세기 초·중엽 이후 점차 새롭게 '상대적으로 독자적인' 사회계층으로 성장한 중인들은 물적인 토대의 구축과 교육을 통해 文職層의 형성을 이루었고(강명관, 「한국 한문학 연구의 쟁점: 中人文學, 閭巷文學의 개념과 성격 — 閭巷, 閭巷人,

함한 초기 통신사행의 사행록이 삼사를 비롯한 양반층의 기록이었다면 1682년 통신사행부터는 그 필자가 역관 이하 중인 계층으로 확장되었다.8) 1682년 임술통신사행에서는 왜학당상관으로 수역이었던 홍우재가『동사록』을, 한학통사 김지남이『동사일록』을 사행록으로 남겼으며, 이어 1711년 신묘통신사행에서는 압물통사로 수행한 김현문이『동사록』을, 1763년 계미통신사행에서는 한학상통사와 한학압물통사로 참여한 오대령과 이언진이『동사일기』와『虞裳剩馥』을 사행록으로 남겼다.

해외여행의 기회가 많지 않았던 조선 후기에는 사행에 참여한다는 것은 해외 견문을 넓히고 천하를 유람할 수 있는 거의 유일한 길이었다. 따라서 일부 문학적 소양 및 글씨 등에 뛰어난 역관들은 자신이 경험한 해외 경험을 기록으로 남겨 다른 사람과 공유하고자 하는 욕구가 컸는데, 그 결과가9) 17세기 후반 이후에 다양한 역관 기록의 탄생으로 이어진 것이다.

둘째, <표 1>에서 제시된 역관 기록은 대일외교 경험이 매우 풍부한 인물들이 남긴 것이라는 점이다. 강우성은 임진왜란 당시 일본군의 포로가 되어 일본에 끌려갔다가 10여 년 후에 귀국하여 역관으로 활동하면서 왜관에서 일본인을 접대할 때와 통신사행을 수행할 때 사용했던 말들을 모아 10

閭巷文學」,『한국한문학연구』17, 1994), 이러한 시대적 상황 속에서 역관 가운데 일부는 문학의 소양 및 글씨 등에 뛰어난 사람들이 많았다. 역관은 외국과의 교섭에서 酬答하여 먼저 문학상 우위를 차지하여 기선을 제압해야 외교교섭에서 자국에 유리했으므로 그들 자신이 문학적인 감각을 가지고 있어야 했다. 그래서 사역원에서는 외국어 통역에 대한 교육만이 아니라 사대교린의 목적을 가지고 외국인이나 외국사신을 대하는데 각종 예법과 학문적 표출을 위한 교육도 병행했다(정후수,「譯官의 文學活動－조선조 후기를 중심으로」,『한성어문학』3, 1984).
8) 조선 후기 일본에서의 사행경험을 쓴 저자의 직책은 다양하다. 시기적으로 보면 초기에는 필자로서 삼사가 주를 이루지만 후기로 갈수록 직책이 매우 다양해진다. 1682년부터는 역관의 사행록, 1719년부터는 제술관의 사행록이, 1763년부터는 서기의 사행록이 출현하였다.
9) 백옥경, 앞의 논문(2006b), 241쪽

권으로 된『첩해신서』를 편찬하였다고 한다.10) 강우성은 1609년(광해군 1)에 역과에 합격한 후 1613년(광해군 5)부터 1615년까지 동래부 소속 왜학훈도로 근무하면서 왜관의 일본인들과의 통역에 종사하고 倭學譯生들의 일본어 교육을 담당하였으며11), 1617년(광해군 9), 1624년(인조 2), 1636년(인조 14) 통신사행에 참여하였다.

『동사록』을 저술한 홍우재도 초량왜관에서 근무하였고 통신사행에 참여한 경험이 있었다. 그는 1678년(숙종 4) 두모포에서 초량으로 왜관을 이전할 당시 역관 金謹行·朴再興·朴有年과 함께 왜관 공사를 감독하고 완성한 인물이다. 그리고 5년 후인 1682년에는 종사관 朴慶後를 수행하는 당상역관으로 통신사행에 참여하였다. 그는 박재흥·卞承業과 함께 삼사를 배행하면서 통역업무를 담당하였고, 배에 실려있는 예단과 잡물을 감독하고 사행원들의 통솔, 사행원 간의 충돌이나 다툼 등의 해결, 일본에서 받은 답례품을 일행에게 배분하는 등 사행 전반에 관한 행정 실무를 수행하였다. 김지남은 1672년(현종 12)에 역과에 급제, 1682년(숙종 8)에는 사역원 正이 되었으며, 바로 그해에 있었던 임술통신사행의 한학통사로 선발되어 정사 尹趾完을 수행하여 압물통사 자격으로 일본에 다녀왔다.

한편, 1711년 통신사행의 수행원으로 일본을 다녀온 뒤 사행록으로『동사록』을 남긴 김현문도 사행이 있기 전인 1709년 왜관에서 별차로 근무하였으며12) 1711년(숙종 371) 통신사행의 압물통사로 수행하였다. 그리고 4년 후인 1715년(숙종 41)에는 왜관 내 건물의 수리 업무를 담당하였다. 1708년 화재로 훼손된 왜관을 1715년에 수리하면서 崔尙㠍과 함께 감동관

---

10) 『通文館志』권7, 人物 康遇聖條
　　강우성의 왜학역관 활동에 대해서는 이상규, 「17세기 전반 왜학역관 康遇聖의 활동」, 『한일관계사연구』24, 2006 참조
11) 『인조실록』인조 7년 5월 정유 ; 『동사록』(오윤겸) ; 『동사록』(강홍중) ; 『병자일본일기』(任絖)
12) 『통신사등록』5책, 기축(1709년) 3월 19일.

으로 활동하였는데, 당시 김현문은 공사 경비를 1,590냥에서 672냥으로 대폭 절감하는 수완을 발휘하기도 하였다.13) 또한 1734년(영조 9)에는 문위행의 당상역관으로 쓰시마에 파견되었으며, 1738년(영조 14)에도 문위행의 당상역관으로 선발되어 사행업무를 수행하기 위해 동래로 내려가던 중에 64세의 나이로 사망하였다.14) 『해행기』를 남긴 김홍조도 1734년 문위행에 참여하기 이전에 이미 왜학역관이자 그의 숙부였던 김현문을 따라 초량에 머문 적이 있는 인물이다. 이러한 양상은 1764년 통신사행에 참여한 후 사행록으로 『명사록』과 『우상잉복』을 남긴 오대령과 이언진도 마찬가지였으며, 일본어 학습서인 『捷解新語文釋』과 『증정교린지』를 편찬한 김건서도 왜학교회와 당상역관으로 현직에 종사한 경험이 풍부한 인물이다.

셋째, 기록을 남긴 역관들은 대부분 대표적인 역관 가문 출신이며 그중에서도 우봉 김씨 가문의 인물들이 많은 기록을 남겼다는 점이다. 『동사록』을 남긴 홍우재는 조선 후기 대표적인 역관 가문인 남양 홍씨 가문 출신이다. 임진왜란 이후 조일교섭에서 중요한 역할을 담당했던 왜학역관 홍희남의 손자이며, 일본어 학습서인 『왜어유해』를 편찬한 홍순명도 왜학역관 홍희남의 증손자이다. 그리고 1764년 계미통신사행에서 한학상통사로 통신사행에 참여한 오대령(1701~?) 또한 17세기 초부터 역관을 배출하기 시작한 역관가문인 해주 오씨 출신이다.

『동사일록』과 『통문관지』를 남긴 김지남과 1711년 통신사행의 사행록인 『동사록』을 남긴 김현문, 현전하는 유일한 문위행 관련 사행록인 『해행기』를 남긴 김홍조, 김지남의 아들로 김지남과 함께 『통문관지』를 편찬한 김경문, 18세기 말에 일본어 학습서인 『첩해신어문석』과 『증정교린지』를 편찬한 김건서는 모두 조선시대 역관 명문가인 우봉 김씨이다.

우봉 김씨는 1630년대부터 역과 등 잡과로 일어난 잡과 명문으로, 17세

---

13) 『승정원일기』 숙종 41년 3월 18일
14) 『승정원일기』 영조 14년 6월 14일

기~19세기에 역과에서 95회에 걸쳐 92명의 합격자를 배출한 가문이다.15) 그리고 외교와 외국어에 관하여 16종 이상의 저서를 편찬한 집안으로 역관 가문 중에 가장 많은 기록을 남겼다.16) 대일 사행록만 해도 1683년 이후 역관이 저술한 6편 가운데 4편이 우봉 김씨 가문의 작품이다. 이러한 역관들의 기록물은 역관이 개인의 의지에 따라 사적으로 남긴 것이지만, 그 배경에는 외교현장에서 실무를 담당했던 역관으로서 후일의 참고가 될 수 있는 자료를 남기고자 하는 목적이 있었던 것으로 보인다.17) 더욱이 역관 개인이 『통문관지』와 『증정교린지』와 같은 대중국·대일본 관계의 개요를 일목 정리한 외교자료집을 편찬한 것은 조선 후기 잡과 중인들이 전문직에 종사하면서 자신들의 전문 분야에 관한 전공서적을 편찬한 예로서18) 역관들의 직업의식을 반영한 결과물이라고 할 수 있다.

넷째, 18세기에 들어서면서 조선 후기 국가외교, 즉 대청외교와 대일외교의 자료집과 일본어 학습서의 출간이 활발하게 이루어졌다는 점이다. 1708년(숙종 34년) 우봉 김씨 가문의 김지남과 김경문에 의해서 대청외교와 대일외교 자료로서 『통문관지』가 출간되고, 19세기 벽두인 1802년(순조 2)에는 대일외교만을 특화한 『증정교린지』의 출간이 있었다. 그리고 18세기 중후반에는 일본어 학습서 및 일본어 어휘집인 『인어대방』과 『왜어유해』,

---

15) 김양수, 「조선 후기 우봉 김씨의 발전」, 『조선 후기 외교의 주인공들』, 백산자료원, 2008, 49쪽.
16) 우봉 김씨 집안 역관의 저작에 대해서는 김양수, 위의 논문, 42쪽 <표 1> 우봉 김씨 역관의 저작 참조.
17) 사행록의 경우, 삼사 등이 저술한 사행록과 비교해 보면 역관들의 사행록은 사행 전제를 조망하는 시점이나 문견록, 창수록 등을 갖추지 못하였고, 체계성 면에서 부족하다. 그러나 대신 외교적 교섭의 경위, 양국 사신의 면대시의 의례와 절차, 통신사행에 지나가는 일본 각 站에서의 접대 내용 등에 대해서는 아주 상세하게 기재하였다(하우봉, 「김건서의 『증정교린지』와 일본과의 관계」, 『조선 후기 외교의 주인공들』, 백산자료원, 2008, 188쪽).
18) 김양수, 앞의 논문 참조.

『첩해신어문석』이 편찬되었다.

『통문관지』는 사역원의 官志로서의 형식이지만 역관으로서 경험이 풍부한 김지남·김현문 부자가 오랜 세월에 걸쳐 축적된 방대한 문헌 조사와 정리를 통해 조선 후기 국가외교(대청·대일)의 모든 자료를 재편집하여 1708년(숙종 34)에 완성한 것이다. 조선 전기부터 후기에 이르기까지 중국과 일본과의 외교 및 통상관계를 수록한 외교자료집이다. 『통문관지』의 교린편은 100여 년 후에 그의 증손인 왜학역관 김건서가 대일외교자료집인 『증정교린지』로 내용을 보완·확대하여 간행하였다.

마지막으로 왜관과 동래부 사이에서 대일업무에 종사한 왜학역관들이 왜관에 전달한 문서인 '傳令'과 '覺'으로 불리우는 '실무문서'를 들 수 있다. '전령'은 동래부사가 역관에게 명령을 전한 문서이고[19], '각'은 왜관에서 동래부를 통해 조선의 중앙정부에 전달한 현안에 대해 대답을 기다리는 동안 동래부의 실무자인 역관이 왜관의 관수·대관·재판과 연락 및 정보를 주고받는 과정에서 그들에게 전달한 역관 명의의 문서로, 동래부 소속 역관과 왜관 사이에 또 하나의 의사소통 경로가 형성되어 있었던 흔적이라고 할 수 있다.[20] 이러한 공적·사적인 의사소통 과정에서 생산된 실무문서는 쓰시마종가문서인 『分類紀事大綱』에 많이 남아있는데, 이들 문서는 한자 또는 한글로 작성되었다. 이 기록들은 18세기 말~19세기 초반에 걸쳐 '조선통'이었던 관수 도다 도노모(戶田賴母)와 대통사 오다 이쿠고로(小田幾五

---

[19] 「전령」은 외교창구인 동래부에서 발급한 것이 가장 많지만, 그때그때의 상황에 따라서는 접위관이 동래부 역관인 훈도·별차에게 발급하기도 하였다(이훈, 『외교문서로 일본 조선과 일본의 의사소통』, 경인문화사, 2011, 164~165쪽).

[20] 이훈은 이들 문서를 국서와 서계 등 외교문서와 다른 '실무문서'로 규정하였다. 그는 왜관 교섭에서 동래부의 의사가 구체적으로 어떻게 전달되었고, 그 과정에서 외교 실무자의 '실무문서'는 어떤 형식으로 작성되었으며, 왜관측에 전달된 후에는 어떻게 취급되었는지 문서의 유통과정까지도 설명함으로써 근대 이전 조선·일본간 외교창구 교섭시 의사소통의 실태를 파악하였다(이훈, 위의 책, 2011, 143~145쪽).

郞)가 왜관에서 쓰시마로 돌아갈 때 가지고 귀국한 자료의 일부로, 쓰시마 종가문서 속에 한글서간의 형태로 남아있는 것이다. 이들 한글 서간은 1795년부터 1808년까지의 건으로,『초량화집』과『통역수작』을 남긴 오다 이쿠고로가 대통사에 취임하여 1808년 퇴임하기까지의 시기와 정확하게 중복되어 있다는 점에서, 당시 왜관에서 대통사를 지낸 오다 이쿠고로가 조선의 왜학역관으로부터 받아 일괄 관리하고 있던 서간이 전해진 것으로 보인다.21)

2) 조선어통사의 기록

왜관에 체류하는 조선어통사는 大通詞22)와 本通詞 각 1명씩과 약 20명 정도의 조선어 연수생인 稽古通詞 등이며, 이들의 주요 업무는 왜관에서 이루어지는 외교와 무역 교섭에서 통역을 담당하는 것이었다. 이외에도 조일 간의 외교와 무역 교섭에서 중간 매개자로서 의견의 절충을 유도하는 한편, 동래부에서 왜관에 전한 문서를 번역하고, 막부의 요구나 쓰시마번에서 필

---

21) 山口華代,「解題, 朝鮮譯官發給ハングル書簡の槪要とその特徵」,『對馬宗家文庫史料 朝鮮譯官發給ハングル書簡調査報告書』, 2015, 12~13쪽.
　　한편, 왜관에서 조선어통사가 왜학역관으로부터 받아 종가문고 속에 포함되어 있는 한글 문서는 長崎縣敎育委員會,『對馬宗家文庫史料 朝鮮譯官發給ハングル書簡調査報告書』, 2015에 탈초 번역하여 수록하고 있어서 그 내용을 알 수 있다. 또한 역관의 한글편지를 이용하여 1811년 통신사행 실시와 역관에 관한 연구로는 長正統,「倭學譯官書簡よりみた易地行禮交涉」,『史淵』115, 九州大 九州史學會, 1978; 정승혜,「조선어통사가 남긴 대마도의 한글편지에 대하여」,『어문논집』65, 2012,「한글 간찰을 통해 본 근세 역관의 대일외교에 대하여」,『대동한문학』37, 2012; 양홍숙 외,「대마도 역지통신과 역관, 그 '의례적' 관계와 '은밀한' 교류의 간극」,『한일관계사연구』50, 2015 등이 있다.
22) 조선어통사에는 4계급이 있는데, 五人通詞, 稽古通詞, 本通詞, 大通詞이다(田川孝三,「對馬藩の朝鮮語通詞」,『史學』60-4, 1953; 栗田英二,「對馬島 通事가 본 18세기의 韓半島 事情-『象胥紀聞』을 중심으로-」, 1999, 107쪽).

요로 하는 정보를 수집하여 제공하는 역할도 수행하였다.23)

　조선 후기 왜관에 관한 일본측 사료는 집무 과정에서 생산된 공식기록부터 조선어통사가 왜관에 상주하면서 대조선 업무에 종사하며 사적으로 기록한 覺書 및 저술에 이르기까지 그 종류는 다양하다. 관수 및 재판 등 왜관에 상주하는 일본측 관계자가 직무의 일환으로 작성하여 후대의 업무 수행에 도움이 되는 기본적인 참고자료로 왜관에 보관해 온 『館守日記』와 『裁判記錄』, 『代官每日記』, 『兩國往復書謄』 등 일련의 기록류와 편찬물이 그것이다.24)

〈표 2〉 일본의 조선어 역관(조선어통사)의 기록

순번	편찬년대	기록명	저·편찬자	역관 경력	비고
1	1725년	『御尋朝鮮覺書』	小田四郎兵衛	초량왜관 조선어통사/ 쓰시마의 6六十人 가문 출신/ 1695년 통사가 됨/ 1711년 신미통신사 때 부사의 전담통역관/ 1724년 귀국/1726년 대통사	조선 풍물기 1724년 초안 작성 1725년 越常右衛門을 통해 쓰시마번주에게 상신 名護屋城博物館 소장
2	1794년	『象胥紀聞』	小田幾五郎	초량왜관 조선어통사/ 쓰시마의 60인 가문 출신/ 1767년 13세, 초량왜관에서 조선어 습득/ 1777년 초량왜관 稽古通詞/ 1793년 초량왜관 大通詞/ 1807년 초량왜	조선풍물기(3권 1책) 일본내각문고

---

23) 雨森芳洲는 조선어통사의 역할과 중요성에 대해서 "조선 왜관에서 근무하고 있는 쓰시마번 관리 중에서 관수·재판·일대관이 물론 중요한 역할을 하고 있다. 그밖에 교린과 관련해서는 通詞보다 더 중요한 것이 없다. 통사는 말만 잘하면 된다고 하는 사람도 있기는 하지만 전혀 그렇지 않다. 인품도 뛰어나고 재치도 있고 의리를 분별할 줄 알며, 도주의 일을 중요하게 생각하는 사람이 아니라면, 진실로 도주를 위한 직무를 수행할 수 있는 통사라고 할 수 있다."라고 하였다(한일관계사학회 편, 『譯註 교린제성』, 국학자료원, 2001).
　조선어통사에 대해서는 허지은, 「쓰시마(對馬島) 조선어통사의 성립과정과 역할」, 『한일관계사연구』 29, 2008 참조

24) 조선 후기 왜관에서 작성된 기록류에 대해서는 長正統, 앞의 논문에 자세하다.

순번	편찬 년대	기록명	저·편찬자	역관 경력	비고
				관에서 금족처분 내려짐/ 1811년 금족처분 철회, 對馬易地通信 참여	
3	1796년	『草梁話集』	小田幾五郎	위와 같음	외교 자료집 1825년 보완
4	1831년	『通譯酬酢』	小田幾五郎	위와 같음	조선 풍물기(12권 3책) 朝鮮方에 제출
5	1841년	『象胥紀聞拾遺』	小田 管作	조선어통사/쓰시마의 60인 가문 출신/小田幾五郎의 장남/『象胥紀聞』의 어휘집	조선어 어휘집(3권 1책)
6	19세기	『漂民對話』	조선어통사	조선어통사	조선어 학습서

<표 2>는 대조선 교섭에 관여한 일본의 조선어 역관, 즉 조선어통사가 편찬·저술한 기록을 정리한 것이다. 조선어통사가 조선에 건너와 왜관에 상주하면서 조선측의 인사들과 접하는 과정에서 얻은 조선에 관한 사정을 조사하여 기록한 조선 풍물기와 초량왜관 상황을 기록한 외교자료집, 그리고 조선어 학습에 필요한 학습서 등이 있다.

이들 기록이 갖는 특징은 대략 몇 가지로 정리할 수 있는데, 먼저, 조선 역관의 대일기록과 마찬가지로 18세기부터 19세기 초반까지에 걸쳐 집중적으로 편찬되었고, 대조선 외교 현장인 왜관이나 쓰시마번에서 조선어통사로서 오랜 경험이 있는 인물들이 저술·편찬했다는 점, 그리고 이들 기록물은 쓰시마 번에 제출되었다는 점이다. 쓰시마번에 제출되었다는 것은 이 기록들이 단순히 이문화에 관한 관심에서 출발한 개인적인 기록이 아니라 쓰시마번의 대조선 정보에 활용되거나 실무를 담당하게 될 후임 조선어통사들에게 참고가 되도록 하기 위한 목적에서 작성되었음을 의미한다.

먼저, 『御尋朝鮮覺書』는 쓰시마번의 명령에 따라 왜관에서 근무하던 조선어통사 오다 시로베(小田四郎兵衛)가 1724년에 작성하여 이듬해인 1725년 고시 쓰네에몬(越常右衛門)을 통해 쓰시마번주에게 보고한 내용을 필사하여 책으로 묶은 것이다. 고시 쓰네에몬은 1721년 7월 朝鮮藥材調査事業의 책임자로 왜관에 파견되어 온 藥材質正官이었으며, 1726년에는 1693년에서 시작되어 1698년에 종결된 '울릉도쟁계'의 전말 과정에 관한 기록인 『竹島紀事』를 편찬한 인물이다. 『御尋朝鮮覺書』의 내용 구성은 '문답' 형식으로 쓰시마번주의 질문에 대하여 항목별로 보고하는 형식으로 이루어져 있는데, 총 61항목으로 되어 있다.

저자인 오다 시로베는 쓰시마번의 특권상인인 60인 가문 출신으로 1695년 조선어통사가 된 이래 조선과의 외교교섭에 참여했으며, 초량왜관에 상주한 인물이다. 그는 쓰시마에서 본격적으로 조선어통사를 양성하기 시작하기 이전에 통역관이 된 소위 '自習時代'의 인물로, 1711년 신묘 통신사행과 1719년 기해 통신사행 때에 부사의 전담 통역관으로 활약하였다. 이후 왜관에 상주하여 근무하던 중 쓰시마번주의 명령으로 조선에 관한 사정을 조사·보고하고 1724년에 귀국하였으며, 1726년에는 대통사에 임명되었다.[25] 쓰시마도주가 그에게 조선 사정에 관한 조사와 보고를 명령하여 보고하도록 한 것은 도쿠가와 막부의 대조선 외교담당자로서 쓰시마는 막부의 조선정보 요구에 부응해야 했기 때문이다.

조선어 학습서이자 조선사정을 적은 『상서기문』(1694), 초량왜관에 관한 기록인 『초량화집』, 조선풍물기인 『통역수작』 또한 조선어통사 오다 이쿠고로가 저술한 것이다. 『상서기문』은 상·중·하 3부로 구성되어 있으며 당시 조선의 정치, 외교, 문화, 물산 등 조선에 관한 사정을 소개하고 설명하는 내용으로 되어 있다.[26] 한편, 『초량화집』은 말미에 "寬政 8년(1796년)

---

[25] 하우봉·홍성덕·장순순·小幡倫裕, 「史料紹介:『御尋朝鮮覺書』(小田四郎兵衞著)-異本『朝鮮風俗記』」, 『全北史學』 19·20, 1997, 666~667쪽. 한편 이 기록은 『개정 사적집람』 제16(近藤出版社, 1928)에 『조선풍속기』라는 이름으로 실려있다. 그러나 『조선풍속기』가 원래 책명으로 기록되어 있었는지, 편의적으로 붙인 이름인지는 확실하지 않다. 나고야성 박물관 소장본의 겉표지에는 題名이 없고, 다만 표지 안쪽 면에 '조선지리지 一冊'이라고 쓰여진 貼籤이 아래쪽에 붙어 있을 뿐이다.

蒙官 小田幾五郎가 업무 틈틈이 때때로 듣고 우리를(역관) 위해서 적었다. 寬政 12년(1800년) 4월 일 왜관에서 베껴 쓰다."라고 적혀있다. 이를 통해서 『초량화집』은 조선어통사 오다 이쿠고로가 초량왜관에 올 후임 역관을 위해서 편찬했음을 알 수 있다.27)

그리고 『통역수작』은 오다가 왜관 안에서 금족 처분이 내려져 왜관에서 칩거하기 시작한 1807년부터 쓰시마에서 朝鮮詞稽古指南役로 조선어를 가르치던 1818년까지 11년간에 걸쳐 자신이 느낀 조선에 대한 견문과 생각을 기록하여 가지고 있다가28) 그의 나이 77세 때인 1831년에 序書를 작성하여 완성한 후, 쓰시마번에 제출하였다.29) 책 제목에서 말하는 '통'과 '역'은 각각 일본과 조선의 역관을 가리킨다.30) 『초량화집』과 『통역수작』은 오다 이

---

26) 『象胥拾遺』는 상·중·하 3부로 되어 있으며 상에는 歷世, 朝儀(附 京俗·政令), 事大, 道理(附 山川·城市), 중에는 節序, 人物(附 僧徒), 官制(附 科擧·儀仗), 禮俗(冠婚·葬祭), 하에는 戶籍(附 儲蓄·田祿), 文藝(附 技術), 武備, 刑律, 度量, 服色, 飮食, 第宅, 物產(附 農圃), 雜聞이 있다(田川孝三, 앞의 논문).
27) 『통역수작』에 대해서는 허지은, 앞의 논문(2010), 양홍숙, 정성일, 김동철, 앞의 논문, 정성일, 앞의 논문(2017) 참조
28) 「序書」에는 "文化四年丁卯年에 시작하고 同拾四年戊寅年에 이르기까지 12편을 기록하고"라고 되어 있으나 「禮部之部」에는 "전후 56년 (통사로) 근무한 12년 사이에 1년씩 그 이야기를 기록했다"라고 되어 있다. 오바타 미치히로는 위의 사실을 근거로 1818년이 文政 원년 무인년에 해당한다고 보고, 「酒禮之部」는 1817년, 「禮儀之部」는 1818년에 기록된 것으로 추정하고, 『통역수작』의 저술 시기를 文化 4年 정묘년인 1807년부터 무인년인 1818년으로 이해하였다. 그리고 序書는 1831년 오다 이쿠고로의 나이 77세가 된 해에 쓴 것으로 보았다(오바타 미치히로, 「對馬通詞 小田幾五郎의 朝鮮文化認識」, 『사회과학연구』 6, 평택대학교 사회과학연구소, 2002, 179쪽).
29) 小田幾五郎, 『通譯酬酢』 「序書」
30) 오다 이쿠고로가 『통역수작』에서 말하는 '통'은 쓰시마번의 조선어통사(대부분의 경우 오다 이쿠고로 자신을), 그리고 '역'은 조선의 왜학역관을 가리킨다. 따라서 조선어통사(通)와 왜학역관(譯)이 서로 술잔을 주고받으며 응대하듯이 묻고 답하는(酬酢) 형식을 취하면서, 오다 이쿠고로가 조선과 일본(쓰시마번)에 대해 하고 싶은 이야기를 담은 것이다(정성일, 「『교린제성(交隣提醒)』과 『통역수작(通譯酬酢)』(田代和生 校注, 2014 : 田代和生 編著, 2017)」, 『한일관계사연구』 58, 2017, 485~486쪽).

쿠고로가 왜관에 체류하면서 저술하여 업무에 참고·활용했으며, 그가 일선에서 물러난 후에는 조선외교를 담당했던 부서인 쓰시마번의 조센카타(朝鮮方)에 제출되었다는 공통점이 있다.

다음으로, 조선어통사가 남긴 6편의 기록물 가운데 4편이 오다 가문의 저술이고 그 가운데 3편은 오다 이쿠고로의 저술이다. 앞에서도 살펴보았듯이 오다 이쿠고로는 『상서기문』, 『초량화집』, 『통역수작』, 『북경노정기』, 『繪圖』, 『朝鮮詞書』 등 여러 저술을 남겼다고 전해지나 현재는 『상서기문』, 『통역수작』, 『초량화집』이 남아있다. 『상서기문』은 조선의 정치·경제·사회·문화 등 다양한 분야의 조선에 관한 상황을 백과사전식으로 정리한 것이고, 『통역수작』도 조선에 관한 사항을 12개 부문으로 나누어 문답형식으로 정리한 조선풍물기이다. 『초량화집』은 초량왜관에 관한 정보를 중심으로 정리한 것이다. 『상서기문습유』는 제목에서도 알 수 있듯이 오다 간사쿠(小田管作)가 오다 이쿠고로의 『상서기문』의 내용을 보충한 것으로, 조선의 정치·경제·사회·문화 등 각종 분야에 걸친 조선 사정에 대해 백과사전식으로 정리해 놓은 조선어 학습서이다. 오다 간사쿠는 오다 이쿠고로의 장남으로 쓰시마번에서 조선어통사로 활약했던 인물이다.

이렇듯 18세기 후반~19세기 초반에 걸쳐 1세기 동안 오다 가문 특히 오다 이쿠고로의 저술이 집중적으로 나타난 데에는 이 시기가 양국 간에 기존의 교린 외교체제가 변화하는 전례없는 변동기였다는 점에도 주목할 필요가 있다. 쓰시마 역지통신라는 전례에도 없는 통신사행의 실시를 경험한 오다 이쿠고로로서는 기존의 외교교섭의 틀을 벗어나 발생한 수많은 난제를 해결하면서 자신이 처리한 직면한 외교적 현안들을 기록으로 남김으로써 후임 조선어통사들이 조일교섭과정에서 직면할 혼란을 덜어줄 참고자료를 남길 필요성을 인식했을 것이다.

또한 19세기에 들어와 역관에 의한 조선어 학습서가 편찬되었다는 점이 주목된다. 18세기 초반에 아메노모리 호슈가 편찬한 『交隣須知』라는 조선어 학습서가 존재하였지만, 19세기에 오다 간사쿠의 『상서기문습유』와 같은 어휘집을 비롯하여 『표민대화』 등이 조선어통사에 의해 발간된 배경에는 초량왜관으로 왜관을 이전한 후 일본인들에 대한 조선의 통제강화로 일본인들이 조선인과 접촉하면서 조선어를 습득할 기회가 적어지게 되고, 나아가 18세기부터 대조선 무역량의 감소로 일본인의 조선어 학습에 대한 의지가 상실되어 조선어 수준이 저하된 데에도 이유가 있을 것으로 짐작된다.

3. 조일 역관의 왜관 기록과 그 특징

1) 『通文館志』와 『增正交隣志』

조선의 역관 기록으로는 『통문관지』와 『증정교린지』가 대표적이라고 할 수 있다. 이들 기록은 왜관만을 중점적으로 기록한 일본측의 『和館事考』와 『草梁話集』과는 달리 대청관계와 대일관계를 총정리해 놓은 조선정부의 외교를 상징하는 외교자료집이라고 할 수 있다.

『통문관지』는 1708년(숙종 34)에 완성된 것이다. 이후 1888년(고종 25)까지 17차례에 걸쳐 증보판이 중간되었다. 초간본의 권수는 8권 3책이었으나 내용이 증보됨에 따라 1888년의 중간본은 12권 6책에 달한다. 『통문관지』는 한학역관 김지남과 그의 장남 김경문 부자가 편찬한 것으로 조선 전기부터 후기에 이르기까지 조선과 중국, 조선과 일본의 외교 및 통상관계의 내용 및 절차 등을 기록해 놓은 외교자료집이다. 내용으로는 사역원의 연혁과 대중국외교와 대일본의 외교관계에 관한 내용이 전기보다는 후기의 기록이 자세하며 조선과 중국의 관계, 조선과 일본의 관계에서 핵심 내용을 잘 정리·수록해 놓았다. 내용의 분량 면에서는 중국 관계 자료가 대부분을 차지한다.

『통문관지』의 구성은 1권과 2권은 사역원의 연혁과 인사운영제도를 정리한 것이고, 3권과 4권은 「事大」 항목으로 32항목과 16항으로 각각 구성되어 있다. 5권과 6권은 「交隣」 항목으로 대일관계를 중심으로 정리한 것이다. 5권은 조선에 건너온 일본사절의 접대에 관한 것으로 14항목, 6권은 「통신사행」 등 조선 사절의 일본행에 관한 22항목이 기술되어 있다. 7권은 사역원의 역관 가운데 행적이 뛰어난 49인의 전기를, 8권은 사역원에 관한 간략한 사항을 기록하였으며, 9권은 대중·대일 외교사의 중요한 사항을 연표 형식으로 편찬한 것이다. 그리고 10권부터 12권까지는 「紀年續篇」으로, 이후 계속 늘어난 사항들을 추가로 증보한 것이다.

왜관에 대해서는 5권에서 「왜관」이라는 항목을 두고 왜관의 설치 연혁에 대한 간단한 언급과 왜관 내 건물 배치와 규모에 대해 기술하였다. 여타 왜관에 관한 것은 5권 가운데 대조선 정례사절에 대한 조선의 접대에 관한 내용이나 차왜, 숙배와 연향 등의 외교 의식 및 무역, 약조에 관한 규정 등에서 왜관 관련 내용을 엿볼 수 있을 뿐이다. 『통문관지』의 편찬 목적은 사대교린의 章程과 品式을 기록으로 남겨둠으로써 후세 역관들이 업무를 원활하게 할 수 있도록 하기 위한 데에 있었다.31)

한편, 『증정교린지』는 1802년(순조 2) 왜학 당상역관 김건서가 동료인 李恩孝·林瑞茂 등의 도움을 받아 편찬, 간행하였으며 6권 2책으로 되어 있다. 내용은 대일교섭 과정에서 축적된 자료와 18세기 후반의 사례를 조사·수집하여 편찬한 것으로 홍문관 학사 박종경의 교정과 검토를 도움받아 완

---

31) 김경문은 서문에서 사역원을 설치한 지 3백여 년이 지나도록, 일찍이 사역원의 각종 자료들을 체계적으로 분류하여 차례대로 엮은 사역원의 志가 하나도 없고 오로지 역관의 구전으로 서로 전달하였기 때문에, 그 내용이 산만하고 통일성이 없어서 고증할 수 없는 형편이었다는 점을 인식하고, 사대교린의 章程과 品式을 기록으로 남겨둠으로써 후세 역관들이 업무를 원활하게 할 수 있도록 하기 위한 목적으로 『통문관지』를 편찬하였음을 밝히고 있다(이영춘, 『통문관지』의 편찬과 조선 후기 한중관계의 성격」, 『조선 후기 외교의 주인공들』, 백산자료원, 2008, 149쪽).

성한 대일외교자료집이다.32) 편찬에 참여한 김건서·이사공·임서무는 모두 사역원 소속으로 역과에 합격한 왜학역관이었다. 『증정교린지』 편찬 당시 김건서는 당상역관이었고, 임서무는 『증정교린지』 편찬 직전인 1796년(정조 20)에 문위행의 당하역관으로 쓰시마에 다녀온 인물이다.33)

『증정교린지』는 「서문」에서 『통문관지』의 교린조 내용을 기본 자료로 하고 그 이후 변하고 추가된 새로운 규례와 약조, 법령들을 추가로 보완한 것이라고 밝히고 있는 것으로 미루어 『통문관지』의 교린조를 대폭 증보하여 편찬되었음을 알 수 있다. 김건서가 「서문」에서 밝힌 편찬 목적을 간략하게 요약하면, 첫째, 『통문관지』 편찬 이후 사례가 변하고 증가하였기 때문에 증보판을 낼 수밖에 없다는 것, 둘째, 『통문관지』의 내용이 사대관계에만 치중하고 교린관계는 그 내용이 소략하고 부정확한 부분이 있어서 보완이 필요하다는 것, 셋째, 대일관계에서 새롭게 체결된 약조와 規式의 사례를 보완하고 체계적으로 정리하여 참고·열람의 편리성과 실무 처리에서 착오가 없게 하고, 후임 역관들이 실무에 잘 활용하도록 하기 위함이었다.

김건서는 김지남, 김경문·김현문 형제로 이어지는 우봉 김씨 가문의 역관으로, 숙종대 『통문관지』를 편찬한 金指南(1654~1718)이 김건서의 증조부이고, 김지남과 함께 『통문관지』 편찬에 참여한 김경문(1663~1737)은 그의 종조부이다.34) 1771년(영조 47) 28세에 역과에 합격하여 왜학교회와

---

32) 『증정교린지』 「서문」 ; 『승정원일기』 순조 2년 6월 4일조.
『증정교린지』의 형식은 '志'로서 항목을 설정한 다음 관계기사를 서술하는 기사본말체 체제이다. 수록된 시기는 초간본의 경우 세종 25년(1443)부터 1796년(정조 20)까지 약 350년간의 약조와 사례 등이 실려 있다. 중간본은 순조 2년(1802)부터 고종 원년(1864)까지 사례가 증보되어 있으며, 420여 년간의 대일관계에 관한 내용을 정리한 것이다.
33) 『증정교린지』 권6, 「問慰各年例」
34) 김지남의 후손 가운데 역과 합격자가 79명이나 되었는데, 우봉 김씨 가문은 17세기 이후 밀양 卞氏 가문과 함께 쌍벽을 이루는 역관 명문가였다. 특히 우봉 김씨 가문의 역관들은 많은 저술을 남긴 점이 주목된다. 김지남의 편저서로 『동사일록』, 『신

당상역관을 거쳐 崇政知樞에 올랐다. 1796년(정조 20)에는 광해군대 왜학역관이었던 강우성의 『첩해신어』를 12권 4책으로 편집한 『첩해신어문석』를 편찬하였다.35)

김건서가 『증정교린지』를 편찬하게 된 데에는 저술 활동을 통해 외교의 초석을 마련하고자 노력한 우봉김씨 가문의 전통과도 관련이 있다. 17세기 중반 이후 우봉김씨 출신의 역관들은 대청·대일 외교활동만이 아니라 저술 활동을 통해 외교체제를 정비하고 후대의 외교를 위한 초석을 마련하는데 많은 공헌을 하였다. 김건서는 자신의 증조부와 종조부가 『통문관지』를 편찬하였듯이 이러한 가문의 전통을 잘 이어받아서 『증정교린지』와 같은 대작을 편찬할 수 있었다고 생각되며, 조정에서도 이러한 가문 배경과 왜학역관으로서 그의 경력을 감안하여 『증정교린지』를 편찬하도록 한 것으로 보인다. 김건서는 1802년 『증정교린지』를 편찬·간행한 공로로 동년 6월 4일 加資되었으며, 이후 종1품 품계인 숭정대부 지중추부사에까지 올랐다. 『증정교린지』는 이후 1865년(고종 2) 11월에 증보판(重刊本)이 나왔는데, 내용은 초간본 『증정교린지』에 1802년 이후부터 고종 2년까지의 새로 체결된 약조와 사례를 추가로 보충해 간행한 것이다.36)

6권 2책으로 구성된 『증정교린지』의 내용을 살펴보면, 제1권은 8항목으로, 대일관계의 규정 및 일본의 대조선 정례외교사절에 대한 조선측의 접대에 관한 것이다. 2권은 1항목으로, 조일 양국 간에 외교적인 현안문제가 생

전자초방』, 『통문관지』, 『譯語類解』가 있고, 김경문은 김지남과 공동 편찬한 『통문관지』 외에 대일사행록인 『동사록』과 문집을 남겼으며, 김건서는 『첩해신어문석』과 『증정교린지』를 편찬하였다. 또 후손인 金弘喆이 『譯語類解補』를, 金倫瑞는 『重刊老乞大』를 편찬하였다. 한편 구한말 고종대에 특명전권대사 閔泳煥을 수행하여 러시아 황제 니콜라이 3세의 대관식에 다녀오면서 사행록 『環璆日記』, 『環璆唫艸』를 남긴 金得練(1852~1930)도 김건서의 후손이다(김건서 저, 하우봉·홍성덕 역, 「해제」, 『국역 증정교린지』, 민족문화추진회, 1998, 4~5쪽).

35) 김건서 저, 하우봉·홍성덕 역, 위의 책, 4쪽
36) 김건서 저, 하우봉·홍성덕 역, 위의 책, 9~11쪽

길 때마다 조선에 파견된 임시 외교사절인 차왜에 관한 내용이다. 3권과 4권은 왜관에 관한 내용으로, 3권은 17항목이다. 왜관의 설치 연혁과 重修, 왜관의 인원 구성, 조선 상대역인 동래부의 각종 관원, 숙배와 연향 등의 의식 무역에 관한 절차와 규정을 기록하였다. 제4권은 10항목으로 조선 전기부터 1739년(영조 15) 사이에 체결된 약조와 금조를 기술하고, 왜관 무역에 관한 규정, 도량형, 조선의 경비부담 내역에 관한 규정을 기술하였다. 끝에는 '울릉도의죽도 변정전말'이라는 항목을 넣어 숙종 연간에 조일 간에 있었던 '울릉도쟁계'가 기술되어 있다. 5권은 24항목으로 통신사행에 관한 내용이고, 6권은 10항목으로 쓰시마에 파견한 실무 외교사절단인 문위행에 대한 제반 사항을 상세히 기술해 놓았다.

총 68항목으로 되어 있는 『증정교린지』는 『통문관지』의 교린조가 38항목이었던 것을 감안할 때, 김건서가 「서문」에서 밝힌 대로 『통문관지』 교린 부분을 대폭 '증보하고 교정한' 것이 확인된다. 이 과정에서 『통문관지』 외에도 각종 예조등록, 『동문휘고』, 『변례집요』, 각종 사행록 등을 참고하였을 것으로 추정된다.

2) 『和館事考』와 『草梁話集』

『화관사고』는 한문체의 필사본으로 되어 있으며, 국사편찬위원회의 소장 '대마종가문서'에 포함되어 있다.[37] 조선 전기 삼포의 설치와 임진왜란 이

---

37) 『和館事考』는 한장(漢裝) 25매의 한문체 단권(單卷) 필사본으로, 국사편찬위원회에 원본이 소장되어 있다(소장 사항: 마이크로필름 번호 MF0000736, 문서 번호 4381); 김의환, 「對馬島宗家文庫本 중 『和館事考』에 對하여」, 『천관우선생 還曆記念 韓國史學論叢』, 1985에는 『和館事考』의 소개와 함께 부록으로 原文 『和館事考』를 탈초·수록되었다. 본고에서는 이 자료를 주 자료로 활용하였다. 한편 김의환은 위 논문에서 『화관사고』는 '1678년 對馬島 종가측에서 기록하여 남겨놓은 倭館史의 책'이라고 평가하였다.

후 두모포 왜관의 설치, 초량으로의 왜관의 이전 교섭 및 공사 과정, 관수·재판의 유래와 직임, 왜관 안에 세워진 제반 규정의 내용, 왜관에 출입하는 조선인의 금제 사항 등에 이르기까지, 왜관을 둘러싼 각종 문제를 정리해 놓은 것이다. 목차는「三浦和館事考」,「釜山和館事考」,「館中定式」,「館守事考」,「裁判事考」,「裁判渡海例」,「僉官屋修葺例格」,「移館事考」,「草梁和館事考」,「和館制札」,「朝鮮人禁制」등 총 11개 항목으로 되어 있다. 두모포왜관에 관한 기록이 대부분이며, 전체 문서 가운데 가장 큰 비중을 차지하는 것이「移館事考」항목이다.

여기에서 '부산 화관'은 두모포왜관을 의미하며, 초량왜관에 관한 기록은 「草梁和館事考」,「和館制札」,「朝鮮人禁制」뿐으로, 그 내용도 매우 소략하다.「僉官屋修葺事考」에 1698년(숙종 24) 관수 도보 신고로(唐坊新五郎)가 왜관 수리를 요청하자 조선에서는 이듬해인 1699년 왜관 수리를 허락하고 대신 경상도 일대의 기근과 질병을 이유로 쓰시마에 송사의 파견을 중단해 줄 것을 요청해와서 세견선의 파견을 정지하였다는 기록과 "元祿 13년(1700)에 經營使 小田平左衛門·原田武左衛門를 파견한 것에 대해서는 僉官屋修葺記錄에 자세하다"라는 기록으로 미루어『화관사고』는 1700년 이후에 작성되었으며, 이후 대조선교섭의 실무 자료로 쓰시마에서 참고·활용된 것으로 보인다.『화관사고』의 편찬자가 조선어통사였는지 여부는 알 수 없지만『交隣事考』의 편찬자인 쓰카다 다이시로(束田太四郎)로 추정된다.[38]

『교린사고』는 한문체와 일본어로 되어 있으며, 총 39항목으로 구성되어 있는데[39], 이 가운데「三浦和館之事」,「釜山和館之事」,「館中定式」,「僉官

---

[38] 『交隣事考』는 安藤良俊,「史料 交隣事考」,『對馬風土記』11號, 對馬鄕土硏究會, 1974년 10월호에 수록되어 있다.
[39] 『交隣事考』의 각 항목은「公作米事考」,「十五船兼帶事」,「送使五日次數幷早飯日數事」, 「渡海糧之事」,「求請之事」,「陸物之事」,「女樂」,「吹噓之事」,「歲遣船數之事」,「書簡吹噓贈定規」,「天和壬戌信使約條」,「天和三年告訓別條目」,「三浦和館之事」,「釜山和館之事」,「館中定式」,「僉官屋修葺事例」,「移館之事」,「和館制札」,「雜用之例」,「陶工

屋修葺事例」, 「移館之事」, 「和館制札」, 「館守事考」의 내용이 『和館事考』의 내용과 같거나 매우 유사하다. 『교린사고』의 말미에는 '元祿十五年 九月 束田太四郞'라고 되어 있어 쓰카다 다이시로가 1702년(숙종 8)에 『교린사고』를 편찬한 것으로 보인다. 『화관사고』에 기록된 내용의 하한이 1700년(元祿 13)이고, 『교린사고』의 편찬이 1702년(元祿 15)이며, 두 자료의 왜관 기록이 매우 유사한 기술 양식과 내용으로 되어 있다는 점을 고려할 때, 대조선교섭을 담당하고 있던 쓰카다 다이시로가 대조선업무의 실무서로 『교린사고』를 편찬하고, 그 가운데 왜관 부분만을 추출해서 작성한 것이 『화관사고』가 아닐까 추정된다. 만약 이러한 추정이 가능하다면 『화관사고』의 편찬시기도 『교린사고』와 동시기로 파악된다. 어떻든 『화관사고』는 두모포왜관의 상황과 초량왜관 성립 초기의 왜관 상황을 엿볼 수 있다는 점에서 자료로서의 가치가 높다.

『화관사고』는 왜관의 연혁이 1426년(세종 8)에 삼포왜관에서 비롯되었다는 것과 『해동제국기』를 인용하여 삼포에 분박했던 세견선 수를 기록하고 있으며, 조선 후기 왜관은 1609년(광해 1)에 회례사 야나가와 도시나가(柳川智永)가 조선에 와서 부산(두모포)에 왜관을 정하면서 비롯되었다고 적고 있다.[40] 그리고 왜관 관수, 재판의 담당 업무, 그리고 왜관에 건너온 일본 사자에 대해서도 기록하였는데, 관수는 왜관 업무를 주관하는 사람으로 1637년(인조 15)에 우치노 곤베(內野權兵衛)가 맨 처음 관수로 파견되었으며, 재판이 왜관에 없을 때 양국의 외교 업무 등을 평시에 관장하는 직분이라고 되어 있다. 재판에 대해서는 임진왜란 전후에 왜관에 왔던 재판의 이

之例」, 「貿易人蔘事」, 「竹島之事」, 「告元字銀事」, 「請馬上才事」, 「請良醫事」, 「請藥種貨物易事」, 「請朝鮮國王親筆額字事」, 「告釜山僉使失職事」, 「廣東船事」, 「告南蠻船夜蘇禁制事」, 「南京漂人送還事」, 「阿蘭陀人請取事」, 「告僞船事」, 「賣懸事」, 「問明淸之亂事」, 「求請硫黃事」, 「告巡察東萊交代事」, 「方長老杉村采女入漢城幷上京里數參內式」, 「館守事考」이다.

[40] 두모포왜관은 1607년에 설치되었다.

름과 조일교섭에 노력한 대가로 조선으로부터 백미와 목면을 받은 예와 당시 서계의 내용도 기록해 놓았다. 그리고 1644년(인조 22)과 1698년(숙종 24)에 왜관에서 왜관 내 건물의 수리를 요청하자 동래부사가 이를 허가하여 1646년과 1700년에 수리한 사실과 대신 그해 세견선의 파견이 중지된 사실도 덧붙였다.

『화관사고』에서 가장 많은 분량을 차지하는 「移館事考」 항목에는 1658년(효종 9)부터 1678년(숙종 3) 초량왜관이 낙성될 때까지의 과정을 소상하게 기록하고, 조선에 건너온 이관차왜 등의 명단과 수행한 도선주 및 봉진의 명단까지 기록하였다. 이관 과정에서 조선에 건너온 차왜, 즉 조선에 건너온 1658년(효종 9)부터 1678년(숙종 3) 초량왜관 新館落成謝使에 이르기까지 9회의 걸친 명단이 기록되어 있다. 이어 초량으로 왜관 이전이 결정될 당시 쓰시마에서 건너온 사자와 초량왜관의 건립이 시작된 1675년부터 1678년까지 쓰시마에서 조선에 건너온 차왜 명단과 초량왜관 건립에 총인원 120만 명의 노동력이 동원되고 막대한 비용이 조달되었다는 사실도 기록하였다.

그리고 「和館制札」에서는 1683년(숙종 9) 계해약조 체결 후 왜관 수문 앞에서 세워진 약조제찰비의 내용이 수록되어 있다. 이것은 초량왜관 낙성 1년 전인 1677년(숙종 3) 동래부사 李馥이 관수와 체결한 조시약조를 토대로 한 것이다. 당시 조선은 동래부사와 관수 간의 약조에 강제력을 부여하기 위하여 1682년 통신사 정사 윤지완에게 쓰시마도주와 직접 교섭하여 약조체결을 추진하도록 한 결과,[41] 1683년 계해약조가 체결되었다. 약조의 내용은 한문과 일문으로 각각 비석에 새겨 수문 앞과 왜관 안에 세움으로써 왜관을 출입하는 조선인과 양국인에게 경계하도록 하였다. 「朝鮮人禁制」는

---

[41] 『변례집요』 권5, 「약조」, 임술(1682) 정월; 졸고, 「조선 후기 倭館에서 발생한 朝日 양국인의 물리적 마찰 실태와 처리」, 『韓國民族文化』 31, 2008, 5~7쪽

동래부사와 관수 사이에 정한 것으로 개시 무역에서 밀무역의 금지, 일반 조선인 및 왜관 업무에 관여하는 조선인의 왜관출입 규정, 조선인 왜관 종사자에 의한 왜관 내외의 수비감찰, 조선 국내 사정의 전달금지, 왜관 거주 일본인의 통행 제한 등이 주요 내용으로 조선인이 지켜야할 조목으로 되어 있으며, 1676년(숙종 2)에 성립한 것이다.42) 어떻든 「화관제찰」과 「조선인 금제」는 초량으로 왜관을 이전하기 전 조선 정부가 왜관에 관한 통제를 강화하는 과정에서 양국 간에 합의된 것으로 양국인이 지켜야할 규정이었다.

『초량화집』의 저자 오다 이쿠고로는 1754년에 쓰시마에서 태어나 쓰시마, 왜관, 나가사키 등지에서 46년간 조선어통사로 근무하였으며, 大通詞까지 오른 인물이다. 오다 이쿠고로는 조선무역에 종사한 쓰시마의 특권상인이었던 60인43) 출신으로 13세의 나이로 초량왜관에 건너와 조선어를 배운 인물이다. 1774년에는 쓰시마번에서 朝鮮詞稽古免札를 받았으며, 1776년에는 五人通詞가 되어 통사로서 실무를 시작하였다. 1777년에는 石見·筑前兩漂民迎通詞·朝鮮漂民送路通詞 등에 임명되어 현지에서 통사로서의 경험을 쌓았으며, 1779년에 稽古通詞가 되었고, 1780년에는 長崎勤番禦雇通詞, 1789년에는 本通詞를 거쳐 1785년에는 통사로서는 최고직인 대통사가 되었다.

그는 대통사로 초량왜관에 장기 체류하면서 1811년(순조 11) 쓰시마 역지통신의 실현을 위해 노력하였다. 그 과정에서 1807년(순조 7)에는 '근무태도'가 문제가 되어 왜관에서 금족처분을 받기도 하였다. 오다 이쿠고로의 금족처분은 왜학 당상역관 박준한이 통신사 역지통신과 관련하여 쓰시마로부터 뇌물을 받고 동래부의 공문서를 위조한 죄로 벌을 받은 사건과 관련

---

42) 尹裕淑, 『近世日朝通交と倭館』, 岩田書院, 2011, 65~66쪽
43) 일본 근세에 쓰시마번에서는 '古六十人', '新六十人'이라는 특권상인이 존재하였는데, '古六十人'의 연원은 조선 전기 쓰시마도주 宗貞盛가 조선정부로부터 삼포거류의 허가받은 '六十人'으로 추정한다(荒木和憲, 『對馬宗氏の中世史』, 吉川弘文館, 2017, 72쪽).

된 것으로 보인다. 『통역수작』의 머리말에서 그는 1767년(영조 43) 초량왜관에 온 이후 50여 년간 만난 조선인 역관 가운데 친한 사람으로 이명화, 박준한, 현의순 등을 거론하고 있는데44), 이들 가운데 박준한이 통신사 역지통신과 관련하여 일본측에 뇌물을 받고 동래부의 공문서를 위조한 죄로 벌을 받은 사건과 관련하여 금족처분을 받았다. 당시 오다 이쿠고로 외에 동료 통사들도 처벌을 받았는데, 금족처분은 1811년에서야 철회되었다. 그는 곧바로 1811년 쓰시마 역지통신 교섭에 참여하였으며, 1823년 은퇴하여 쓰시마에서 詞稽古指南役頭取로서 조선어통사 양성을 위해 노력하다 1831년 77세의 나이로 사망하였다.

오다 가문은 쓰시마번의 대표적인 통사가문으로 오다 이쿠고로의 장남인 오다 간사쿠는 오다 이쿠고로의 재임 중에 中通詞로 등용되어 長崎勤番通詞로 활약했으며, 이후에도 대대로 통사로 활약한 가문이다.45)

조선 후기 조일관계를 초량왜관을 중심으로 다양한 측면에서 정리한 왜관 관련 외교자료집이자 안내서인 『초량화집』은 『화관사고』와는 달리 초량왜관 내외의 건물과 항만시설의 상황, 왜관의 관리 운영과 관련된 조선의 왜관 업무 종사자, 왜관 주변 지역의 지리적 정보 등에 이르기까지 제목 그대로 초량왜관에 관한 정보를 상세하게 기록하였다는 점이 특징이다.

『초량화집』은 총 20항목으로 구성되어 있다.46) 쓰시마 사절의 선박이 도

---

44) 小田幾五郎, 『通譯酬酢』 「序書」
45) 安彦勘吾, 「草梁話集」, 『帝塚山短期大學紀要』 人文・社會科學編』 26號, 1989, 72쪽
46) 『和館事考』와 『草梁話集』의 항목 비교.

항목	『和館事考』(1702년?)	『草梁話集』(1796년, 1800년 寫)
1	「三浦和館事考」	御送使船着之節 古來者萬戶牧ノ嶋外迄爲出迎事
2	「釜山和館事考」	「館中定式之事」
3	「館中定式」	「館近處市日之事」
4	「館守事考」	「朝市二漁菜持來候所」
5	「裁判事考」	「和館出入之人數」
6	「裁判渡海例」	「修理所」

착할 때의 영접 절차와 왜관 선창의 수축과 규모를 적은 「御送使船着之節古來者萬戶牧ノ嶋外迄爲出迎事」, 왜관에서 일어난 각종 문제의 해결을 위해 체결한 1683년 계해약조와 1676년의 금제를 적은 「館中定式之事」, 왜관 개시와 주변 장시의 날짜, 동래상인(都中)의 인원수와 소상인, 개시에 참여하는 왜관 근처 지역주민과 물품에 대한 「館近處市日之事」, 왜관 수문 앞에서 열리는 조시에 참여하는 지역 주민에 대한 「朝市二漁菜持來候所」, 왜관업무에 관여하는 조선인 관리와 인원수, 특히 하급 통역관인 소통사의 각종 직책을 적은 「和館出入之人數」, 관수가를 비롯한 각종 왜관 건물과 객사 수리를 담당하는 여러 진과 鎭과 왜관 건물의 상태 점검과 수리 절차에 관한 「修理所」, 왜관에 땔감을 조달하는 시탄소의 「炭小屋」, 왜관의 출입문인 守門을 지키는 수문 군관의 임무와 교대 내용의 「守門之事」, 초량 왜관 주변에 설치된 감시 초소인 복병소의 위치와 관할 鎭, 근무자를 적은 「六處伏兵」, 1709년 설치된 設門 근무자와 교대 상황을 적은 「設門之事」, 守門에

항목	『和館事考』(1702년?)	『草梁話集』(1796년, 1800년 寫)
7	「僉官屋修葺例格」	「炭小屋」
8	「移館事考」	「守門之事」
9	「草梁和館事考」	「六處伏兵」
10	「和館制札」	「設門之事」
11	「朝鮮人禁制」	「道法之事」
12		「任所之事」
13		「判事家之事」
14		「客舍之事」
15		「宴大廳之事」
16		「沙道原之事」
17		「牧島之事」
18		「古館之事」
19		「館外堀浚候事」
20		「館近所之名所」

安彦勘吾, 『草梁話集』, 앞의 논문에는 사료소개의 형태로 『초량화집』에 대한 해제와 함께 탈초된 원문이 소개되어 있다. 그러나 탈초본에 오탈자가 종종 발견되므로 원본과의 대조를 요한다.

서 청소 범위, 초량왜관에서 영선 고개나 조선인 역관 근무처까지의 노정 등 「道法之事」, 임소에 관한 내용으로 훈도의 근무처인 誠信堂과 평면도, 성신당에 걸린 아메노모리 호슈의 편액, 거주 인원을 기록한 「任所之事」, 柔遠館, 通事廳(유원당), 使令廳 및 각 건물의 평면도와 건물 유래를 적은 「判事家之事」, 조선국왕의 전패가 모셔져 있는 객사와 1794년(정조 18) 초량객사 대수리 당시 영가대로 전패를 移安했을 당시 동래 부사와 부산 첨사 행렬 규모, 객사 관리 및 평면도를 적은 「客舍之事」, 연대청(연향대청)과 평면도, 동래 부사의 접대 행렬 내용의 「宴大廳之事」, 沙道原·大岩·二山谷·舊德山·大峙村·法川·長城·堂洞·火燃隈·구초량촌·暗南里 등 초량 왜관 주변 지역에 대해 설명한 「沙道原之事」, 牧島(절영도)의 목장·太宗臺·오륙도·牛岩浦 등 왜관 앞바다에 위치한 섬들을 설명한 「牧島之事」, 두모포왜관에 있는 무덤에 성묘갈 때 조선측의 감시, 두모포왜관 터, 초량촌의 호수를 적은 「古館之事」, 습지에 위치한 초량왜관의 水氣를 없애기 위해 1720년(숙종 46) 4월 15일 동래부사가 왜관 밖을 준설한 일을 기록한 「館外堀浚候事」, 梵魚寺·多大浦·沒雲臺·海雲臺·동래정씨 시조 묘인 鄭墓·온천 등 동래 근교의 명소를 적은 「館近所之名所」 등이다.

『초량화집』의 말미에는 오다이쿠고로가 왜관에서 조선어통사의 수장으로서 재직하던 중인 1796년에 초고를 완성하였고, 1800년에 왜관에서 근무 중이던 조선어통사 중 누군가가 왜관업무에 참고하기 위해 사본을 만든 것이라고 적혀있다. 아마도 오다 이쿠고로가 『초량화집』을 자신의 장남인 조선어통사 오다 간사쿠와 왜관에 근무 후임 조선어통사가 근무 지침서로 활용하도록 한 것으로 보인다. 오다 이쿠고로는 1825년에 『초량화집』을 쓰시마 번에 제출하였다고 하는데, 이것이 쓰시마 번의 지시에 의한 것인지 본인이 스스로 결정한 것인지는 분명하지 않다. 만약 쓰시마 번이 지시했다면 편찬 경위는 더욱 분명해질 것이다.[47]

3) 조일 역관이 남긴 왜관 기록의 특징과 의미

앞에서도 언급하였다시피 왜관에 관한 대표적인 기록으로는 조선의 『통문관지』, 『증정교린지』와 일본의 『화관사고』와 『초량화집』을 들 수 있다. 여기에서는 이들 왜관 기록의 특징과 의미에 대해서 살펴보고자 한다.

먼저, 이들 기록의 편찬 시기의 유사성을 들 수 있다.

『통문관지』는 18세기 초반인 1708년(숙종 34)에, 『증정교린지』는 19세기를 갓 넘긴 1802년(순조 2)에 편찬되었으며, 『화관사고』는 1702년 전후, 『초량화집』은 18세기의 끄트머리인 1794년에 편찬되어 양국의 기록 모두 17세기 초반부터 19세기 초반까지 집중되어 있다는 점이다.

다음으로, 이들 기록이 편찬 시기의 유사성과 역관의 기록이라는 공통점에도 불구하고 기술 내용상에 큰 차이점이 드러난다는 점이다. 요컨대, 『통문관지』와 『증정교린지』와 같은 조선 역관의 기록이 대일관계 전반을 제도적인 측면에서 정리하고 그 속에서 왜관에 관한 기록을 간헐적으로 포함하고 있는 대일 외교자료집으로서의 성격이 강하다고 한다면, 일본측 기록인 『화관사고』와 『초량화집』은 오로지 왜관만을 주제로 기술한 것이며, 대단

---

47) 『초량화집』은 필사본으로, 현재 여러 곳에 소장되어 있다. 현재 東京都立中央圖書館 特別文庫室 소장본은 세로 10.2cm, 가로 13.1cm의 和裝本이다. 이 사료가 동경도립중앙도서관에 소장되게 된 배경에 대해서는 安彦勘吾, 위의 논문에 자세하다. 한편, 허지은의 연구에 의하면 오다 이쿠고로와 후손 관계에 있는 쓰시마의 오우라 모시토시[大浦望人司] 집에 1책으로 된 필사본 『초량화집』 4종이 소장되어 있으며 쓰시마 이즈하라의 쓰시마 역사 민속 자료관에도 『초량화집』 1종이 소장되어 있다고 한다(허지은, 앞의 논문(2010년)). 田川孝三는 자신이 분석한 조선사편수회 소장본에는 "文政八乙酉年 前大通詞小田幾五郞御編集 二月日 詞指南役頭取 小田幾五郞 朝鮮役御頭役中樣"이라고 되어 있으며, "『草梁話集』은 (小田幾五郞가) 寬政 8年(1825)에 편집하여 對馬藩의 上役에 제출한 것이다"라고 하였다(田川孝三, 「對馬通詞小田幾五郞と其の著書」, 『書物同好會册子』 11, 1940). 다가와 고조가 검토한 조선사편수회본과 東京都立中央圖書館 소장본은 항목 구성에서 약간의 차이를 보인다고 하는데, 동경도립중앙도서관 소장본은 전체가 20항목으로 구성되어 있다.

히 실무적인 내용으로 이루어졌다는 차이가 있다.

이러한 기록의 차이는 양국 역관들의 기본적인 관심 사항의 차이를 보여주는 것이라 할 수 있다. 조선의 역관들의 기록에서 드러난 일본에 대한 관심은 실무적인 부분에 대한 것보다는 운영상의 제도적인 부분에 많은 내용을 할애하고 있는 것에 비해, 일본은 굉장히 실무적이었다는 점이 주목된다. 그래서 『화관사고』나 『초량화집』에서의 기술 내용은 왜관을 중심으로 조선어통사가 실무상 꼭 알아야 할 사항을 중심으로 정리되어 있을 뿐이다.

그렇다면 조일 역관의 기록에서 이러한 차이점, 특히 조선어통사의 기록이 실무에 매우 가까운 형태의 특성을 지니게 된 이유는 무엇일까? 『교린사고』와 『화관사고』를 통해서 알 수 있듯이 조선어통사의 실무 중심의 기록 형태는 이미 1702년부터 시작되었다. 이 시기는 마침 쓰시마번에서 생산한 다량의 왜관 관련 기록, 즉 『관수일기』, 『재판일기』, 『대관매일기』 등 다량의 왜관 관련 기록이 쏟아져 나오기 시작한 때였다. 일찍이 이러한 현상을 주목한 오사 마사노리는 17세기 후반부터 19세기 중반까지를 이른바 '한일관계에 있어서 기록의 시대'[48]라고 명명할 정도였다.

문제는 왜 17세기 후반부터 18세기 초반에 걸쳐서 '기록의 시대'가 전개되게 되었는가 하는 점이다. 그 이유로는 첫째, 조선에게 17세기 후반은 북방의 청나라와의 관계가 안정되고 국가체제의 정비가 일단락된 시기로 숙종대(1675~1720)에 들어서면서 대일외교에 커다란 변화가 있었던 시기라는 점이다.

조선에서는 두모포에서 초량으로 왜관을 이전한 것을 시작으로 일본에 대한 외교가 조용한 외교에서 적극적인 외교로 전략을 바꾸어 구사되던 시기였고, 왜관에서의 무역 및 기타 대일관계 전반에 걸쳐서 통제를 급속하게 강화하던 시기였다.[49] 조선의 이러한 움직임은 당시 쓰시마에 민감하게 전

---

[48] '기록의 시대'에 관해서는 長正統, 앞의 논문 참조.
[49] 숙종대 조선의 대일외교 전략에 대해서는 졸고, 「조선 후기 대일교섭에 있어서 尹趾

달됨으로써, 쓰시마로서는 종래의 대일관계의 실태에 새로운 전환을 꾀해야만 했던 것이다. 더구나 7년에 걸친 '울릉도 쟁계'는 조선의 대일정책에 엄청난 변화가 있었음을 쓰시마가 직접 체감하는 기회였다. 결국 일본에게 '울릉도 쟁계'는 외교에 관한 전문적인 식견의 싸움과 기록의 싸움에서 조선에 진 사건으로 이해되었을 것이고, 쓰시마로서는 기록 작성 체제의 불비함을 새롭게 통감하게 된 계기가 되었을 것이다. 그러한 반성 속에서 『화관사고』나 『초량화집』과 같은 실무 중심의 기록이 작성되었을 것으로 생각된다.

또 다른 이유로는 쓰시마 藩政의 체질 변화를 들 수 있다. 즉 17세기의 100년간을 통하여 쓰시마에서는 번정의 중앙집권화가 진행되어 번주 소 요시자네(宗義眞)의 시대(1657~1692)에 그 완성기를 맞이하였다. 그래서 종전과 같이 특정의 유력한 가문이 번정을 농단할 수 없게 되었고, 대신에 번정 기구가 정비되어 家格에 따라 수시로 인재를 각 관청에 등용하여 일정한 임무로 교체시키는 체제가 가능하였다. 그 때문에 직무의 선례가 되는 기록을 각 관청에 정비해야 했으며 그 과정에서 각종 번정 기록이 방대하게 기록되게 되었다. 이것은 외교·무역에 대해서도 잘 드러난다. 즉, 1632년에 시작하여 1635년에 종결된 쓰시마의 국서개작폭로사건, 일명 야나가와 잇켄(柳川一件) 이전에는 쓰시마의 가로 야나가와가(柳川家)가 대대로 대조선 외교와 무역을 독점하고 왜관의 대관도 모두 가문 사람들이 담당하는 상태였으므로 이후 왜관에서 볼 수 있는 공식적인 기록 등은 필요없게 되고, 오히려 야나가와가에 비밀리에 전해 내려오는 사적인 기록이나 지식이 중요한 의미를 지녔던 것이다. 따라서 『화관사고』나 『초량화집』 등의 왜관 기록의 등장은 이와 같은 상태가 극복되어 왜관의 관료기구가 정돈된 단계가 되었음을 의미한다.[50] 이러한 배경 속에서 일본 측의 왜관 기록은 조선의 왜관기록과는 성격이 다르게 편찬된 것이다.

完의 通信使 경험과 영향」, 『한일관계사연구』 31, 2008, 106~107쪽
50) 長正統, 위의 논문, 117~120쪽

4. 맺음말

　대일업무에 관여했던 조선 역관이 남긴 기록의 특징은 먼저, 임진왜란 당시 일본에 포로로 끌려갔다가 귀국한 강우성이 역관으로 활동하면서 편찬한 일본어 학습서인 『첩해신어』를 제외하면 대부분이 17세기 후반 이후의 기록이라는 점이다. 둘째, 역관 기록은 왜관에서 대일업무에 오랫동안 종사한 경험이 있거나 통신사행에 참여하거나 문위행으로 일본에 다녀오는 등 대일외교 경험이 매우 풍부한 역관들이 남겼다는 점이다. 셋째, 기록을 남긴 조선의 역관은 대부분 대표적인 역관 가문 출신이며 그중에서도 우봉 김씨 가문의 인물들이 많은 기록을 남겼다는 사실은 특히 주목된다. 넷째, 18세기에 들어서면 조선에서는 국가외교, 즉 대청외교와 대일외교의 자료집과 일본어 학습서의 출간이 활발하게 이루어졌다는 점이다. 마지막으로 조선 역관의 기록 중에는 왜관과 동래부 사이에서 대일업무에 종사한 왜학역관들이 왜관에 전달한 문서인 '전령'과 '각'으로 불리는 공적·사적인 의사소통 과정에서 생산된 실무문서가 존재한다는 점을 들 수 있다.

　다음으로 일본의 조선어통사가 남긴 기록의 특징으로는 먼저, 조선 역관의 대일기록과 마찬가지로 18세기부터 19세기 초반까지에 걸쳐 집중적으로 편찬되었고, 대조선 외교 현장인 왜관이나 쓰시마번에서 조선어통사로 오랜 경험을 가진 인물들이 저술하거나 편찬하였다는 점, 그리고 이들 기록물이 쓰시마번에 제출되었다는 점을 들 수 있다. 다음으로, 조선어통사가 남긴 6편의 기록물 가운데 4편이 오다 가문의 저술이고 그 가운데 3편은 오다 이쿠고로의 저술이라는 점이다.

　조선어통사의 기록 가운데 18세기 후반~19세기 초반에 걸쳐 오다 가문 특히 오다 이쿠고로의 저술이 집중적으로 나타난 데에는 이 시기가 양국의 교린체제에 변화가 컸던 변동기였다는 점과 무관하지 않다. 또한 19세기에 들어와 조선어통사에 의해 조선어 학습서가 다수 편찬된 배경에는 초량으로 왜관을 이전한 후 조선측의 통제강화로 왜관의 일본인들이 조선어를 습득할 기회가 적어지게 되고, 더욱이 18세기초부터 시작된 조선과의 무역량 감소로 조선어통사의 조선어 학습에 대한 의지가 상실됨으로써 조선어 수준이 저하된 데에도 이유가 있었을 것으로 보인다.

양국의 역관들이 남긴 기록은 편찬 시기의 유사성과 역관의 기록이라는 공통점에도 불구하고 내용상에서 큰 차이점이 드러난다. 즉, 『통문관지』와 『증정교린지』와 같은 조선 역관의 기록이 대일관계 전반을 제도적인 측면에서 정리하고, 그 속에서 왜관 관련 기록을 간헐적으로 포함하고 있는 대일 외교자료집으로서 성격이 강하다고 한다면, 일본 기록인 『화관사고』와 『초량화집』은 오로지 왜관만을 주제로 기술한 것으로 대단히 실무적인 내용으로 이루어졌다 점에서 큰 차이가 있다. 일본의 조선어통사의 기록이 실무 중심으로 작성된 데에는 먼저, 17세기 후반의 조일관계의 변화와 17세기 후반에 조일 간에 전개되었던 울릉도 영토권을 둘러싼 '울릉도 쟁계', 그리고 쓰시마 번정의 체질 변화에서 이유를 찾을 수 있다.

제3장 조선 후기 왜관에서의 충돌과 조일 교섭의 양상

1. 머리말

왜관은 원래 다양한 이유로 바다를 건너 조선에 와서 머물던 일본인들을 격리함으로써 조선인들과의 접촉을 차단하기 위해 조선 정부가 제공한 일본인 거주 공간이자 통제 공간으로 조선시대 전시기에 걸쳐 존재하였다.

조선 전기에는 한양과 포소 등지에 설치되었던 왜관은 임진왜란 이후에는 부산 한 곳에만 설치되었다. 부산에만 왜관을 설치한 조선 정부는 왜관을 지역사회와 더욱 격리하고 그곳에 거주하는 일본인과 주변의 조선인 접촉을 막는 데 전기보다 더욱더 큰 노력을 기울였다. 1607년(선조 40) 두모포에 왜관을 설치할 당시부터 왜관의 경계를 정하여 왜관에 거주하는 일본인들(館倭)이 경계 밖을 마음대로 드나들지 못하게 했을 뿐 아니라 조선인의 왜관 출입도 통제를 금하였다. 실제로 조선인의 경우, 특별히 허용된 역관이나 상인을 제외하고 왜관을 출입한 사람은 '闌入' 혹은 '投入', '潛入'이라고 하여 엄벌에 처해지기도 하였다.[1]

조선 조정은 초량왜관으로 이전한 직후인 1679년(숙종 5)에 왜관의 사방에 금표를 설정하여 관왜들이 통행증 없이 무단으로 경계를 넘어가지 못하도록 하였다.[2] 또 1709년(숙종 35)에는 왜관의 흙담을 1.8m 높이의 돌담으

---

[1] 1653년(효종 4) 동래부사와 관수 사이에 정약된 禁散入各房約條에는 밀무역 금지, 국정누설 금지, 조선인의 왜관출입 규정, 조선 관인의 왜관 경비, 왜관에 있는 일본인의 통행 범위 등에 관한 규정이 언급되어 있다.

[2] 『邊例集要』 권5 「約條」 己未(1679년) 10月
『通信使謄錄』 4 壬戌(1682년, 숙종 8) 11月 30日, 「約條定奪」에는 "관문 밖의 왜인 출입의 한계는 그 경계를 엄하게 정하지 않으면 안된다. 舊館(豆毛浦倭館)은 守門

로 다시 쌓아 조선인이 왜관에 함부로 넘나드는 것을 통제하였다. 그리고 1739년(영조 13)에는 초량왜관의 경계를 감시하고 조선인과 왜관에 있는 일본인(館倭)의 무단출입을 통제하고 감시하기 위해 왜관 밖에 설치한 복병소를 여섯 군데로 늘려 왜관 통제를 강화하였다.[3]

이러한 조선의 통제에도 불구하고 조선 후기 왜관에서는 보통 400~500명 이상의 쓰시마인이 왜관에 장기 체류하면서 무역과 외교교섭에 임하고 있었기 때문에[4] 조선 조정의 바람과는 달리 통제 규정도 잘 지켜지지 않은 경우가 많아 양국인의 접촉과 그에 따른 마찰도 잦았다. 양국인 간에는 밀무역(潛商), 매매춘(交奸), 왜채(路浮稅) 등 법을 위반한 일탈 행위도 많았으며, 일본인이 왜관 밖을 무단으로 나가는 난출이나 조선인이 무단으로 왜관을 들어가는 난입을 접촉도 적지 않았다. 이러한 일탈과 접촉은 사소한 시비를 넘어 종종 양국인 간에 '喧嘩(싸움, 행패)'로 표현되는 물리적 충돌을 야기하기도 하였다.

밖 수십 보의 거리에 佐白川이 있으므로 그 하천으로 한계를 삼았다. 신관은 守門 밖 바로 앞에 海港이 있어 그 港을 넘으면 바로 절영도이다. 서쪽은 연향청에 이르는 길로 문에서 연향청까지 1馬場의 거리이다"라고 되어 있다.

[3] 조일 양국의 왜관 출입에 대한 물리적이고 법제적인 통제에 대해서는 尹裕淑, 「約條にみる近世の倭館統制について」, 『史觀』 138, 1998)에 자세하다.

[4] 조선 후기 왜관에 평소 얼마나 많은 일본인이 거주하였는지에 대한 정확한 수는 알 수 없다. 1678년 4월 23일 두모포왜관에서 초량왜관으로 이전하는 날, 관수 이하 460여 명의 쓰시마인이 신관에 들어갔다고 하며(田代和生, 「草梁倭館の設置と機能」, 『近世日朝通交貿易史の硏究』, 創文社, 1981, 172~173쪽), 조선 측 기록인 『漂人領來謄錄』 제3권(서울대학교 규장각 영인본, 1993)에는 1696년에 왜관에 있던 일본인의 숫자가 609명(5월 15일), 592명(6월 19일), 497명(7월 14일), 505명(7월 18일), 526명(8월 10일)으로 나와 있다. 1698년(숙종 24)에는 우의정 崔錫鼎의 말에 의하면 "당시 왜관에 와서 머무르고 있는 일본인의 수효가 점점 많아져서 혹은 5, 6백 명, 혹은 8백 명이 된다"라고 기록되어 있다(『숙종실록』 숙종 24년 2월 경술(5일)). 물론 이 인원이 상주하는 인원인지, 아니면 통교를 위하여 일시 내항하는 인원을 포함한 것인지는 정확하게 파악하기 어렵지만, 상당수의 일본인이 왜관에 상주한 것만은 분명한 듯하다.

왜관을 접점으로 하여 발생한 양국인의 충돌과 마찰에 관해서는 난출이나 밀무역에 관한 연구 등에서 다양한 충돌의 한 유형으로 다루어져 왔으며[5] 성과 또한 크다. 그러나 물리적 폭력이 동반된 '훤화'[6]만을 독립적으로 다룬 논문은 없다. 이에 본 장에서는 양국인 간에 발생한 물리적인 폭행 사건만을 독립시켜 상세하게 다룸으로써 왜관에서 발생한 조일 양국인의 물리적인 마찰 유형과 그 처리 과정을 살펴보고자 한다. 또한 사건의 처리과정을 통해 물리적 충돌 사건을 대하는 양국의 입장과 교섭 형태의 일면을 분석함으로써 조선 후기 조일 교섭의 특징을 도출해 보고자 한다.

---

[5] 왜관에서 발생한 양국인의 다양한 충돌이나 일탈 행위에 관한 연구로는 손승철, 「『倭人作拏謄錄』을 통하여 본 倭館」『港都釜山』 10, 1993; 제임스 루이스, 「朝鮮後期 釜山 倭館의 記錄으로 본 朝日關係 : '폐·성가심(迷惑)'에서 相互理解로」『한일관계사연구』 6, 1996, 「부산 왜관을 중심으로 한 조·일 교류 -교간사건에서 나타난 권력·문화의 葛藤-」『精神文化研究』 20 -1, 1997; 尹裕淑, 「近世癸亥約條의 運用實態について一潛商·闌出事件を中心に」『朝鮮學報』 164, 1997; 李薰, 「1836년, 南膺中의 蘭入사건 취급과 近世 倭館」『한일관계사연구』 21, 2004; 김동철, 「조선 후기 통제와 교류의 장소, 부산 왜관」, 『한일관계사연구』 37, 2010; 양흥숙, 「'범죄'를 통해 본 조선 후기 왜관 주변 지역민의 일상과 일탈」, 『한국민족문화』 40, 2011; 김강일, 「왜관과 범죄 -접촉과 상호 인식의 차이에서 발생하는 범죄를 중심으로-」, 『전북사학』 41, 2012 등이 있다.

[6] 본 논문에서 사용되는 '喧譁'는 일본식 표현으로, 일본어로는 けんか이다. 본 연구에서 주요 사료로 이용하고 있는 대마종가문서인 『分類紀事大綱』 권30, 「日本人朝鮮人喧嘩一件」에 나오는 것으로 조일 양국인 간의 단순한 마찰이 아니라 자신들의 의사를 관철시키기 위해 무력을 행사하여 상대방에게 폭행이나 살인과 같은 물리적인 피해를 동반한 사건을 말한다. 『分類紀事大綱』을 비롯한 대마종가문서에서 '喧嘩'는 단순한 마찰인 '口論(くろん, 언쟁)'과 구별되어 언급되고 있다. 『邊例集要』에서는 '행패조선인', '행패일본인'으로 기록되어 있다.

2. 왜관에서 발생한 물리적 마찰에 대한 논의

1609년(광해군 1) 기유약조를 체결하고 정식으로 국교 재개를 하였다. 그러나 기유약조는 어디까지나 양국의 수호를 규정한 기본조약에 지나지 않았기 때문에[7] 왜관을 중심으로 한 구체적인 제반문제들은 차차 조선과 쓰시마 간에 보완·해결되어야 했다. 왜관과 관련하여 기유약조 체결 후 44년이 지난 1653년(효종 5)에 禁散入各房約條와 倭人書納約條가, 초량으로 왜관을 이전한 직후인 1678년(숙종 4)에는 朝市約條가, 1679년(숙종 5)에는 초량왜관의 경계를 정한 규정(新館 限界)이 정해졌다. 이들 규정은 1683년(숙종 9)의 계해약조와는 달리 동래부사와 관수 사이에 협의하여 정약한 것으로, 계해약조가 체결됨으로써 양국 간에 공인된 규약으로 확정되었다. 물론 그 이후에도 조선과 일본(쓰시마)은 문제가 생길 때마다 수시로 약조를 보완해 갔다.

왜관에서 양국인 간의 접촉으로 인해 문제가 된 마찰, 즉 '훤화'에 대한 규정은 기유약조가 체결된 지 30여 년이 지나면서 보인다. 사료에 의하면, 최초의 기록은 1648년(인조 26) 9월 기록이다.[8] 이에 의하면 사건은 왜관의 동관 조성 差使員이었던 다대포첨사가 말을 타고 왜관의 대관가 앞을 지나가다가 말에서 내리지 않았다는 이유로 대관의 하왜가 다대포첨사의 말을 채찍질하면서 다대포첨사가 말에서 떨어지는 사태가 발생한다. 당시 동래에서는 왜관에 문제를 야기한 하왜에 대한 처벌을 요구하였다. 사건 직후 조선의 요구를 둘러싸고 서로간에 상당한 논쟁이 진행되었으나 결국에는 쓰시마가 과실을 인정하는 서계를 보내오고, 문제의 일본인은 쓰시마로 이송하고, 관수와 일대관·이대관을 교체하는 것으로 마무리되었다. 이 사건은

---

7) 長正統, 「路浮稅考」, 『朝鮮學報』 58, 1971, 2쪽.
8) 『邊例集要』 권14, 「潛商路浮稅幷錄 附雜犯」 戊子(1648년); 『分類紀事大綱』 권30 「日本人朝鮮人喧嘩一件」

이후 양국 간 '훤화' 사건을 처리하는 전례가 되었다.9)

한편, 양국 간의 조약에서 '훤화'에 관한 규정은 1653년(효종 4) 쓰시마에서 작성하여 조선에 제출한 왜인서납약조10)에 처음 나오는데, 사자로 조선에 나온 일본인의 불경스러운 태도에 대한 언급이 나온다. "送使出來者는 조선 사람과 말을 다투어 서로 겨루지 않는다", "무릇 왜인은 조선 사람을 접함에 극히 공손한 태도로 대한다"라는 조항이다.11)

초량왜관이 완성되기 1년 전인 1677년(숙종 3) 12월 동래부사 李馥은 초량왜관에서 재개된 업무의 관리를 위해 관련 절목을 명확히 정하고, 조정에 이제부터는 왜관 실무자 선에서 이루어지는 사사로운 약속으로 그칠 것이 아니라 문위행을 통하여 쓰시마와 직접 협의하여 약조를 정할 것을 건의하였다.12) 그리고 그 준비 단계로 이듬해 관수와 논의하여 조시약조를 체결하였다.

조시약조는 내용 면에서 계해약조의 토대가 된 것으로, 조정에서는 약조에 보다 강제력을 부여하기 위하여 1682년 통신사를 매개로 쓰시마 도주와 직접 교섭을 통한 약조체결을 추진한 것이다. 조시약조의 "오일잡물을 지급할 때에는 전례대로 동래부가 정해서 보내온 색리가 수를 대조하고 계산하여 주는데, (왜관에서는) 조금이라도 마음에 들지 않으면 문득 화를 내고 사

---

9) 『邊例集要』 권13, 「闌出」 庚寅(1710년) 3월
"庚寅(1710년)三月 府使權以鎭時……在前己丑冬間 以代館倭從人 扶執多大僉使事 撤市撤供是白如可 待島中捉去 館守代官治罪後 致書摧謝 而扶執從倭死生乙 請於廟堂 然後方許依前是白去乎 此最今日之可依以施行事 啓"
10) 『增正交隣志』 권4, 「約條」
『변례집요』 권5, 「약조」에는 '倭人禁條'로 되어 있으며 "2월 本府(동래부)에서 禁條를 정하여 馳啓하였는데, 조정에서 강정하여 頒下한 후 왜인이 이 금조를 推定하였다"고 부기되어 있다. 그리고 권9, 「開市」에서는 "4월 관수·대관왜 등이 써서 바친 금조를 판에 새겨 왜관 안에 걸었다"라고 되어 있다.
11) 『增正交隣志』 권4, 「約條」
12) 『邊例集要』 권5, 「약조」

람을 잡아끌어 때리니 이는 두 나라의 성신의 도가 아니다. 앞으로는 비록 뜻에 맞지 않은 일이 있더라도 동래부에 조용히 알려서 처리하도록 한다"라는 내용은 계해약조에서 그대로 반영되었다.

계해약조에서 "오일잡물을 들여보내 줄 때 색리·고자·소통사 등을 왜인이 절대로 끌어내어 때리지 말도록 한다"와 "피차간에 죄를 범한 사람은 모두 관문 밖에서 형을 행한다"[13]라고 하여 관왜들이 조선의 하급 왜관업무 종사자(率屬)에 대해 구타하는 행위를 금지하며, 죄를 범했을 때 行刑 조항을 구체적으로 포함하였다.[14] 또한 조선과의 사이에 외교의례나 무역업무

---

13) 『通信使謄錄』 4 임술(1682년, 숙종 8) 11월 30일, 「約條定奪」에는 "오일잡물을 관왜에게 지급할 때는 전례대로 동래부에서 관리를 보낸다. 관리는 庫直輩를 데리고 館門에 들어가 수를 대조하여 계산해 지급한다. 지급할 때 혹 사소한 불만이 있으면 왜인은 그 시비를 묻지도 않고 문득 화를 내어 색리·고자·소통사·부장문직 등을 막론하고 사사로이 잡아 끌어내어 구타하여 심지어 의관이 찢어지고, 몸을 다치기까지 하니 이는 두 나라의 성신의 도가 아니다. 이후로는 절대로 이러한 폐습을 밟지 말 것이며, 비록 때때로 뜻이 맞지 않는 일이 있으면 동래부에 고하여 좋게 처리해야 한다는 뜻을 명백히 할 것"이라고 되어 있다.

14) 『增正交隣志』 권4 「約條」에 의하면 당시 약조의 내용은 다음과 같다.
"금표로 정한 경계 밖에서 크고 작은 일을 막론하고 함부로 나가 경계를 범한 자는 一罪로 다스린다. 路浮稅를 현장에서 잡았을 때는 준 자나 받은 자 모두 一罪로 다스린다. 소위 노부세라는 것은 왜채를 말한다. 개시 때 몰래 각방에 들어가서 남모르게 서로 매매한 자는 피차 각각 一罪로 다스린다. 오일잡물을 들여보내 줄 때에 색리·고자·소통사 등을 왜인이 절대로 끌어내어 때리지 말도록 한다. 피차간에 죄를 범한 사람은 모두 관문 밖에서 형을 행한다. 對馬島 奉行 平眞賢 등 5인이 이름을 써서 가져왔기에 이를 돌에 새겨서 경계를 정한 곳에 碑를 세웠다"
한편 『변례집요』 권5 「약조」에는 이 5조목이 1682년(숙종 8년) 통신사행 당시 약정된 것으로 기록되어 있다. 그러나 『통신사등록』 4에 의하면 통신사행이 귀국한 이후 11월 12일 閔鼎重이 7조목을 牌에 새겨 왜관 안에 세울 것을 진언하고 이후 7조목을 모두 돌에 새기는 것은 불가능하므로 왜관의 경계와 관련된 세 조항을 하나의 항목으로 해야 한다는 등의 논의가 이루어지고 있어서 5조목이 통신사행에 의해 완전히 약정되었다고 볼 수 없다는 견해도 있다(김건서 저, 하우봉·홍성덕 역, 『국역증정교린지』 134쪽, 주 29)).

를 수행하는 데 있어서 업무지침서이며, 동시에 왜관 일본인의 생활과 행동을 통제하기 위한 지침이었던 倭館壁書15)에도 왜관 내에서 장기·습관적으로 술에 취해서 미쳐 날뛰는 酒亂·훤화·언쟁, 조선인과의 사적인 서장 교환을 금한다고 규정되어 있다.

물론 왜관벽서는 쓰시마인이 왜관에서 생활할 때 주의해야 할 사항을 열거해 놓은 것으로, 쓰시마로부터 관수를 통해서 전달된 것이다. 위의 규정들이 왜관 내 일본인, 즉 관왜들이 조선인에게 행한 행패를 규제한 것이라면, 관왜를 구타한 조선인에 대한 처벌 규정은 1703년(숙종 29)에 정해졌다. 이때 왜관의 일본인을 구타한 조선인에게는 定配와 徒配이라는 귀양형이 정해졌다.16)

어떻든, 왜관에서 발생한 조일 양국인의 물리적 충돌에 관한 규정은 두모포왜관 시절인 1653년(효종 4)부터 논의되어 왜관 관리 책임자라고 할 수 있는 동래부사와 관수 선에서 논의되고 처리되었던 것이 1683년 계해약조를 통해 공식적인 규정으로 성립된 것이다. 계해약조의 주요 내용은 난출, 밀무역, 훤화 등에 관한 것인데, 이것은 난출·밀무역·훤화가 왜관이 안고 있는 가장 큰 문제이자 조선측의 가장 큰 고민이기도 하였음을 보여준다.17)

어떻든 조일 양국은 상당히 이른 시기부터 왜관에서 발생한 양국인 간의 물리적 충돌을 심각한 문제로 인식하였기 때문에 조선 조정에서는 초량으로 왜관 이전을 계기로 왜관의 통제강화와 전면적인 쇄신을 모색하게 되었고, 그 결과 조약 내용에도 포함시킬 수 있었던 것이다. 그럼에도 조약 내용은 주로 조선 측이 왜관 업무를 수행하는 과정에서 발생하기 쉬운 마찰에

---

15) 왜관벽서는 이후 1683년(숙종 9) 계해약조의 체결에 호응하여 새로운 벽서 26개 조로 정리되어 같은 해 4월 제20대 관수인 平田齋宮에게 전해진 이래 왜관에서 일본인 통제는 이것을 통해 이루어진 것으로 보인다.
16) 『新補受教輯錄』「刑典」 禁制
  "闌倭館 打傷倭人罪人 不限年定配 餘徒配 康熙癸未承傳"
17) 田代和生, 『倭館-鎖國時代の日本人町』, 文藝春秋. 2002, 155쪽.

대한 규정일 뿐, 양국인 개개인 간의 사적인 관계 속에서 발생한 사건에 대한 처벌 규정은 없다. 그나마 정해진 규정조차도 종종 지켜지지 않아서 사건이 발생하면 사건의 처리를 둘러싸고 양국 간의 논쟁이 상존할 수 밖에 없었다.

3. 조일 양국인의 물리적 마찰 실태

여기에서는 훤화가 사건으로 확대되어 기록에 남아 있는 것만을 정리한 것이다.18) 조선 측 사료로는 『변례집요』, 『조선왕조실록』, 『증정교린지』를, 일본 측 사료로는 쓰시마종가문서인 『分類紀事大綱』 권31을 이용하였다.

〈표 1〉 왜관에서 발생한 양국인의 '훤화' 일람표

연번	연도	피해자	가해자	사건 개요(조선측)	관련자 처리	기타(출처)
1	1648년 (인조26)	多大僉使	下倭輩	下倭輩가 다대포 첨사 趙光瑗이 탄 말을 채찍으로 쳐서 첨사가 낙마함.	下倭輩 對馬島 이송	(변,분류,인조실록)
2	1663년 (현종4)	소통사 金達伊	관왜 哲藏 主内, 仁兵衛	仁兵衛와 朴龍甲이 다투는 것을 소통사 金達伊가 말리면서 仁兵衛의 난출을 꾸짖자 칼로질러 죽임	仁兵衛 관문밖 효시	1663년 문위행 통해 해결 도모, 노부세 (중,변,분류)
3	1663년 (현종4)	동래부사	封進倭人	平義眞送使의 路次宴의 中盃禮時 접대를 소홀을 이유로 봉진왜인이 칼을 빼어든 사건	미상	(변,분류)
4	1665년 6월 22일 (현종6)	扇利兵衛	조선인들	送使가 渡日하면서 일이 있어서 扇利兵衛가 다대포를 통하여 왜관에 돌아가려 하자 다대포첨사가 저지한 사건으로 당시 조선인들이 扇利兵衛를 구타함		(분류)
5	1671년 8월 (현종12)	五日庫子 安五乙未	第1送使船 鈴木與八郞의 부하 加左衛門	入給米의 질이 좋지않다고 還刀로 五日庫子를 다치게 한 사건	조선측에 칼을 빼앗겨 島中押送을 위해 館獄에 가둠	(분류)
6	1672년	宮崎庄兵衛	金於夫同	왜관에 사는 宮崎庄兵衛가 김어부동에	김어부동은 관문 밖 효	오일잡물 지급

---

18) 물론 <표1>은 잠정적인 통계이다. 현재 남아 있는 『館守日記』 등을 포함한 각종 대마종가문서 등을 더 조사한다면 이보다 훨씬 많은 사례를 찾아낼 수 있을 것이다.

연번	연도	피해자	가해자	사건 개요(조선측)	관련자 처리	기타(출처)
	3월 (현종13)		(金未山, 崔鳳鶴, 崔卜守, 金奉生, 어부동 처, 처남 戎先, 최웅선, 全宋古致)	개 빚을 받으러 나갔다가 살해당함	시, 최웅선, 全宋古致, 김미산은 嚴刑, 부채인 최복수·김봉생 嚴囚, 후에 최복수·김봉생은 정배, 최봉학·김미산은 석방	(변,분류,현종실록)
7	1678년 4월 (숙종4)	부산첨사	下倭	부산첨사가 왜관선창의 形止를 살피고 가는 도중 왜인들이 소통사에게 던진 돌맹이가 부산첨사에게 날아감	投石倭人 島中押送	路浮稅 (변,분류)
8	1681년 4월 (숙종7)	庫直	館倭	관왜가 庫直을 찔러 죽임	예조에서 쓰시마에 통보하여 償命함	(숙종실록)
9	1683년 (숙종9)	조선인	大工	왜관에 있는 창고(御藏) 수리차 왜관에 온 大工이 술에 취해서 조선인에게 상처를 입힌 사건		(변)
10	1684년 4월 (숙종10)	五日庫子 安白只	田嶋十郎兵衛(平成太)의 下倭 3인	제1특송사 熟供時에 魚膾의 불만으로 五日庫子와 다투다가 구타하여 사망	왜인을 행형할 것을 요구. 島中押送	(분류)
11	1686년 5월 (숙종12)	守門部將 金士立	町人橋本喜左衛門	동래부의 서리 崔尙櫟이 부채를 갚지 않고 죽자 守門部將 金士立에게 그의 아들 崔再業을 불러줄 것을 요청하였으나 거절하자 金士立에게 칼을 빼듬	帶劍을 조선인에게 빼앗긴 것으로 島中縛送 處斬할 것이라고 왜관에서 전해 옴	오일잡물 지급 (변,분류)
12	1697년 9월 (숙종23)	御鐵砲市右衛門	부산포 거주 조선인 3인	울릉도를 둘러싸고 서계개찬을 요구할 목적으로 송사왜관 관왜들이 난출을 하였다가 조선인에게 御鐵砲市右衛門이 구타당한 사건	일본 측이 관련자 처벌을 포기	(변,분류)
13	1704년 7월 (숙종30)	小通事 金銀奉	右衛門	김은봉이 부채를 갚지 않고 매일 욕설을 하여 칼로 살해함	관문 밖 효시	노부세(변)
14	1707년 6월 (숙종33)		漂倭	왜선이 밤에 표류해 왔는데, 많은 사람이 에워싸자 두려워 겁을 먹고 칼을 휘두름	동래부사가 쓰시마에 알림	(숙종실록)
15	1712년 6월 (숙종38)	牧場人辛尙禮	下倭 伴七·茂左衛門	술에 취한 왜인이 왜관 밖 柴炭幕 근처에서 신상례를 칼로 찌른 사건	奉限을 기다려 상처가 다 아물자 島中縛送	시탄지급 (분류)
16	1716년 12월 (숙종42)	通事·部將 野鶴放買人	下倭 2인	왜관에 炭石이 지급되지 않는 것에 불만을 품은 왜인이 通事·部將을 구타하고 野鶴放買人의 삿갓을 빼앗아 간 사건	문제의 두 왜인을 島中捉送, 僻村에 귀양	柴炭支給(변)
17	1756년 11월 (정조10)	草梁村民 秋應德	관왜 喜六	柴炭 미지급에 불만을 품은 왜인 23인이 난출. 炭通事는 만나지 못하고 부채를 갚지 않은 추응덕을 만나 구타하여 살해.	관수의 심문 도중 喜六 사망 범행에 관여한 23명이 對馬島로 압송	노부세 (증,변,정조실록)
18	1824년 4월	下倭 7명	豆毛鎭의 鎭屬	하왜 7명이 술에 취해서 社日19)에 행패를 부리며 두모진에 들어오자 시함	관수가 도중 박송을 제시함	(순조실록)

연번	연도	피해자	가해자	사건 개요(조선측)	관련자 처리	기타(출처)
	(순조24)			두모진의 진속이 구타함		
19	1824년 4월 (순조24)	접위관을 배행하는 通引	왜인 수십명	진도의 표류민을 대리고 온 왜인을 접대하는 茶禮에서 왜인 수십명이 通引에게 행패를 부리다가 해산한 사건	관수가 도중 縛送을 제시함	조선관리구타 (순조실록)
20	1829년 3월 (순조29)	通事 裵末敦	관왜 松井龜治	사소한 말다툼으로 裵末敦의 다리를 칼로 찔러 60일후에 배말돈이 사망	조선측이 對馬島도 압송하여 사형 다음에 가는 형을 시행하도록 요구함.	(순조실록)
21	1829년 9월 (순조29)	炭軍 金正月의 子	西館下倭	서관 거주 왜인이 炭軍 金正月의 아들을 구타한 사건	재판왜와 관수왜를 책유함.	시탄지급 (순조실록)

* <표1>은 『分類紀事大綱』은 분류, 『조선왕조실록』은 각 실록, 『증정교린지』는 증, 『변례집요』는 변으로 표기하였음.
* 인명의 경우 일본인은 『分類紀事大綱』을, 조선인은 조선 측 자료를 중심으로 작성하였음.
** 사건 일자는 사건의 발생 일을 우선으로 함. 단 不明인 경우에는 첫 기사를 기준으로 하였음.

1) 조선인의 행패 사건

양국인에 있었던 총 21건의 물리적 마찰 사건 가운데 조선인이 일본인에게 폭행을 가한 사건은 4건이다.

① 1665년(현종 6) 6월 사건은 쓰시마로 사송선이 날씨가 좋지 않아 다대포에 임시로 정박해 있을 때 대관의 용무로 다대포에 왔다가 왜관으로 돌아가려던 오우기 도시베(扇利兵衛)를 다대포첨사가 저지하면서 발생한 조선인의 일본인 구타사건이다. 다대포첨사는 왜관의 일본인이 왜관 밖을 나올 때는 사전에 훈도와 별차를 통해 동래부와 다대포첨사에게 알려야 했는데 사전에 절차를 지키지 않았다고 판단한 것이다. 왜관에서는 다대포와 왜관 간의 일본인 왕래 사실은 굳이 알릴 상황이 아니라고 하며 동래부사

---

19) 社日: 입춘·입추가 지난 뒤 다시 다섯 번째의 戊日. 입춘의 것을 春社, 입추의 것을 秋社라고 하는데 춘사에는 곡식의 발육을 빌고, 추사에는 그 수확을 감사한다.

와 협의하였다. 결국 재관 일본인의 다대포 출입은 문제가 없는 것으로 협의되고, 오우기 도시베를 구타한 조선인은 동래부의 감옥에 가두고 조정의 답을 기다리는 것으로 처리되었다.[20]

② 1672년(현종 13) 3월 사건은 밀무역과 관련된 것으로 양국이 모두 심각한 불법행위로 간주된 왜채, 즉 노부세와 관련된 것이다. 왜관에 거주하던 宮崎庄兵衞(미야자키 쇼효에)가 조선인 金於夫同에게 빚을 받으러 왜관 밖에 나갔다가 온몸이 칼에 찔린 채 익사 상태로 부산 선창에서 발견된 사건이다.[21] 왜관에서는 곧바로 김어부동을 용의자로 체포하여 동래부로 신병을 넘겼다. 동래부에서 사건의 진상을 조사한 결과, 김어부동 외에도 재관 일본인에게 부채를 진 최복수·김봉생, 처 최소사, 장인 최봉학, 처남 최융선 등 다수가 직간접으로 관련된 사건이었다.[22] 김어부동은 관문[23] 효시형에 처해졌고, 빚을 진 최복수와 김봉생은 정배형에 처해졌으며, 김미산 등은 풀려나는 것으로 사건이 종결되었다. 사건을 처리하는 과정에서 쓰시마는 "일본에서는 살인한 죄인의 경우 처자, 형제까지 사형(同罪)으로 처분한다"라는 일본 국내법을 들면서 범인의 처자, 형제까지 연좌죄의 적용을 요구하기도 하였다.[24] 그러나 그것은 받아들여지지 않았다.

---

20) 「日本人朝鮮人喧嘩一件」
21) 『邊例集要』 권14, 「雜犯」 壬子(1672년) 3월; 「日本人朝鮮人喧嘩一件」
22) 『숙종실록』 숙종 1년 윤5월 3일 경인에는 김어부동의 사건을 일본인에 강간사건으로 파악하고 있다. "비변사에서 '어부동이 왜인이 자기 아내를 간통함을 보고 그 왜인을 쳐 죽여 바다에 던진 일이 있었습니다. 그를 參見한 사람들이 여러 차례 刑訊을 받았지만, 아무런 단서가 없으니 석방하여 마땅할 듯합니다'라고 하니, 임금이 윤허하였다."라고 되어 있다.
23) 왜관 밖 二嶽을 말한다. 二嶽은 小田幾五郎의 『草梁話集』의 '二山谷(セサンゴリ)'를 가리키는 것으로 추정되며, '쌍골(セサンゴリ)'라는 음이 붙어 있다. 아마도 구덕산과 쌍벽을 이루었던 것 같다. '쌍골'은 '雙山'·'雙岳'·'兩山'이라 불리우던 영선산을 말하는 것으로 생각되는데, 이 영선산은 1909년~1912년까지의 착평공사 때 없어졌다(이훈, 위의 논문, 120쪽, 주25)). 이곳에서는 왜관 관련 양국인 범죄자뿐만 아니라 왜관 내에서 죄를 범한 일본인에 대해서도 사형이 행해졌다.

③ 1697년(숙종 23) 8월에 일어난 사건은 '울릉도 쟁계'[25])의 연장선상에서 비롯된 것이다. 쓰시마가 조선이 보낸 회답 서계의 개찬을 요구하면서, 관왜 132명이 왜관 밖으로 나오는 난출한 것이 발생하였다. 이들 가운데 5,6명이 부산첨사와의 면담을 요구하면서 칼을 휘두르자 이를 제지하던 조선인들이 일본인에게서 칼 두 자루를 빼앗고 그들을 구타하였다.[26]) 조선에서는 이 사건을 관왜의 불법적인 난출로 간주하여 대응하였으며[27]), 반면 쓰시마에서는 일본인이 조선인에게 행패를 당한 사건으로 규정하고, 가해 조선인의 색출을 요구하였다. 이 사건은 조선인이 일본인에게 물리적 행위를 가한 사건임에도 불구하고, 평소 범인색출에 적극적이었던 쓰시마가 이 사건에서는 오히려 소극적인 태도를 보였다는 점이 주목된다.[28]) 이는 쓰시마가 사태의 확산을 우려하거나, 조선과의 외교적 마찰을 회피하려는 의도를 반영한 것으로 보인다.

④ 1824년(순조 24) 사건은 社日을 맞이하여 왜관을 나갔던 하왜 7명이 豆毛鎭에 허락없이 들어가 술에 취한 채 행패를 부린 데서 비롯되었다. 이를 제지하던 두모진의 진속이 하왜들을 쫓아내는 과정에서 물리적 충돌이 발생하였고, 하왜가 구타를 당하는 상황으로 이어졌다. 이 사건은 마침 일

---

24) 「日本人朝鮮人喧嘩一件」
25) 1693년(숙종 19) 울산의 어부 안용복의 울릉도 도해를 계기로 일본이 울릉도 해역에서 조선인의 어업을 금지하면서 시작된 사건이다. 이 사건을 계기로 울릉도의 영속 및 어업권을 둘러싼 조일 양국간의 시비가 있었으나 이후 1696년 德川幕府가 일본인의 울릉도 도해 및 어업활동을 금지함으로써 사건은 일단락되기 시작하였는데, 최종적인 종결은 1699년에 이르러서야 이루어졌다(졸고, 「17세기 후반 '鬱陵島爭界'의 종결과 對馬島(1696~1699년)」, 『한일관계사연구』 45, 2013).
26) 『邊例集要』 권13 「闌出」 丁丑(1697년) 8월; 「日本人朝鮮人喧嘩一件」
27) 조선 측 사료인 『邊例集要』에는 이 사건이 권13 「闌出」 조항에 기록되어 있다, 한편, 일본측 사료인 『分類紀事大綱』에는 권30, 「日本人朝鮮人喧嘩一件」에 기록되어 있다. 이는 양국이 사건을 보는 시각에 극명한 차이가 있음을 보여준다.
28) 이 사건의 상세한 내용에 대해서는 다음 장에서 다루고자 한다.

본에 표류한 지도 사람들의 호송을 위해 건너 온 표차왜 일행이 다례 석상에서 조선인 통인에게 행패를 부린 사건과 시기적으로 겹쳐 발생하였다. 『순조실록』에 따르면 사건의 전말은 다음과 같다.

비국에서 아뢰기를, "방금 동래부사 李奎鉉의 장계를 보니, 접위관 慈仁縣監 睦台錫의 移牒을 낱낱이 들어 말하기를, '옛날 왜관의 뒷산은 바로 두모진과 아주 가까운 땅인데, 왜인이 사일에 왕래할 때 하왜 7명이 술에 취해 행패를 부리면서 該鎭에 함부로 들어오므로 진속이 비로소 내쫓고자 하다가 마침내는 서로 때리며 싸웠는데, 두 명이 진속에게 맞았다고 합니다. 그리고 진도의 표류민을 데리고 온 왜인을 접대하는 다례 때에 본진의 통인이 으레 접위관을 배행하는데, 왜인 수십 명이 뜰에 가득히 모여서 외쳐대고, 혹은 대청으로 올라와 외치면서 반드시 통인을 찾아내어 분을 풀려고 하다가 任譯輩들이 여러 차례 책망하여 타이르자 비로소 해산하였습니다. 저들이 왕래하는 것은 본디 정해진 경계가 감히 넘을 수가 없는 것이 약조인데, 鎭衙에 함부로 들어온 것도 이미 범금한 것이며 연향례 후에 행패를 부린 것은 더욱 아주 놀랍습니다. 방금 관수왜를 책유하여 엄하게 다스리도록 하였는데, 저들이 이른바 '묶어서 섬으로 보내 벌을 주겠다'고 하는 것은 징벌로 부족하니, 이전의 법례에 의해서 관수왜에게 공급하는 것을 몇 개월을 한정하여 撤罷해서 警飭하는 일을, 청컨대 묘당으로 하여금 품처하게 하소서"라고 하였습니다. 진아에 함부로 들어오고 연청에서 행패를 부린 것은 모두 왜인이 스스로 지은 허물이니, 만약 관수왜로 하여금 엄히 단속하게 했다면 이런 하찮은 일이 어찌 조정에까지 알리는 지경에 이르렀겠습니까? 일을 잘 처리하지 못한 해당 鎭將은 이미 감죄하여 파직을 행하였는데, 유독 소란을 피운 왜인만을 어찌 아끼겠습니까? 倅臣의 장계 내용에 철공하기를 청하였으니, 깊이 변문의 守法하는 뜻을 얻었습니다. 다만 생각건대 소란을 피운 왜인은 바로 하왜로 무지한 무리인데, 한때 술에 취해서 한 일이며 처음부터 크게 변정과 관계되지 않으니, 중벌을 시행하는 것은 도리어 관용의 은전을 베푸는 도리에 흠이 됩니다. 청컨대 졸신으로 하여금 이 稟覆한 말의 뜻을 가지고 관수왜에게 엄중히 칙유하여 덕의를 알게 하고, 인하여 그들의 예에

의해 섬 가운데로 묶어 보내어 다시는 시끄럽게 하지 못하도록 해야 하겠습니다.」하니, 윤허하였다.29)

결국 조선은 일본인들과 물리적으로 충돌한 두모진의 진속에 대해서는 처벌하지 않았으나 사건 발생의 책임을 물어 해당 鎭將의 관리 소홀에 대해서는 문책 조치를 내렸다. 한편 약조의 규정을 위반하고 정해진 경계를 넘어 왕래하는 일본인에 대해서는 범금을 근거로 처벌을 요구하였다.

조정에서는 왜관에 대해 철공철시를 시행할지 여부를 두고 논의가 진행되기도 하였으나, 우여곡절 끝에 위 두 사건은 '무지한 무리의 일탈'로 간주하기로 하고, 관련 일본인들을 쓰시마로 압송할 것을 요구하였다. 결국 왜관에서는 조선의 요구에 따라 사건에 연루된 일본인들을 처벌하는 것으로 사건을 종결지었다.

여기에서 주목할 점은 조선인에 의한 행패 사건이 모두 왜관 밖에서 발생하였다는 것이다. 그리고 왜관의 공식 업무 수행 중 발생한 구타나 살인 사건과는 달리, 비공식적인 외부 사건에 대해서는 가해 조선인에 대한 쓰시마의 처벌 요구가 적극적이지 않았다. 이는 왜관 내 일본인의 왜관 밖 무단 이동이 엄격히 금지된 상황과 밀접한 관련이 있으며, 왜관 밖에서 발생한 사건이라는 점이 쓰시마 측의 소극적 태도에 영향을 미쳤을 것으로 보인다.

2) 일본인의 행패 사건

왜관의 일본인이 조선인에게 가한 행패 사건은 모두 17건으로, 자세한 내용은 다음과 같다.

① 1648년(인조 26) 다대포첨사 조광원은 동관 수리와 관련한 업무를 위해 왜관에 출입하였다. 이 과정에서 대관의 하왜로 인해 말에서 떨어지는 사고를 당하였다. 이 사건은 양국 모두의 공식 기록에 최초로 등장하는 물

---

29) 『순조실록』 순조 24년 4월 경신(27일)

리적 마찰 사례로 평가된다.

　1607년(선조 40)에 조성된 두모포왜관은 초기부터 왜관으로서 구조적 한계를 지니고 있었다. 짧은 시일 내에 급히 필요한 시설 위주로 조성되었으며, 일본인의 장기 체류를 배제하고 그들을 회유하며 전쟁 재발을 방지하는 데 목적이 있었던 탓에 공간은 협소하고 습기가 많았다. 또한 선창이 남풍에 노출되어 있어 선박의 정박에도 부적합한 입지였다. 더욱이 17세기 중엽에 들어 조일 간 무역량이 증가함에 따라 왜관 내 체류 인원이 늘어나면서 공간 부족 문제는 더욱 심각해졌다. 이에 따라 쓰시마 측은 왜관 확장을 반복적으로 요청하였다. 이 시기에도 왜관 측은 동래부사 閔應協에게 뒷마당이 협소하다는 이유로, 후방 담장을 물려 쌓아줄 것을 요구했으나 조선은 이를 허락하지 않았다.

　그럼에도 왜관에서는 계속 고집을 부리며 확장을 요구해 오자 다대포첨사 조광원은 왜관의 지형을 직접 확인하기 위해 현장을 방문하게 되었다. 조광원이 말을 탄 채 대관가 앞을 지나던 중 대관의 하왜들이 조광원이 말에서 내리지 않은 것을 문제 삼아 그의 말을 채찍질하였고, 이로 인해 조광원이 낙마하였다.[30] 이 사실은 곧바로 쓰시마로 전달되었는데, 쓰시마의 초기 주장은 "외대청(연향청)의 중문 안에서는 양국인 모두 말에서 내려야 하는 것이 관례"라고 주장하면서[31] 하왜의 과실을 부정하였다.

　이에 대해 조선 조정에서는 사태의 책임을 물어 양역을 처벌하고, 다대포첨사와 동래부사를 파직하였다. 동시에 왜관에 대해 '철공철시'를 단행하여 쓰시마 당국의 공식 사과와 관련자 처벌을 압박하였다.[32] 결국 쓰시마에서는 차왜 후지 도모나와(藤智繩)를 파견하여 과실을 인정하는 서계를 조

---

30) 『인조실록』 인조 27년 4월 신축(13일).
31) 『分類紀事大綱』 권31, 「日本人多大浦之地頭を致擲一件」.
32) 『邊例集要』 권14, 「雜犯」 戊子(1648년) 12월, 己丑(1649년) 2월.
　　당시 조선의 왜관에서 撤供撤市는 이듬해 2월에 가서야 復設되었다.

선에 보내오고, 문제를 일으킨 일본인은 쓰시마로 이송하였다. 또한, 사건 수습 차원에서 관수·일대관·이대관을 모두 교체하는 조치를 취하면서 사건은 일단락되었다.33)

② 1663년(현종 4) 3월에는 데쓰조(哲藏), 슈나이(主內), 진베에(仁兵衛) 등 3명의 일본인이 조선인에게 빌려준 왜채를 받기 위해 왜관 밖을 나갔다가 진베에가 소통사 金達伊를 살해한 사건이 발생하였다. 진베에 등은 朴龍甲에게 빚을 받기 위해 왜관 밖으로 나갔다가 부산진 근처에서 박용갑과 다투던 중, 김달이가 박용갑을 도와 말리는 과정에서 진베에가 칼로 김달이의 이마를 찔러 살해한 것이다.

동래부는 양역을 통해 왜관에 사건의 전말을 전하고, 가해자의 신병을 왜관으로 넘겼다. 그리고 살인자는 사형에 처하는 '傷命의 律'로 가해 일본인의 처벌해 줄 것을 왜관에 요구하였다. 그러나 사건은 쉽게 종결되지 않았다. 왜관에서는 채무자인 박용갑에 대한 처리 결과를 확인한 후 가해자에 대한 처벌 여부를 결정하겠다는 미온적인 태도를 보였고, 동래부는 박용갑을 옥에 가둬 둔 상태에서 진베에의 처리 결과에 따라 그를 처벌하겠다는 입장이었다.

이처럼 쌍방 간의 입장차로 사건이 장기화되자, 조정에서는 문위행을 통해 쓰시마 당국과 직접 해결하겠다는 강경한 입장을 표명하였다. 결국 관왜의 난출을 금하지 못한 훈도와 별차·守門把守 등은 그 책임을 물어 동래부사와 부산첨사의 입회하에 곤장형을 받았다. 왜관에서는 진베에를 관문 효시하였고, 박용갑 역시 동래부의 처벌을 받음으로써 사건은 마무리되었다.34)

---

33) 『邊例集要』 권13, 「闌出」 庚寅(1710년) 3월.
34) 『邊例集要』 권14, 「雜犯」 癸卯(1663년) 2月, 3월; 「日本人朝鮮人喧嘩之一件」
　　한편, 『備邊司謄錄』 숙종 15년 3월 7일에는 소통사 김달이가 관왜와 밀무역 과정에서 생긴 왜채를 갚지 않고 그 기한도 다 되었던 터라 채무를 독촉하는 과정에서 다투다가 사건이 발생하였다고 기록되어 있다.

③ 1663년 9월 平義眞送使를 위한 路次宴에서 中盃禮를 진행하던 중, 봉진왜인이 정관에 대한 접대가 미흡하다는 이유로 동래부사 앞에서 칼을 빼어 들고 위협하는 사건이 발생하였다. 봉진왜인의 행패는 대관왜 등의 저지로 중단되었으나, 동래부사는 공식적인 자리에서 모욕을 당했다는 이유로 접대 임무를 수행할 수 없다는 입장을 표명하며 비변사에 사직을 요청하였다. 그러나 조정은 이를 받아들이지 않았다.35)

④ 1671년(현종 12) 8월 동래부사 鄭晢의 재임 중에 발생한 사건이다. 세견선 사자인 스즈키 요하치로(鈴木與八郎)의 부하 가자에몬(加左衛門)이 왜관에 들여보내는 쌀(入給米)의 질이 좋지 않다는 이유로 오일고자 安五乙未의 머리를 환도로 내리쳐 중상을 입혔다. 사건 발생 당시 동래부는 피해자 안오을미가 사망에 이를 정도의 중상이라고 판단하여 관수에게 가해 일본인을 사형에 처할 것을 요구하였다.

그러나 시일이 지나면서 안오을미의 상처가 호전되어 생명에 지장이 없게 되자, 왜관에서는 처벌없이 사건을 종결한 것으로 보이며, 사건 당시 가자에몬이 휴대하고 있던 칼을 조선인에게 빼앗긴 것에 대해서는 처벌을 내린 것으로 보인다.『변례집요』에는 "당시 차고 있던 칼을 빼앗겼으니 일본의 법에 따르면 이는 죽음에 해당하는 중죄이므로 마땅히 도중(쓰시마)으로 압송하여 법에 따라 처리하기 위하여 가두고, 금도왜에게 수직하도록 하였다"고 되어 있다.36) 이것으로 미루어 칼을 빼앗긴 가자에몬은 사자 스즈키 요하치로와 함께 쓰시마로 압송된 것으로 보인다.

⑤ 1678년(숙종 4) 4월 부산첨사가 초량왜관의 선창을 살펴본 후 부산진으로 돌아가던 중 한 일본인이 길을 비켜서지 않자 소통사가 꾸짖으면서

---

35)『邊例集要』권14,「雜犯」癸卯(1663년) 9월;「日本人朝鮮人喧嘩之一件」.
36)『현종실록』현종12년 9월 계유(25일);『변례집요』권14,「雜犯」辛亥(1671년) 9월;「日本人朝鮮人喧嘩之一件」. 한편,『현종실록』과『변례집요』에는 加左衛門이 可沙衛門으로 나와 있다.

발단되었다. 두 사람은 서로 잘못을 주장하다가 급기야 서로 돌을 던지는 사태로까지 번졌는데, 이때 일본인이 던진 돌맹이가 부산첨사에게 날아가 적중하였다.

이에 부산첨사는 돌을 던진 일본인을 결박하여 왜관에 신병을 인도하고 관수에게 엄중한 처벌을 요구하였다. 그러나 관수는 술에 취한 상태에서 소통사에게 돌을 던진 것이 실수로 부산첨사에게 적중한 것이라 주장하면서 처벌을 지연시켰다. 결국 동래부는 양역을 통해 관수에게 거듭 엄벌을 요구했고, 해당 일본인은 쓰시마로 압송된 것으로 사건은 마무리되었다.[37]

⑥ 1681년(숙종 7)에 발생한 사건으로, 관왜가 고직을 찔러 살해한 사건이다. 피해자가 고직인 점으로 미루어 왜관에 지급된 오일잡물이나 시탄 등의 공급지연과 관련된 갈등에서 비롯된 것으로 추정된다. 이 사건은 일본측 사료에는 보이지 않으며, 『숙종실록』에서도 사건 발생 연도의 기록에서는 확인되지 않는다. 다만, 1707년(숙종 33) 6월 기사에 전례를 언급하는 과정에서 단편적으로 언급되어 있는데, 사건은 예조가 쓰시마에 직접 통보하여 상명의 율로 처리된 것으로 보인다.[38]

⑦ 1683년 6월 왜관에 있는 창고(御藏)를 수리하기 위해 쓰시마에서 건너온 대공이 술에 취한 상태에서 조선인에게 상해를 입힌 사건이 발생하였다. 다행히 피해 조선인의 상처가 경미했기 때문에 왜관에서는 양역을 통해 은밀히 동래부에 통보하였다. 이에 대해 동래부에서는 아무런 회신이나 대응 조치를 취하지 않았으며, 사건은 별다른 논의없이 종결되었다.[39]

⑧ 1684년(숙종 10) 4월 24일 제1특송사에게 음식을 제공(熟供)할 때 차왜 다이라 나리쓰구(平成次, 田嶋十郎兵衞)의 하왜 3인이 지급된 생선 요리에 불만을 품고 오일고자 安白只를 구타한 사건이 발생하였다. 안백지는 이

---

37) 『변례집요』 권14, 「雜犯」 무오(1678년) 4월
38) 『숙종실록』 숙종 33년 6월 신축(20일)
39) 『分類紀事大綱』 권31, 「日本人多大浦之地頭を致擲一件」

후 5월 18일에 사망하였는데, 초기에는 동래부가 이 사실을 인지하지 못하였다가 안백지가 사망하면서 사건의 정황을 알게 되고 조정에도 보고되었다. 조정에서는 왜관에 전령을 보내 차왜를 꾸짖는 한편 검시하였으며, 관수에게는 가해 일본인 3인 모두의 처벌을 요구하였다. 그러나 조정의 논의가 사건 당시에는 아무런 말이 없다가 20여 일이나 지난 후에 사망했다고 엄한 처벌을 요구하는 것은 적절하지 않다고 결론이 나면서 사건을 숨기고 고하지 않은 수역과 훈도·별차 등을 처벌하는 선에서 사건은 마무리되었다.[40]

⑨ 1686년(숙종 12) 5월 왜관 수문부장 金士立이 관왜에게 구타당한 사건이 발생하였다. 이 사건은 노부세와 관련된 것으로, 사건의 개요는 다음과 같다. 제1특송사의 다례가 끝난 직후 일본인 1명이 칼을 빼들고 수문부장인 김사립을 습격하려 하였다. 해당 일본인은 김사립에게 채무자인 崔再業을 왜관으로 데려올 것을 요구했으나 오래도록 기다려도 최재업을 데려오지 않자 격분하여 폭력을 행사했다는 것이다.[41] 사건 직후 채무자 최재업은 곧바로 체포되었으나, 과거 그의 부친이 단지 5전의 왜채로 인해 세 차례나 형을 받은 전례가 있다는 점을 고려하여, 이번에만 특별히 처벌을 유예하고 석방하는 것으로 마무리되었다.[42]

⑩ 1704년(숙종 30) 7월 왜관 업무에 종사하던 소통사 金銀奉이 훈도의 심부름으로 왜관에 들어갔다가 우에몬(右衞門)에게 칼에 찔려 살해당한 사건이 발생하였다. 사건 조사 결과 우에몬은 김은봉에게 銀子 30兩을 빌려주었는데, 은봉이 빚을 갚지 않은 채 오히려 우에몬에게 욕설을 퍼부었다. 이에 우에몬은 격분하여 자신이 차고 있던 칼로 김은봉을 찔러 살해하고, 시신을 왜관 안에 위치한 중천에 유기하였다. 김은봉의 시신은 행방을 수색하던 조선인에 의해 발견되었다.[43] 이후 당시 김은봉을 살해한 관왜 우에몬

---

40) 『변례집요』 권14, 「雜犯」 갑자(1684년) 5월; 「日本人朝鮮人喧嘩之一件」
41) 『변례집요』 권14, 「雜犯」 병인(1686년) 5월
42) 『東萊府接倭狀啓謄錄可考事目』 효종 12년 병인 윤4월

은 관문 효시되었는데, 당시 동래부는 中軍과 將校를 보내 형의 집행을 직접 확인하였다.44) 이 사건은 조선 후기 왜관에서 왜채가 원인이 되어 살인으로 비화된 대표적인 사례로 언급된다.45)

⑪ 1707년(숙종 33) 6월에 왜선이 야간에 조선 해안으로 표류해 왔다. 동래부사는 사람을 보내 선박을 포위하였고, 이에 놀란 일본인들이 먼저 겁을 집어먹고 조선인들에게 칼을 휘둘러 찌른 사건이 발생하였다. 예조에서 곧바로 쓰시마로 통보해 처리하기에는 지나친 감이 있고, 반대로 왜관의 관수에게 처리하게 하는 것은 너무 미온적인 대응이므로, 동래부사가 쓰시마에 통보하여 처리하게 하는 것으로 처리되었다.46)

⑫ 1712년(숙종 38) 12월에 牧場人 辛尙禮가 왜관 밖에서 술에 취한 일본인의 칼에 찔리는 사건이 발생하였다.47) 동래부와 왜관에서는 辜限48)인 40일을 기다려 범인을 처벌하기로 합의하고, 그동안 피해자의 상처 치료를 위해 양측 모두 노력하였다. 다행히 피해자의 상처가 회복되자 범인은 쓰시마로의 압송으로 사건은 종결되었다.

⑬ 1716년(숙종 42) 왜관에 지급되는 시탄의 공급이 지연되자 이에 불만을 가진 하왜 2명이 조선측 통사와 부장 등을 구타하고, 인근에서 장사하던 두루미 장수의 삿갓까지 빼앗는 사건이 발생하였다. 이 사건은 문제를 일으킨 하왜들은 모두 쓰시마로 압송되어 벽촌에 유배되는 것으로 처리되었다.49)

⑭ 1756년(영조 32)에는 沙下面 신초량리에 거주하던 秋應德이 관왜에게

---

43) 한일관계사학회 편, 『譯註 교린제성』, 국학자료원, 2001, 19쪽
44) 『邊例集要』 권14 「雜犯」 甲申(1704년) 7월
45) 한일관계사학회 편, 『역주 교린제성』, 19쪽
46) 주 43)과 같음
47) 『변례집요』 권14 「雜犯」 壬申(1712년) 6월 ; 「日本人朝鮮人喧嘩一件」
48) 辜限은 保辜 기간을 가리킨다. 보고란 남을 상해한 사람에 대하여 맞은 사람의 상처가 다 나을 때까지 처벌을 보류하는 기간을 말한다.
49) 『변례집요』 권14 「雜犯」 丙申(1716년) 12월

구타를 당해 사망하는 사건이 발생하였다. 이 사건은 왜채와 관련하여 발생한 것이었다. 추응덕이 관왜 기로쿠(喜六)에게 오랫동안 물건값을 상환하지 않아 기로쿠가 추응덕을 폭행하였고, 추응덕은 사건 사흘 뒤 사망하였다. 조사 결과, 사건 당일 시탄의 공급 지연에 불만을 품은 관왜 23명이 시탄통사를 만나기 위해 무단으로 왜관 밖으로 나갔다가 통사는 만나지 못하고 우연히 채무자인 추응덕을 만나게 되어 언쟁 끝에 그를 구타한 것으로 밝혀졌다.50)

동래부는 이에 대해 강력히 항의하며, 관수에게 기로쿠를 사형에 처할 것과 난출에 가담한 관왜 23명을 쓰시마로 결박 송치할 것을 요구하였다. 또한 일본인들의 난출을 막지 못한 책임을 물어 훈도 鄭思鈺은 함경도 穩城府로, 별차 崔昌謙은 함경도 慶原府로, 설문장 文成豹는 평안도 渭原郡으로 귀양을 보내고, 부산첨사는 왜관 내 시탄 지급 기일을 어긴 책임을 물어 문초 후 귀양보냈다.

그러나 관수는 가해자 기로쿠에게 물고문을 하며 자백만 요구할 뿐 상명의 율에 따른 처분은 미룰 뿐이었다. 이에 동래부는 기로쿠가 범한 세 가지의 죄, 즉 난출, 살인, 노부세가 모두 사형에 해당한다는 사실을 들어 지속적으로 형 집행을 요구하였다. 결국 이듬해 1월 기로쿠는 심문 중 물고문을 견디지 못하고 사망하고 말았다. 당시 조선에서는 이 사건의 처리에 1704년 김은봉 살해 사건의 전례를 적용하였다.51)

⑮ 1827년(순조 27) 4월 일본에 표류했던 진도 사람의 송환을 위해 조선에 왔던 표차왜 일행이 다례에서 조선 측 접위관을 수행하던 통인에게 행패를 부린 사건이 발생하였다. 같은 시기, 社日을 맞아 왜관 밖을 나간 하왜 7명이 조선이 허용한 구역을 이탈하여 무단으로 두모진에 출입하여 이들을 쫓아내던 두모진의 진속을 폭행하는 일이 벌어졌다. 두 사건은 조정에

---

50) 『변례집요』 권14 「雜犯」 丙午(1756년) 11월.
51) 『변례집요』 권14 「雜犯」 丙午(1756년) 11월, 丁丑(1757년) 정월.

까지 보고되었으며, 조선 조정은 이를 왜관 체제의 심각한 위반으로 간주하였다.

사태의 심각성을 감지한 왜관에서는 행패를 부린 일본인을 쓰시마로 결박 송치하겠다고 제안하였으나, 조정에서는 왜관에 대해 철공까지 거론할 정도로 강경한 분위기가 조성되었다. 왜관 밖 출입이 엄격히 금지된 상황에서 일본인이 군영에 함부로 출입한 행위와 연향대청에서의 무례한 언행은 조선에게는 중대한 외교적 결례였던 것이다. 결국 해당 행패를 부린 일본인은 쓰시마로의 송환으로 마무리되었다.[52]

⑯ 1829년(순조 29) 3월에는 관왜 마쓰이 가메지(松井龜治)가 소통사 裵末敦을 칼로 찔러 살해한 사건이 발생하였다. 마쓰이 가메지는 배말돈의 왼쪽 다리를 칼로 찌르는 중상을 입혔고, 이후 배말돈은 고한을 지난 뒤인 60일 후 사망하였다. 배말돈이 고한을 지나 사망했기 때문에 가해자인 마쓰이 가메지는 관문 효시는 면하였다. 대신 쓰시마로 결박 송치되어 되어 사형에 준하는 중형을 받는 것으로 사건은 종결되었다. 한편, 조정에서는 왜관 질서 유지에 실패한 책임을 물어 동래부사와 부산첨사를 비롯하여 훈도와 별차·수문군관 등도 처벌을 받았다.[53]

⑰ 1829년 9월에는 서관에 거주하던 하왜가 왜관에 시탄을 공급하는 탄군 金正月의 아들을 구타한 사건이 발생하였다. 동래부사는 사건의 경위를 파악한 뒤, 피해 부위가 신체의 중요 부위가 아니며 상처 또한 심하지 않았다는 점을 들어 고한을 기다린 후 처벌할 방침임을 밝혔다. 또한 관수에게 왜관 내 일본인의 단속 책임을 물어 엄중히 질책하였으며, 구타한 일본인은 조선인이 지켜보는 공개 석상에서 각별히 엄하게 응징하는 것이 옳다는 견해를 전하였다.[54]

---

52) 『순조실록』 순조 24년 4월 경신(27일)
53) 『순조실록』 순조 29년 3월 임자(18일); 『증정교린지』 권4, 「禁條」
54) 『순조실록』 순조 29년 9월 기해(8일)

위의 사례들을 통해 볼 때, 왜관 내 일본인이 조선인에게 행패를 가한 사건들은 몇 가지 유형으로 분류할 수 있다.

첫째, 왜관 관련 공무 수행 중 발생한 사건으로, 동래부사·부산첨사·다대포 첨사 등 상급 조선 관리들이 공무를 수행하는 과정에서 일본인과 충돌하여 발생한 사건이다.

1648년 다대포첨사 조광원이 동관 수리 문제로 왜관에 출입하였다가 하왜의 잘못으로 말에서 낙마한 사건과, 1663년 平義眞送使의 봉진왜인이 노차연에서 접대가 소홀하다는 이유로 동래부사 앞에서 칼을 빼어 든 사건을 들 수 있다. 1648년 사건은 양국 기록에 모두 등장하는 최초의 물리적 충돌 사례로, 조광원이 동관 수리와 관련하여 왜관에 들어갔다가 하왜에게 구타당한 것으로 기록되어 있다. 비록 물리적 외상이라는 명백한 피해는 없었지만, 국가를 대표하여 대일 외교를 수행하던 조선 측 관리에 대한 모욕적 행위였다는 점에서 조선에서는 심각하게 인식하였다.

이와 같은 사례들에서 조선은 설령 조선인이 물리적 외상을 입지 않았더라도, 조선 관리에 대한 일본인의 무례나 위협 행위 자체를 중대한 외교적 결례로 간주하였다. 따라서 문제를 일으킨 일본인에 대해서는 즉각적인 쓰시마로의 압송과 처벌을 요구하였고, 쓰시마 당국의 처벌이 미온적일 경우에는 왜관에 대한 철공철시라는 실질적 조치를 단행하여 외교적 압박을 가하였다.

이는 조선이 자국 관리를 향한 일본 측의 행패를 국가의 체면과 위신 손상으로 인식하였기 때문이며, 외교 질서 유지를 위해 사소한 사안이라도 단호하게 대응하는 일관된 원칙을 보였다고 할 수 있다.

둘째, 조선정부가 왜관에 지급하였던 시탄이나 오일잡물 등의 지급 과정에서 해당업무에 종사하던 조선의 하급직 종사자와 관왜 간에 발생한 사건이다. 왜관의 하급직 일본인이 왜관업무를 수행하던 조선인 왜관 솔속에게 물리적 행위를 가한 행패 사건으로, 상당히 반복적으로 발생하였다. 1671년

8월 차왜 平成次의 부하가 입급미의 질이 좋지 않다고 오일고자를 구타한 사건, 1681년 고직으로 일하던 조선인을 하왜가 살해한 사건, 1684년 4월 제1특송사에게 숙공을 제공하던 중 어찬에 불만을 품은 하왜가 오일고자를 구타하여 사망에 이르게 한 사건, 1716년 12월 왜관의 시탄공급에 불만을 품은 하왜가 통사·부장 등을 폭행한 사건, 1824년 4월 하왜 7명이 조선이 정한 구역을 이탈해 두포진에 함부로 들어가 두모진 진속을 구타한 사건 등이 이에 해당한다.

이 사건들은 대부분 왜관에 제공되는 시탄이나 잡물의 지급이 지연된 상황에서 하왜들이 불만을 표출하며 발생한 것으로, 조선에서는 대체로 문제의 일본인을 쓰시마로 압송하는 방식으로 사건을 일단락지었다.

다만, 1684년 4월 사건은 그 처리 양상이 다소 달랐다. 사건 당시에는 피해자인 조선인 하급직 종사자에 대한 구타 사실이 동래부에 곧바로 보고되지 않았고, 피해자가 한 달여 후 사망한 뒤에 보고되었다. 이에 조정에서는 왜관에 전령을 보내 차왜를 꾸짖고 검시를 하였으며, 관수에게 가해 일본인에 대한 처벌을 요구하면서도 이미 시간이 경과한 후 엄격한 처벌을 요구하는 것은 부적절하다는 입장을 보였다. 대신 사건을 은폐하고 조기에 보고하지 않은 수역, 훈도, 별차 등 조선 측 담당자들은 죄가 있다고 판단하고 문책하였다.

이러한 대응은 피해가 조선 민간인이 아닌 공적 업무 수행자에게 가해졌다는 점에서 조선 조정이 일정 수준 이상의 책임을 요구했던 정황을 보여 주는 동시에 일본인 가해자에 대한 직접적인 처벌을 실무자의 과실로 전가하는 경향도 있었음을 시사한다.

셋째, 공식적인 왜관 업무와는 무관하게 조선인과 일본인 간의 사적·비공식적 접촉에서 비롯된 불법적 접촉과정에서 우발적으로 발생한 사건이다. 즉, 양국인이 허가 없이 사사롭게 접촉하는 과정에서 벌어진 행패 사건을 들 수 있다.

조선 정부는 조일 양국인이 공식 허가 없이 사적인 접촉을 가질 경우, 적발 시 엄중한 처벌 대상으로 간주하였다. 왜관 출입은 특별히 허가된 경우를 제외하고는 철저히 통제되었으며, 무단 출입은 '난출', '난입' 등으로 규정되어 사안에 따라 사형에 처해질 수 있는 중죄로 취급되었다. 그럼에도 불구하고 조선 정부의 통제 의도와는 달리, 실제로는 양국인 간의 비공식 접촉은 빈번하였고, 이로 인한 마찰도 자주 발생하였다. 양국인의 사적인 접촉에서 비롯된 대표적 행패 사건으로는 1662년 3월에 소통사 김달이가 피살된 사건, 1686년 5월 수문부장 김사립이 구타당한 사건, 1704년 소통사 김은봉이 피살된 사건, 1756년 초량촌에 살던 추응덕이 피살된 사건을 들 수 있다. 이들 사건은 대부분 살인으로 귀결되었으며, 그 배경에는 양국인의 불법적인 밀무역 과정에서 발생한 왜채, 즉 노부세 문제가 자리하고 있었다.

노부세란 왜관에 거주하고 있는 일본인이 출입하는 조선인에게 수출 금지 품목의 왜관 반입을 의뢰하면서 제공한 일종의 밀무역용 융자금으로, 일본어 '登セ銀'에서 유래한 용어이다.55) 17세기 중반 왜채의 총 미상환 액수는 대략 10여만 냥에 이르렀으며, 일본측의 지속적인 상환독촉에도 실제 상환액수는 전체 2~3할 정도에 불과하였다.56) 때문에 노부세는 조선과 쓰시마 모두에게 상당한 부담이 되었으며,57) 관왜가 조선인에게 왜채 상환을 독촉하는 과정에서 살인사건이 발생하는 일도 있었다.

---

55) 長正統, 「路浮稅考」 『朝鮮學報』 58, 1971
路浮稅란 용어는 『비변사등록』 숙종 원년(1675) 7월 28일조에 처음 보인다. 그러나 왜채에 대한 처벌 규정은 이미 효종 4년(1653)의 금산입각방약조에 의해 정해졌으며, 효종 5년에는 왜채를 빌려준 사람에 대한 처벌 규정까지 약정되었다(『변례집요』 권5, 「약조」; 『증정교린지』 권4, 「약조」 癸亥(1683년).
56) 김동철, 「17세기 일본과의 교역교역품에 관한 연구 -密貿易을 중심으로-」, 『국사관논총』 61, 1995, 260쪽
57) 허지은, 「17세기 조선의 왜관통제책과 조일관계」 『한일관계사연구』 15, 2001, 112쪽

이들 사건은 대부분 왜관 주변에 거주하던 조선인들이 왜채를 빌린 후 약속한 물품을 납입하지 않거나 채무를 변제하지 않은 상황에서, 일본인이 직접 왜관을 이탈하여 채무자와 접촉하는 과정에서 발생하였다. 난출을 감행한 일본인들은 채무자가 약속을 이행하지 않자 조선인을 구타하거나, 심할 경우 살해하기도 하였다.

조선인을 살해한 범죄 일본인은 대부분 왜관 밖에서 효시를 당하거나, 혹은 심문 도중 사망하는 방식으로 처벌되었다. 한편, 조선 정부는 이와 같은 일본인의 난출을 미연에 방지하지 못한 책임을 물어 왜관에 종사하던 조선 측 관리-특히 훈도, 수문장, 별차 등-에게도 처벌을 내렸다. 이는 조선 조정에서는 왜관에서의 질서유지 책임이 조선 관리에게도 일정 부분 귀속된다고 이해했음을 시사한다.

결국 왜채 문제로 인해 일본인에게 살해당한 조선인은 대부분 소통사, 수문장 등 왜관에서 하급직으로 종사하던 인물들이었으며, 이는 왜관을 둘러싸고 빈번하게 발생했던 잠상(밀무역) 활동이 왜관 속속과 무관하지 않았음을 시사한다. 즉, 왜관 출입이 상대적으로 자유로웠던 하급 종사자들이 밀무역의 통로로 기능했을 가능성이 높으며, 이로 인해 밀무역과 채무 관계가 충돌로 이어지는 구조적 문제가 상존했음을 보여준다.

마지막으로, 양국인 간의 사소한 시비가 발단이 되어 사건화된 경우이다. 1683년 6월 왜관에 있는 창고를 수리하기 위하여 쓰시마에서 파견된 일본인 대공이 술에 취한 상태에서 조선인에게 상처를 입힌 사건[58], 1712년 목장인 신상례가 왜관 밖에서 술에 취한 일본인에게 칼로 찔린 사건이 그 예이다.[59] 이 사건들은 모두 왜관 밖에서 관왜와 조선인 사이에서 우발적인 충돌로 발생한 것이었다.

이 경우 동래부나 왜관 모두 공적으로 문제화되는 것을 꺼렸다. 1683년

---

58) 「日本人多大浦之地頭を致擲一件」(일본국립국회도서관 소장)
59) 『변례집요』 권14, 「雜犯」 壬申(1712년) 6월; 「日本人朝鮮人喧嘩一件」

사건은 동래부가 아예 문제를 제기하지 않았으며, 1712년 사건의 경우에도 고한, 즉 40일의 유예 기간 둔 후 범인을 처벌하기로 합의하고 동래와 왜관 양측에서 피해자의 상처 치료에 많은 노력을 기울였다. 결국 피해자의 상처가 회복되자 가해 일본인을 쓰시마로 압송하는 것으로 사건은 마무리되었다.

주목할 점은 이들 사건이 왜관 밖에서 일어났음에도 불구하고 관왜의 난출에 대해 전혀 문제 삼지 않았다는 사실이다.[60] 따라서 난출을 막지 못한 조선의 왜관 업무 종사자들에 대한 처벌도 없었다. 이러한 사례는 왜관을 둘러싸고 일어난 양국인의 접촉에서 명확한 물리적이고 법제적인 규정이 존재했음에도 불구하고, 그것은 국가의 체면이나 살인과 같은 중대범죄와 직접 관련되지 않을 경우는 대부분 동래부사와 관수라는 일선의 외교실무자 선에서 재량에 따라 처리되었음을 시사한다.

4. 사건의 처리와 조일 교섭의 실제

1683년 계해약조에 의하면 양국인은 "피차간에 죄를 범한 사람은 모두 관문 밖에서 형을 행한다"[61]라고 규정되었다. 이 밖에도 조선과 쓰시마 사이에 체결된 제반 규정에 따르면 왜관을 둘러싸고 일어난 사건과 사고에 대해서는 양국인은 모두 자국의 법에 따라 처벌받도록 되어 있다. 예컨대, 조선 측은 왜관 관련 조선인 범죄자에 대하여 조선의 국내법에 따라 처벌하되, 일본측 범죄자에 대해서는 '同律'의 원칙에 따라 동등한 수준의 처벌

---

[60] 조선인의 왜관 '闌入'에 대해서도 마찬가지였다. 1703년 왜관 난입과 관련된 범죄에 대해서 처벌규정이 생겼는데 왜관에 무단으로 들어가 쓰시마인을 구타하는 경우에는 유배를 보낸다는 것이었다. 이후로도 절도와 관련된 몇 차례의 난입이 있었지만 실제로 난입 자체만을 처벌대상으로 삼은 적은 없었다(이훈, 1836년, 南膺中의 闌入 사건 취급과 近世 倭館,『한일관계사연구』21, 2004, 119쪽).
[61]『分類紀事大綱』권33,「和館制札一件」에는 '同罪로 처벌한다'라고 기록되어 있다.

을 요구할 수 있었다.62) 마찬가지로 쓰시마에서도 범죄를 저지른 일본인을 일본 국내법에 따라 처벌하고, 조선인 범죄자에 대해서는 일본과 동등한 법적 기준을 적용하여 처벌을 요청하는 방식으로 대응하였다.63)

따라서 범죄자의 신병을 어느 쪽에서 확보했더라도 조선인 범죄자는 조선이 처벌권을 가졌기 때문에 그 신병은 반드시 양역을 통해 조선에 인계되었다. 조선인 범죄자의 신병이 동래부로 인도되면, 동래부사는 이를 조정에 보고하고 조정의 지시를 받아 형을 집행하였다. 이 과정에서 조정이 사안을 어떻게 인식하느냐에 따라 때로는 매우 가혹한 형벌이 내려지기도 하였다.64) 한편, 범죄를 저지른 일본인은 통사를 통해 왜관의 관수에게 인계되었고, 관수는 이 사실을 쓰시마에 알림으로써 죄를 범한 일본인은 쓰시마 번 당국의 명에 따라 처벌받았다. 그리고 문제를 일으킨 일본인은 쓰시마로 송환되었으며, 이후에 다시는 왜관에 올 수 없도록 조치되었다.65)

양국 간에 발생한 '훤화' 사건의 처리는 사건의 발생 배경과 가해 및 피해 당사자가 누군가에 따라 조금씩 달랐다. 예컨대 자국 정부를 대표하여 외교 업무를 수행하는 과정에서 발생한 사건의 경우, 충돌의 결과가 살인과 같은 중대범죄로 이어지지 않고 단순한 구타로 끝났거나 피해자에게 가시적인 외상이 없더라도 가해자에 대한 처벌이 이루어졌다. 즉, 왜관업무를 수행하는 과정에서 왜관을 나온 일본인이 조선인에게 구타당한 경우나 동래부사·부산첨사·다대포첨사 등 상급 조선 관리가 일본인에게 행패를 당한 경우에는 반드시 가해자에 대한 처벌이 뒤따랐다. 범죄를 저지른 일본인에

---

62) 田代和生, 『倭館-鎖國時代の日本人町』, 文春新書 281, 2002년, 153~157, 166~167쪽
63) 「日本人朝鮮人喧嘩一件」
64) 이훈, 앞의 논문(2004), 118쪽
65) 이러한 조치는 조청관계에서도 마찬가지였다. 『통문관지』 紀年篇에 수록된 사례를 통해서 보면 조선시대 변경에서 월경한 조선인의 경우 청나라에서는 월경한 자를 체포하여 반드시 조선에 송환하고, 조선측에서 자체적으로 조사하여 그들을 처형한 다음에 반드시 청나라에 보고하게 하였다.

대해서는 쓰시마 당국의 사죄를 요구하고, 해당 일본인을 쓰시마로 압송하여 엄벌에 처할 것을 요구하였다. 특히 조선은 자국의 권위가 손상되었다고 판단되는 사건에는 처벌 요구가 받아들여지지 않으면 철공철시라는 물리적 압박 수단을 활용하여 쓰시마에 대응하기도 하였다.

반면, 양국인 간의 사적인 접촉에서 발생한 사건은 살인과 같은 중대한 범죄를 동반하지 않았을 때는 양측 모두 사건화에 소극적이었으며, 처벌 또한 최소화하는 경향을 보였다. 그러나 폭행이 살인으로 이어진 경우에는 가해자에 대한 처벌이 명확히 이루어졌다. 살인을 저지른 가해자는 왜관 밖에서 효시되었다. 따라서 피해자가 중태에 빠진 경우, 고한을 기다려 사망 여부를 확인한 후에 처벌에 착수하였다.

사건이 발생하면 양국은 먼저 진상규명을 위한 조사를 하였다. 특히 살인사건의 경우에는 피해자의 시신에 대한 검시를 먼저 진행하였다. 살인자는 '상명의 율'에 따라 왜관 밖에서 사형이 집행되었으며, 이후 효시되어 본보기로 삼았다. 사형은 양쪽의 담당 관리가 입회한 가운데 왜관 밖에서 이루어졌다. 처형 후에는 동래부의 중군과 장교가, 왜관에서는 금도왜가 입회하여 사체에 대한 검시를 진행하였다.66) 원칙적으로 시신의 검시는 해당 지역 수령이 직접 현장을 찾아가서 실시해야 하지만,67) 검시 현장에 동래부사가 직접 나가는 일은 없었다. 왜관에서도 관수를 대신하여 금도왜가 검시에 참여했기 때문에 쓰시마도주와 '抗禮之官'인 동래부사가 직접 형장에 나가는 것이 격에 맞지 않는다는 이유 때문이었다.68)

1704년 7월 소통사 김은봉이 살해당한 사건의 처리 과정을 살펴보면 다음과 같다. 사건 당시 김은봉은 훈도의 심부름으로 왜관에 들어갔으나 며칠이 지나도록 돌아오지 않았다. 동래부사는 훈도와 별차에게 그 족속을 거느

---

66) 『변례집요』 권14, 「雜犯」 甲申(1704년) 7월
67) 『新補受敎輯錄』 「刑典」 檢驗
68) 『변례집요』 권14, 「雜犯」 己未(1739년) 정월

리고 왜관에 들어가 수색을 명하였다. 김은봉은 피살된 채로 왜관 남천의 조수가 막힌 곳에서 발견되었다.69) 동래부에서는 시체를 끌어낸 후에 양역과 부산 군관을 통하여 초검을 실시하였다. 초검 결과, 김은봉은 일본인의 환도에 의해 목이 찔려 사망한 것으로 확인되었고, 두 번째 검증인 覆劍 결과도 동일하였기 때문에 동래부에서는 관왜의 소행임을 확신하고 관수에게 범인색출을 요구하였다.

조사결과, 관왜 우에몬이라는 자가 김은봉에게 은자 30냥을 빌려주었으나 이를 갚지 않고 오히려 욕설을 퍼부은 데 분개하여 김은봉을 칼로 찔러 죽이고, 시체를 중천에 숨긴 것으로 드러났다. 관수는 이 사실을 쓰시마에 통보하였으며, 쓰시마의 지시대로 가해자는 왜관 밖에서 효시되었다. 형이 집행되기 전, 관수는 그 사실을 동래부에 통보하였고, 동래부는 중군과 장교를 파견하여 형 집행에 입회시켰다.70) 이 사건에서는 두 차례에 걸친 검시 절차가 이루어졌는데, 이는 이후 부검 절차의 선례가 되었다.71)

한편, 범인이 조사 중 사망했을 때도 양국의 관리들은 당사자 여부를 확인하는 검시에 참여하였다.72) 양국 모두 범인이 수사하는 과정에서 고문을 견디지 못하고 사망한 경우, 살인자는 관문 효시를 한 선례에 따라 검시가 이루어졌다. 실제로 신초량에 거주하던 조선인 추웅덕을 구타하여 살해한 관왜 기로쿠가 왜관에서 고문 도중 사망하자 왜관에서는 이 사실을 동래부에 통보하였다. 이에 동래부에서는 군관과 양역을 파견하여 관문 밖에서 검시에 참여하게 하였다.73) 대체로 사건에 연루된 범죄인의 처벌은 각국의

---

69) 『변례집요』 권14, 「雜犯」 甲申(1704년) 7월
70) 주 43)과 같음
71) 『변례집요』 권14, 「雜犯」 丙午(1756년) 11월
72) 『변례집요』 권14, 「潛商路浮稅幷錄」 辛巳(1761년) 3월
   "辛巳三月 罪倭安右衛門 潛商罪倭 明白無疑 自島中連加嚴訊 不勝毒刑 仍爲刑斃 故依館門外行刑例 眼同檢屍次 載來是如 訓別等手本據 發見奉帶軍官 與訓別等 眼同檢驗於館門外 則果是安右衛門屍體的實事 啓……"

법에 따라 자국에서 집행하는 것이 원칙이었으나, 경우에 따라서는 범죄인을 상대국에 양도하지 않고 구금해 두는 경우도 있었는데,74) 이는 사건 해결을 자신 편에 이롭게 하기 위해서였다.

양국인 간에 발생한 '훤화' 사건은 합의된 규정이 존재하였고, 이에 따라 관련자 처벌을 엄격히 요구하는 것이 일반적인 사건처리 관례였다. 그러나 사안에 따라 이러한 관례가 달리 적용되기도 하였다. 예컨대, 1697년 8월에 울릉도 문제와 관련하여 서계 개찬을 요구하며 관왜들이 집단적으로 난출을 했을 때 조선인이 이들을 구타한 사건과 1683년 술에 취한 일본인 대공이 조선인에게 상처를 입힌 사건의 경우에는 그 적용 방식이 달리 적용되었다.

1697년 사건의 경우, 피해자가 일본 관리였음에도 불구하고, 조선에서는 조선인의 왜관 관리에 대한 행패로 보기보다는 불법적인 난출이라는 점에 초점을 두고 사건을 처리하였다. 한편, 1683년의 사건은 조선인의 피해에도 조선 측에서는 아예 문제 삼지 않았다. 1712년 목장에 살던 신상례가 술에 취한 일본인의 칼에 찔린 사건도 유사한 맥락에서 처리되었다. 당시 신상례는 읍내에서 베를 팔고 초량으로 돌아오던 술에 취한 일본인 반시치에(番七衞)가 휘두른 칼에 큰 부상을 입었다. 당시 왜관에서는 칼을 휘두른 반시치에는 물론 동행했던 모자에몬(茂左衞門)도 함께 감옥에 가두고, 왜관의 의원(醫倭)을 보내어 신상례의 치료를 돕고자 하였다. 그러나 동래부에서는 이를 거절하였다. 결국 고한 후 가해자를 처벌하기로 하였는데, 마침 신상례의 상처가 회복되자 범인을 쓰시마로 압송하는 것으로 사건은 마무리되었다.

조선 후기 대일교섭 전반에서와 마찬가지로 '훤화' 사건의 처리 과정에서 왜관에 대한 철공철시는 조선이 일본측을 강하게 압박할 때 사용하는

---

73) 『변례집요』 권14, 「潛商路浮稅幷錄 附雜犯」 丙午(1756년) 11월
74) 『변례집요』 권14, 「潛商路浮稅幷錄 附雜犯」 壬子(1672년) 3월

제3장 조선 후기 왜관에서의 충돌과 조일 교섭의 양상 229

방법이었다. 아메노모리 호슈가 그의 저서 『交隣提醒』에서 "철공철시는 쓰시마 사람들한테는 어린애의 젖을 끊는 것과 같은 것이다"라고 언급한 것에서 알 수 있듯이 철공철시는 왜관 문제 해결을 위한 조선 측의 중요한 협상카드였고, '훤화' 사건에서도 예외가 아니었다.

1704년 소통사 김은봉이 노부세 문제로 관왜에게 칼에 찔려 살해당한 사건에서 왜관에서는 초기에는 범인색출에 소극적인 태도를 보였다. 이에 당시 별차 吳判事는 품 안에서 '철공철시'를 경고하는 내용의 동래부 문서를 조선어통사에게 슬쩍 꺼내 보여주며 관수에게 전달하도록 하였다. "그때 훈도와 별차로부터 공식적인 이야기가 나오기 전에 관 내에서 그 죄인에 관한 것을 말한 사람이 있어서 곧장 관수가 범인을 잡아들이는 바람에 역관들이 위 전갈을 내놓지 않았다고 한다."[75]라고 한 사실은 철공철시가 쓰시마와의 교섭에서 중요한 압박 카드로 활용되었으며, 쓰시마에서도 가장 우려하는 상황이었음을 시사한다.

한편, '훤화' 사건은 난출과 마찬가지로[76] 자신들의 이익과 주장을 관철시키기 위한 쓰시마의 대조선 협상수단으로 이용되기도 하였다.

1697년 8월 21일 쓰시마에서 건너 온 재판차왜가 관왜 132명을 이끌고 ① 울릉도관련 서계의 개찬, ② 왜관에 지급되는 시탄의 수량 및 질 저하 문제, ③ 현 동래부사가 부임한 이후로 개시가 일찍 파하기 시작했다는 점, ④ 공작미를 운반하는 배가 두 척에서 한 척으로 줄어들어 쓰시마로 운송되는 공작미의 양이 급감한 점, ⑤ 비가 새는 서관의 보수가 지연된 문제 등의 해결을 요구하며 난출하였다. 일행은 먼저 부산진 앞길까지 나왔다가 동래로 향하려다가 부산진의 군졸들에 의해 길이 막혀 양국인 간에 몸싸움

---

75) 주 43)과 같음
76) 루이스 제임스는 "일본 측에서 보면 이 '난출'이라는 협박적인 행위는 조선측과 교섭하는 과정에서 사용하는 하나의 전술이었다"고 하였다(루이스 제임스, 앞의 논문 (1996), 147쪽).

이 벌어졌다. 그 과정에서 고텟포 이치우에몬(御鐵砲市右衛門)이 조선인이 던진 돌에 머리를 맞고, 조선인에게 소지하고 있던 환도 두 자루를 빼앗기게 되었다. 이에 고텟포 이치우에몬 등 5,6명의 일본인은 환도를 빼앗긴 사실을 들고 부산첨사와 직접 면담을 요구하였다.77) 부산첨사와의 면담이 이루어지지 않자 일행은 부산군관 全有光과 하인 2명 등 3명을 인질로 잡아 왜관으로 돌아가78) 돌을 던진 조선인을 색출해 주도록 요구하였다. 동래부에서는 환도는 곧바로 왜관에 돌려주고, 양역을 통해 무례를 범한 조선인이 누구인지는 조사를 해보아도 잘 모르겠다고 전하며 잡혀간 조선인 인질의 송환을 요구하였다.

왜관에서는 쓰시마도주가 파견한 재판차왜가 주도한 시위 행동에서 고텟포 이치우에몬 등 고위 왜관 관리가 구타당한 사건임에도 불구하고 잡아간 조선인을 그대로 돌려보내고 범인색출을 요구하지 않았다. 너무나 이례적인 조치였다. 대신 그동안 양국 간의 현안을 해결해 줄 것을 요구하는 답서를 보내왔다.79) 당시 빈번하게 발생하였던 난출에 대해서는 쓰시마에서도 익히 알고 있었던 것으로 미루어 범인색출 요구를 중단하고, 조선인 인질을

---

77) 『변례집요』 권13 「闌出」 丁丑(1697년) 8월
"同月 臣使出使譯官崔憶及訓別等入館 以闌出事責諭 則裁判倭館守倭代官倭等 同坐一處 裁判發言曰 日本之人 或往仙巖 或往釜山 出於不得已之致…書契改撰 猶有未盡處 此切迫之一也 近來入給柴炭 柴甚束小 炭不滿石 此切迫之二也 在前開市 則雖犯夜罷歸 元無申飭之擧 此令監到任後 每每早罷 此切迫之三也 公作米所載船 曾有二隻 一巡運給 必四百石 近年 則只以一船運給 不過二百石 此切迫之四也 館守倭又曰 西館雨漏處 終無修補之擧 此非待遠人之道也…"
한편, 「日本人朝鮮人喧嘩一件」에는 1697년(숙종21) 8월 21일에 馬乘와 함께 나간 平田源之介・津江又兵衛・小宮十右衛門・御持筒又兵衛・御鐵砲市右衛門・御道具儀右衛門・下目付市郎右衛門・御元方見習神宮十藏・脇部又右衛門이 나가서 부산포를 지나갔는데 뒤를 따르는 御鐵砲市右衛門이 조선인이 던진 돌에 머리를 맞아 죽게된 상황에서 많은 사람이 달려들어 크고 작은 칼을 빼앗으려고 하였다고 되어 있다.
78) 위와 같음.
79) 「日本人朝鮮人喧嘩一件」

그대로 되돌려 보낸 데는 쓰시마에서 보내온 답서의 내용이 난출을 주도한 재판차왜가 요구한 내용과 동일[80]한 것으로 미루어 쓰시마 당국의 지시에 따른 것으로 이해된다.[81] 결국 조선은 쓰시마의 서계 개찬 요구를 제외하고는 모두 수용해 주었다.

여기에서 주목할 점은 위 사건이 왜관의 고위 관리를 향해 조선인이 돌을 던진, 국가의 체모와 관련된 중대한 사안이었는데도 쓰시마가 당사자의 색출이나 처벌에 대해 전혀 문제 삼지 않았다는 것이다. 쓰시마는 오히려 '훤화' 사건을 조선과의 교섭 속에서 각종 현안을 해결하기 위한 협상 카드로 이용하였다. 나아가 난출을 주도한 재판도 쓰시마로부터 어떠한 처벌도 받지 않았다.[82] 더욱이 무사의 상징인 환도를 조선인에게 빼앗기고, 조선인들에게 돌을 맞은 당사자는 원래대로라면 쓰시마로 강제 송환되어야 했다. 그러나 그후에도 그는 쓰시마에 돌아가지 않고 왜관에 계속 머물렀다. 이는 난출을 비롯해 '훤화' 사건의 해결 과정에 쓰시마 당국이 상당히 개입되어 있었음을 보여주는 것이며, 쓰시마번은 자신들의 이익을 극대화하기 위해 난출과 마찬가지로 '훤화' 사건도 조선과의 교섭을 위한 유효한 협상카드로 활용하였음을 보여준다.

5. 맺음말

이상 조선 후기 왜관에서 발생한 조일 양국인의 물리적 마찰 실태와 그

---

80) 『변례집요』 권13, 「闌出」 丁丑(1697년) 8월
81) 위와 같음.
 "裁判封進禁徒下倭幷九十四名 稱以欲觀廣野秋事 而由九德山 向往仙巖 故使之峻責 還入館所 而詳聞別差之言 則裁判 以書契請改事 每每哀乞 自十餘日前 黙無一言 而猝 有闌出之擧 似有與島中 相可否之事 而作此擧措云云是白乎所…"
82) 『蓬萊故事』, 「倭書約條」, 『朝鮮學報』58, 1970, 93쪽

처리 과정을 '행패 사건'을 중심으로 고찰하였다. 이와 같은 사례들은 단순한 충돌을 넘어 외교와 질서, 체면과 현실이 교차하는 공간으로서의 왜관의 성격을 보여준다.

무엇보다 조선 후기 왜관은 단순한 교역의 장이 아니라, 조일 양국의 이해관계가 첨예하게 대립하고 조율되던 정치적 공간이기도 하였다. 이곳에서 발생한 물리적 충돌은 단순한 민간 갈등이 아닌, 양국이 외교적 원칙과 자국의 위신을 어떻게 설정하고 관리했는지를 보여주는 중요한 사례였다. 충돌 사건의 유형, 당사자의 국적, 사망 여부 등에 따라 처리 방식이 상이하였으며, 이러한 차이는 조선과 일본이 양국관계에서 '체모'와 '질서'를 어떻게 인식하고 있었는지를 드러낸다.

첫째, 왜관 내 '훤화' 사건은 1648년 다대포첨사의 구타 사건을 기점으로 논의되기 시작하여 1653년 쓰시마가 제시한 왜인서납약조, 1683년 계해약조 등의 제도적 정비 과정을 거쳐 점차 규범화되었다. 일본인의 조선 측 왜관 업무 종사자에 대한 구타 금지, 양국 범죄자에 대한 행형 조항, 그리고 1703년부터 조선인 가해자에 대한 정배·도배형의 적용은 이러한 변화의 일면을 보여준다. 그러나 시탄이나 오일잡물 지급 과정에서 발생하는 조선인 솔속에 대한 일본인의 폭행은 이후에도 빈번하게 발생하였으며, 조선 정부는 이를 난출, 밀무역과 함께 구조적 문제로 인식하였던 것으로 보인다.

둘째, 조선인이 일본인을 폭행한 사건은 대부분 왜관 외부에서 발생했으며, 관리의 공무수행 중이거나 살인사건을 제외하고는 일본 측이 가해자에 대한 처벌을 강하게 요구하지 않았다. 이는 사건 발생 배경이 왜관 내 일본인의 불법 난출이라는 점과 관련이 깊다. 조선 역시 왜관 관리의 집단 난출 속에서 일어난 자국민의 행위에 대해서는 상대적으로 온건하게 대응하였다.

셋째, 폭행 사건의 처리 과정은 사안의 성격, 양국의 인식 차이, 교섭 상황에 따라 정해진 규정을 엄격히 따르지 않기도 하였으며, 외교적 협상의 유리한 고지를 점하기 위한 수단으로도 활용되었다. 경우에 따라 사건은 훈도·별차 등 실무자 선에서 조용히 정리되거나 보고 없이 종결되기도 하였다. 반면 고위 관리의 피해나 국가의 체모에 영향을 미치는 사안에 대해서는 양국 모두 민감하게 반응하였고, 쓰시마로의 범죄인 압송이나 철공철시와 같은 압박 수단이 동원되기도 하였다.

넷째, 왜관 주변에서의 양국인 충돌은 일정한 법제적 장치 속에서 관리되었지만, 살인과 같은 중대범죄가 아닌 한 동래부사, 관수 등 실무자들이 묵인하거나 비공식적으로 정리하는 사례도 빈번하였다. 왜관 내 일본인의 불법적인 난출이나 조선인의 무단 난입은 공식적으로 금지되었지만, 실제로는 암묵적으로 용인되었고 외부에 알려지지 않은 채 종결된 사건도 있었다.

특히 '훤화' 사건은 단순한 폭력 사건이 아닌, 조선과 쓰시마가 각자의 외교 전략 속에서 이를 협상카드로 활용했던 정치적 사건으로 재조명할 수 있다. 조선은 철공철시라는 경제적 압박을 통해 사건 해결을 유도하였고, 쓰시마는 난출을 통해 조선의 대응을 끌어내려 하였다. 이처럼 사건 대응 과정은 단순한 질서 유지 차원을 넘어서 교섭의 기술이자 전략으로 기능하였다. 실제로 1697년 사건에서 쓰시마는 조선인의 폭력에 대해 범인색출을 요구하기보다는 조선과의 현안 해결을 우선시하며 범죄 조선인을 송환하고 외교적 요구 사항을 관철시켰다.

결국, 조선 후기 왜관은 위계적이고 고정된 외교 질서가 작동하는 공간이 아니라, 지속적인 협상과 조정이 요구되는 '실천의 외교 공간'이었던 것이다. 왜관에서 발생한 양국인의 충돌 사건은 조일 양국이 상호 교섭 속에서 법과 질서를 어떻게 현실과 절충하는지를 보여주며, 동시에 외교가 현장에서 어떻게 실현되었는지를 구체적으로 보여준다. 이러한 모습은 조선 후기 동아시아 외교 질서의 유동성과 국경 공간에서 구현된 외교의 구체적 양상을 이해하는 데 중요한 단서를 제공한다고 할 수 있다.

제4장 조선 후기 왜관 통제와 교간 사건의 처리

1. 머리말

1859년(철종 10, 安定 6) 6월 5일 밤 왜관에서 조선 여성과 일본인 간에 교간 사건이 발생하였다. 조선 여성 趙錦紅은 신초량리에 사는 金用玉과 李文周를 따라 초량왜관에 몰래 들어가 1858년조 1특송사 정관인 니이덴마(仁位琢馬)의 하인 도지로(藤次郎)와 도선주 아비루 사마노스케(阿比留左馬介)의 하인 기이치로(喜一郎)와 성관계를 한 것에서 비롯되었다. 사건은 교간이 있던 다음 날인 6일 새벽 이들 3명이 왜관의 담장을 넘어 빠져나오다가 왜관을 지키던 東二伏兵將 金學術과 西一伏兵將 李佑善에게 발각되어 체포되면서 그 전모가 드러나게 되었다.

이 사건에 관한 상세한 기록으로는 1859년 1월부터 6월 말까지 동래부사로 재직한 金鉐[1]이 조정에 보고한 장계를 모아 놓은 『萊府狀錄』[2]과 宗家文書인 「安政六己未年七月去年條一特送使正官人仁位琢磨下人藤次郎同都船主阿比留左馬介下人喜一郎と申者共於和館交奸之一件記錄」(이하 「안세이 6년 교간기록」으로 약칭)[3]이 있으며, 1859년 『館守日記』[4], 『典客司日記』[5]

---

[1] 金鉐(1804~?)은 1859년(철종 10) 동래부사였다. 그는 철종 9년인 1858년 11월에 동래부사에 임명되었으며, 현지에 부임한 것은 이듬 해인 철종 10년 1월이었다. 본 논문에서 다루는 왜관 교간사건으로 그해 6월에 파직당하였다. 김석에 대해서는 윤용출, 「金鉐과 『萊府日記』」, 『國譯 萊府日記·多大鎭公文日錄』, 부산광역시사료편찬위원회, 1995 참조

[2] 국립중앙도서관 소장(청구기호 한古朝51-나80). 동래부사 김석의 『萊府狀錄』에 대해서는 김동철, 「'동전 8냥'과 바꾼 초량왜관 주변 지역민의 운명 – 1859년 6월 5일 밤의 매매춘[交奸] 사례 –」, 『지역과 역사』 35, 2014, 주16) 참조

[3] 「安政六己未年七月去年條一特送使正官人仁位琢磨下人藤次郎同都船主阿比留左馬介下

『철종실록』, 『승정원일기』, 『增正交隣志』, 『國譯 萊府日記』 등에도 관련 기록이 남아있다.

선행 연구에서 본 사건은 왜관에서 발생한 교간 사건 중 하나로 간단하게 다뤄져 온 면이 있다.6) 그러다가 사건 당시 동래부사였던 김석이 작성한 『萊府狀錄』과 1859년 『倭館館守日記』, 『增正交隣志』, 『國譯 萊府日記·多大鎭公文日錄』 등을 기초사료로 박화진과 김동철에 의한 연구가 발표되면서 사건의 구체적인 실상이 밝혀지게 되었다.7)

박화진은 한일 양국의 자타인식이라는 틀 속에서 사건의 처리 과정에 주목하였다. 그는 사건의 처리를 둘러싸고 두 나라 간의 인식과 대처 양상이 상당히 달랐다고 전제하고, 범죄 일본인에 대한 "초량왜관측 처벌은 '왜관 내 금족령'과 '쓰시마로의 귀환'에 그치고 있어서 동래부측의 조선인 처벌

人喜一郎と申者共於和館交奸之一件記錄」(이하, 「「안세이 6년 교간기록」으로 약칭)」, 분류번호 宗家文庫 記錄類 朝鮮方-G-16, 宗家文庫史料目錄(記錄類 Ⅱ) (對馬歷史民俗資料館 所藏).

「안세이 6년 교간기록」은 조센가타(朝鮮方)에서 작성한 문서이다. 조센가타는 쓰시마 번정 기구의 하나로 조선관련 업무를 담당하면서 조선에 관한 문서나 기록을 취급·보관하는 곳이다. 交隣方이라고도 하였다. 文庫役, 朝鮮方添役, 朝鮮方 佐役 등의 직책이 있다.

4) 이하 언급되는 1859년 『왜관관수일기』의 내용은 박화진, 「전근대 부산포 사건을 통해 살펴본 한일양국 자타인식」, 『동북아문화연구』 37, 2013, 173~175쪽에 인용된 安政 6년(1859) 6월 16일자 사료를 참고하였음을 밝혀둔다.

5) 禮曹 典客司 編, 『典客司日記』, 규장각한국학연구원 소장(奎13052), 己未(1859년) 6월 21일

6) 1859년 교간 사건에 대해 간략하게나마 언급한 논문으로는 손승철, 「倭人作拏謄錄을 통하여 본 왜관」, 『항도부산』 10, 1993; 제임스 루이스, 「부산왜관을 중심으로 한 朝·日交流: 교간사건에 나타난 권력·문화의 갈등」, 『정신문화연구』 20-1, 정신문화연구원, 1997; 尹裕淑, 「條約にみる近世の倭館統制について」, 『史觀』 138, 1998, 「17세기 후반~18세기 초두 왜관통제와 한일교섭」, 한일관계사연구회논집편찬위원회 편, 『통신사·왜관과 한일관계』, 경인문화사, 2005; 양흥숙, 「'범죄'를 통해 본 조선 후기 왜관 주변 지역민의 일상과 일탈」, 『한국민족문화』 40, 2011 등을 들 수 있다.

7) 김동철, 위의 논문(2014); 박화진, 위의 논문(2013)

에 비해 매우 경미하고, 또한 매우 소극적이고 미온적으로 대처하였다"고 평가하였다.

김동철은 『萊府狀錄』의 발굴·검토를 통하여[8] 왜관 내 교간 사건의 발생 과정, 원인과 결과, 처벌 과정 등을 구체적으로 규명하였다. 특히 초량왜관 주변 지역민들의 '치열한 삶의 모습'을 주목하여 부산 지역사 내지 부산지역민의 일상생활사라는 관점에서 이 사건을 다루었는데, 이때 본 연구에서 주요 사료로 활용할 「안세이 6년 교간기록」을 보완 자료로 활용하였다. 그럼에도 불구하고 이들 연구의 범위가 공간적으로 동래부와 왜관에 한정되었다는 점에서는 한계가 있다.

일반적으로 왜관에서 일본인 남성과 조선인 여성 사이에 교간[9] 사실이 발각되면 교간 당사자인 조선인 여성과 이를 주선한 조선인 주모자는 사형이라는 극형을 당하였지만, 일본인 남성은 쓰시마로 소환되는 정도에 그치는 경우가 많았으며[10], 그 결과 왜관 운영과 관련하여 조일 간에 체결된 조

---

[8] 김동철, 위의 논문(2014), 366쪽
[9] 조선측 사료에서는 왜관에서 이뤄진 왜관의 일본인과 조선 여성 사이에 있었던 성 관계를 潛奸, 交姦, 强奸, 奸通, 通奸, 犯奸, 潛通, 行奸, 交奸, 和奸, 奸淫 등으로 표현하였다(김동철, 위의 논문(2014), 364쪽).
[10] 김동철, 「국역 전객사별등록(Ⅰ) 해제」, 『國譯 典客司別謄錄(Ⅰ)』, 부산광역시 시사편찬위원회, 2010, 22쪽.
 한편 박화진은 1859년 왜관에서 발생한 교간 사건에 대하여 동래부의 기록인 『國譯 萊府日記·多大鎭公文日錄』에서는 범인의 체포·취조가 행해지는 6월 6일부터 극형이 이루어지는 7월 3일까지 다섯 차례에 걸쳐 기록이 보이는 데 반해, 초량왜관의 『왜관관수일기』에서는 교간 당사자인 범인의 사건 진술서가 6월 16일 단 한 차례 보일 뿐이라고 언급하였다. 그리고 "조선측 교간 당사자들이 효수형을 비롯하여 태형·유배 등의 극형을 받고 동래부사·부산첨사·훈도·별차의 파면까지 불러온 데 반해, 초량왜관 교간 당사자들에 대한 처벌은 '금족령(왜관 내 출입금지령)' 및 '쓰시마 귀환' 정도에 그치고 있음을 찾아볼 수 있다"고 함으로써 왜관에서 발생한 교간 사건 관련 일본인에 대한 처벌이 조일 간에 성립한 법률 규정에 충실하지 않았던 것으로 이해하였다(위의 논문, 190쪽).

약의 실행이 조선과는 달리 일본에서는 엄격하게 지켜지지 않았다는 시각이 있었다. 그러나 이러한 주장은 왜관에서 쓰시마로 압송된 교간 일본인의 이후 행적을 구체적으로 분석한 연구가 없다는 점에서 한계를 지닌다.

본 연구에서는 이러한 점을 주목하여 조일 간 교간 범죄자의 처리 과정과 쓰시마로의 압송 이후 일본에서는 범죄인을 어떻게 처벌되었는지 그 행적을 종가기록인 「안세이 6년 교간기록」를 중심으로 상세하게 살펴봄으로써 조선의 왜관 통제에 관한 구체적인 실상을 파악해보고자 한다. 또한 교간 사건의 처리 과정을 통해 조일 양국의 입장과 시각의 차이에 대해서도 추적해 볼 것이다.

2. 1859년 왜관 내 교간 사건과 조일 양국의 대응 실태

1) 사건의 개요와 조선인 범죄자의 처리

1859년 6월 5일 밤[11] 동래군 사하면 구초량리[12]에서 태어나고 살았던

---

11) 『萊府狀錄』에는 1859년 6월 5일 밤에 조선인 여성 금홍이 김용옥과 이문주를 따라 초량왜관에 몰래 들어가서 일본인 石田藤次郎와 교간을 한 것으로 되어 있으나, 일본측 자료인 『倭館館守日記』에는 이 사건의 발생 날짜가 하루 전날인 6월 4일로 되어 있다. 그리고 「안세이 6년 교간기록」에는 6월 4일 또는 6월 5일로 기록되어 있다. 범죄인 도지로와 기이치로의 진술서에는 범죄 발생일이 6월 4일로 되어 있으나, 6월 17일 왜관의 고요코메(御橫目) 古松源左衛門과 樋口織大가 對馬藩에 보낸 문서에는 6월 5일에 사건이 있었던 것으로 되어 있다. 이렇듯 양국 사료에서 날짜의 차이는 오기가 아니라 조선과 일본의 曆 차이에 기인한 것이다. 19세기 당시 曆 차이에 따라 조선의 날짜가 일본보다 하루 빨랐으므로, 조선 기록의 6월 5일은 일본 기록의 6월 4일에 해당한다(김동철, 위의 논문(2013), 367~368쪽). 그리고 5일로 되어 있는 것은 동래부에서 보내온 전령에 근거하여 기록한 때문이 아닌가 생각된다. 한편, 본고에서는 다소 혼동의 여지가 있겠으나 일본 사료에 근거하여 제시한 날짜는 일본 날짜임을 밝혀둔다.

조선 여성 조금홍이 신초량리에 거주하던 김용옥과 이문주를 따라 초량왜관에 몰래 들어가 1858년조 제1특송사 정관의 하인 니시다 도지로(石田藤次郞)13)와 도선주의 하인 기이치로(喜一郞)와 성관계를 갖고, 조선인이 다음날인 6일 새벽에 왜관 담장을 넘어 빠져나오다가 동2복병장 김학술과 서1복병장 이우선에게 발각되어 체포되면서 사건화되었다.14)

금홍은 19세로, 14세에 동래에 위치한 경상좌수영의 노비로 입역했다가 17세 때 면역된 후에 동래군 南村面 上端里에 거주하면서 남편 없이 賤娼으로 생활하였다. 스스로 생계를 해결해야 하는 경제적으로 곤궁한 상황에서 노모까지 부양해야 하는 형편이었다.15)

사료에서 '首魁', '首犯'으로 나와 있는 김용옥은 48세의 양인으로, 동래군 사하면 신초량리에서 태어나고 자랐으며, 거주하였다. 그는 초량왜관의 수문지기(守門直)로 근무하였기 때문에 왜관의 서관에서 제1특송사의 요리를 담당하던 도지로와는 평소 잘 알고 지낸 사이였으며, 금홍과도 안면이 있었다. '隨從', 즉 종범인 이문주는 24세로, 김용옥과 마찬가지로 동래군 사하면 신초량리에서 태어나고 자랐으며, 줄곧 그곳에서 거주하였고, 木牌(나무 호패)를 가지고 있던 인물이다. 그는 일정한 직업이 없이 초량왜관 설

---

12) 「안세이 6년 교간기록」에는 조금홍이 사는 곳은 一ツ屋라고 되어 있는데, 小田幾五郞의 『草梁話集』(1796년)에 따르면 구초량촌, 즉 구초량리를 말한다. 또한 「안세이 6년 교간기록」에 "坂下住居李文周と申者"라고 되어 있어 신초량리는 '坂の下'임을 알 수 있다.
13) 『萊府狀錄』에는 石田藤次郞을 만송원송사의 食尺倭로 기록하고 있으나 『館守每日記』와 「안세이 6년 교간기록」에는 쓰시마에서 파견한 1858년조 제1특송사의 정관인 '仁位琢磨下人藤次郞'라고 되어 있다.
14) 사건의 전모는 『萊府狀錄』 철종 10년 6월 9일, 7월 1일과 宗家文書 「안세이 6년 교간기록」에 자세하며, 김동철은 위의 논문(2013)에서 『萊府狀錄』을 중심으로 사건의 발생과 조선인 범죄자의 처리 과정을 잘 정리하여, 사건의 전모를 이해하는 데 많은 도움이 된다.
15) 『萊府狀錄』 철종 10년 6월 9일. 한편 동일한 사료에 '左水營 退婢 錦紅'이라고도 되어 있다.

문 문지기(設門直)인 매부 金福哲에게 기식하며 생활하고 있었다.16)

한편, 왜관에서 금홍과 교간한 니시다 도지로는 33세로 쓰시마번 후추(府中) 오테바시마치(大手橋町)에 거주하였으며, 1858년조 제1특송사17) 정관 니이덴마의 하인으로 초량왜관에 건너왔으며, 당시 서관에서 제1특송사의 요리를 담당하였다.18) 그리고 기이치로는 27세로, 쓰시마번 후추 초간초(昌元町)에 거주하였으며, 제1특송사 도선주 아비루 사마노스케의 하인으로 왜관에 건너와 도지로와 마찬가지로 서관에서 요리를 담당하였다.19)

동래부사 김석의 장계를 토대로 사건의 개요를 정리하면 다음과 같다. 도지로는 초량왜관 수문지기 김용옥에게 '一家産'을 주겠다는 조건을 걸면서 수차례에 걸쳐 조선 여인과 교간을 주선해줄 것을 요청하였다. 당시 경제적으로 궁핍했던 김용옥은 도지로에게 6월 5일 밤에 여인을 데리고 왜관에 들어가겠다고 약속하고, 당시 동래군 남촌면 상단리, 즉 구초량리에 살고 있던 금홍을 대상자로 골랐다. 김용옥과 금홍은 평소에 안면이 있었던 데다 금홍이 천창으로 남편없이 노모를 모시고 경제적으로 곤궁하게 살고 있었기 때문에 유인하기 쉽다고 판단한 것으로 보인다.

6월 4일 김용옥은 금홍을 찾아가 긴히 상의할 일이 있다는 핑계를 대고 부산으로 데리고 가 金守大의 집에서 하룻밤 머물게 하였다. 그리고 다음날

---

16) 이들은 초량촌 즉, 구초량리와 신초량리에서 태어나고 자란 사람들이다. 구초량리는 동래 읍치에서 32리, 신초량리는 31리 떨어져 있었다. 원래 두 마을은 조선의 里數로 1리 정도 거리에 인접하였다. 금홍이 거주한 구초량리, 즉 구초량촌은 신초량리와 함께 초량왜관에 인접한 조선이 마을이다(김동철, 앞의 논문(2013), 371~372쪽).
17) 제1특송사의 구성은 正官, 都船主, 第2船主, 封進押物, 私卜押物, 侍奉과 伴從 7명, 格倭 40명, 副船格倭 30명, 水木船格倭 20명으로 이루어졌다(『增正交隣志』 권1, 「年例送使」).
18) 도지로는 『萊府狀錄』에는 '食尺倭'라고 되어 있고, 「안세이 6년 교간기록」에는 '下焚'으로 기록되어 있어 서관에서 특송사의 요리를 담당한 것으로 보인다.
19) 「안세이 6년 교간기록」에는 기이치로 또한 '下焚'으로 기록되어 있는 것으로 미루어 그도 또한 서관에서 요리를 담당한 것으로 보인다.

인 6월 5일 아침에 금홍을 설문 밖 신초량리에 있는 자신의 집으로 데리고 가서 왜관에 들어가면 "많은 재물(千金不少之財)을 얻을 수 있다"고 하면서 도지로와의 교간을 제안하였다. 금홍이 이 제안을 거절하자 김용옥은 설문지기가 숙직하는 곳에서 기식하고 있던 이문주를 '一家産을 얻게 해주겠다'는 말로 꾀어 금홍과 도지로의 교간 모의에 가담시켰다. 결국 금홍은 김용옥과 이문주의 감언이설에 넘어가게 된다.

세 사람은 그날 밤 초경(저녁 7~9시) 무렵에 초량객사의 北城을 지나 왜관 북쪽 담장 밖에 있는 연향대청 앞길 쪽에 난 담장을 넘어 왜관에 잠입하였는데, 그때 왜관 담장 안 소나무 사이에서 일본인 한 명이 기다리고 있었다. 금홍은 김용옥에 이끌려 서관 삼대청의 한 빈방에 들어갔고, 뒤이어 일본인이 따라 방에 들어갔으며, 김용옥과 이문주는 곧바로 방에서 나왔다. 금홍은 일본인과 교간하고 새벽에 닭이 울 무렵 함께 방에서 나왔다. 김용옥은 이문주와 함께 금홍이 방에서 나올 때까지 대청 밖에서 기다리고 있다가 도지로로부터 교간의 대가로 동전 8냥을 받았으며, 그 자리에서 김용옥 3냥, 이문주 2냥, 금홍 3냥을 나눠 가졌다.[20]

이들은 6월 6일 새벽에 왜관 담장을 넘어 왜관을 나오다가 금홍과 이문주가 먼저 복병막의 장졸에게 붙잡혔고, 뒤에 있던 김용옥은 낌새를 알아채고 도망갔다.[21] 왜관 동2복병장 김학술과 서1복병장 이우선은 곧바로 훈도

---

[20] 그러나 『館守每日記』 1859년 6월 16일 기록과 「안세이 6년 교간기록」에는 도지로는 교간 대가로 김용옥에게 大錢 2貫文을 지급하였다고 진술하고 있어서 양국 사료 간에 2배 이상의 액수 차이를 보인다. 이에 대해 김동철은 도지로가 지급하기로 한 大錢 2貫文은 상평통보 20냥을 가리킨다고 설명하고, 만일 성관계의 대가로 관련 조선인들이 20냥을 받았다면 『萊府狀錄』에서 언급된 8냥보다 12냥이 더 많고, 주모자인 김용옥이 사전에 12냥을 받아 착복하고, 전체 8냥이라고 했을 가능성도 배제할 수 없으나 확인할 길은 없으며, 두 사료 간에 성관계의 대가로 받은 돈은 2배 이상의 차이가 난다고 하였다(김동철, 위의 논문(2014)).
[21] 김용옥은 금홍과 이문주가 체포된 것을 보고 소나무 사이에 숨어 있다가 새벽 4시를 기다려 도망쳤다고 한다(『萊府狀錄』 철종 10년 6월 9일).

金繼運과 별차 李宗懋에게 이들의 체포 사실을 보고하였다. 훈도와 별차는 곧바로 수본을 작성하여 6일 오시(오전 11시~오후 1시)에 동래부에 보고하였다. 동래부사 김석은 곧바로 군사를 보내 이들을 붙잡아오게 하여 취조하여 공초를 작성하고, 비변사에 올리는 장계를 작성하였다.22) 다음날인 7일에는 도망갔던 김용옥이 동래군 남촌면 상단리에서 체포되어 동래부로 송환되면서 이들에 대한 문초가 다시 시작되었다.

6일에 있었던 문초 과정에서 금홍과 교간한 상대 일본인은 도지로로 밝혀졌다. 곧바로 훈도와 별차는 왜관을 감독하고 관리하는 관수에게 교간 일본인에 대한 정보가 적혀있는 동래부사의 傳令을 전하였다. 전령에서 동래부사는 교간 상대가 조선에서 조사한 것과 틀림이 없는지 왜관에서 조사해줄 것과 교간 일본인을 조선인 주모자와 동급의 처벌(同律)로 처리해줄 것을 요구하였다. 그러나 관수는 도지로23)를 묶어 쓰시마로 송환한 후 조일간에 성립된 약조에 따라 처리하겠다고 동래부에 답변할 뿐이었다.24)

이어 8일 조사에서 김용옥은 교간을 주선한 주모자로, 이문주는 종범으로 밝혀졌다. 동래부사는 '謄錄'을 검토하는 등 전례를 참고하여 6월 9일 비변사에 다시 장계를 올려 1738년(영조 14)과 1786년(정조 10)에 왜관에서 일본인과 교간한 죄인을 처벌했던 전례에 따라 죄인들의 처벌에 관한 의견을 조정에 상신하였다.25) 동래부사는 이들 세 명의 죄상이 '大辟(사형)'에 해당한다고 보고하고 처벌해줄 것을 청하였다. 왜관을 지키던 복병장 등에

---

22) 『萊府狀錄』 철종 10년 6월 9일; 『國譯 萊府日記・多大鎭公文日錄』 기미(철종 10년) 6월 6일, 69쪽
23) 『萊府狀錄』 기미(철종 10년) 6월 9일; 「안세이 6년 교간기록」.
  당시 훈도와 별차가 전한 전령 내용에는 교간 일본인의 이름에는 石田藤次郎만 있고 喜一郎은 없었으며, 조선측에서는 도지로에 대한 처벌만 주장하는 상황이었다.
24) 『萊府狀錄』 기미(철종 10년) 6월 9일; 「안세이 6년 교간기록」.
25) 1738년에는 교간 당사자였던 私婢 守禮와 양녀 崔愛春 등을 減死遠竄에 처하였고, 1786년에는 양녀 徐一月이 高甲山의 꼬임으로 왜관의 일본인과 교간하였는데, 당시 주범인 高甲山은 관문 밖에서 효수되고, 일월과 종범은 감사원찬으로 처리되었다.

대해서는 '先失後捉'하긴 했지만 죄보다 공이 많으므로 전례를 살펴서 상을 베풀어줄 것을 청하고, 자신은 동래부사로서의 직무를 소홀히 한 죄로 처벌해 줄 것을 요청하였다. 그리고 왜관 관수에게는 '犯奸倭'는 붙잡아 쓰시마로 귀국시키고 법에 따라 처리해 줄 것을 責諭하였다.26) 뒤이어 19일에는 변경지역의 국방방어 부족 및 교간 사건에 대한 책임을 물어 동래부사와 부산첨사의 罷黜을 요구하는 경상감사 홍의길의 장계가 있었다.27)

비변사에서는 20일에 동래부사의 장계에 대해 국왕 철종의 승인을 얻은 후 다음과 같이 정하였다. 주범 김용옥은 법전의 규정에 따라 관문 밖 효시, 종범 이문주는 '嚴刑島配'하고, 금홍은 杖刑 100대를 친 후 유배라는 징계를 내렸다. 그리고 동사부사 김석과 부산첨사 張昌煥에게는 '先罷後拿之典(먼저 파면 후 잡아 문초하는 형)'이, 훈도와 별차는 동래부에서 중벌이, 범인들을 체포하여 고발한 복병장 등에 대해서는 시상이 결정되었다.28)

이러한 내용을 담은 비변사의 관문은 7월 1일 申時(오후 3시~5시)에 동래부에 도착하였다.29) 그리고 7월 2일 오시(오전 10시~오후 1시)에 주범인 김용옥은 변방의 금령을 엄숙하게 하고 亂民을 징계하기 위한 목적으로 軍威을 갖추어 초량왜관 수문 밖 왜관 내 일본인들이 잘 보이는 곳에서 효수형에 처해졌다.30) 7월 3일에는 이문주가 1차 엄형 후에 전라도 나주의 智島로 유배되고, 금홍은 장형 100대 후에 徒刑 3년으로 평안도 陽德縣에 유배되었다.31) 이어 동래부사 김석과 부산첨사 장창환이 파직당함으로써,32)

---

26) 『萊府狀錄』 기미(철종 10년) 7월 2일; 부산광역시사편찬위원회, 『國譯 萊府日記・多大鎭公文日錄』 철종 10년 7월 3일
27) 『철종실록』 철종 10년 6월 정사(19일)
28) 『승정원일기』 철종 10년 6월 무오(20일), 경신(22일), 신유(23일); 『國譯 萊府日記・多大鎭公文日錄』 기미(철종 10년) 6월 25일, 76쪽
29) 『비변사등록』 철종 10년 6월 20일; 『日省錄』 철종 10년 6월 20일; 『萊府狀錄』 기미(철종 10년) 7월 2일; 『國譯 萊府日記・多大鎭公文日錄』 기미(철종 10년) 7월 1일
30) 『철종실록』 철종 10년 7월 을해(7일)
31) 『國譯 萊府日記・多大鎭公文日錄』 기미(철종 10년) 7월 3일, 80쪽

이들 교간 관련 조선인들의 처벌은 한 달여 만에 처리되었다. 범죄 조선인에 대한 일련의 조치는 1711년의 신묘약조(교간약조)와 『속대전』, 『대전통편』 등의 규정에 따른 것이었다.

2) 일본의 범죄자 처리

사건이 발생한 다음 날인 6월 7일 왜관의 관수 다와라베 사에몬(俵郡左衞門)[33])은 훈도와 별차편으로 동래부사 김석의 전령을 받았다. 전령에는 '범간왜'로 밝혀진 도지로에 대해 조선인 주동자와 같은 형(사형)으로 처벌해 줄 것을 요청하는 내용이 들어 있었다. 양역으로부터 전령을 전해 받은 왜관의 조선어통사는 '正德 신묘년(1711, 숙종37)에 (조일 간에) 정한 약조'의 규정에 따르면 죄를 범한 일본인은 永遠流配의 형에 처해져야 한다고 주장하면서 조선인과 동률 처벌을 거부하였다. 그리고 도지로를 곧바로 묶어 쓰시마번으로 송환한 후 약조에 따라 죄인을 처리하겠다고 답변하였다. 사건에 연루된 일본인의 처벌에 대한 최종결정권은 초량왜관이 아니라 쓰시마번에 있는 것이므로 사건의 처리는 조선으로서는 영향력 밖의 일이었다.

이에 훈도와 별차는 조선어통사에게 '正德 신묘년에 정한 약조'의 내용을 베껴줄 것을 요구하여 그 사본을 받아들고 동래부로 돌아갔다.[34]) 여기

---

32) 위의 책, 기미(철종 10년) 7월 6일, 81쪽
33) 관수 다와라사에몬(俵郡左衞門)은 1853년 1월 28일에 왜관에 도착하여 1860년 7월 1일 병으로 購正使 吉川栄女가 겸근할 때까지 왜관에서 근무하였다(허지은, 「근세 왜관 館守의 역할과 戶田賴毛」, 『한일관계사연구』 48, 2014, 182쪽 <표 1> 참조).
34) 『萊府狀錄』 철종 10년 6월 9일; 「안세이 6년 교간기록」
"…猶又御吟味を請申出候樣＝と傳令有之候間、館守方江同伴仕吳候樣申聞、就夫相答候者、先以驚入候次第＝候、今晩被申候處者、相扣被置度、尤同罪と申義者御約定も有之、左樣＝相成候筋＝而無之候。… 御約定之行道縺返し申聞せ終＝屈伏仕、右御約定之御旨相寫吳候樣申聞候
　　付、其通爲仕早速出館上府仕…。"

에서 말한 약조는 교간약조라고 부르는 1711년의 신묘약조를 말한다.35) 본 사건은 신묘약조의 규정 가운데 "여성을 유인하여 和奸한 자 및 강간미수자는 永遠流配에 처한다"는 규정에 해당하는 것이었다. 따라서 교간 일본인을 조선인과의 '동률'로 처벌하라는 조선의 요구는 양국 간에 합의된 약조의 규정에서 벗어난 것이라고 할 수 있다.

도지로를 체포한 왜관에서는 우선 도지로의 상관인 제1특송사 정관 니이덴마에게 조사를 지시하였다. 조사 결과는 동래부의 전령과 같았다. 다만 왜관 자체 조사에서는 도지로 외에 기이치로라는 인물도 개입되었다는 사실이 추가로 밝혀졌다. 그러나 왜관에서는 기이치로의 건에 대해서 동래부에 알리지 않았다. 이러한 왜관의 태도는 유교 윤리를 중시하여 교간사건 처리에 엄한 태도를 보이는 조선에게 상대가 알지 못하는 범죄인을 자발적으로 드러낸다는 것이 두 나라 사이의 교섭에서 결코 득이 되지 않을 것으로 판단했기 때문일 것이다.

왜관에서 이뤄진 조사에서36) 도지로와 기이치로는 김용옥 등과 다른 진술을 하였다. 그들의 진술에 따르면, 6월 4일37) 밤 12시경에 누군가가 방문을 두드리는 소리가 나서 도지로가 문 밖을 내다보니 조선인 2명이 방 앞에 와 있었다. 그들은 여인 한 명을 데리고 왔는데 쌀값이 올라 먹고살기 힘든 데다 데리고 온 여성은 노모까지 봉양하고 있는 상황이라 살아갈 방도가

---

35) 신묘약조는 信使時定倭人潛奸律, 辛卯約條, 潛奸新定約條, 潛奸律, 交奸約條라고도 칭한다. 이 약조는 『증정교린지』 권4, 「약조」; 『춘관지』 권3, 「立約」; 『변례집요』 권5, 「약조」; 임수간의 『東槎日記』; 『分類紀事大綱』 권32에도 수록되어 있다. 그 내용을 그대로 옮겨보면 다음과 같다.
"交奸約條
一. 馬島之人 出往草梁館外 强奸女人者 依律文 論以一罪事
一. 誘引女人和奸者 及强奸未成者 永遠流竄事
一. 女人潛入館中 而不爲執送 因爲奸通者 用次律事"
36) 「안세이 6년 교간기록」.
37) 朝鮮曆으로는 6월 5일이다.

막막하여 몸을 팔아서라도 노모를 모시고자 한다고 하면서 교간을 제안하였고, 그 대가로 2貫文의 돈을 요구하였다는 것이다. 그래서 도지로는 인정상 차마 이들의 처지를 모른 체 할 수 없어서 교간을 하게 되었고 기이치로와의 교간도 주선하였다는 것이다. 그리고 다음 날인 5일 밤 9시경에 되돌려 보내고자 하였으나 여인이 왜관에 더 머무르게 해줄 것을 청하여 여러 차례 설득하여 돌려보내려던 참에 왜관 밖에서 체포당하게 되었다는 것이다.38) 도지로의 거듭된 부탁으로 금홍을 왜관에 몰래 데리고 가서 교간을 하게 되었고, 그 대가로 동전 8냥을 받았다는 김용옥의 진술과는 상당한 차이가 있었다. 이는 교간사건의 원인을 조선인에게 전적으로 책임지움으로써 자신들의 죄상을 최소화하려는 모습이었다.

김용옥 등도 동래부의 조사와 심문 과정에서 기이치로에 대해서는 일절 진술하지 않은 것으로 보인다.39) 이 또한 자신들의 죄상에 대해 보다 가벼운 처벌을 이끌어내기 위해서 교간 상대자를 도지로 한 사람으로 관련자를 축소하여 진술했을 것이며, 그 결과 당시 동래부에서는 범죄 일본인을 도지로 1인으로만 파악하게 된 것으로 보인다. 그러나 왜관 조사에서 기이치로도 교간에 참여한 것으로 밝혀졌다.

관수는 일단 이들을 주인 선에서 조사하여 보고하도록 지시하였다. 제1특송사 정관 니이덴마가 자신의 하인인 도지로를 조사하던 중에 제1특송사 도선주 아비루 사마노스케의 하인인 기이치로도 함께 교간에 가담한 사실이 드러나게 되었다. 이에 이들의 주인인 니이덴마와 아비루 사마노스케는

---

38) 「안세이 6년 교간기록」; 『館守每日記』 6월 16일, 박화진, 위의 논문(2013)에서 재인용. 한편 기이치로는 6월 3, 4일 밤 8시경에 도지로가 찾아와서 조선인이 왜관에 들어와 있다고 말하며 교간을 권유하는 바람에 하게 되었다고 진술하였다.
39) 김동철은 동래부에서 교간 죄인을 藤次郎 1명으로 파악하게 된 것은 "喜一郎의 매매춘 사실은 동래부에 전달되지 않았을 가능성이 크다"고 보고, 만약 전달되었다면 동래부가 의도적으로 숨기기에는 너무 큰 사안이었기 때문이라고 이해하였다(김동철, 위의 논문(2013), 385쪽).

도지로와 기이치로에게 금족령을 내리고 가뒀으며,40) 그리고 같은 달 16일에 관수에게 조사 결과를 보고하였다.41) 관수 다와라베사에몬은 곧바로 쓰시마번의 도시요리(年寄) 江典膳·平田宮內·平田爲之允·杉村大藏·蕃建直人에게 죄인들의 처벌에 대한 지시를 요청하는 문서를 보냈다. 문서에는 사건의 전말에 관한 개요와 함께 왜관에서 이뤄졌던 조사내용이 함께 기록되었다.

두 사람은 7월 2일 왜관을 출발하는 쓰시마 번선 메에마루(明榮丸)에 실려 쓰시마로 압송되었고,42) 7월 12일이 되서야 후추(府中)에 도착하여 감옥에 갇혔다. 이들을 태운 메에마루가 표류하여 중간에 조슈(長州)에 표착하였기 때문에 쓰시마에 도착하기까지 다소 시간이 걸렸던 것이다.

범죄인을 쓰시마로 압송하기에 앞서 도시요리 히라타 구나이(平田宮內)는 우치마와리카시라(打廻頭)에게 교간 범죄인이 쓰시마번에 압송되어 온다는 사실을 알리고 그들이 도착하는 대로 감옥에 가두라고 지시하였다. 교간 범죄인은 메에마루 후나가시라(船頭)의 책임하에 호송을 위해 왜관의 구미시타 요코메(組下橫目) 1인을 붙여 세키쇼(關所)까지 압송되었으며, 세키

---

40) 「안세이 6년 교간기록」
"…旦左馬介下焚喜一郎と申者、是又荷擔同類之趣其身より申出何とも驚入候次第、必竟我々共不行届不歸候段恐入候段申出候間、任官江應對向候処者東西之都合向茂有之、右藤次郎と申者壹人相手ニ相違無之趣ニ申出候而茂、不差支等ニ返答爲仕置申候、依之向者各前相知居候、藤次郎壹人ニ而相済居、初發任官より申出方者何れ京表江啓聞ニ相成回下到來迄者、右相手之者逗留被仰付置被下度旨申聞居候処、內外より之違目御約定之次第委敷通辨役通詞中切を以應對ニ爲及候上、東萊江申出被下候上、只今ニ而者早々歸國被仰付御約定之御所置被仰付被下度旨、任官より申出候次第通辨役通詞中より申出候付、如前文外向者瑑麿下藤次郎壹人相立居候得共、左馬介下人喜一郎同罪無相違旨、各乘出候上者御內向之所者兩人同樣之儀ニ付、兩人共主人預ニ取斗禁足申付置候侭、此節仕出候明榮丸より放し囚人にして渡海候間、船頭預ニ申付外ニ爲警固組、下橫目壹人御關所迄相附…."
41) 『館守每日記』 6월 16일
42) 『萊府狀錄』 철종 10년 7월 2일에는 飛船을 타고 쓰시마로 압송된 것으로 되어 있다.

쇼부터는 후나아라타카시라야쿠(船改頭役)의 사야쿠(佐役)를 통하여 우치마와리반쇼(打廻番所)에 인도되어 감옥에 갇히는 신세가 되었다.[43]

한편 7월 13일에는 왜관 관수가 번청에 보낸 문서와 두 통의 진술서가 후나가시라를 통해 함께 제출되었다. 두 통의 진술서는 왜관에서 조사 과정에서 작성된 공술서로 보인다. 이후 한 달여가 지난 8월 17일에 히라타 구나이는 우치마와리카시라(打廻頭)에게 18일에 이들 교간 범죄인을 구두 심문하고, 왜관에서 보내온 두 통의 진술서와 사실관계를 대조하여 비교한 후 진술서(口書)를 제출하도록 명령하였다. 그러나 죄인들의 취조에 참여할 우치마와리테다이(打廻手代)의 수가 적어 성원이 되지 않아 죄인에 대한 취조는 연기되었다.

9월 2일 우치마와리테다이가 성원이 되자 다음날인 3일부터 두 사람에 대한 조사와 취조가 이루어졌다. 취조 내용은 먼저, 교간하게 된 이유, 둘째, 조선인들이 왜관에 잠입하게 된 경위, 교간을 주선한 조선인 남자는 어떤 사람이며, 서로 알고 있었던 관계인지, 서관에 자주 출입했을 것으로 생각되는 여성의 생년월일과 주소, 그리고 사건에 이들 두 사람 외에 왜관 내에서 별도로 이 사건에 관계된 사람은 없는지, 교간 대가로 조선인 여성에게 무엇을 지불하였는지 등에 관한 것이었다.

도지로와 기이치로는 교간은 수문 뒤에 살고 있는 조선 사람 진세한(チンセハン)이 주선하였으며, 여성은 기울어진 성벽을 올라간 산 중턱 부근에 사는 사람으로 어려운 형편에 놓여 있는 것을 인정상 모른 체 할 수 없어서 교간을 했을 뿐이며, 그 대가로 大錢 2관문을 준 것 외에 어떠한 물건도 주지 않았다고 진술하였다. 마지막으로는 도지로 등이 교간 대가로 조선인들에게 넘겨준 銀子의 출처를 물었다. 조사를 마친 우치마와리카시라는

---

43) 도지로는 對馬藩 후추 오테바시쵸(大手橋町) 니시다야(石田屋) 거주하는 니이덴마의 하인이었으며, 기이치로는 對馬藩 후추의 쇼겐마치(昌元町) 히라타야(日高屋)에 거주하는 사베(左兵衛)의 아들인 아비루사마노스케의 하인이었다.

왜관에서 작성해 보내온 진술서와 교간 일본인의 진술에 차이가 없다는 내용의 진술서를 번에 제출하였다.

이어 9월 21일에는 '범간왜'의 처벌에 대한 번주의 재가가 도시요리의 이름으로 하달되었다.44) 먼저 이들의 주인인 니이덴마와 아비루 사마노스케에 대해서 앞으로 이런 일이 재발되는 일이 없도록 하라는 주의가 내려졌다. 그리고 도지로와 기이치로에게는 조일 간에 합의된 교간 법령을 위반한 죄과로 본래 거주지인 후추에서 추방되어 멀리 떨어진 지방인 쓰시마의 서쪽 최북단에 있는 사고고(佐護鄕)45)로의 유배와 永代奴의 형이 내려졌다. 도지로는 사고군(佐護郡) 미나토무라(湊村)의 給人(향촌 재지무사) 사사키 타다스케佐佐木只介)의, 기이치로는 사고군 구수무라(久須村)의 급인 구스사콘(玖須左近)의 영대노가되는 奴刑에 처해졌으며, 쓰시마 후추 내 출입이 금지되었다.46) 영대노란 '永生奴', '一生奴'라고도 하는데, 범죄에 대한 징계의 의미로 武士, 給人(鄕士), 社, 役所, 乞食 등에 배속되어 평생 노동력을 제공해야하는 종신노를 말한다.47) 도시요리는 이와 같은 결정을 우치마와

---

44) 도시요리(年寄)는 쓰시마번 근무와 江戶 근무로 구별되지만 쓰시마번 즉, 國元의 도시요리가 번의 정책 결정을 담당한다. 國元에는 5~8명이 '年寄中'라고 하여 번주를 보좌하였다. 도시요리는 문자 그대로 번주를 보좌하는 중요한 위치에 있었으며, 年寄中의 이름으로 藩主의 재가를 하달한다(泉澄一, 『對馬藩の硏究』, 關西大學出版部, 2002, 2~4쪽).

45) 對馬藩에는 上縣郡, 下縣郡의 2郡 아래에 風崎, 佐護, 伊奈, 三根, 仁位, 奧良, 佐須, 豆酘의 8鄕이 있었다. 8鄕의 給人은 향촌에 토착한 무사이다. 1703년에 작성된 일본 측 자료에 의하면 당시 佐護鄕에는 深山, 仁田內, 惠古, 井口, 友谷, 湊, 佐須奈, 久須의 8村이 있었다. 湊村에는 3명의 給人, 久須村에는 4명의 給人이 있었다(永留久惠, 對馬國志 (제2권 중세·근세편), 馬國志刊行委員會, 2010, 264~280쪽; 김동철, 위의 논문(2013), 386쪽 재인용-).

46) 「안세이 6년 교간기록」
右者去年條一特送使正官人仁位瑑磨同都船主阿比留左馬介江相附、朝鮮江差渡置候処、於彼地令交奸不埒之者共ニ付、佐護鄕湊村給人佐々木只介同鄕久須村給人玖須左近江永代奴被成下、府內登堅差留。

47) 對馬藩의 奴(婢)형은 노형기간이 평생 동안 계속되는 永代奴와 일정한 기간을 한정

리카시라, 오메츠케(御目付), 마치부교(町奉行) 등에게 알리고, 郡村을 관할하는 고군부교쇼(御郡奉行所)의 다다노스케사콘(只介左近)에게도 전하였다. 더불어 에도의 쓰시마번저에 있는 도시요리에게도 書狀을 보내 알림으로써 사건은 발생한 지 4개월여 만에 처리·종결되었다.[48]

이상, 일본측의 교간범 처리 과정을 표로 정리하면 다음과 같다.

〈표 1〉일본측의 교간 일본인 처리 과정

연번	월일	교간 일본인의 처리 과정	전거
1	6월 7일	·저녁에 양역이 왜관에 들어와 5일밤에 있었던 교간사실을 알림. 교간상대자로 石田藤次郎를 지목하고, 조선인 주모자와 同律 처벌요구	『萊府狀錄』, 「安政六年交奸記錄」
2	6월 8일	·관수가 藤次郎의 상관에게 심문하고 결과보고 지시함 ·심문 중에 제1특송사 도선주 사마노스케의 하인 喜一郎도 교간에 가담한 사실이 드러남. ·양역에게 조사 결과 통고, 喜一郎에 대해서는 알리지 않고,	『萊府狀錄』, 「安政六年交奸記錄」

하여 시행하는 年切奴로 나뉜다. 年切奴의 기간은 죄상에 따라 다르지만 대체로 길게는 30년, 짧게는 1년을 원칙으로 하였다. 노형에 처해진 자는 배속된 곳에서 노역에 종사하는 것이지만, 단순히 노역에 따르는 것에 그치지 않고, 여러 가지의 구속 혹은 대우가 부수되었다. 일반적으로 對馬藩에서 奴刑은 서민 이하에 적용되는 것이 일반적이고, 무사계급에게 는 원칙적으로 적용되지 않았다. 여기에서 서민은 주로 백성, 조닝을 가리키지만 세부적으로는 被官, 社人, 승려 등도 포함된다(金田平一郎, 「對馬藩の奴刑」, 『法政硏究』 13-2, 九州帝國大學法政學會, 1943).

48) "大手橋町役 石田屋 藤次郎、昌元町役 日高屋 左兵衛伜 喜一郎
右者去年條一特送使正官人仁位瑑磨同都船主阿比留左馬介江相附、朝鮮江差渡置候處、於彼地令交奸不埒之者共ニ付、佐護鄕湊村給人佐々木只介同鄕久須村給人玖須左近江永代奴被成下、府內登堅差留、此旨申付手數之通可被取計候以上。九月卄一日年寄中
打廻頭中
大目付中
町奉行中可被得其意候
御郡奉行所 只介左近江相願候段、可被相達候。
右之段江戶表同列中江、以書狀申遺、館守濱方來狀以頭書、夫々及返答委細狀控ニ有之。"

연번	월일	교간 일본인의 처리 과정	전거
3	6월 16일	왜관에서는 藤次郎과 喜一郎을 주인에게 가택연금(禁足)하도록 분부 ·藤次郎과 喜一郎의 상관이 관수에게 진술서 제출 ·왜관에서 쓰시마번의 도시요리들에게 사건의 보고와 죄인의 처리를 문의하는 문서를 보냄	『萊府狀錄』, 「安政六年交奸記錄」
4	7월 2일[49]	왜관을 출발하는 對馬藩船인 明榮丸에 실려 쓰시마로 압송	「安政六年交奸記錄」
5	7월 12일	후추 도착 후 打廻番所에 인도되어 감옥에 감힘	「安政六年交奸記錄」
6	7월 13일	船頭는 관수가 번청에 보낸 문서와 죄인들의 진술서 제출	「安政六年交奸記錄」
7	8월 17일	年寄 平田宮內가 打廻頭에게 범죄인 재조사를 명령	「安政六年交奸記錄」
8	8월 18일	打廻手代의 성원이 이뤄지지 않아 취조가 연기됨	「安政六年交奸記錄」
9	9월 2일	打廻手代가 성원됨	「安政六年交奸記錄」
10	9월 3일	두 사람을 취조·조사 후 打廻頭가 번에 진술서 제출	「安政六年交奸記錄」
11	9월 21일	·죄인 처벌에 쓰시마도주의 재가 하달 ·상관에게는 주의가 내려지고, 죄인은 유배 후 永代奴의 처벌이 내려짐 ·에도의 쓰시마번저에도 書狀을 보내 결과를 알림	「安政六年交奸記錄」

3. 교간사건을 바라보는 조일 양국의 시선

　조선은 유교를 국시로 하여 사회적 기강을 세운 나라로서 특히 남녀 간의 윤리에 대하여 매우 엄격한 규범을 가지고 있었다. 때문에 조선에서는 1711년에 일본과 체결한 교간약조인 신묘약조 이전에는 왜관의 일본인이 조선인 여성을 왜관으로 끌어 들여 성관계를 한 사실이 발각되면 이를 '교간'[50]으로 취급하고, 당사자는 물론 연루자 전원을 효시 내지는 유배로 엄

---

49) 『萊府狀錄』 咸豊 7월 2일에는 石田藤次郎가 비선편으로 島中縛送되었다고 되어 있다.
50) 교간사건과 辛卯約條를 다룬 논고로는 김의환, 「「倭人作孥謄錄」에 대하여」, 『日本文化史研究』 16, 帝塚山短期大學文化史學會, 1992; 손승철, 「倭人作孥謄錄을 통하여 본 왜관」, 『항도부산』 10, 1993; 제임스 루이스, 「부산왜관을 중심으로 한 朝·日交

격하게 처벌함으로써 국가의 기강을 세우고자 하였다. 이렇듯 조선에서 교간에 대해 극단적이라 할 정도의 엄벌방침을 취하게 된 것은 양국인 간의 교간은 당시 조선 사회를 지배하고 있던 유교적 윤리관에서 보면 허용하기 어려운 것이기 때문이었다고 보는 견해가 있고, 단순히 도덕적 이유만은 아니라 혼혈인의 증가가 가져오는 민족적 위기를 사전에 차단하기 위한 것이라는 정치적 조치로 해석하는 견해도 있다.[51] 더욱이 상대 남성이 '왜인'이라고 하는 민족적 위화감이 교간에 대한 조선측 인식의 저변에 강하게 작용하고 있었다고 보는 견해도 있다.[52]

그러나 일본, 즉 쓰시마에서는 왜관에서 조선 여성과 교간한 일본인에 대한 처벌에 미온적이었다. 그래서 조선에서는 교간 사건이 발생할 때마다 왜관과 쓰시마번에 교간 범죄인의 처벌을 요구하며 왜관 개시와 공작미의 철공철시를 시도하는 시위를 하기도 하였다.[53]

조선과 일본 사이에 만들어진 규정에 따르면 왜관을 둘러싸고 일어난 사건과 사고에 대해서 양국인들은 모두 자국의 법에 따라 처리하는 것으로 되어 있다. 예컨대, 조선은 왜관 관련 조선인 범죄자에 대하여 조선의 국내법에 따라 처벌하되, 일본인 범죄자에 대해서 동일한 형벌을 적용하여 처벌할 것을 요구하였다. 물론 쓰시마번에서도 일본인 범죄자의 처리는 일본 국내법에 준하였고, 조선인 범죄자에게 같은 처벌을 요구하였다.[54] 그런데 1609년(광해군 1) 기유약조 이후 조선과 쓰시마 간에 공인된 규약인 1683

流: 교간사건에 나타난 권력·문화의 갈등」, 『정신문화연구』 66, 한국학중앙연구원, 1997; 尹裕淑, 「條約にみる近世の倭館統制について」, 『史観』 138, 1998, 「17세기 후반~18세기 초두 왜관통제와 한일교섭」, 『통신사·왜관과 한일관계』(한일관계사연구회논집편찬위원회 편), 경인문화사, 2005 『近世日朝通交と倭館』, 岩田書院, 2011 등을 들 수 있다.
[51] 제임스 루이스, 위의 논문(1997)
[52] 윤유숙, 위의 논문(2005)
[53] 『邊例集要』 권14, 「雜犯」, 庚午(1690) 6월; 『倭人作拏謄錄』 경오 4월 26일
[54] 田代和生, 『倭館-鎖國時代の日本町』, 文藝春秋, 2002, 153~157쪽, 166~167쪽

년(숙종 9) 계해약조에는 왜관을 둘러싸고 일어난 사건과 사고에 대한 처벌 규정이 정해져 있으나55) 교간에 관한 규정은 존재하지 않는다. 이는 17세기 후반까지도 교간 관련 범죄자 처리에서56) 양국 간에 상당한 의견 차이가 있었음을 시사하는 것으로, 이는 교간을 대하는 양국 간의 입장 차가 얼마나 컸는지를 단적으로 보여주는 예이다. 이러한 양국 간의 입장 차는 교간약조라고도 불리는 1711년 신묘약조의 체결 과정에서 더욱 확연하게 드러난다.57)

현재 한일 양국의 문헌에 나오는 조선 후기 왜관에서 발생한 교간사건은 1661년부터 1859년까지 13건이다. 이를 표로 정리하면 다음과 같다.58)

---

55) 1683년 癸亥約條의 내용과 체결과정에 대해서는 허지은, 「17세기 조선의 왜관통제책과 조일관계 -癸亥約條(1683)의 체결과정을 중심으로」, 『한일관계사연구』 15, 2001; 졸고, 「조선 후기 대일교섭에 있어서 尹趾完의 通信使 경험과 영향」, 『한일관계사연구』 31, 2008 참조

56) 조선 여성의 왜관 출입이 언제부터 공식적으로 금지되었는지는 명확하지 않다. 여성의 왜관 출입을 금하는 내용이 들어 있는 성문규정인 '朝鮮人禁制'(1676년)가 나오기 이전인 17세기 전반의 문헌에는 여성의 왜관출입과 체류를 규정하는 법령이나 규정은 보이지 않는다. 그러나 문헌에는 이미 1661년(현종 2)에 발생한 교간사건에서 당사자인 조선인 여성과 조선인 공모자가 왜관 밖에서 효시된 사실이 기록에서 확인되는 것으로 미루어 이 무렵 또는 그 이전부터 조선여성의 왜관출입과 교간행위에 관한 금령이 어떠한 형태로든 존재하고 있었을 것으로 추측된다(尹裕淑, 앞의 책, 2011, 44~45쪽).

57) 1711년 신묘약조의 체결과정에 대해서는 윤유숙, 위의 논문(2005); 제임스 루이스, 위의 논문(1997) 참조.

58) 기록에 보이는 교간 사건의 횟수에 대해서는 연구자에 따라 다소 차이가 있다. 손승철은 『倭館作拏謄錄』을 근거로 9회, 윤유숙과 김강일은 11회, 양흥숙은 13회로 보고 있다. 이러한 차이는 연구자마다 이용한 자료의 차이에 의한 것으로 보인다.

〈표 2〉 조선 후기 왜관에서 발생한 교간사건

연번	연도	교간남성 (일본인/신분)	교간여성 (조선인/ 신분)	공모자 (조선인/ 신분)	동기/ 代價	사건의 처리
1	1661/ 현종1	不明	古公(良女)	朴善同	受賂/誘引	·고공과 박선동 왜관밖 효시(사형) ·왜인과 더불어 뒷산에서 飮酒한 私婢 貴眞· 五莫德·士玉·立介·貴非는 遠地定配
2	1662/ 현종3	不明	自隱德 (私婢)	無應忠(奴)· 金靑男(奴)	敎誘	·자은덕·무응충·김청남은 관문밖 효시 ·교간왜는 법에 의거 처리를 관수에게 責論
3	671/ 현종12	不明	不明	왜관 내 下男	不明	不明
4	1675/ 숙종1	不明	於大同의 아내	於大同	强姦	·於大同이 왜인 살해
5	1690/ 숙종16	井手惣左衛門· 市山伊兵衛·日 高判右衛門·小 嶋利右衛門	愛今(이명 원의 처), 粉伊(이명 원의 딸)	·李命元(水營使令) ·權祥(私奴)	受銀/誘引/애 금, 분이 은 58냥	·이명원 옥사 ·이진수 옥사 ·애금·분이·권상 1662년의 예에 따라 관문 밖 효시 ·교간 남성 4인 조선 도항 금지
6	1690/ 숙종16	利兵衛(禁徒 倭)·判右衛門 (禁徒倭)	賤月(이명 원의 동생)	李進濤(私奴) 徐富祥(烽軍)	受銀/誘引 賤月:은2냥 5전	·천월·서부상 1662년의 예에 따라 관문밖 효시
7	1697/ 숙종23	飯束喜兵衛	玉郞 善貞	金哲石	교간 미수	·김철석 도망, 그의 父 옥중 사망 ·관수에게 責論
8	1707/ 숙종33	白水源七	卄玉	宋中萬 (部將)		·감옥·송중만 관문밖 효시 ·수직 복병장 처벌
9	1716/ 숙종42	5인	季月(娼女)	金以石· 趙守命	유인	·계월 '考諸律文'하여 遠地定配 ·김이석·조수명 관문밖 효시 ·교간 남성 3명 중 1인은 이미 쓰시마로 귀국 ·2인은 신묘약조에 의거하여 쓰시마로 박송 ·2명은 잡지못했다고 평계
10	1726/ 영조2	茂吉作·左衛門	金善陽 (娼女)	秋順弘·朴召史	유인 米 3두	·김선양 1716년 季月의 예에 따라 평안도 정배 ·박소사 전라도 정배, ·秋順弘· ·東伏兵將卒 從重決棍懲 捕捉人 論賞 ·교간 남성 2인 관수에게 永遠 流竄 요구
11	1738/ 영조14	利右衛 門·源五등 3인	守禮(私婢) 崔愛春 (良女)59)	田才	유인 錢 400文 정도	·여성 嚴刑島配, 전재 효시 ·교간 남성 쓰시마에서 流罪
12	1786/ 정조10	吉藏(物貨商)· 善右衛門(假 傳語官)·準助(監 董木手)·辰五郞 (引鉅匠)· 下代幸助	徐一月 (良女)	高甲山(주범) 李以良·金阿只老未· 田古不伊·劉漢日 (종범)	수뢰 유인	·서일월 곤장 100대 후 3년간 유배 ·李以良·金阿只老未·田古不伊·柳漢日 嚴刑遠配 ·首犯 고갑산 관문밖 효시 ·교간 남성 5인 비선편 쓰시마 縛送

연번	연도	교간남성 (일본인/신분)	교간여성 (조선인/ 신분)	공모자 (조선인/ 신분)	동기/ 代價	사건의 처리
13	1859/ 철종10	藤太郎·喜一郎	趙錦紅 (좌수영 退婢, 賤娼)			·김용옥 관문밖 효시 ·금홍과 이문주 嚴刑島配 ·교간 남성 2인 쓰시마 박송, 永代奴로 삼음

위 표는 양흥숙, 조선 후기 東萊 지역과 지역민 동향, 부산대학교 대학원 박사학위논문, 2009, 241~242쪽 〈표 40〉을 토대로『邊例集要』권 14,「雜犯」;『增正交隣志』권4,「禁條」;『숙종실록』);『정조실록』;『倭人作挐謄錄』;『典客司別謄錄』;『分類紀事大綱』31,「交奸一件」(일본국립국회도서관 소장);「안세이 6년 교간기록」(長崎縣立對馬歷史民俗資料館 所藏)을 참조하여 재구성한 것임.

위 〈표 2〉에 의하면, 1711년 신묘약조 이전에는 왜관에서 교간이 발생하면 교간 당사자인 조선인 여성과 중개한 조선인만을 처벌하는 것으로 마무리되었다. 그 처벌은 매우 엄격해서 조선 국내에서 조선인 간에 발생한 교간 사건에서 여성은 처벌 대상에서 배제되었던 것과 달리 왜관에서 발생한 교간 사건에서는 일본인과 교간한 여성에 대한 처벌이 매우 엄격하였다.[60] 조선 여성과 일본인 남성 간의 성관계가 강간이든 양자 간의 합의하에 이뤄진 것이든 1711년 신묘약조가 체결되기 전까지는 이와 관련된 조선인은 모두 사형에 처해졌다. 그러나 교간 상대자인 일본인 범죄자에 대해서는 기소하지 못하고 관수에게 문책하는 선에서 처리하고 끝나는 것이 일반적이었다.[61]

그런데 1690년(숙종 16) 교간 사건을 기점으로 교간 사건에 대한 조선의 입장에 변화가 생긴다. 조선은 쓰시마에 교간 일본인을 조선인 주모자와 동률 처벌, 즉 사형을 적용할 것을 요구하기 시작하였다.[62] 물론 쓰시마번의

---

[59] 『변례집요』에서는 私婢 守禮, 良女 崔愛春은 "본래 娼女로 김해 등지에서 매춘행위를 하다가 田才의 꾀임으로 왜관에 들어간 것"으로도 되어 있다(『邊例集要』권14, 「雜犯」, 戊午(1738년)).
[60] 제임스 루이스, 위의 논문(1997), 189쪽
[61] 『변례집요』 권14, 「잡범」 壬寅(1662년) 6월
"私入館中 自有其罪 令本道從重刑推 犯罪倭人段 依法處置之意 館守倭處責諭"
[62] 『변례집요』 권14, 「雜犯」, 경오(1690) 10월

입장은 달랐다. 1707년 조선 여인 甘玉과 조선인 중개 남성이 교간 혐의로 체포되었을 때에도 쓰시마번은 교간 사건이 양국 관계에 방해가 될 수 있다는 사실을 염려하고 왜관 내에서 禁制를 엄수하도록 호소하면서 관수 히구치구메우에몬(樋口久米右衛門)에게 의심이 가는 자를 엄밀히 조사하여 서둘러 귀국시키라고 조치할 뿐이었다.63) 그리고 교간 일본인을 색출하여 조선인과 동률로 처벌하라는 동래부사의 요구에 관수 히구치구메우에몬은 진상이 불분명하다는 이유로 응하지 않았다.64) 이렇듯 일본은 교간 사건에 대해 조선과 달리 적극적으로 통제하지 않을 뿐 아니라 교간 당사자를 쓰시마로 귀국시키고 이후에는 조선에 건너오지 못하도록 조선도항 중지를 명하는 정도에서 처리하였다.

마침내 조선은 쓰시마번 당국과 직접 교섭에 착수하게 된다. 1708년 쓰시마도주 소 요시미치(宗義方)의 쓰시마 환도를 축하하기 위해 일본에 건너간 문위행은 교간 일본인의 이름이 기재된 예조서계를 지참하였다.65) 이 사실을 전해 들은 재판과 쓰시마의 家老들은 '교간과 같은 사소한 문제'가 공식화되어 막부에게 알려질 것을 우려하여 예조서계의 정식 제출을 제지하였다. 결국 서계의 내용은 '口上書'의 형태로 작성되어 번에 전달되었다. 이때 쓰시마번에서는 조선이 교간인으로 지목한 당사자를 색출하여 시비를 가려서 외교 교섭상의 성의를 다하겠다는 결정을 하였다.

---

63) 『分類紀事大綱』 31, 「交奸一件」
64) 『변례집요』 권14, 「雜犯」정해(1707) 12월
65) 당시 문위행의 교섭 현안으로는 교간사건 교섭 외에도 비공식 사안으로 '斜升一件', '通事拜領銀一件' 등이 포함되어 있다. 한편 최상집은 문위행에 참여하기 전부터 왜관의 조선어통사들에게 조선 조정에서 교간사건을 對馬藩이 생각하는 것 이상으로 심각하게 여기고 있으며, 교간 일본인이 조선측이 요구하는 처벌을 전혀 받지 않고 있으므로 문위행을 통하여 교간문제를 언급한 예조서계가 발급될 것이라고 수차례 경고하였다. 그러나 對馬藩에서는 조선의 요구는 받아들일 수 없으며, 그러한 내용의 예조서계가 발급된다면 당신의 일신을 위해 서도 좋지 않을 것이라고 협박조의 발언을 반복할 뿐이었다(윤유숙, 위의 논문(2005), 142~144쪽).

그러나 당시 쓰시마의 입장은 일본 국내법에는 타국의 여성과 관계를 맺은 자의 처벌 규정이 없다는 사실을 들어 조선에서 교간 관련자들을 사형에 처하였다고 해서 일본인을 사형에 처할 수는 없다는 것이었다. 나아가 일본의 관습을 전혀 고려하지 않고 조선의 형법체계를 일본인에게 적용시키려는 것(彼此同律勘罪之意)은 부당한 처사라고까지 주장하였다. 그러면서도 쓰시마번은 양국의 문화적인 관습이나 형량의 차이에서 비롯되는 분쟁을 최대한 고려하여 조선의 중한 금제를 위반한 자에 대해서 엄중하게 처벌해 나가겠다고는 했지만 조선 입장에서는 만족스럽지 못한 결과였다.66)

결국 조선 조정은 1711년(숙종 37) 쇼군 도쿠가와 이에노부(德川家宣)의 쇼군직 즉위를 축하하기 위해 일본에 파견된 신묘통신사에게 출발에 앞서 5월 15일 범간 일본인과 조선인을 동률로 다루는 '彼此同律勘罪之意'의 교간범 처벌에 관한 법제화의 교섭을 지시하고,67) 조약의 체결에 대한 숙종의 허락을 받았다.68) 이는 조선이 교간 사건을 얼마나 중대하게 받아들이고 있었는지를 보여주는 사례이다.69)

---

66) 1690년 교간사건과 1707년 교간 사건에 대한 조일 양국의 처리 과정에 대해서는 윤유숙의 위의 논문(2005)과 앞의 저서(2011) 제1장 참조.
67) 『通信使謄錄』 2, 서울大學校圖書館, 1991, 404~405쪽.
68) 『승정원일기』 숙종 37년 5월 15일; 『비변사등록』 숙종 37년, 5월 20일
69) 통신사에게 교간범 처벌에 관한 법제화 교섭을 지시하게 된 배경에는 직전 통신사 행인 1682년 임술통신사의 경험이 있다. 1682년 통신사에게는 將軍즉위 축하 목적 외에 동래부와 왜관 사이에 협의한 朝市約條의 보완과 공인이 주요 사안으로 주어졌다. 조선은 1678년 두모포에서 초량으로 왜관을 이전하면서 왜관의 통제강화와 전면적인 쇄신을 모색하였다. 왜관이 완성되기 1년 전인 1677년 동래부사 李馥은 왜관에서 발생하는 사안들, 즉 왜인들의 난출, 조선인 관리에 대한 왜인의 폭행, 잠상의 금지 등에 대해서 동래부사↔관수 간의 협의로 충분하지 않다고 판단하므로 문위행을 통하여 쓰시마 당국과 직접 협의해야 한다는 의견을 제시하였다. 그러나 동래부사↔관수 사이 이뤄진 1678년 조시약조 후에도 왜관에서는 무역증가에 따른 도항 일본인의 증가와 더불어 왜관 내 일본인들의 각종 불법 행위나 폭력사용의 증가가 계속된 듯하다. 정작 동래부사↔관수, 심지어 쓰시마도주사이에 협의된 내용만으로는 문제가 발생하면 이를 제어하는 것이 역부족이었던 것이다. 1682년 통신사

통신사는 에도 체재 중 쓰시마도주 소 요시미치에게 교간 일본인에 대해 조선인과 동률로 사형을 적용할 것을 요구하고 이를 약조로 정해줄 것을 요청하였다. 그러나 쓰시마번의 거부로 양자 간의 교섭이 원만하게 이뤄지지 않게 되자 통신사는 막부에게 直訴하겠다는 의사를 밝혔다. 조선은 기존의 방식에 벗어나 통신사를 통해 막부와 직접 교섭할 수 있음을 카드로 언급하면서 쓰시마 번 당국과 직접 교섭하여 보다 적극적인 문제해결책을 강구하려 한 것이다. 그럼에도 쓰시마번은 강경한 태도로 기존의 입장을 굽히지 않았다.

쓰시마번 당국이 사전에 이 같은 전개를 어느 정도 예상했던 면도 있겠지만,70) 이러한 쓰시마의 태도는 무엇보다 양국의 성에 관한 커다란 인식의 차이에서 비롯된 것으로 보인다. 결국 쓰시마가 조선이 제시한 교간범 처벌에 관한 의견을 수용하지 않은 데는 교간 사건을 밀무역 등 왜관에서 발생한 여러 사건·사고와는 다르게 이해한 측면에서 이유를 찾을 수 있다. 결국 쓰시마로서는 교간 일본인을 조선인과 동률로 처벌하는 것에 반대했다는 사실이 에도에 알려진다고 하더라도 별문제가 되지 않을 것으로 판단했기 때문에 통신사를 통한 막부와의 직접 협상이라는 조선측의 카드가 쓰시마에게 큰 효력을 발휘할 수 없었다. 결국 통신사는 약조 사항에 强奸, 和奸간의 차등을 두어 죄를 정하자는 쓰시마의 조건을 수용하고서야 약조를 체결할 수 있었다. 이로써 신묘약조에서는 교간 행위를 세 종류로 구분

의 절목강정을 위하여 쓰시마에 도해하였던 문위행에서조차 위 사안이 취급되지 않았던 것을 보면 조선 조정에서는 당시 대두되었던 왜관 관련 현안에 대해서 對馬藩에 더 이상 기대를 하지 않은 듯하다. 조선에서는 항의하고, 일본에서는 외교적 갈등을 피하기 위해 관련자를 처벌하는 선에서 무마시키는 형태로는 왜관을 둘러싸고 일어난 각종 트러블의 근본적인 해결책이 될 수 없다고 판단하였고, 그 해결책은 막부와의 직접 교섭이라는 카드를 이용할 수밖에 없다고 파악했던 듯하다. 이와 관련해서는 졸고, 위의 논문(2008) 참조.
70) 윤유숙, 위의 논문(2005), 147~149쪽

하고, 형벌도 그에 따라 차별화되는 것이 합의되었다.71)

신묘약조 체결 이후 왜관에서 발생한 교간에 관여한 조선인의 처벌은 1717년(숙종 43) '康熙丁酉傳敎'로『新補受敎輯錄』,「刑典」, 禁制와 1746년(영조 22)『속대전』에 명시되었으며,『속대전』규정은『대전통편』,『대전회통』에 그대로 반영되었다.72) <표 2>를 통해서도 알 수 있듯이 1711년 이후 발생한 교간사건은 신묘약조에 따라 처리되었다. 왜관에서 교간한 여성에게는 장 100대 후에 유배형이,73) 여인을 유인하여 성매매를 알선한 주모자는 최고형인 참수형이라는 엄한 처벌이 내려지고, 그것도 일벌백계의 상징으로서 왜관 문밖에서 참수하는 효수형으로 규정되었다. 성매매 당사자보다 이를 알선한 주모자가 더 엄한 벌을 받은 것은 왜관과 그 주변에서 일어나는 교간 문제는 성적·윤리적 범죄행위로서, 당사자나 지역 내의 문제로 한정되는 것이 아니라 양국 간의 공권력, 외교상의 문제라고 판단하였기 때문이다.74)

그런데 양국 간에 합의된 교간 법령(신묘약조)이 있음에도 1859년 당시 동래부사는 교간 일본인에게 조선인 주모자와 동률 처벌, 즉 사형을 적용할 것을 쓰시마 당국에 요구하고 있다는 점이 주목된다. 왜관의 조선어통사가

---

71) 주 36)과 같음. 숙종 38년 5월 5일 기록에 따르면 조선에서 교간약조의 세 조항을 새겨서 館中에 세워두도록 하명했다고 한다(『통신사등록』권2, 서울대학교도서관 간행, 563~564쪽).
72) 김동철, 위의 논문(2013), 387쪽
73) 여성 본인의 동의에 의한 것인지 아니면 중개인 등에게 속아서 이루어진 강제에 의한 것인지에 관계없이 일률적으로 사형에 처해지던 조선 여성에 대한 처벌은 신묘약조 성립 후 보다 약화되었다. 극형을 면하고 杖 100대 후에 유배형을 받게 되었는데, 1716년 季月의 사건 이후부터 그렇게 처리된 것으로 보인다. 이에 대해서는 1716년 교간 사건으로 붙잡힌 季月이라는 여성이 자신은 강간당한 것이었다고 강력하게 주장한 결과, 사형 결정을 면했던 것이 전례가 되었을 것이라는 추측이 있다(윤유숙, 위의 논문(2005), 150쪽).
74) 김동철, 위의 논문(2013), 388쪽

신묘약조를 들며 규정대로 교간 일본인을 '永遠流配'로 처리하겠다고 주장하자 결국에 가서 조선은 수용하면서도, 재차 훈도와 별차를 통해 관수에게 "한 쪽에서는 사형에 처하고, 한쪽에서는 멀리 유배하라는 지시가 내려지는 것은 이해할 수 없는 일"이라며 일본인에 대한 동률 처벌을 요구함으로써 교간 사건에 대해 강경하고 엄중한 태도를 보인 것이다.

교간 사건에 대한 조선의 이러한 강경한 자세는 동래부에 내린 비변사의 관문에서도 엿볼 수 있다. 7월 1일 비변사는 주범 김용옥에 대해서 경상좌수사가 軍威을 갖추고 효수형을 집행하라고 구체적으로 지시하고 있다. 사형 당일 中軍이 김용옥을 압송하고, 사형 집행 절차는 전례를 살펴 거행하도록 하였다. 그리고 군위를 갖추는 모습도 구체적으로 지시하였는데, 諭書 배종과 斧鉞, 刑名旗, 偃月刀, 貫耳令箭, 淸道旗, 金鼓旗 등을 받드는 사람은 말을 타며, 羅將 1상과 함께 兵房과 都訓導가 통솔하도록 하고, 斬首漢은 미리 대령하도록 하였다.[75] 이러한 행위는 교간 범인에 대한 효수형이 단순히 범죄자의 처벌에 끝나는 것이 아니라 왜관 주변의 조일 양국인에게 형 집행과정을 엄숙히 보여줌으로써 조선이 교간사건을 얼마나 중대한 범죄로 인식하고 있는지를 보여주는 것이라고 하겠다. 이러한 세리모니를 통하여 왜관에 인접한 양국인들에게 변방의 금령을 잘 지키도록 유도하고, 이후 발생할 수 있는 사건을 사전에 차단하고자 했던 것이다.

그렇다면 쓰시마 당국, 일본은 이 사건을 어떠한 관점에서 주목하였을까? 7월 12일 쓰시마의 후추로 압송되어 감옥에 갇힌 교간 일본인에 대한 취조는 우치마와리데다이의 성원이 이루어진 후인 9월 3일에 실시되었다. 조사는 두 사람 각자에게 묻고 대답을 듣거나 두 사람에게 함께 질문을 하고 답을 듣는(口問口答) 형식으로 이뤄졌다.

먼저 기이치로가 교간의 배경을 진술하였다. 그는 도지로가 쌀값이 비싸

---

[75] 『國譯 萊府日記·多大鎭公文日錄』 기미(철종 10) 7월 초1일

서 노모를 봉양할 방도가 없는 여인이 몸을 팔아서라도 노모를 봉양하고자 한다는 사연을 듣고 인정상 그 처지를 모른체 할 수 없어서 어쩔 수 없이 하게 되었으며, 교간이라는 불법을 저지른 것에 대해 몹시 후회한다고 진술하였다.

이어 도지로에게 교간이 있기 전부터 조선 여인과는 단골 관계였는지, 조선인들이 어떻게 왜관에 잠입할 수 있었는지, 주선한 남자는 누구인지, 그리고 교간 여인이 어디에 사는지에 대해서도 진술을 요구하였다. 이에 도지로는 조선인 남자는 수문 뒤에 살고 있는 진세한(チンセハン)이며, 여성은 노모를 봉양하기 위해서 교간에 관한 법령을 위반한 것이라고 답하면서 조선 여인과의 교간은 인정상 어쩔 수 없는 상황에서 이뤄졌다는 사실을 거듭 강조하였다.

다시 기이치로에게 두 사람 외에 교간에 담합한 사람이 있는지, 그리고 여인에게 대가로 무엇을 주었는지 묻자 두 사람 외에 추가 가담자는 없으며, 조선인들이 大錢 2관문, 즉 상평통보 20냥을 요구해서 주었을 뿐이라고 답하였다.

이러한 진술을 들은 우치마와리는

> 너희 두 사람이 대전 2관문을 준 것을 기이치로가 진술하였는데, 지금 너희들의 처지에서 위와 같이 많은 은자를 소지할 수는 없다. 필시 이전에 금령의 물품을 잠상한 것인가? 또는 불법을 저지르고 절도 등을 저지르거나 또한 같은 패거리로 가담한 자도 있을 것이니, 숨기고 있다면 두 사람 모두 취조방법을 바꿔 엄책할 것이다. 그러므로 고문을 당하기 전에 모든것을 명백히 진술해야 할 것이다.[76]

---

76) 「안세이 6년 교간기록」.
"…其方共兩人ニ而大錢貳貫文相與候段、喜一郞より申出候。聊其方其身分ニ而右體大造之銀子、可今所持樣無之、必定兼而御法度之品物令潛商候歟、又者盜埒変之所業せしめ居候ニ而可有之、旦又同類荷擔の者も可有之、此上於相包者兩人共詮議之手類を

라고 하면서 '하인'의 처지에서 어떻게 2관문이라는 큰돈을 소지할 수 있게 되었는지에 대해서 취조하면서 절도 등의 불법을 저질렀거나 왜관에 금수품을 들여와 밀무역을 통해서 돈을 챙긴 것은 아닌가 하고 의심하였다. 아울러 두 사람 외에 공모자가 있는지 답하라고 하면서, 사실대로 말하지 않으면 고문을 가해서라도 밝혀내고 말겠다는 의지를 보이기도 하였다. 이에 도지로는 교간의 대가로 지급한 은자는 '영선산의 시탄고(營繕灰柴)'를 통해서 마련한 것으로 왜관에서 절도나 잠상과 같은 불법적인 행위를 시도한 적은 결코 없으며, 본인들 외에 추가 공모자는 없다고 거듭 진술하였다.

여기에서 교간 일본인에 대한 심문 과정에서 쓰시마 당국의 취조내용이 교간의 대가로 조선인에게 건낸 돈의 출처에 초점이 맞춰져 있다는 사실이 주목된다. 도지로의 답변에도 불구하고 우치마와리는 두 사람에게 잠상, 즉 밀무역 행위의 여부를 거듭 물었고, 두 사람도 절대로 잠상은 없으며, 별도의 공모자도 없고, 교간은 여인의 상황이 너무나 딱해서 인정상 이루어진 것이라고 답변할 뿐이었다. 그리고 어떠한 엄한 질책이나 설사 고문을 하더라도 밀무역을 한 적은 없다면서 그 혐의를 완강히 거부하였다.[77]

替、嚴責申付候條苦を不見內何事も明白ニ可申出候。…"
77) 「안세이 6년 교간기록」
"囚人歲三拾三歲 藤次郎、同二拾七歲 喜一郎
其方共儀於朝鮮西館、去六月四日之夜、朝鮮女人と交合せしめ候段、相豫先便歸國申付入牢被仰付置候處、今日召出行道相尋候條、何事も不相包眞直ニ可申出候。…
喜一郎江問
藤次郎申出候趣先一卜通相分候處、抑右女藤次郎江相便候處、其方へ藤次郎申談相抱候次第如何にも不審之事候、定而兼々兩人令談合外に同類之者共も可有之、旦又右女人江相與候品も可有之、在體に可令白狀候。
御答
藤次郎儀一行下焚同志之儀ニ付、右之事情相咄申候間、不勘辨之餘右等之不調法に荷擔仕、今更何とも後悔之仕合ニ御座候。旦又其節女江相與候者、則ヨグセギ等始末仕罷在、兩人仕候而大錢二貫文相與申候、外ニ何等之物も相與候儀無御座候。
藤次郎江問

물론 쓰시마 당국도 교간 사건은 조선이 교간인으로 지목한 범간 일본인을 색출하여 시비를 가린 후에 양국 간에 정해진 법령대로 조선에 대해 외교 교섭상의 성의를 다하는 자세로 처리해야할 사안이라고 판단하였다. 그래서 쓰시마 당국도 왜관에서의 교간사건에 대해서 신묘약조의 준수를 의식하고, 교간을 사전에 방지하는 데 노력을 기울였다. 그러나 번 당국이 교간 범죄인을 취조하는 과정에서 조선인에게 지불한 은자의 출처와 밀무역 여부에 더 관심을 보이는 태도는 쓰시마에게 교간 사건은 왜관에서 일어난 양국민의 접촉과정에서 발생한 범죄 가운데 상대적으로 덜 중요한 사안이 었음을 보여준다. 더불어 1711년 신묘약조 이후에도 왜관 내 교간사건에 대한 일본 측의 인식은 기본적으로 이전과 변화가 없었음을 보여주는 것이기도 하다.

其方共兩人ニ而大錢貳貫文相與候段、喜一郎より申出候。聊其方其身分ニ而右體大造之銀子、可今所持樣無之、必定兼而御法度之品物令潛商候歟、又者盜埓變之所業せしめ居候ニ而可有之、且又同類荷擔の者も可有之、此上於相包者兩人共詮議之手類を替、嚴責申付候條苦を不見内何事も明白ニ可申出候。
御答
此御役所江罷在何と相包可奉申上樣無御座、御下墨被遊候通、右等大造之銀子可今所持罷在候儀者、前にも申上候通、兼々ヨグセキ灰柴等始末罷有之儀ニ而外ニ盜埓變之企爲仕候覺無御座、且又同類荷擔之者可有之旨嚴責御尋問被遊候得共、決而左樣之儀無御座候。
兩人江問
其方共右等御制禁心得ながら不埓之令所業候者ニ候得者、必定潛商之企せしめ居候と被相下墨一々祥く可被令白狀候。
御答
前にも追々奉申上候通、潛商之惡巧仕候覺無御座候。畢竟者人情難默止處より右等之御手入を奉掛候外ニ同類荷擔之者一人も無御座、重々奉恐誤入候。此上何と御嚴責被仰付候而も奉申上候儀、毛頭無御座候。以上。九月三日"

4. 맺음말

조선과 일본(쓰시마) 사이에 약속된 규정에 따르면, 왜관에서 발생한 사건과 사고에 대해서 양국인 모두 자국의 법에 따라 처리하도록 되어 있었다. 예컨대 조선은 왜관 관련 조선인 범죄자에 대하여 조선의 국내법에 따라 처벌하였고, 일본인 범죄자에 대해서도 동일한 기준에 따른 처벌을 요구하였다. 물론 일본에서도 일본인 범죄자의 처리는 일본 국내법에 따라 처리하되, 조선인 범죄자에 대해서도 동등한 법 적용을 요구하였으며, 실제로 그렇게 처리되었다. 그러나 교간 사건에 대해서만큼은 양국 간에 입장 차가 있었다.

1711년 신묘약조가 체결되기 전까지는 조선은 조선인 여성이 왜관 내 일본인과 교간한 사실이 당사자인 조선 여성은 물론 조선인 연루자 전원을 효시하거나 유배하는 등 대단히 엄격한 처벌을 가하였다. 반면에 일본은 자국인에 대해 그와 같은 형벌을 부과하지 않았다. 하지만 1711년 신묘약조, 일명 '교간약조'가 체결되면서 조선은 교간 주모자인 조선인 남성에 대해서는 여전히 관문 밖에서의 효시형을 유지하였으나, 교간 여성은 장 100대와 유배로 형량이 완화되었다. 또한 일본인 교간자 역시 쓰시마로 압송되어 처벌을 받게 되었다.

1859년 왜관에서 발생한 교간 사건의 처리 과정을 보면, 조선인 주범 김용옥은 초량왜관의 수문 밖에서, 일본인들이 쉽게 볼 수 있는 장소에서 효수되었으며, 공범 이문주는 嚴刑 후 전라도 나주의 智島로 유배되었다. 또 다른 관련자인 금홍은 장 100대 형벌 후 3년 도형을 받고 평안도 양덕현에 유배되었다. 일본인 교간자인 도지로와 기이치는 금족령이 내려져 왜관에서 갇혔으며, 조사를 마친 후 쓰시마 번선 메이마루를 통해 쓰시마로 압송되었다. 이후 이들은 쓰시마 번 당국에 의해 재조사를 받고, 후추에서 멀리 떨어진 쓰시마 서쪽 최북단의 사고고로 유배되어 평생 노동력을 제공해야

하는 '永代奴'의 처분을 받았다. 이는 왜관에서 발생한 양국인의 범죄에 대해 일본인 역시 쓰시마로 단순 송환에 그치지 않고, 양국 간 합의에 따라 적절한 처벌을 받았음을 보여준다. 이러한 처리는 왜관 설치 초기부터 일관되게 유지된 조선의 '일본인 통제' 정책이 조선 후기까지도 유지되었음을 방증한다.

그러나 교간 사건에 대해서는 합의된 규정이 존재하는데도 조선과 일본 간에는 여전히 입장 차가 컸다. 신묘약조 체결 이후에도 조선은 교간 일본인을 조선인 주모자와 동일하게 사형에 처할 것을 요구하는 등, 약조 이상의 강경한 처벌을 원했다. 반면, 쓰시마 측은 교간 사건에 대해 비교적 온건한 태도를 보였다. 쓰시마 당국은 교간 행위 그 자체보다, 그에 사용된 은자의 출처와 밀무역과의 연관성 여부에 더 큰 관심을 가졌다. 이는 교간 사건을 조사하는 과정에서 밀무역 가능성이 더욱 중대하게 간주되었고, 쓰시마번의 재정에 영향을 줄 수 있는 문제로 여겨졌음을 의미한다.

또한 왜관에서 발생한 다양한 범죄 중 교간 사건은 그것에 대한 양국의 시각과 처벌 방식에서 현저한 차이를 보인다. 이러한 차이는 단지 양국의 문화적·사회적 가치관의 차이뿐 아니라, 왜관이라는 공간을 조선은 '통제와 외교의 공간'으로, 일본은 '무역의 공간'으로 인식했던 상이한 인식에서 기인한 것으로 볼 수 있다.

| 참고문헌 |

1. 사료

『高麗史』
『宣和奉使高麗圖經』(徐兢)
『朝鮮王朝實錄』
『備邊司謄錄』
『承政院日記』
『日省錄』
『高宗實錄』
『高宗時代史』(國史編纂委員會 編)
『春官志』(李孟休)
『東萊府接倭狀啓謄錄可考事目錄抄册』(규장각한국학연구원, 奎貴9764)
『交鄰志』
『增正交隣志』
『국역 증정교린지』(김건서 지음, 하우봉·홍성덕 옮김, 민족문화추진회, 1998)
『通文館志』
『국역 통문관지』(김지남·김경문 엮음, 김구진·이현숙 옮김, 세종대왕기념사업회, 1998)
『邊例集要』 上·下(국사편찬위원회 영인본, 1971)
『五洲衍文長箋散稿』(李圭景)
『順庵集』(安鼎福)
『亂中雜錄』(민족문화추진회 編, 1977)
『通信使謄錄』 1~5(서울대학교 도서관 編, 1991)
『啓本謄錄』(慶尙道 編, 규장각한국학연구원, 古4255-17-v.1-3)
『蓬萊故事』(『朝鮮學報』58, 1970)
『萊府狀錄』(東萊府 編, 국립중앙도서관 소장(청구기호 한古朝51-나80))
『典客司日記』(규장각한국학연구원 소장, 奎13052)

『國譯 典客司別謄錄(Ⅰ)』, 부산광역시 시사편찬위원회, 2010년
『修信使日記』(金綺秀)
『國譯 萊府日記·多大鎭公文日錄』(金石 原著, 鄭景柱 번역, 부산광역시사편찬
　　　위원회, 1995)
『谿谷漫筆』(張維)
『古芸堂筆記』(柳得恭)
『海東農書』(徐浩修)
『靑泉先生續集』(申維翰)
『有懷堂集』(權以鎭)
『才物譜』(李晩永)
『東浦齋草』(李惟命)
『足睡堂集』(洪仁謀)
『來庵集』(鄭仁弘)
『象胥拾遺』
『倭館移建謄錄』(규장각한국학연구원, 奎12892)
『漂人領來謄錄』(규장각한국학연구원, 奎12956)
『捷解新語』(康遇聖)
『倭語類解』(洪舜明)
『捷解新語文釋』(金健瑞)
『鵝溪遺稿』(李山海)
『湖岩全集』(文一平)
『伊溪遺稿』(규장각한국학연구원, 奎4758)
『新補受敎輯錄』
『來庵集』(鄭仁弘)
『舊韓末條約彙纂(1876-1945)』 中卷
『每日申報』
『海行摠載』(https://db.itkc.or.kr)
『旧韓國外交文書』(高麗大學校]亞細亞問題硏究所舊韓國外交文書編纂委員
　　　會 編, 高麗大學校出版部, 1968)
『舊韓末條約彙纂(1876-1945)』 中卷, 國會圖書館 立法調査局, 1965

『역주 교린제성』(雨森芳洲 지음, 한일관계사학회 역주, 국학자료원, 1998)
『朝鮮通交大紀』(松浦允任)
『館守日記』享保 11年(1726년)
『通譯酬酢』(小田幾五郎)
『分類事考』(日本國會圖書館 所藏)
『和館事考』(국편, MF0000736)
『交隣事考』
『草梁話集』(小田幾五郎)
「安政六己未年七月去年條一特送使正官人仁位琢磨下人藤次郎同都船主阿比留左馬介下人喜一郎と申者共於和館交奸之一件記錄」(분류번호 宗家文庫 記錄類 朝鮮方-G-16, 宗家文庫史料目錄(記錄類 Ⅱ), 對馬歷史民俗資料館 所藏)
『日帳呼出』(萬松院宗家文庫所藏)
『隣語大方』
『分類紀事大綱』권30, 권31(日本國立國會圖書館)
『館守日記』享保 11年(日本國立國會圖書館)
『通航一覽』
『交隣提醒』
『大修參判御用手續覺』
『朝鮮外交事務書』1(韓國日本問題研究會 編, 成進文化社, 1974)
『日本外交文書』(韓國編)(서울 泰東文化社 編著, 경인문화사, 1980)

2. 저서 및 연구논문

金永上,『서울육백년사』2, 한국일보사, 1995
김승찬·박경수·황경숙,『부산 민요 집성』, 세종출판사, 2002
金義煥,『朝鮮近代對日關係史研究』, 景仁文化社, 1979
김익두,『전북의 민요』, 전북애향운동본부, 1989
김흥수,『한일관계의 근대적 개편 과정』, 서울대학교출판원, 2009

나종우,『韓國中世 對日交涉史硏究』제1장, 원광대학교출판부, 1996
다시로 가즈이 지음·정성일 옮김,『왜관, 조선은 왜 일본사람들을 가두었을까』, 논형, 2005
동북아역사재단 편,『한일 조약 자료집(1876~1910) - 근대외교로 포장된 침략』, 동북아역사재단, 2020
박재환 외,『부산의 장터』, 부산발전연구원 부산연구센터, 2007
박경수, 황경숙 편저,『동부산 문화권 민요(Ⅱ)』부산구술문화총서 제3권, 부산광역시사편찬위원회, 2014
김승·양미숙 편역,『신편 부산대관』, 선인, 2010
문일평,『딤배이야기』, 온이퍼브, 2015
무라이 쇼스케 지음, 이영 옮김,『중세 왜인의 세계』, 小花, 2003
부산직할시사편찬위원회,『釜山市史』권1, 1998
_____,『釜山地名總覽』1, 1995
정성일,『朝鮮後期 對日貿易』, 신서원, 2000
三宅英利 著, 孫承喆 옮김,『近世韓日關係史硏究』, 강원대학교 출판부, 1987
성경인·장사훈 편,『조선의 민요』, 1949
손승철,『朝鮮時代 韓日關係史硏究』, 지성의 샘, 1994
_____,『近世朝鮮의 韓日關係硏究』, 국학자료원, 1999
_____,『조선통신사, 일본과 通하다』, 동아시아, 2006
_____,『조선시대 한일관계사 연구 : 교린관계의 허와 실』, 경인문화사, 2006
안대희,『담바고 문화사』, 문학동네, 2015
이영학,『한국 근대 연초산업 연구』, 신서원, 2013
이 훈,『朝鮮後期 漂流民과 韓日關係』, 국학자료원, 2000
_____,『외교문서로 본 조선과 일본의 의사소통』, 경인문화사, 2011
_____,『조선의 통신사외교와 동아시아』, 경인문화사, 2019
李鉉淙,『朝鮮前期對日交涉史硏究』, 韓國硏究院, 1964
임동권,『한국민요집』, 집문당, 1974
雨森芳洲 著, 한일관계사학회편,『역주 交隣提醒』, 국학자료원, 2001
田代化生 저, 손승철·유재춘 역,『近世韓日外交秘史』, 강원대학교 출판부, 1988
하우봉,『조선시대 해양국가와 교류사』, 경인문화사, 2014

_____,『조선시대 바다를 통한 교류』, 경인문화사, 2016
한문종,『朝鮮前期 向化, 受職倭人 硏究』, 국학자료원, 2001
한일관계사연구회 편,『독도와 대마도』, 지성의 샘, 1996
한일문화교류기금,『韓日兩國, 서로 어떻게 記錄했는가』, 경인문화사, 2017
허지은,『왜관의 조선어통사와 정보유통』, 경인문화사, 2012

高橋章之助,『宗家と朝鮮』, 北內印刷所, 1920
荒木和憲,『對馬宗氏の中世史』, 吉川弘文館, 2017
荒野泰典,『近世日本と東アジア』, 東京大學出版會, 1988
井上淸磨,『釜山を擔ぐ者』, 大朝鮮社, 1931(경인문화사, 1990)
泉澄一,『對馬藩の硏究』, 關西大學出版部, 2002
田代化生,『近世日朝通交貿易史の硏究』, 創文社, 1981
_____,『倭館 - 鎖國時代の日本人町』, 文藝春秋. 2002
_____,『新·倭館』, ゆまに書房, 2011
田保橋潔,『近代日鮮關係の硏究』上, 原書房, 1973
永留久惠, 『對馬國志』第2卷, 中世·近世編), 馬國志刊行委員會, 2010
中村榮孝,「三浦の倭變」『日鮮關係史の硏究』, 上·中·下, 吉川弘文館, 1965
三宅英利,『近世日朝關係史の硏究』, 文獻出版, 1986
関德基,『前近代東アジアのなかの韓日關係』, 早稻田大學出版部, 1994
村井章介,『中世倭人傳』, 岩波書店, 1993
尹裕淑, 2011,『近世日朝通交と倭館』, 岩田書院, 2011

金基赫,「江華島條約의 歷史的 背景과 國際的環境」,『국사관논총』25, 1991
栗田英二,「對馬島 通事가 본 18세기의 韓半島 事情 -『象胥紀聞』을 중심으로 - 」, 1999
김강식,「조선후기에 해항도시 부산에서의 문화교섭 양상 - 초량왜관을 중심으로 - 」, 『해항도시문화교섭학』14, 2016
김강일,「왜관과 범죄 - 접촉과 상호 인식의 차이에서 발생하는 범죄를 중심으로 - 」, 『전북사학』41, 2012
김구진·이현숙,「『通文館志』의 편찬과 그 간행에 대하여」,『국역 통문관지』, 세

종대왕기념사업회, 1998
金東哲, 「17·8世紀 對日公貿易에서의 公作米 문제」, 『港都釜山』 10, 1993
_____, 「17세기 일본과의 교역·교역품에 관한 연구-밀무역을 중심으로」, 『國史館論叢』 61, 1996
_____, 「17~19세기 東萊府 小通事의 編制와 對日活動」, 『지역과 역사』 17, 2005
_____, 「15세기 부산포왜관에서 한일 양국민의 교류와 생활」, 『지역과 역사』, 2008
_____, 「조선후기 통제와 교류의 장소, 부산 왜관」, 『한일관계사연구』 37, 2010
_____, 「국역 전객사별등록(Ⅰ) 해제」, 『國譯 典客司別謄錄(Ⅰ)』, 부산광역시 시사편찬위원회, 2010
_____, 「왜관의 開市와 朝市」, 『한일관계 속의 왜관』, 한일문화교류기금·동북아역사재단 주최 2011년 한일국제학술회의, 2011
_____, 「'동전 8냥'과 바꾼 초량왜관 주변 지역민의 운명 - 1859년 6월 5일 밤의 매매춘[交奸] 사례 - 」, 『지역과 역사』 35, 2014
_____, 「조선후기 동래지역의 유통기구와 상품」, 『역사와 경계』 97, 2015
김성진, 「釜山倭館과 韓日間 文化交流」, 『한국문학논총』 22, 1998
_____, 「朝鮮後期 金海의 生活相에 미친 日本文物」, 『人文論叢』 52, 1998
_____, 「19세기 초 金海人의 生活을 침식한 倭風」, 『지역문화연구』, 1991
金龍基, 「李朝 成宗代의 倭物庫에 對하여」, 『論文集』, 부산대학교, 1964
김양수, 「조선후기 우봉 김씨의 발전」, 『조선후기 외교의 주인공들』, 백산자료원, 2008
金鍾圓, 「通文館志의 編纂과 重刊에 대하여 - 田川氏의 설에 대한 몇 가지 存疑 - 」, 『歷史學報』 26, 1965
김태훈, 『17세기 對日政策 변화 연구』, 서울대학교 대학원, 2013
김윤제, 「奎章閣 所藏 『通文館志』의 간행과 판본」, 『奎章閣』 29, 2006
金容旭, 「釜山倭館考」 『韓日文化』 11-2, 1962; 이원균, 「朝鮮後期의 釜山倭館에 대하여」, 『인문사회과학논문집』 48, 1992
金義煥, 「釜山市形成의 歷史的 背景과 그 性格」, 『鄕土釜山』 3, 1970
_____, 「釜山單一倭館成立의 研究 - 17·8世紀의 對日關係의 究明을 위해」, 『봉산고승제박사고희기념논문집』, 봉산고승제박사고희기념논문집 간행위원

회, 1988

_____, 「對馬島宗家文庫本 중 『和館事考』에 對하여」, 『천관우선생 還曆記念 韓國史學論叢』, 1985

김재승, 「절영도왜관의 존속기간과 그 위치」, 『동서사학』 6·7합집, 2000

나종우, 「朝鮮初期의 對日本統制策에 대한 考察」, 『如山柳炳德博士華甲紀念 韓國哲學宗敎思想史』, 원광대학교 종교문제연구소, 1990

田代和生, 「日朝關係에서의 倭館」, 『한일관계 속의 왜관』, 한일문화교류기금·동북아역사재단 주최 2011년 한일국제학술회의, 1911

미노와 요시쯔구, 「小田幾五郎 『草梁話集』 について」, 『日語日文學硏究』 71-2, 2009

민덕기, 「壬辰倭亂以後의 朝·日講和交涉과 對馬島(1) - 交隣·羈縻秩序의 再編을 中心으로」, 『사학연구』 39, 1987

_____, 「壬辰倭亂 以後의 朝·日講和交涉과 對馬島(2) - 交隣·羈縻秩序의 再編을 中心으로」, 『사학연구』 40, 1989

박화진, 「전근대 부산포 사건을 통해 살펴본 한일양국 자타인식」, 『동북아문화연구』 37, 2013,

백옥경, 「역관 김지남의 일본체험과 일본인식 - 동사일록을 중심으로」, 『한국문화연구』 10, 2006

_____, 「임술사행록에 나타난 역관의 활동과 일본인식」, 『한국사상사학』 26, 2006

_____, 「譯官 吳大齡의 日本認識」, 『朝鮮時代史學報』 38, 2006

_____, 「譯官 金顯門의 日本認識-1711년 사행록 『東槎錄』을 중심으로」, 『韓國思想史學』 29, 2007

변광석, 「임진왜란 직후 기장지역의 상황과 피로인 사기장」, 『한국민족문화』 33, 2009

성현주, 「기장지역 도자기의 제작기법과 도자사적 성격」, 『한국민족문화』 33, 2009

손승철, 「조선전기 서울의 東平館과 왜인」, 『鄕土서울』 56, 1996

_____, 「『倭人作拏謄錄』을 통하여 본 倭館」 『港都釜山』 10, 1993

孫禎睦, 「開港場·租界制度의 槪念과 性格-韓半島 開港史의 올바른 認識을 위하여」, 『韓國學報』 26, 일지사

양흥숙, 「조선후기 대일 접위관의 파견과 역할」, 『釜大史學』 24, 2000

_____, 「17세기 두모포왜관의 경관과 변화」, 『지역과 역사』, 2004
_____, 「조선후기 東萊 지역과 지역민 동향 -왜관 교류를 중심으로-」, 부산대학교 박사학위논문, 2009
_____, 「조선후기 왜관 통제책과 동래 지역민의 대응」, 『역사와 세계』 37, 2010
_____, 「'범죄'를 통해 본 조선후기 왜관 주변 지역민의 일상과 일탈」, 『한국민족문화』 40, 2011
양흥숙 외, 「대마도 역지통신과 역관, 그 '의례적' 관계와 '은밀한' 교류의 간극」, 『한일관계사연구』 50, 2015
양흥숙·정성일·김동철, 「『초량화집(草梁話集)』의 이본(異本)과 재생산 -『조선초량화집(朝鮮草梁話集)』과의 비교를 중심으로」, 『지역과 역사』 48, 2021
오바타 미치히로, 「對馬通詞 小田幾五郎의 朝鮮文化認識」, 『사회과학연구』 6, 평택대학교 사회과학연구소, 2002
유채연, 「조선후기 '문위행' 명칭과 성립과정에 대한 재고」, 『한일관계사연구』 52, 2015
_____, 「18세기 중반 문위행의 파견 실태 -『海行記』를 중심으로 - 」, 『인문과학연구』 83, 2024
윤용출, 「金釶과 『萊府日記』」, 『國譯 萊府日記·多大鎭公文日錄』, 부산광역시 사료편찬위원회, 1995
_____, 「17세기 중엽 두모포왜관의 이전교섭」, 『한국민족문화』 13, 1996
이상규, 「역관 홍순명의 경력과 저작 『倭語類解』」, 『조선시대의 사상과 문화』, 집문당, 2003
_____, 「17세기 전반 왜학역관 康遇聖의 활동」, 『한일관계사연구』 24, 2006
이성후, 「김지남의 동사일록 연구」, 『금오공대논문집』 3, 1982
이영학, 「담배의 사회사 - 조선후기에서 일제시기까지 - 」, 『역사와 비평』, 1991년 봄호, 통권 14호, 1991
이영춘, 「『통문관지』의 편찬과 조선후기 한중관계의 성격」, 『조선후기 외교의 주인공들』, 백산자료원, 2008
이종봉, 「조선시대 기장지역의 도자기 생산과 의미」, 『한국민족문화』 33, 2009
이종수, 「조선시대 부산과 왜관의 음식문화 교류와 변동 분석」, 『해항도시문교섭학』 14, 2016

이현주, 「朝鮮後期 在地畫員 小考 - 18세기 東萊 在地畫員 卞璞의 官需繪畫 연구 - 」, 『文物硏究』 14, 2008
李 薰, 「1836년, 南膺中의 蘭入사건 취급과 近世 倭館」『한일관계사연구』 21, 2004
_____, 「왜관 연구의 회고와 전망-1990년대 이후 한국측 연구를 중심으로」, 『한일관계사연구』 54, 2016
이훈상, 「조선후기 지방 파견 화원들과 그 제도, 그리고 이들의 지방 형상화」, 『동방학지』 144, 2008
장순순, 「朝鮮後期 倭館의 設置와 移館交涉」, 『한일관계사연구』 5, 1996
_____, 「朝鮮前期 倭館의 成立과 조·일 외교의 특질」, 『한일관계사연구』 15, 2001
_____, 「새로 발견된 왜관지도」, 『한일관계사연구』 16, 2002
_____, 『조선후기 왜관변천사 연구』 전북대학교 대학원 박사학위논문, 2001
_____, 「자료소개 : 새로 발견된 왜관지도 -「浦山港見取圖」- 」, 『韓日關係史硏究』 15, 2002
_____, 「近世 東아시아 外國人 居住地의 특징 - 부산의 초량왜관과 長崎의 出島를 중심으로 - 」, 『전북사학』 27, 2004
_____, 「조선후기 대일교섭에 있어서 尹趾完의 通信使 경험과 영향」, 『한일관계사연구』 31, 2008
_____, 「조선후기 倭館에서 발생한 朝日 양국인의 물리적 마찰 실태와 처리」, 『韓國民族文化』 31, 2008
_____, 「조선시대 대마도 연구의 현황과 과제」, 『동북아역사논총』 41, 2013
_____, 「17세기 후반 '鬱陵島爭界'의 종결과 對馬島(1696년~1699년)」, 『한일관계사연구』 45, 2013
_____, 「조선후기 왜관 통제와 교간사건의 처리 - 1859년 교간사건을 중심으로 - 」, 『한일관계사연구』 54, 2016
정승혜, 「『隣語大方』朝鮮刊本의 成立과 撰者에 대하여: 奎章閣 韓國本 書目 『西庫書目』에 據하여」, 『국어사연구』 9, 2009
_____, 「한글 간찰을 통해 본 근세 역관의 대일외교에 대하여」, 『대동한문학』 37, 2012
_____, 「조선어통사가 남긴 대마도의 한글편지에 대하여」, 『어문논집』 65, 2012

정후수,「譯官의 文學活動 - 조선조 후기를 중심으로」,『한성어문학』3, 1984
정성일,「倭館 開市 때 제공된 日本料理 기록의 비교(1705년, 1864년)」,『한일관계사연구』52, 2015
_____,「『교린제성(交隣提醒)』과『통역수작(通譯酬酢)』(田代和生 校注, 2014 : 田代和生 編著, 2017)」,『한일관계사연구』58, 2017
조강희,「조선통신사 수행역관과『捷解新語』의 改修-日本語의 改修를 중심으로-」,『조선통신사연구』1, 2005
정우봉,「1934년 問慰使行錄 海行記 연구」,『대동문화연구』94, 2016
제임스 루이스,「朝鮮後期 釜山 倭館의 記錄으로 본 朝日關係 : '폐·성가심(迷惑)'에서 相互理解로」,『한일관계사연구』6, 1996
_____,「부산 왜관을 중심으로 한 조·일 교류 -교간사건에서 나타난 권력·문화의 葛藤-」『精神文化硏究』20-1, 1997
_____,「부산왜관을 중심으로 한 朝·日交流: 교간사건에 나타난 권력·문화의 갈등」,『정신문화연구』20-1, 정신문화연구원, 1997
河宇鳳,「壬辰倭亂 以後의 釜山과 日本關係」『港都釜山』9, 1992
하우봉·홍성덕·장순순·小幡倫裕,「史料紹介:『御尋朝鮮覺書』(小田四郎兵衛 著) - 異本『朝鮮風俗記』」,『全北史學』19·20, 1997
하우봉,「김건서의『增正交隣志』와 일본과의 관계」,『조선후기 외교의 주인공들』, 백산자료원, 2008
한명기,「정묘호란 무렵 조선의 대일정책과 그 역사적 의미」,『대동문화연구』54, 2006
_____,「조선후기 왜관의 역사적 의미」,『한일역사의 쟁점』, 경인문화사, 2010
한문종, 조선전기 대일외교정책 연구」, 전북대학교 박사학위논문, 1996
_____,「조선전기의 受圖書倭人」『한일관계사연구』5, 1996
_____,「조선전기 왜관의 설치와 기능」,『인문과학연구』32, 2012
_____,「朝鮮前期の受職倭人」,「年報朝鮮學』5, 九州大學 朝鮮學研究會, 1995
허경진·박은애,「한학역관 오대령과 이언진의 사행기록」,『조선통신사연구』9, 2009
허지은,「17세기 조선의 왜관통제책과 조일관계 -癸亥約條(1683)의 체결과정을 중심으로」,『한일관계사연구』15, 2001
_____,「17세기 조선의 왜관통제책과 조일관계」,『한일관계사연구』15, 2001,

_____, 「쓰시마 朝鮮語通詞 연구의 동향과 과제」, 『상명사학』 14, 2008
_____, 「쓰시마(對馬島) 조선어통사의 성립과정과 역할」, 『한일관계사연구』 29, 2008
_____, 「쓰시마 朝鮮語通詞 오다 이쿠고로(小田幾五郎)의 생애와 대외인식」, 『동북아역사논총』 30, 2010
_____, 「근세 왜관 館守의 역할과 戶田賴母」, 『한일관계사연구』 48, 한일관계사학회, 2014
현명철, 「개항 전 한·일관계의 변화에 대한 고찰」, 『國史館論叢』 72, 1991
홍성덕, 「17世紀 朝·日 外交使行 硏究」, 전북대학교 박사학위논문, 1997
_____, 「조선후기 한일외교사행 인식과 정례화」, 『일본사상』 7, 2004
_____, 「17세기 후반 한일외교 교섭과 울릉도」, 『독도·울릉도 연구-역사·고고·지리학적 고찰』, 2010
_____, 「조선후기 한일외교체제와 대마도의 역할」, 『東北亞歷史論叢』 41, 2013

小田省吾, 「李氏朝鮮時代における倭館の變遷」 『朝鮮支那文化の硏究』, 邊江書院, 1929
_____, 「釜山の和館と設門に就て」, 『朝鮮』 125, 1925
金田平一郎, 「對馬藩の奴刑」, 法政硏究 13-2, 九州帝國大學法政學會, 1943
田川孝三, 「對馬通詞小田幾五郎と其の著書」, 『書物同好會册子』 11, 1940
_____, 「通文館志の編纂とその重刊について」, 『朝鮮學報』 4, 朝鮮學會, 1953
_____, 「對馬藩の朝鮮語通詞」, 『史學』 60-4, 1953
武田勝藏, 「日鮮貿易上の三浦と和館」 『史學』 1-3, 1921
中村榮孝, 「浦所の制限と倭館の設置」 『日鮮關係史の硏究』 上, 吉川弘文館, 1965
荒野泰典, 「小左衛門と 金右衛門-地域と解禁をめぐる斷章-」 『海から見た日本文化』, 小學館, 1992
長正統, 「日鮮時代における記錄の時代」 『東洋學報』 50-4, 1968
_____, 「路浮稅考」, 『朝鮮學報』 58, 1971
_____, 「倭學譯官書簡よりみた易地行禮交涉」, 『史淵』 115, 九州大 九州史學會, 1978

李　領,「中世前期の高麗と日本 - 進奉關係を中心として - 」,『地域文化硏究』 8, 東京大學 地域文化硏究會, 1995
大場生與,「對馬藩による朝鮮側小通事への援助」,『三田中世史硏究』4, 1997
石川寬,「明治期の大修參判使と對馬藩」」,『歷史學硏究』775, 2003
金東哲,「17~19世紀の釜山倭館周辺地域民の生活相」, 都市史硏究』9, 都市史硏究會, 2001
金義煥,「「倭人作拏謄錄」について」,『日本文化史硏究』16, 帝塚山短期大學 文化史學會, 1992
關周一,「大馬·三浦의 倭人과 朝鮮」,『朝鮮史硏究會論文集』36, 1998
高橋公明, 外交儀禮よりみた室町時代の日朝關係」,『史學雜誌』91-8, 1982
藤村道生,「朝鮮における 日本特別居留地の起源」,『名古屋大學文學部硏究論文集(史學) 12』35, 1964
韓文鍾「朝鮮前期の受職倭人」,『年報朝鮮學』5, 九州大學 朝鮮學硏究會, 1995
村井章介 外,「三浦から釜山倭館へ一李朝時代の對日交易と港町-」,『靑丘學術論叢』3, 韓國文化硏究振興財團, 1993
三宅英利,「銀の路-對馬藩の倭館貿易」,『近世アジアの日本と朝鮮半島』, 朝日新聞社, 1993
毛利敏彦,「明治初期外交の朝鮮觀」,『國際政治』51, 國際政治學會, 1974
山口華代,「解題, 朝鮮譯官發給ハングル書簡の槪要とその特徵」,『對馬宗家文庫史料 朝鮮譯官發給ハングル書簡調査報告書』, 2015
安彦勘吾,「草梁話集」,『帝塚山短期大學紀要』人文·社會科學編』26號, 1989
尹裕淑,「約條にみる近世の倭館統制について」,『史觀』138, 1998
＿＿＿,「近世癸亥約條の運用實態ついて-潛商·闌出事例を中心に」,『朝鮮學報』164, 1997

장순순(張舜順)

전북대학교 사학과 졸업, 동대학원에서 석사학위와 박사학위를 취득하였다. 일본 규슈대학 방문연구원, 대통령소속 친일반민족행위진상규명위원회 조사팀장, 캐나다 UBC 아시아센터 visiting scholar, 가천대, 전주대 연구교수를 역임했으며, 현재는 전북대 사학과 시간강사 겸 전주대학교 한국고전학연구소 특별연구원으로 조선후기 한일관계와 근대 유교문화를 연구 중이다.

대표 연구로 「조선후기 대일교섭에 있어서 尹趾完의 通信使 경험과 영향」, 「17세기 후반 '鬱陵島爭界'의 종결과 對馬島(1696년~ 1699년)」, 「일제강점기 식민권력의 억압과 향약의 변용 - 益山鄕約을 사례로 - 」, 『조선 후기 왜관과 왜학역관』, 『일제강점기 향교관계 목록과 주요 자료』, 『전통시대 사행으로 본 동아시아 국제관계』, 『사문(斯文)의 유교 담론과 근대 동아시아』 등 다수의 논문과 공저가 있다.

조선 후기 왜관과 조일관계:
교류, 갈등, 교섭의 역사

2025년 10월 24일 초판 인쇄
2025년 10월 31일 초판 발행

지 은 이 장순순
발 행 인 한정희
발 행 처 경인문화사
편 집 부 김지선 한주연 김한별 정효민
표지디자인 양은경
마 케 팅 하재일 유인순
출판신고 제406-1973-000003호
주   소 파주시 회동길 445-1 경인빌딩 B동 4층
대표전화 031-955-9300 팩 스 031-955-9310
홈페이지 http://www.kyuninp.co.kr
이 메 일 kyungin@kyunginp.co.kr

ISBN 978-89-499-6892-6 93910
값 22,000원

* 파본 및 훼손된 책은 교환해 드립니다.